科技考古

第三辑

中国社会科学院考古研究所科技考古中心　编

科学出版社
北京

内 容 简 介

本书为中华文明起源与形成过程中技术与经济状况的最新研究成果，内容涉及公元前3500年至前1500年这个时间段里多个地区的农业、家畜、动物的DNA、人的食物结构、冶金术、制陶、生产工具和玉器制作等八个方面的探讨。

本书适合考古学、历史学、科技考古、科技史、经济史的研究人员和相关专业的师生阅读、参考。

图书在版编目(CIP)数据

科技考古．第3辑／中国社会科学院考古研究所科技考古中心编．—北京：科学出版社，2011.6

ISBN 978-7-03-031189-4

Ⅰ.①科… Ⅱ.①中… Ⅲ.①科学技术-考古-中国-文集 Ⅳ.①K875-53

中国版本图书馆CIP数据核字（2011）第097447号

特约编辑：顾智界
责任编辑：张亚娜
责任校对：顾智界
封面设计：王 浩
责任印制：赵德静

科学出版社 出版
北京东黄城根北街16号
邮政编码：100717
http://www.sciencep.com

中国科学院印刷厂 印刷

科学出版社发行 各地新华书店经销

*

2011年5月第 一 版 开本：787×1092 1/16
2011年5月第一次印刷 印张：19 3/4 插页：6
印数：1—1 800 字数：460 000

定价：86.00元

（如有印装质量问题，我社负责调换）

本书出版得到

中国社会科学院“重点学科建设工程——科技考古重点研究室”

国家科技支撑计划“中华文明探源工程（二）”中的“3500BC-1500BC中国文明形成与早期发展阶段的技术和经济研究（2006BAK21B03）”和“中华文明探源工程及其相关文物保护技术研究”中的“公元前3500年至前1500年黄河、长江及西辽河流域的资源、技术和生业研究（2010BAK67B03）”

资　　助

前　　言

科技考古研究的内容大致可以概括为借用自然科学相关学科的方法和技术，对考古遗址进行勘探，对遗址所在的自然区域进行野外调查和取样，对出土的多种遗迹和遗物进行鉴定、测试和分析，对各类相关的资料进行定量统计，从而认识当时遗址的布局、绝对年代、所处的自然环境、人类自身的特征及他们的各种行为，同时做到进一步提高考古学研究的效率和精确度。

早在20世纪20年代，中外考古学家在发掘遗址时往往邀请地质学家参加，对遗址周围的地质地貌进行考察，这意味着在中国考古学的开始阶段，就重视属于人文社会科学的考古学与属于自然科学的地质学的结合。多年来，在考古学与自然科学相关学科相结合开展研究的长期发展过程中，逐步形成了科技考古这样一门学科。严格地说，中国科技考古的大发展是开始于20世纪90年代。这集中体现在以科技部为主的国家有关部委支持的多个大型项目上。

比如，1997年至2000年的国家“九五”重点科研项目“夏商周断代工程”，就是由来自历史、考古、天文、碳十四测定年代等人文社会科学和自然科学等不同学科的专家共同完成的。研究人员提交了夏商周年代研究的最新成果。

如果说“夏商周断代工程”中体现的考古学与自然科学相关学科的结合仅仅表现在天文学和碳十四年代测定上。那么，自2002年到2003年实施的“中华文明探源工程预研究”则又增加了环境考古和冶金考古两个新的研究领域。通过这样的研究，除了碳十四年代测定又有新的进展以外，对于豫西晋南地区龙山时期的自然环境研究，对于二里头时期的冶金技术研究都有了新的认识。

如果说“中华文明探源工程预研究”中体现的考古学与自然科学相关学科的结合仅仅包括碳十四年代测定、环境考古和冶金考古的话，那么，自2004年至2005年实施的“中华文明探源工程（一）”，则在上述三个研究领域的基础上，又新增加了植物考古、动物考古、食性分析、DNA研究、陶器成分研究、玉器和石器的工艺研究等多个新的领域，为此专门组建了“公元前2500年至公元前1500年中原地区经济技术发展状况及其与文明演进关系研究”课题组。这个课题组的研究结果填补了那个时间段里中原地区的农业、手工业等技术和经济状况研究的空白。为我们探讨技术和经济发展状况与文明演进的关系提供了一系列实证性的资料，相关研究成果已经发表在《科技考古（第二辑）》上。

如果说“中华文明探源工程（一）”中的“公元前2500年至公元前1500年中原地区经济技术发展状况及其与文明演进关系研究”课题中体现的考古学与自然科学相关学

科的结合虽然比较全面，但这些还是属于初步尝试，包括 DNA 研究在内的一些方法尚属于探索阶段。另外，整个研究被限制在中原地区和 1000 年跨度的时间段里，时空范围比较有限的话。那么，后来作为国家科技支撑计划启动的“中华文明探源工程（二）”中的“公元前 3500 年至公元前 1500 年中国文明形成与早期发展阶段的技术和经济研究”这个课题，则具有以下几个特点。

第一，在植物考古、动物考古、食性分析、冶金考古、陶器成分分析、石器和玉器制作工艺研究等研究领域里，把着重点放在野外调查、采样和资料分析上。由于此次的研究范围扩展到西辽河流域、包括中原地区在内的黄河流域以及长江流域，研究的时间延伸为 2000 年的跨度。因此，我们可以运用科学的方法对各个领域的数量极为丰富的原始资料进行分析，争取提出带有原始创新和集成创新意义的成果。

第二，加强与自然科学相关学科中一流研究机构的合作。比如我们这次实施的古代家养动物的 DNA 研究，就是和吉林大学生命科学学院古 DNA 实验室、中国农业大学农业生物技术国家重点实验室合作进行的。我们要在课题的实施过程中，逐步搭建全国性的考古学和自然科学相关学科相结合的研究平台，努力做到让一批最优秀的人员用一系列最先进的技术研究各种最珍贵的资料。获取有科学依据的考古学研究成果。

第三，加强国际交流。我们此次专门邀请了美国哈佛大学、加州大学、英国伦敦大学、加拿大多伦多大学等世界一流学校的多位著名研究人员参与我们的研究。我们希望做到中外学者共同努力，一起为探讨中华文明的起源和发展过程贡献力量。

第四，加强对研究生的培养。这次参加我们这个课题的博士生和硕士生所属的学校包括中国社会科学院研究生院、中国科学院研究生院、北京大学、北京科技大学、中国科技大学、中国农业大学、吉林大学、山东大学等等。我们希望通过这次课题的实施，逐步建设一支研究生人数占有一定比例的科研队伍，保证我们的科技考古事业后继有人。

鉴于现代考古学已经逐渐演变成一个以人文科学研究为目的、包括大量自然科学研究手段的学科。能否更加广泛、更加有效地在考古学研究中运用各种自然科学研究手段已经成为 21 世纪衡量一个国家考古学研究能力与水平的极为重要的标尺之一。我们在此次执行课题过程中，还考虑到在动物考古、植物考古、碳/氮稳定同位素方面，总结、归纳科学地取样、鉴定、测试、分析和统计等操作规范，和全国广大科技考古工作者一起，努力做好科技考古方法论的建设工作。

本书就是由“公元前 3500 年至公元前 1500 年中国文明形成与早期发展阶段的技术和经济研究”这个课题的成果汇总而成，其内容大致可以分为农业、家畜、古 DNA、碳/氮稳定同位素、冶金、陶器、石器和玉器等八个方面的研究，有些方面的研究单独成文，有些方面的研究以多个个案的形式发表，有些方面的研究介于两者之间。农业、家畜、古 DNA、碳/氮稳定同位素分析、冶金等大多数方面的研究方法基本上还是与“中华文明探源工程（一）”的方法相同，但是陶器和石器的研究在方法上有了明显地进步，比如，在陶器研究中强调对制作技法的研究，在获取一个遗址的陶器标本时，更加注重考古背景的考虑；在石器研究中增加了形状测量和石材鉴定的比重等等。正是由于研究方法的改进，从而获得的认识也提高了一个层次。这是特别要强调的。

通过“公元前3500年至公元前1500年中国文明形成与早期发展阶段的技术和经济研究”课题研究，我们发现，以统一的年代标准来对照各个地区的技术与经济状况，可以看到西辽河流域的农业经济一直属于比较单一的农作物种植制度，到夏家店下层文化以后，出现明显的衰退。黄河上游地区的农业经济自齐家文化晚期开始，逐步转为游牧型经济。长江流域的农作物种植一直是单一品种，而家畜饲养长期没有发展起来，尽管在良渚文化时期养猪业有过一个快速发展阶段，但是在随后的马桥文化中又明显地出现衰退的迹象。经济形态的衰退或转型进而影响到整个文化的发展进程。没有形成可持续发展的趋势。

黄河中下游地区的经济形态呈现出持续发展的态势。最典型的是自龙山文化时期开始，中原地区出现多品种农作物种植制度和多种饲养家畜的方式，这些不但为中原地区的经济发展奠定了比较坚实的基础，也保证了中原地区可以在最大程度上减轻自然灾害对农业生产的破坏。在中原地区多个遗址中发现砷铜和青铜器，出现合范技术，尤其是到了二里头时期，出现一定数量的青铜礼器，这是中国青铜文明的最核心的标志。各种陶礼器的制作技术也相当成熟，出现原始瓷。生产工具中用于收获的石器占据较大比例，石器制作规范化。玉器制作技法有了明显提高。可见其手工业生产也出现了明显的进步。同时还发现了冶炼遗址，并出现与盐业相关的遗存。这些都意味着中原地区在控制资源方面考虑得当。从整体上看，中原地区在农业、手工业及资源配置方面都处于强势地位。依据中原地区整个经济形态的强势及文明起源于中原地区的事实，我们可以推测中原地区的技术与经济形态对文明的起源及演进起到了很强的促进作用。当然，这并不是中华文明形成的唯一因素，但绝对是不可或缺的重要因素。

另外，技术的进步推动了各个地区生产工具出现有地域性特征的产品，促进了地区之间文化交流的发展。包括古DNA测试在内的研究表明，到公元前2000年左右，原产于西亚地区的小麦、绵羊、黄牛等均已跨过中国西北及北部地区，进入黄河中游地区。另外，在西北和内蒙古地区都发现家马存在的证据，说明家马可能也是从中国境外传入的动物。冶金术研究、陶器成分分析证实，当时几个地区之间存在文化交流的现象。西辽河流域的红山文化的玉器制作技术传播到黄河下游地区的山东龙山文化，而后又传播到黄河中游地区和长江下游地区。在多个地区都能够看到由于技术进步而带来的文化交流现象。但是相比之下，中原地区是各种文化交流最为集中的地区，这对中国文明的形成和发展也具有不可忽视的重要作用。

上述认识填补了以往关于这些方面研究的空白，可以归入原始创新和集成创新的范畴，这是课题组全体成员共同努力的结果。

由于利用考古发掘的相关资料对中华文明起源与发展过程中的技术与经济状况开展研究，正式起步于2004年，到现在为止，只有数年的研究时间。全面审视我们现有的研究成果，在肯定成绩的同时，我们还看到尚有许多空白需要填补，许多认识需要深化，一些方法需要完善，一些领域需要开拓。展望前程，我们还有相当长的路要走。

“中华文明探源工程（三）”即将启动，我们将开展“公元前3500年至前1500年黄河、长江及西辽河流域的资源、技术和生业研究”这个新的课题，从这个课题的题目就可以看出，在此次研究中，我们的思路更加明确了。我们计划通过对当时重要资源的开发和流通的研究，探讨当时对重要资源的控制、分配和使用状况。通过对考古遗址出土农作物种类的鉴定和量化分析，认识不同地区和不同时间段的农业生产中的农作物构成和比例，据此判断各地区的农业生产特点和发展模式。通过对动物的研究，研究不同地区和不同时间段的居民通过狩猎、饲养等方式获取肉食资源的具体行为；探讨各种家畜的种类、数量是否存在某种质或量的转变过程。以 DNA 和锶同位素分析结果、结合考古学文化背景来了解古代文化的交流状况。通过对早期铜器和冶铸遗物的检测分析，揭示不同地区的冶金技术特征，探讨中国青铜冶铸技术的起源和发展过程。通过对陶制品的研究，分析各个地区的制陶工艺水平、文化交流特征。通过对石器进行研究，认识当时的制作工艺技术及专业化程度。通过对制玉工艺和玉器成分的研究，以及复原和模拟实验，分析玉器的制作工艺特征。本课题将以多学科交叉的方法对中华文明形成和早期发展阶段的重要遗址的技术和生业发展状况开展定性、定量的全方位分析，并对不同时空范围内的技术和生业状况进行纵向和横向的比较研究，以此为基础，我们将对技术、生业状况与中华文明的形成和早期发展的关系做出更加科学的解释。

相信经过几十年、甚至更长时间的研究，中华文明起源与发展过程中的资源、技术和生业方面的状况一定能够得到比较科学地重现，中华民族的历史研究一定能够继续得到完善和补充。这是我们及后来的科研人员的神圣使命。

袁　靖

2011 年 1 月 1 日

目　　录

前言 …………………………………………………………………………………………（i）

中华文明形成时期的农业经济特点 …………………………… 农业研究课题组（1）
山东胶州赵家庄遗址龙山文化炭化植物遗存研究 …………………………………
…………………………… 靳桂云　王海玉　燕生东　刘长江　兰玉富　佟佩华（36）
山东胶州赵家庄遗址居住区土样植硅体分析与研究 ………………………………
…………………………………………… 靳桂云　吴文婉　燕生东　兰玉富　佟佩华（54）
山东胶州赵家庄遗址龙山文化石刀刃部植硅体分析与研究 ………………………
…………………………………………… 靳桂云　王育茜　燕生东　兰玉富　佟佩华（75）

中华文明形成时期的动物考古学研究 ………………………… 动物考古课题组（80）

中国北方地区三个青铜时代遗址黄牛遗骸分子考古学研究 ………………………
蔡大伟　汤卓炜　任晓燕　伊弟利斯·阿不都热苏勒　于慧鑫　周　慧　朱　泓（100）
青海大通长宁和内蒙古赤峰大山前遗址青铜时代古绵羊分子考古学研究 ………
……………… 蔡大伟　汤卓炜　任晓燕　王立新　于慧鑫　周　慧　朱　泓（106）
中华文明形成时期中原地区家猪的古 DNA 研究 …………………………………
………………………… 赵兴波　刘冉冉　范启鹏　方　迟　吴常信　李　宁（113）

中原地区几处仰韶文化时期考古遗址的古人类食物状况分析 ……………………
张雪莲　仇士华　钟　建　赵新平　孙福喜　程林泉　郭永淇　李新伟　马萧林（121）

中国早期冶金术研究的新进展 ……………………………………………………
…………… 北京科技大学冶金与材料史研究所　中国社会科学院考古研究所
……………………………………………………………… 北京大学考古文博学院（135）

中原地区史前陶器制作工艺的演变与社会复杂化进程初探 ……………………… 李新伟 朱君孝 蔡全法 郭 梦 鲁晓珂 贾 宾（155）
陶器理化测试分析与社会复杂化进程探索 ……………………………… 宋 建（165）
中华文明形成时期多个遗址陶器的中子活化分析与研究 ………………… 王增林 李新伟 栾丰实 宋 建 蔡全法 朱君孝 陈洪海（177）
河南灵宝西坡遗址陶器的科技研究 ………………… 鲁晓珂 李伟东 罗宏杰 赵 静 李新伟 马萧林 杨海青（203）
河南偃师二里头遗址特殊陶器的科技研究 ………………… 鲁晓珂 李伟东 罗宏杰 许 宏 赵海涛（213）
山东龙山文化陶器的科技研究 ………………… 王海圣 李伟东 罗宏杰 邓泽群 鲁晓珂 栾丰实 高明奎（222）
中华文明形成时期长江下游地区陶器的科技研究 ………………… 王海圣 李伟东 罗宏杰 邓泽群 鲁晓珂 宋 健 翟 杨（243）
上海广富林遗址陶器的科技研究 ………………… 鲁晓珂 李伟东 罗宏杰 吴 隽 王海圣 宋 建 翟 杨（259）

中华文明形成时期黄河流域生产工具的考古学研究 ………………… 王小庆 钱益汇 蔡 明（267）

红山文化玉器技术与中华文明的形成 ……………………… 邓 聪 刘国祥（278）

后记 ……………………………………………………………………（303）

中华文明形成时期的农业经济特点

农业研究课题组

内容提要：《中华文明探源工程（二）》“公元前3500年至公元前1500年中国文明形成与早期发展阶段的技术与经济研究”课题设立了“农业研究”子课题，目的是复原中国文明形成时期以及早期发展阶段各地区农耕经济特点及其发展变化模式，探讨农业经济与古代文明形成的关系。通过在不同古代文化分布地区选择的考古遗址开展植物考古学研究发现，在中华文明的形成时期，即公元前3500年至公元前1500年期间，各地区的农业生产特点不尽相同，其中西辽河流域地区和西北地区属于北方旱作农业传统，长江中下游地区是南方稻作农业传统，黄河下游地区表现为稻旱混作农业生产特点，而黄河中游地区的农业最值得关注，呈现出由单品种农作物种植制度向多品种农作物种植制度转变的特点。在农业生产技术水平相对落后的史前时代，具有诸多优越性的多品种农作物种植制度发展模式应该与中华文明的形成之间存在着某种相应关系。

关键词： 文明起源　古代农业　植物考古　农作物遗存

一　研究背景

考古发现证实，在公元前2000年前后，中国广大区域内分布着几个并行发展的强势的古代文化传统，例如，黄河下游地区的海岱龙山/岳石文化，黄河中游地区的中原龙山/二里头文化，黄河上游地区的齐家文化，长江下游地区的良渚/广富林文化，中游地区的屈家岭/石家河文化，以及东北西辽河流域的夏家店下层文化（图1）。在公元前1800年前后，上述地区的这些古代文化传统中，有的开始衰退，有的逐渐消亡，但是，黄河中游地区的古代文化传统却逆势而进，呈现出了快速发展的势头，各种文明因素逐渐完善，最后形成了以伊洛河流域为中心的古代中国文明，即夏商周文明。

农业的建立和发展是古代文明形成的必要前提条件之一。在中国大地上，发生在公元前1800年前后的由百花齐放突然转变成为一花独秀的历史事件，应该是由多种因素造成的，但是，作为古代文明社会形成的经济基础，各地区农业经济特点的差异和发展的不平衡应该是重要的内在因素之一。因此，复原和认识古代中国文明形成时期以及早期发展阶段上述各地区的农耕经济特点及其发展变化模式，对探讨古代中国文明的形成具有十分重要的意义。

基于农业经济在古代文明形成过程中的重要作用，“十一五”国家科技支撑计划重点项目《中华文明探源工程（二）》“公元前3500年至公元前1500年中国文明形成与早期发展阶段的技术与经济研究”课题，专门设立了“农业研究”子课题，由浙江省文物考古研究所郑云飞、山东大学古代东方研究中心靳桂云、湖南省文物考古研究所顾海滨和中国社会科学院考古研究所赵志军四位学者共同承担。

农业研究子课题的研究目标和步骤是，选择重点考古遗址，伴随这些遗址的考古发掘采集浮选土样；在发掘现场开展浮选工作，系统地获取古代植物遗存；在实验室对浮选出土植物遗存进行整理、分类和鉴定；采用植物考古学分析方法对整理鉴定结果进行量化分析；根据分析结果，讨论和复原在中华文明形成过程中不同地区的农业生产特点和发展模式，对比分析它们之间的异同，探讨农业经济与古代文明形成的关系。

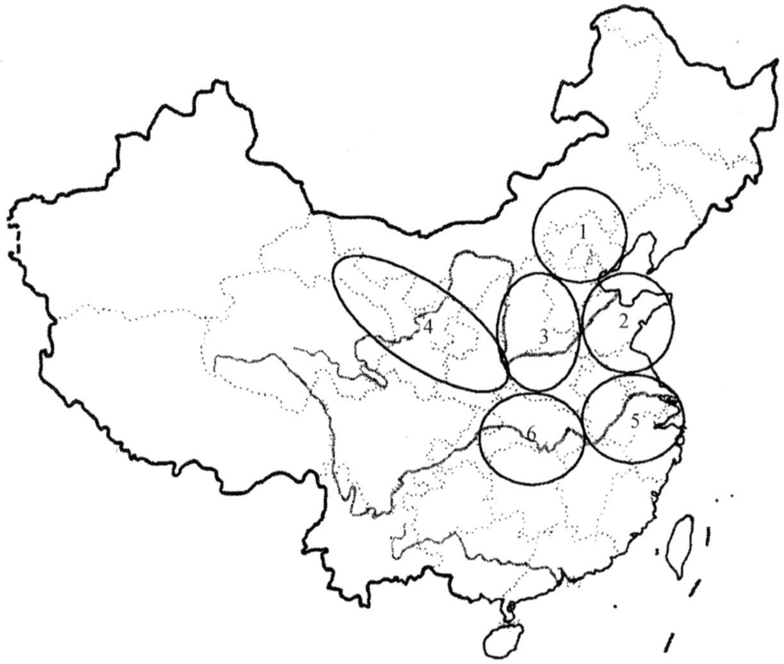

图1　公元前2000年前后中国古代文化传统分布示意图

1. 夏家店下层文化　2. 海岱龙山/岳石文化　3. 中原龙山/二里头文化　4. 齐家文化　5. 良渚/广富林文化　6. 屈家岭/石家河文化

二　研究内容

农业研究子课题的时间界限是公元前3500年至公元前1500年。

农业研究子课题的空间范围设定在六个地区（考古学文化区域），即西辽河流域地区

(赤峰地区)、黄河下游地区（海岱地区)、黄河中游地区（中原地区)、黄河上游地区（西北地区)、长江下游地区（环太湖区域）和长江中游地区（江汉平原/澧阳平原地区)。

农业研究子课题的研究内容主要集中在复原中华文明形成过程中不同地区的农业生产特点和发展模式。农业是指以种植业和由种植业提供饲料来源的家畜饲养业为主要生产部门的一种经济形式。既然种植业是农业的核心内容，复原古代农业生产的特点应该从当时的农业生产种植制度入手。农业生产种植制度是指一个特定地区的农作物布局（作物品种、种植规模与比例等）以及相应的生产技术和种植方法[1]。

农业研究子课题的研究方法主要是采用植物考古学研究方法，通过考古发掘系统地获取古代植物遗存特别是农作物遗存，对出土的各种农作物及其他相关植物遗存进行科学的量化分析，认识和了解各种农作物品种在人们日常生活和生产活动中的地位和价值，判断当时的农作物布局以及相应的生产技术和生产水平，进而复原当时的农业生产种植制度。

具体的研究方案是，在设定的6个研究区域内各选择2处重点考古遗址开展植物考古工作。选定的12处重点考古遗址包括：西辽河流域地区的内蒙古敖汉兴隆沟遗址第Ⅲ地点和松山三座店遗址，黄河下游地区的山东临淄桐林遗址和牟平照格庄遗址，黄河中游地区的河南灵宝西坡遗址和陕西扶风周原遗址，黄河上游地区的甘肃武威磨咀子遗址和青海民和喇家遗址，长江下游地区的浙江余杭卞家山遗址和湖州钱山漾遗址，长江中游地区的湖北孝感叶家庙遗址和湖南澧县鸡叫城遗址（表1)。

表1　　考古遗址的情况

分布区域	遗址名称	考古学文化	绝对年代（BC)
西辽河流域	内蒙古敖汉兴隆沟第Ⅲ地点	夏家店下层	2000～1500
	内蒙古松山三座店	夏家店下层	2000～1500
黄河下游	山东临淄桐林	龙山和岳石	2300～1500
	山东牟平照格庄	岳石	1800～1500
黄河中游	河南灵宝西坡	仰韶文化晚期	2900～2500
	山西襄汾陶寺*	龙山	2300～1800
	河南登丰王城岗遗址*	龙山、二里头、二里岗	2300～1500
	河南新密新砦*	龙山、二里头	2300～1600
	陕西扶风周原	龙山和先周	2300～1500
黄河上游	甘肃武威磨咀子	马厂	2300～2000
	青海民和喇家	齐家	2300～1900
长江下游	浙江余杭卞家山	良渚晚	2500～2300
	浙江湖州钱山漾	钱山漾类型	2300～2000
长江中游	湖北孝感叶家庙	屈家岭	3200～2600
	湖南澧县鸡叫城	石家河	2600～1800

*《中华文明探源工程（一)》涉及的考古遗址。

需要说明的是，黄河中游地区是中国文明诞生的核心区域，是中华文明探源工程的研究重点区域，所以，仅选择西坡和周原2处考古遗址开展浮选显然是不够的。但是，在《中华文明探源工程（一）》的研究阶段，我们已经对位于黄河中游地区的4处考古遗址开展过系统的浮选工作，包括河南的偃师二里头遗址、新密新砦遗址和登封王城岗遗址，以及山西的襄汾陶寺遗址。其中新砦、王城岗和陶寺这3处考古遗址的浮选结果分析报告业已发表[2]，因此在《中华文明探源工程（二）》的农业研究子课题中将这3处遗址的浮选结果也吸纳进来，使得黄河中游地区的资料扩展到5处考古遗址的浮选结果，充实中华文明核心区域的实物资料，以便对各地区的农耕生产特点和发展进行更加科学和翔实的分析和比较。

三　样品的采集

如上所述，农业研究子课题的首要研究目标是，系统地获取包括农作物在内的古代植物遗存，进而分析和认识各地区古代农业生产种植制度。为达到这一目标，本课题采用植物考古学研究方法，其中以植物大遗存分析方法（浮选法）为主，以植硅石分析方法为辅。

植物大遗存分析方法将通过浮选法系统地获取遗址中埋藏的炭化植物遗存，对出土的各种农作物以及相关的其他植物遗存进行科学的量化分析，判断当时的农作物布局（作物品种、种植规模与比例等），以及相应的生产技术和生产水平。植硅石分析方法通过对某些特定谷物如水稻的叶片植硅石类型的鉴定和量化分析，判断浮选获得的谷物遗存的来源（外来还是当地种植）。最后结合两种分析方法的结果对各地区农业生产的特点和发展进行综合分析和比较。

设计正确的浮选土样的采集方法是科学运用浮选法的关键一环，是浮选结果最终能否体现研究目的的基础。浮选土样的采集方法有很多种，此次选择的12处考古遗址大多数采用的是“针对性采样法”，即以各种性质比较明确的遗迹为主要采样单位，在发掘过程中每发现一处遗迹随即采取一份浮选土样，如果遇到较大的遗迹单位，其堆积可再细分层的话，则逐层或选择其中的重要层位分别取样[3]。

浮选样品的采集是伴随着考古遗址的发掘同步进行的，而针对性采样法的基本原则是以遗迹单位作为主要采样点，因此，最终能够采集到的浮选样品数量与考古遗址的性质以及当年的发掘规模密切相关。举例说明，假设某处考古遗址当年度的发掘对象是城墙、城壕、大型夯土台基等面积较大但性质单一的遗迹现象，可供采集浮选土样的遗迹单位的数量少，因此能够采集到的浮选样品的数量也就相对较少；但如果某考古遗址当年度的发掘对象是古代聚落、村庄、城内居住区等，可供采集浮选土样的遗迹单位如灰坑、灰沟、房址、窑址等非常丰富，因此能够获得的浮选样品的数量就比较多。

由于考古发掘规模的不同，以及采样的年度主要发掘的对象的不同，在本课题选定的12处考古遗址中采集到的浮选土样的数量存在着很大差别，其中以牟平照格庄遗址采集的浮选样品的数量最多，总计125份，民和喇家遗址的相对较少，不到10份。根据最后统计，在12处考古遗址先后共采集到了浮选土样682份，浮选的土量总计多达6000余升（表2）。

表 2 **浮选样品采集的情况**

遗址名称	样品数量	浮选总土量（升）	样品平均土量（升）
内蒙古敖汉兴隆沟第Ⅲ地点	100	535	5.4
内蒙古松山三座店	103	520	5.0
山东临淄桐林	122	1139	9.3
山东牟平照格庄	125	500	4.0
河南灵宝西坡	48	239	5.0
陕西扶风周原	33	439	13.3
甘肃武威磨咀子	38	50	1.3
青海民和喇家	9	75	8.3
浙江余杭卞家山	19	950	50
浙江湖州钱山漾	15	750	50
湖北孝感叶家庙	45	578	12.8
湖南澧县鸡叫城	25	300	12
合计	682	6075	~

需要说明的是，在选定的这 12 处考古遗址中，大多数遗址的文化堆积的情况比较单纯，因此浮选样品的年代背景也相对单一。例如，松山三座店遗址是一座单纯的夏家店下层文化居住址，从该遗址采集到的 103 份浮选样品的相对年代自然都属于夏家店下层文化时期。类似的遗址还有敖汉兴隆沟遗址第Ⅲ地点的样品（夏家店下层文化），牟平照格庄遗址的样品（岳石文化），灵宝西坡遗址的样品（仰韶文化晚期），武威磨咀子遗址的样品（马厂类型），余杭卞家山遗址的样品（良渚文化晚期）等。

但是，也有几处考古遗址文化堆积的情况十分复杂，层位多，年代跨度大。针对这些考古遗址，虽然在发掘过程中对所有文化层位都采集了浮选样品，但在分析过程中仅选择与本课题时代界限相关的浮选样品，即年代在公元前 3500 年至公元前 1500 年这一时间段内的浮选样品。举例说明，伴随考古发掘，在临淄桐林遗址先后采集到浮选样品共有 150 份，这些浮选样品的年代背景涉及龙山时代、岳石文化、商周时期、汉代和六朝 5 个不同的考古学文化和历史时期，其中后 3 个时期已经超出了公元前 3500 年至公元前 1500 年这个时间段，因此在本课题的分析和讨论中，仅从中选择了龙山时代和岳石文化这 2 个时期的浮选样品，合计 122 份。

从各个考古遗址采集到的浮选土样都是在当地进行的浮选，其中大多数的遗址采用的是水波浮选仪，收取浮出的炭化物的分样筛的规格是 80 目（筛网孔径 0.2 毫米）。也有少数考古遗址由于采集到的浮选样品数量较少，采用了小水桶浮选方法，但收取浮出炭化物的分样筛也是80目的规格。

浮选结果在当地阴干，然后分别被送交4个植物考古实验室进行分类、植物种属鉴定和分析，包括中国社会科学院考古研究所植物考古实验室、浙江省文物考古研究所科技考古实验室、山东大学东方考古研究中心植物考古实验室以及湖南省文物考古研究所科技考古实验室。

四　出土植物遗存的分类和鉴定

通过实验室的处理和分类，在12处考古遗址浮选出土的植物遗存可以分为炭化木屑、块茎残块、硬果核壳和炭化植物种子四大类。

（一）炭化木屑

炭化木屑是指经过燃烧的木头的残存，其主要来源应该是未燃尽的燃料或遭到焚烧的建筑木材和其他用途的木料等，由于燃料、木材和木料等都是人类日常生活中不可缺少的物质，因此在考古遗址的浮选结果中一般都包含有炭化木屑遗存。

本课题所涉及的12处考古遗址都浮选出土有炭化木屑，绝大多数出土的木屑比较细碎，仅凭肉眼已经很难识别，但通过显微镜观察，这些木屑的细胞结构如导管、筛管和纤维等清晰可见。其中有些尺寸较大的炭化木屑还可以送交专家做进一步的树种鉴定。

（二）块茎残块

块茎是指某些植物特有的变态地下茎，例如马铃薯就是一种典型的块茎类农作物，我国传统的栽培块茎类植物主要有山药、芋、莲藕等。块茎的主要组成部分是富含淀粉的薄壁细胞，在显微镜下很容易将其与主要以导管、筛管和纤维组成的炭化木屑区分开。

在本课题开展浮选的12处考古遗址，有些遗址浮选出土了炭化块茎遗存，但都是些大小不等的破碎残块，已经很难进行植物种属鉴定。

（三）硬果壳核

硬果壳核是指坚果（nut）的果壳和核果（drupe）的果核，前者如板栗、榛子、栎果、菱角等，后者如桃、杏、胡桃、核桃等。这些硬果壳核都十分坚硬，能够长期保存，因此在考古遗址的发掘过程中经常可以发现炭化的或未炭化的硬果壳核的遗存。

在本课题选择的考古遗址中，以长江下游地区的两处考古遗址出土的硬果壳核遗存最为突出，不仅出土数量丰富，而且种类繁多，其中包括有菱角（*Trapa* sp.）和栎果（*Quercus* sp.）等坚果的残破果壳，以及山核桃（*Carya cathayensis*）、桃（*Prunus persica*）、梅（*Prunus mume*）等核果的果核。

（四）植物种子

炭化植物种子是浮选出土植物遗存中内容最为丰富的一类，在12处考古遗址中总计浮选出土了各种炭化植物种子数十万粒。其中以松山三座店遗址的出土数量最为突出，多达10余万粒；临淄桐林遗址的次之，近3万粒；民和喇家遗址的较少，1200余粒；澧县鸡叫城遗址出土的植物种子数量最少，不到1000粒。

浮选出土的植物种子可以进一步再细分为农作物（crops）、杂草（weeds）和其他野生植物（wild plants）三大类。

1. 农作物遗存

经过分类和鉴定，在12处考古遗址浮选结果中共发现了5种不同的农作物遗存，其中包括有4种禾谷类作物，即粟（*Setaria italica*）、黍（*Panicum miliaceum*）、水稻（*Oryza sativa*）和小麦（*Triticum aestivum*），以及1种豆类作物，即大豆（*Glycine max*）。

2. 杂草种子

杂草是指伴随着人类的出现而形成的、依附于人类的生产和生活区域而存在的一类特殊植物，常见的如狗尾草、稗、藜等田间杂草。在12处考古遗址浮选结果中发现有大量的杂草种子，经过鉴定，分别属于禾本科（Poaceae）、豆科（Leguminosae）、藜科（Chenopodiaceae）、蓼科（Polygonaceae）、苋科（Amaranthtaceae）、莎草科（Cyperaceae）和菊科（Compositae）。上述几个科的植物中都包含有许多杂草类品种，有的生长在田间，有的生长在人类的居住区，与人类生产和生活关系十分密切。

3. 其他野生植物种子

浮选结果中发现的其他野生植物种子的种类很多，出现比较普遍的有紫苏（*Perilla frutescens*）、野葡萄（*Vitis* sp.）、水棘针（*Amethystea caerulea*）、酸枣（*Ziziphus spinosa*）等植物种子。事实上，这些植物种类也大多与人类的生活有关。

下面以西辽河流域、黄河下游、黄河中游、黄河上游、长江下游地区和长江中游的顺序，对各文化区域考古遗址浮选结果的具体情况分别给予介绍。

五　西辽河流域地区考古遗址浮选结果

（一）敖汉兴隆沟遗址第Ⅲ地点

兴隆沟遗址位于内蒙古赤峰市敖汉旗的东南部，是一处颇具规模的史前聚落遗址。该遗址分为三个发掘地点，其中的第Ⅲ地点是一座带有圆形围壕的夏家店下层文化居住址，绝对年代在公元前2000年至公元前1500年之间[4]。

伴随考古发掘在兴隆沟遗址第Ⅲ地点采集了浮选土样100份，浮选的土量总计535升，平均每份浮选样品的土量在5升左右。

通过实验室的整理、分类和鉴定，在兴隆沟遗址第Ⅲ地点的浮选样品中发现各种炭化植物种子16376粒。这些出土的炭化植物种子以农作物籽粒为主，包括有粟、黍和大豆3个品种，合计达16217粒，占所有出土植物种子总数的99%。出土的其他植物种子有欧李、猪屎豆属、豆科和藜科等，以及少量的未知植物种子（表3）。

表 3 兴隆沟遗址第Ⅲ地点出土植物遗存的种属鉴定和数量统计表

植物名称	出土绝对数量（粒）	数量百分比（%）
粟（*Setaria italica*）	14716	89.86
黍（*Panicum miliaceum*）	1487	9.08
大豆（*Glycine max*）	14	0.09
欧李（*Prunus humilis*）	8	0.05
猪屎豆属（*Crotalaria* sp.）	17	0.10
豆科（Leguminosae）	115	0.70
藜科（Chenopodiaceae）	2	0.01
未知植物种子	17	0.10
合计	16376	100

在出土的农作物遗存中，炭化粟粒的出土数量具有绝对优势，共计 14716 粒，占出土农作物总数的 90.7%，占所有出土炭化植物种子的 89.9%。炭化黍粒的出土数量相对较少，共计 1487 粒，占出土农作物籽粒总数的 9.2%，占所有出土炭化植物种子的 9.1%。粟和黍出土数量合计所占的比例，在农作物籽粒总数中高达 99.9%，在所有出土炭化植物种子中为 98.9%。根据出土绝对数量的统计结果，兴隆沟遗址第Ⅲ地点的夏家店下层文化时期的农业生产应该属于典型的古代中国北方旱作农业，即以种植粟和黍为主的农业生产特点。

（二）松山三座店遗址

三座店遗址位于内蒙古赤峰市郊的松山区，是一座分布在陡峭山坡上的夏家店下层文化的居住遗址，整个遗址由数十座石块垒砌而成的圆形房址组成，绝对年代在公元前 2000 年至公元前 1500 年之间[5]。

伴随考古发掘在三座店遗址采集了浮选土样 103 份，浮选的土量总计 520 升，平均每份浮选样品的土量在 5 升左右。

通过实验室的整理、分类和鉴定，在三座店遗址浮选样品中发现了数量惊人的炭化植物遗存，仅炭化植物种子一项就多达 10 万余粒。出土的植物种子基本上都是农作物遗存，包括有黍、粟和大豆 3 个品种，合计达 109029 粒，占所有出土植物种子总数的 99.9%。其他植物种子的出土数量较少，仅发现 38 粒，经鉴定，大多数属于禾本科，包括有黍亚科（Panicoideae）和早熟禾亚科（Pooideae）的植物种子，以及属于黍亚科的狗尾草属（*Setaria* sp.）和稗属（*Echinochloa* sp.）植物种子。另外，还发现有 3 粒豆科植物种子（表 4）。

表 4　三座店遗址出土植物遗存的种属鉴定和数量统计表

植物名称	出土绝对数量（粒）	数量百分比（%）
粟（*Setaria italica*）	9665	8.87
黍（*Panicum miliaceum*）	99348	91.09
大豆（*Glycine max*）	16	0.01
稗属（*Echinochloa* sp.）	1	<0.01
狗尾草属（*Setaria* sp.）	24	0.02
黍亚科（Panicoideae）	6	<0.01
早熟禾亚科（Pooideae）	1	<0.01
豆科（Leguminosae）	3	<0.01
未知	3	<0.01
合计	109067	

在出土的农作物遗存中，炭化黍粒的出土数量具有绝对优势，共计 99348 粒，占出土农作物籽粒总数的 91.1%。炭化粟粒的出土数量相对较少，共计 9665 粒，占出土农作物籽粒总数的 8.9%。粟和黍出土数量合计所占的比例，在农作物籽粒总数以及所有出土炭化植物种子总数中都达到了 99.9%。根据出土绝对数量的统计结果，三座店遗址的夏家店下层文化时期的农业生产属于典型的古代中国北方旱作农业，即以种植粟和黍为主的农业生产特点。

六　黄河下游地区考古遗址浮选结果

（一）临淄桐林遗址

桐林遗址位于山东淄博市临淄区的潞山镇，是一处分布面积广阔、延续时间久远的重要考古遗址，遗址范围内堆积有龙山时代、岳石文化、商周时期、汉代和六朝 5 个不同的考古学文化和历史时期的文化遗存，但文化堆积的主体属于一座龙山时代的城址[6]。

伴随考古发掘，在各时期文化堆积中都采集了浮选样品，其中与本课题相关的是龙山时代和岳石文化的浮选样品，共计 122 份，浮选的土量总计为 1139 升，平均每份浮选样品的土量将近 10 升。

通过实验室的整理、分类和鉴定，在桐林遗址的龙山时代和岳石文化时期的浮选样品中，发现有各种炭化植物种子 29229 粒，其中以农作物遗存为主，包括有粟、黍和水稻 3 种谷物品种，合计 18357 粒，占所有出土植物种子总数的 62.8%。其他植物种子经鉴定有禾本科、豆科、藜科、蓼科、苋科、野葡萄等植物科属的种子（表 5）。

表 5 桐林遗址出土植物遗存的种属鉴定和数量统计表

植物名称	龙山时代		岳石文化	
	绝对数量（粒）	数量百分比（%）	绝对数量（粒）	数量百分比（%）
粟（*Setaria italica*）	7030	27.61	1757	46.62
黍（*Panicum miliaceum*）	5658	22.22	304	8.07
水稻（*Oryza sativa*）	3423	13.44	185	4.91
马唐属（*Digitaria* sp.）	608	2.39	83	2.20
稗属（*Echinochloa* sp.）	472	1.85	54	1.43
黍亚科（Panicoideae）	6036	23.71	1127	29.90
假稻属（*Leersia* sp.）	34	0.13		
野大豆（*Glycine soja*）	99	0.39	4	0.11
豆科（Leguminosae）	1352	5.31	75	1.99
藜科（Chenopodiaceae）	299	1.17	43	1.14
蓼科（Polygonaceae）	6	0.02	2	0.05
其他	15	0.06	4	0.11
未知	428	1.68	131	3.48
合计	25460		3769	

桐林遗址的龙山时代浮选样品出土了各类植物种子共计25460粒，其中粟、黍和水稻这3种农作物遗存的出土数量总计为16111粒，占龙山时代出土植物种子总数的63.4%。有意思的是，这3种农作物出土的绝对数量相差无几，分别是炭化粟7030粒，炭化黍5658粒，炭化稻米3423粒，在出土农作物籽粒总数中所占的比例也都比较显著，分别是43.6%、35.1%和21.3%。需要特别说明的是，稻米的尺寸比粟和黍的尺寸大的多，因此其出土绝对数量的相对比例可能比实际情况要低[7]。但不论如何，出土绝对数量的统计结果显示，粟、黍和水稻这3种植物在龙山时代都是桐林遗址当地农业生产的重要农作物品种。考虑到水稻是水田作物，粟和黍是旱地作物，桐林遗址龙山时代农业生产的特点应该属于稻旱混作生产模式。

桐林遗址的岳石文化时期浮选样品出土了各类植物种子共计3769粒，其中粟、黍和水稻这3种农作物遗存的出土数量合计为2246粒，占所有出土植物种子总数的59.6%。值得注意的是，在岳石文化时期浮选样品中，炭化粟粒的出土数量异常突出，占出土农作物籽粒总数的78.2%，而炭化稻米的出土数量相对较少，仅占出土农作物籽粒总数的8.2%。与龙山时代的浮选结果相比较，岳石文化浮选样品中小米与稻米的绝对数量比例之间的差距明显扩大，这也许说明，桐林遗址发展到岳石文化时期，水稻在农业生产中的地位大幅度下降，当地农业有可能开始向典型的古代中国北方旱作农业转变，即以种植粟和黍为主的农业生产特点。

（二）牟平照格庄遗址

照格庄遗址位于山东烟台市牟平区，是一座岳石文化时期的居住址，主要遗迹包括窑址和灰坑，绝对年代在公元前1800年至公元前1500年之间[8]。

伴随考古发掘采集了浮选土样125份，浮选的土量总计500升，平均每份浮选样品的土量在4升左右。

通过实验室的整理、分类和鉴定，在照格庄遗址的浮选样品中发现了各种炭化植物种子15000余粒，其中以农作物遗存为主，包括有粟、黍、水稻、小麦和大豆5个农作物品种，合计7950粒，占所有出土植物种子总数的51.4%。其他植物种子经鉴定有禾本科、豆科、藜科、苋科等植物科属的种子，其中以禾本科的黍亚科植物种子数量居多，计6392粒，占所有出土植物种子总数的41.3%（表6）。

表6　照格庄遗址出土植物遗存的种属鉴定和数量统计表

植物名称	出土绝对数量（粒）	数量百分比（%）
粟（*Setaria italica*）	7505	48.49
黍（*Panicum miliaceum*）	421	2.72
水稻（*Oryza sativa*）	4	0.03
小麦（*Triticum aestivum*）	16	0.10
大豆（*Glycine max*）	4	0.03
野大豆（*Glycine soja*）	34	0.22
黍亚科（Panicoideae）	6392	41.29
豆科（Leguminosae）	80	0.52
莎草科（Cyperaceae）	2	0.01
藜科（Chenopodiaceae）	13	0.08
苋科（Amaranthtaceae）	2	0.01
菊科（Compositae）	2	0.01
唇形科（Labiatae）	5	0.03
未知	62	0.40
不可鉴定	937	6.05
合计	15479	

在照格庄遗址浮选出土的5种农作物遗存中，炭化粟粒的出土数量具有绝对优势，共计7505粒，占出土农作物籽粒总数的94.4%。炭化黍粒的出土数量相对较少，计421粒，占出土农作物籽粒总数的5.3%。粟和黍出土数量合计在农作物籽粒总数中所占比例高达99.7%。根据出土绝对数量的统计结果，照格庄遗址的岳石文化时期的农业生产应该属于典型的古代中国北方旱作农业，即以种植粟和黍为主的农业生产特点。这与桐林遗址的岳石文化时期浮选样品所反映的情况基本一致。

七 黄河中游地区考古遗址浮选结果

（一）灵宝西坡遗址

西坡遗址位于河南灵宝市，是一座仰韶文化晚期的居住址，绝对年代在公元前2800年至公元前2500年之间[9]。

伴随考古发掘在该遗址采集了浮选土样48份，浮选的土量总计239升，平均每份浮选样品的土量在5升左右。

通过实验室的整理、分类和鉴定，在西坡遗址浮选样品中共发现了各种炭化植物种子3000余粒。其中以农作物遗存为主，包括粟、黍和水稻3种农作物品种，合计1485粒，占所有出土植物种子总数的46.2%。其他植物种子经鉴定有属于禾本科的马唐属和狗尾草属，唇型科的紫苏、土荆芥（*Chenopodium ambrosioides*），蔷薇科（Rosaceae）的李属（*Prunus* sp.）、葡萄属，以及豆科、藜科、茄科（Solanaceae）、菊科等植物科属的种子（表7）。

表7　西坡遗址出土植物遗存的种属鉴定和数量统计表

植物名称	出土绝对数量（粒）	数量百分比（%）
粟（*Setaria italica*）	1345	41.89
黍（*Panicum miliaceum*）	131	4.08
水稻（*Oryza sativa*）	9	0.28
马唐属（*Digitaria* sp.）	117	3.64
狗尾草属（*Setaria Beauv*）	228	7.10
黍亚科（Panicoideae）	819	25.51
禾本科（Poaceae）	4	0.12
野大豆（*Glycine soja*）	1	0.03
土荆芥（*Chenopodium ambrosioides*）	1	0.03
紫苏（*Perilla frutescens Britt*）	2	0.06
李属（*Prunus* sp.）	1	0.03
葡萄属（*Vitis* sp.）	1	0.03
豆科（Leguminosae）	470	14.64
藜科（Chenopodiaceae）	9	0.28
茄科（Solanaceae）	2	0.06
菊科（Compositae）	32	1.00
蔷薇科（Rosaceae）	2	0.06
未知植物种子	37	1.15
合计	3211	

在西坡遗址出土的农作物遗存中，炭化粟粒的出土数量具有绝对优势，共计1345粒，占所有出土农作物籽粒总数的90.6%。炭化黍粒的出土数量相对较少，共计131粒，占出土农作物籽粒总数的8.8%，粟和黍出土数量合计在农作物籽粒总数中所占比例高达99.4%。根据出土绝对数量的统计结果，西坡遗址仰韶文化晚期的农业生产应该属于典型的古代中国北方旱作农业，即以种植粟和黍为主的农业生产特点。

（二）扶风周原遗址王家嘴地点

周原遗址是指位于陕西扶风地区的一片古代遗址区，当地密集地分布有许多先周时期的居住址地点，绝对年代在公元前2300年至公元前1500年之间。本课题选择的是其中一处名叫王家嘴的地点，该地点包含龙山时代和先周时期两个不同时期的文化堆积[10]。

伴随考古发掘在周原遗址王家嘴地点采集了浮选土样33份，浮选的土量总计439升，平均每份浮选样品的土量在13升左右。

通过实验室的整理、分类和鉴定，在周原遗址王家嘴地点浮选样品中发现了各种炭化植物种子12457粒，其中包括有粟、黍、水稻、小麦和大豆5个不同的农作物品种，其他植物种子经鉴定有黍亚科、豆科、藜科等植物科属的种子（表8）。

表8　周原遗址王家嘴地点出土植物遗存的种属鉴定和数量统计表

植物名称	龙山时代		岳石文化	
	绝对数量（粒）	数量百分比（%）	绝对数量（粒）	数量百分比（%）
粟（*Setaria italica*）	5826	50.52	583	62.96
黍（*Panicum miliaceum*）	160	1.39	94	10.15
小麦（*Triticum aestivum*）	1	0.01	119	12.96
大豆（*Glycine max*）	122	1.06	37	4.00
水稻（*Oryza sativa*）	5	0.04		
黍亚科（Panicoideae）	5293	45.90	90	9.72
豆科（Leguminosae）	115	1.00	1	0.11
藜科（Chenopodiaceae）	1	0.01		
拉拉藤属（*Galium* sp.）	2	0.02		
朴树（*Celtis* sp.）	4	0.03		
未知	3	0.03	1	0.11
合计	11532		925	

从周原遗址王家嘴地点的龙山时代浮选样品中发现的各类植物种子共计11532粒，包括有粟、黍、水稻、小麦和大豆5种农作物品种，合计6114粒，占出土植物种子总数的53%。在出土的农作物籽粒中，炭化粟粒的出土数量具有绝对优势，共计5826粒，

占所有出土农作物籽粒总数的95.3%。炭化黍粒和炭化大豆粒的出土数量相对较少，分别为160粒和122粒，各自占出土农作物籽粒总数的2.6%和2%。水稻和小麦的出土数量非常少，仅有5粒和1粒，在农作物籽粒总数中所占比例微不足道。根据出土绝对数量的统计结果，周原遗址王家嘴地点的龙山时代的农业生产属于典型的古代中国北方旱作农业，即以种植粟和黍两种小米为主的农业生产特点，但大豆似乎也很重要。

在周原遗址王家嘴地点的先周时期浮选样品中发现的植物种子数量较少，共计925粒，其中以农作物为主，包括有粟、黍、小麦和大豆4种农作物品种，合计833粒，占所有出土植物种子总数的90.1%。在出土的农作物遗存中，炭化粟粒的出土数量仍然是最多，计583粒，占所有出土农作物籽粒总数的69.9%。炭化小麦出土数量也是很突出，共计119粒，占所有出土炭化植物种子的14.4%。考虑到小麦籽粒尺寸比粟粒尺寸大的多，因此高达14%的出土绝对数量比例很值得重视。根据出土绝对数量的统计结果，周原遗址王家嘴地点的先周时期的农业生产毫无疑问属于旱作农业，但与典型的古代中国北方旱作农业传统略有不同，除了种植粟和黍之外，小麦种植的比重应该也很高。

八 黄河上游地区考古遗址浮选结果

（一）武威磨咀子遗址

磨咀子遗址位于甘肃武威市，是在河西走廊发现的一处重要的考古遗址。遗址包括甘肃仰韶文化马厂期和汉代2个不同时期的文化遗存，浮选样品的采集仅限于其中的马厂期文化堆积，绝对年代在公元前2300年至公元前2000年之间。

伴随考古发掘，在磨咀子遗址采集了浮选土样38份，浮选的土量总计50升，平均每份浮选样品的土量在1.3升左右。

通过实验室的整理、分类和鉴定，在磨咀子遗址浮选样品中发现了各种炭化植物种子2471粒。出土的炭化植物种子以农作物遗存为主，有粟和黍2个品种，合计2332粒，占所有出土炭化植物种子的94%。其他植物种子经鉴定有黍亚科、豆科等植物科属的种子（表9）。

表9　磨咀子遗址出土植物遗存的种属鉴定和数量统计表

植物名称	出土绝对数量（粒）	数量百分比（%）
粟（*Setaria italica*）	2178	88.14
黍（*Panicum miliaceum*）	144	5.83
黑麦?（*Secale cereale* ?）	1	0.04
黍亚科（Panicoideae）	62	2.51
豆科（Leguminosae）	61	2.47
未知	25	1.01
合计	2471	

在出土的农作物遗存中，炭化粟粒的出土数量具有绝对优势，共计2178粒，占出土农作物籽粒总数的93.4%。炭化黍粒的出土数量较少，计144粒，占出土农作物籽粒总数的6.6%。

值得注意的是，在磨咀子遗址还发现了疑似黑麦（*Secale cereale*）的植物种子，但因为仅发现了一粒，其性质暂且存疑。

根据出土绝对数量的统计结果，磨咀子遗址的马厂时期的农业生产仍然属于典型的古代中国北方旱作农业，即以种植粟和黍为主的农业生产特点，但麦类作物有可能已经开始传入。

（二）民和喇家遗址

喇家遗址位于青海民和县东南部的官厅镇喇家村，是一处齐家文化聚落址，绝对年代在公元前2300年至公元前1900年之间[11]。

伴随考古发掘在喇家遗址采集了浮选土样9份，浮选的土量总计75升，平均每份浮选样品的土量在8升左右。

通过实验室的整理、分类和鉴定，在喇家遗址浮选样品中发现了各种炭化植物种子1280粒。出土的农作物遗存有粟和黍2个品种，合计594粒，占所有出土炭化植物种子的46.4%。其他植物种子经鉴定有禾本科、豆科和苋科等植物科属的种子（表10）。

表10　　喇家遗址出土植物遗存的种属鉴定和数量统计表

植物名称	出土绝对数量（粒）	数量百分比（%）
粟（*Setaria italica*）	589	46.02
黍（*Panicum miliaceum*）	5	0.39
苋科（Amaranthtaceae）	9	0.70
禾本科（Poaceae）	283	22.11
豆科（Leguminosae）	307	23.98
其他种子	87	6.80
合计	1280	

在喇家遗址出土的农作物遗存中，炭化粟粒的出土数量具有绝对优势，共计589粒，占出土农作物籽粒总数的99.2%。炭化黍粒的出土数量很少，仅发现了5粒，占出土农作物籽粒总数的0.8%。

值得注意的是，在喇家遗址浮选样品中发现有300余粒炭化的豆科植物种子，这些豆粒个体都很小，长约2毫米，宽在1.5毫米左右，形态特征非常一致，均呈肾状椭圆形，背部圆凸，腹部微凹，种脐微小呈环丘状，根据形态特征以及尺寸判断，有可能属于苜蓿属（*Medicago*）。

根据出土绝对数量的统计结果，喇家遗址的齐家文化时期的农业生产属于典型的古代中国北方旱作农业，即以种植粟和黍为主的农业生产特点，但可能也包含有一定成分的家畜饲养业。

九　长江下游地区考古遗址浮选结果

（一）余杭卞家山遗址

卞家山遗址位于浙江杭州市余杭区，是一座良渚文化晚期的居住址，从中发现了大型木构建筑遗存，绝对年代在公元前2500年至公元前2300年之间[12]。

伴随考古发掘采集了浮选土样19份，浮选的土量总计多达950升，平均每份浮选样品的土量在50升左右。

通过实验室的整理、分类和鉴定，在卞家山遗址浮选样品中发现了品种繁多的植物种子，已经鉴定出的有26个不同的植物品种，共计3378粒。这些出土的植物遗存大多数属于可食用的植物，其中以水稻遗存最多，其他多是些瓜果类植物，例如甜瓜（*Cucumis melo*）、桃（*Prunus persica*）、梅（*Prunus mume*）、李（*Prunus ceraifera*）、南酸枣（*Choirospondias axillaris*）、柿子（*Diospyros* sp.）、葡萄等（表11）。

表11　　卞家山遗址出土植物遗存的种属鉴定和数量统计表

植物名称	出土绝对数量（粒）	数量百分比（%）
稻米（*Oryza sativa*）	1104	32.68
粟（*Setaria italica*）	1	0.03
芡实（*Euryale ferox*）	381	11.28
甜瓜（*Cucumis melo*）	454	13.44
葫芦（*Lagenaria siceraria*）	31	0.92
菱角（*Trapa japonica*）	68	2.01
桃（*Prunus persica*）	59	1.75
梅（*Prunus mume*）	12	0.36
李（*Prunus ceraifera*）	7	0.21
南酸枣（*Choirospondias axillaris*）	716	21.20
乌蔹梅（*Cayratia japonica*）	2	0.06
葎草（*Humulus japonicus*）	7	0.21
金鱼藻（*Ceratophyllum demersum*）	4	0.12
朴树（*Celtis sinesis*）	1	0.03
柿属（*Diospyros* sp.）	13	0.38
葡萄属（*Vitis* sp.）	21	0.62
楝属（*Melia azedarach*）	12	0.36
悬钩子属（*Rubus* sp.）	3	0.09

续表

植物名称	出土绝对数量（粒）	数量百分比（%）
千金藤属（*Stephania* sp.）	2	0.06
老鼠拉冬瓜属（*Zehneria* sp.）	1	0.03
眼子菜属（*Potamogeton* sp.）	2	0.06
壳斗科（Fagaceae）	203	6.01
蔷薇科（Rosaceae）	16	0.47
睡莲科（Nymphaeaceae）	67	1.98
莎草科（Cyperaceae）	13	0.38
蓼科（Polyconaceae）	40	1.18
其他	138	4.10
合计	3378	

卞家山遗址出土的农作物遗存有水稻和粟，其中以水稻最为突出，共计1104粒，占出土所有出土植物种子总数的32.7%。炭化粟粒仅仅发现了一粒，由于出土数量实在太少，所占数量比例可以忽略不计。出土的芡实籽粒究竟属于栽培品种还是野生品种，有待进一步的研究，但出土数量（381粒）和所占的比例（11.3%）都很显著，推测应该是卞家山遗址古代先民的食物之一。

卞家山遗址出土的甜瓜籽的数量也很显著，多达450余粒，占出土所有出土植物种子总数的13.4%，但是否属于栽培品种也有待进一步的研究。

总之，根据出土绝对数量的统计结果，卞家山遗址良渚文化晚期的农业生产属于典型的南方稻作农业，即以种植水稻为主的农业生产特点。

（二）湖州钱山漾遗址

钱山漾遗址位于浙江湖州市城南，20世纪50年代刚刚发现该遗址时，被认定是良渚文化遗存，近期的考古发掘工作证实，钱山漾遗址的文化堆积应该属于良渚文化消亡以后的一种全新文化类型，被命名为“钱山漾类型”，绝对年代在公元前2300年至公元前1800年之间[13]。

伴随考古发掘采集了浮选土样15份，浮选的土量总计750升，平均每份浮选样品的土量在50升左右。

通过实验室的整理、分类和鉴定，在钱山漾遗址浮选样品中发现了品种繁多的植物种子，已经鉴定出的有23个不同的植物品种，另外还有一些尚未鉴定的或无法鉴定的植物种子，总计达14446粒。这些出土植物遗存中的绝大多数是炭化稻米遗存，其他可食用的植物遗存还有甜瓜、桃、梅、李、南酸枣、葡萄、柿子等品种，在这些瓜果类的植物遗存中，以甜瓜籽和菱角残块的出土数量最为突出（表12）。

表 12　钱山漾遗址出土植物遗存的种属鉴定和数量统计表

植物名称	出土绝对数量（粒）	数量百分比（%）
稻米（*Oryza sativa*）	12163	84. 19
芡实（*Euryale ferox*）	30	0. 21
甜瓜（*Cucumis melo*）	385	2. 67
葫芦（*Lagenaria siceraria*）	77	0. 53
菱角（*Trapa japonica*）	655	4. 53
桃（*Prunus persica*）	31	0. 21
梅（*Prunus mume*）	15	0. 10
李（*Prunus ceraifera*）	1	0. 01
南酸枣（*Choirospondias axillaris*）	1	0. 01
乌蔹梅（*Cayratia japonica*）	8	0. 06
豆腐柴（*Premna microphylla*）	1	0. 01
泽漆（*Euphorbia helioscopia*）	67	0. 46
朴树（*Celtis sinesis*）	147	1. 02
白屈菜（*Chelidonium majus*）	4	0. 03
金鱼藻（*Ceratophyllum demersum*）	6	0. 04
荇菜（Nymphoides peltatum）	1	0. 01
葡萄属（Vitis sp. ）	27	0. 19
柿属（Diospyros sp. ）	9	0. 06
眼子菜属（Potamogeton sp. ）	1	0. 01
悬钩子属（*Rubus* sp. ）	1	0. 01
壳斗科（*Fagaceae*）	6	0. 04
蓼科（*Polyconaceae*）	50	0. 35
莎草科（*Cyperaceae*）	15	0. 10
种属未定 1	535	3. 70
种属未定 2	167	1. 16
其他	45	0. 31
合计	14446	

出土的农作物遗存可以确定的仅是水稻一个品种，但出土数量非常多，共计12163粒，占所有出土植物种子总数的84.2%。根据出土绝对数量的统计结果，钱山漾遗址的农业生产特点毫无疑问地属于典型的南方稻作农业，即以种植水稻为主的农业生产特点。

十　长江中游地区考古遗址浮选结果

（一）孝感叶家庙遗址

叶家庙遗址位于湖北孝感市的北部，是一座屈家岭文化时期的大型环壕城址，也是迄今为止在鄂东北地区发现的最早的古城址，绝对年代在公元前3200年至公元前2600年之间。

伴随考古发掘采集了浮选土样45份，浮选的土量总计578升，平均每份浮选样品的土量将近13升。

通过实验室的整理、分类和鉴定，在叶家庙遗址浮选样品中发现了各种炭化植物种子10011粒。其中以农作物遗存为主，包括水稻和粟2个品种，合计9716粒，占所有出土植物种子总数的97.1%。其他出土植物种子经鉴定有属于禾本科的狗尾草属和稗属，以及莎草科、豆科、菊科等植物科属的种子（表13）。

表13　　叶家庙遗址出土植物遗存的种属鉴定和数量统计表

植物名称	出土绝对数量（粒）	数量百分比（%）
水稻（*Oryza sativa*）	9700	96.89
粟（*Setaria italica*）	16	0.16
狗尾草属（*Setaria* sp.）	64	0.64
稗属（*Echinochloa* sp.）	3	0.03
黍亚科（Panicoideae）	51	0.51
蓼属（*Polygonum* sp.）	5	0.05
豆科（Leguminosae）	8	0.08
菊科（Compositae）	1	0.01
莎草科（Cyperaceae）	77	0.77
未知植物种子	86	0.86
合计	10011	

在叶家庙遗址出土的农作物遗存中，炭化稻米的出土数量具有绝对优势，共计9700粒，占出土农作物籽粒总数的99.8%。炭化粟粒数量非常少，仅发现16粒，所占比例微不足道。根据绝对数量的统计结果，叶家庙遗址屈家岭文化时期的农业属于典型的南方稻作农业，即以种植水稻为主的农业生产特点。

（二）澧县鸡叫城遗址

鸡叫城遗址位于湖南北部澧县境内，是近些年在澧阳平原发现的又一处重要的考古遗址[14]。遗址包括了屈家岭文化和石家河文化2个不同时期的文化遗存，本课题浮选样品的采集仅限于其中的石家河文化堆积，绝对年代在公元前2600年至公元前1800年之间。

伴随考古发掘采集了浮选土样25份，浮选的土量总计300升，平均每份浮选样品的土量在20升左右。

通过实验室的整理、分类和鉴定，在鸡叫城遗址浮选样品中发现了品种繁多的植物种子，已经鉴定出的有28个不同的植物品种，但出土数量并不多，总计839粒。这些出土植物遗存大多属于杂草类植物，例如，莎草科的藨草属（*Scirpus* sp.）、飘拂草属（*Fimbristylis* sp.）、苔草属（*Carex* sp.）等（表14）。

表14　鸡叫城遗址出土植物遗存的种属鉴定和数量统计表

植物名称	出土绝对数量（粒）	数量百分比（%）
水稻（*Oryza sativa*）	79	9.42
藨草属（*Scirpus* sp.）	254	30.27
酢浆草（*Oxalis corniculata*）	1	0.12
红蓼（*Polygonum orientale*）	15	1.79
接骨木（*Sambucus chinensis*）	9	1.07
醴肠（*Eclipta prostrata*）	1	0.12
蓼属（*Polygonum* sp.）	1	0.12
马鞭草属（*Verbena officinalis*）	20	2.38
马齿苋（*Portulaca oleracea*）	3	0.36
马交儿（*Melothria indica*）	25	2.98
猕猴桃属（*Actinidia* sp.）	2	0.24
飘拂草属（*Fimbristylis* sp.）	26	3.10
茄属（*Solanum* sp.）	7	0.83
莎草属（*Cyperus* sp.）	3	0.36
石龙芮（*Ranunculus sceleratus*）	60	7.15
石荠苧属（*Mosla* sp.）	30	3.58
水虱（*Fimbristylis miliacea*）	2	0.24
酸浆（*Physalis alkekengi*）	4	0.48
苔草属（*Carex* sp.）	56	6.67
无花果属（*Ficus* sp.）	1	0.12

续表

植物名称	出土绝对数量（粒）	数量百分比（%）
萤蔺（*Scirpus juncoides*）	15	1.79
紫苏（*Perilla frutescens*）	4	0.48
菊科（Compositae）	5	0.60
禾本科（Graminae）	6	0.72
荨麻科（Urticaceae）	8	0.95
樟科（Lauraceae）	6	0.72
漆树科（Anacardiaceae）	1	0.12
莎草科（Cyperaceae）	7	0.83
未知	188	2.24
合计	839	

在鸡叫城遗址浮选样品中发现的炭化稻米仅有79粒，占所有出土植物种子总数的9.4%。虽然出土数量较少，但水稻却是唯一的农作物遗存，因此估计鸡叫城遗址石家河文化时期的农业属于南方稻作农业。

十一　浮选结果的量化分析

综上所述，在本课题所选择的12处考古遗址的浮选结果中，都是以炭化植物种子为主，其中又是以农作物籽粒的出土数量最为突出。在各考古遗址出土的植物种子的总数中，农作物籽粒的绝对数量的比例一般都超过了50%，在有些遗址浮选出土的植物种子中，农作物籽粒的绝对数量的比例竟然高达90%以上，例如兴隆沟遗址第Ⅲ地点、三座店遗址、磨咀子遗址和叶家庙遗址等。这说明，在公元前3500年至公元前1500年之间，活跃在中国南北广大区域内的几支主要古代文化传统，包括海岱龙山/岳石文化、仰韶晚期/中原龙山文化、齐家文化、良渚/广富林文化、屈家岭/石家河文化、夏家店下层文化，他们当时的生业形态都应该是以农业经济为主。

在浮选出土的农作物籽粒中，经鉴定有粟（谷子）、黍（糜子）、水稻、小麦和大豆5个不同的品种。但是，各个考古遗址出土农作物的种类却有所不同，有的遗址仅出土了1种或2种农作物，如卞家山遗址、钱山漾遗址、叶家庙遗址、鸡叫城遗址、磨咀子遗址和喇家遗址；有的遗址出土有3种或4种农作物，如桐林遗址、西坡遗址、三座店遗址和兴隆沟遗址第Ⅲ地点；只有少数遗址是5种农作物品种同出，如照格庄遗址和周原遗址王家嘴地点。

除了出土农作物种类差异外，各考古遗址出土的代表性农作物的品种也有所不同。有些遗址是以粟和黍为主，如三座店遗址、兴隆沟遗址第Ⅲ地点、磨咀子遗址、喇家遗址、照格庄遗址、西坡遗址和周原遗址王家嘴地点；有些遗址是以水稻为主，如卞家山遗址、钱山漾遗址、叶家庙遗址和鸡叫城遗址；还有的遗址出土的粟、黍和水稻这 3 种农作物在绝对数量上相差无几，如桐林遗址。这些现象分别代表的是古代中国北方旱作农业特点、南方稻作农业特点以及特殊的稻旱混作生产模式。

然而，以上的初步认识都是基于对出土植物遗存的绝对数量的统计和对比，但是，应用浮选法获得的植物遗存在绝对数量的统计上以及相互之间的对比上是有误差的，这些误差是炭化植物遗存在堆积过程中、埋藏过程中以及被提取过程中存在的各种自然的或人为的因素造成的[15]。因此，在对浮选出土植物遗存进行量化分析时，除了需要考虑出土的绝对数量外，还应该再结合其他的统计方法，例如，植物遗存出土概率的统计方法。

植物遗存的出土概率是指在遗址中发现某种植物种类的可能性，是根据出土有该植物种类的浮选样品在采集到的浮选样品总数中所占的比例计算得出的。例如，在某个考古遗址总共采集了 100 份浮选土样，其中有 50 份土样出土了炭化稻米，那么，在这个考古遗址的浮选结果中，水稻的出土概率就是 50%。出土概率统计方法的特点是不考虑每份浮选样品中所包含的各种植物遗存的绝对数量，仅以“有”和“无”二分法作为计量标准，其结果反映的是植物遗存在遗址内的分布范围和密度。考古遗址中埋藏的植物遗存绝大多数应该属于文化堆积，即人类通过劳动主动地（如谷物）或被动地（如杂草）所获得的、而后又被人类有意识地遗弃（如垃圾）或无意识地遗漏在遗址中的植物的遗存。从理论上讲，与人类日常生活关系越密切的植物种类被带回居住地的可能性就越大、频率越高，因而被遗弃或遗漏在遗址中的几率就越高，散布在遗址中的范围就越广。因此，可以根据不同植物遗存的出土概率，即其在遗址内的分布范围和密度，再参考其出土的绝对数量值，推断出它们在当时人类生活中的相对地位和重要性。

据此，除了出土绝对数量的统计数据之外，又对 12 处考古遗址浮选出土的农作物遗存进行了出土概率的统计。然后，结合这两种不同的统计结果，推测和判断各种农作物品种在不同时代各个地区古代先民的日常生活和生产活动中的地位和价值，由此进一步分析和探讨在公元前 3500 年至公元前 1500 年期间 6 个不同文化区的农业生产特点以及相应的生产技术和生产水平。

下面对 6 个区域分别加以叙述。

（一）西辽河流域地区（赤峰地区）

在兴隆沟遗址第Ⅲ地点和三座店遗址的浮选结果中，农作物遗存不仅出土的数量多，而且在出土植物种子总数中所占的数量比例也异常的高，均达到了 90% 以上，这清楚地说明，西辽河流域地区夏家店下层文化时期的古代先民的食物来源主要是农产品，其生业形态应当是以农业经济为主。

但是，在这 2 处遗址浮选出土的农作物品种都比较单一，基本上就是粟和黍。有意思的是，在兴隆沟遗址第Ⅲ地点的浮选结果中，粟的出土绝对数量显著地多于黍，而在三座店遗址的浮选结果中，黍的出土绝对数量明显地多于粟。然而，通过出土概率的统计发现，2 处遗址的结果却是一致的，都是粟的出土概率统计数据高于黍（表 15～16）。

表 15 西辽河流域地区农作物的出土绝对数量统计表

遗址名称	考古学文化	样品数量	粟	黍	水稻	小麦	大豆
兴隆沟第Ⅲ地点	夏家店下层	100	14716	1487			14
松山三座店	夏家店下层	103	9665	99348			16

表 16 西辽河流域地区农作物的出土概率统计表

遗址名称	考古学文化	样品数量	粟	黍	水稻	小麦	大豆
兴隆沟第Ⅲ地点	夏家店下层	100	92%	71%			11%
松山三座店	夏家店下层	103	77%	48%			4%

前面已经提及，在对浮选出土的植物遗存进行量化分析中，绝对数量的统计数据具有很强的偶然性，三座店遗址浮选结果中黍的出土数量就是一个很好的例证。在三座店遗址的 103 份浮选样品中，虽然出土的炭化黍粒总计多达近 10 万粒，但在实际上，其中的 90% 即 9 万余粒都是出土于 F40①：2 这一份浮选样品中，而其他的 102 份浮选样品中出土的炭化黍粒合计还不到 1000 粒。试设想，如果在三座店遗址浮选样品的采集过程中“偶然”地没有采集到 F40①：2 这份样品，那么三座店遗址浮选结果中粟与黍的绝对数量比例就完全是另外一种情况。

相对而言，出土概率统计数据的科学性要更强一些。据此，虽然粟和黍在西辽河流域地区夏家店下层文化时期都是主体农作物品种，但相比较而言，粟在当时的农耕生产中应该是首选农作物品种，在种植的面积上和田块优劣的配置上都是以粟为先。

除了粟和黍外，在兴隆沟遗址第Ⅲ地点和三座店遗址的浮选结果中都发现了炭化大豆遗存，但出土的数量极少，在兴隆沟遗址第Ⅲ地点发现了 14 粒，在三座店遗址有 16 粒。与同出的上万粒甚至近 10 万粒的炭化粟和黍相比，这 2 处考古遗址浮选结果中炭化大豆的出土数量实在是微不足道，在绝对数量的比例上几乎可以忽略不计。但是，通过出土概率的统计结果发现，大豆的出土概率特别是在兴隆沟遗址第Ⅲ地点的出土概率数据还是比较显著的。这也许说明了，在西辽河流域地区夏家店下层文化时期的农业生产中，大豆的种植应该还是占有一定的地位的，虽然与粟和黍相比属于次要农作物品种。

从整体上分析，在西辽河流域古代文化系列中最昌盛的阶段——夏家店下层文化时期，当地的农业生产非常发达，但农业种植制度却相对比较单一，所耕种的乃至依赖的农作物品种基本上仅局限于粟和黍。

（二）黄河下游地区（海岱地区）

在黄河下游地区选择的 2 处考古遗址中，桐林遗址包括了龙山和岳石 2 个考古学文化时期的浮选样品，照格庄遗址则主要是岳石文化时期的样品，龙山和岳石 2 个考古学文化时代的样品不够平衡。但幸运的是，在黄河下游地区以往开展过浮选工作的考古遗址数量很多，其中不乏龙山时代的遗址，例如日照两城镇遗址和聊城校场铺遗址等。因此，在对龙山时代农业经济的分析中，除了主要依据桐林遗址的浮选结果外，还将参考其他遗址浮选结果的内容，例如已经发表的两城镇浮选结果[16]。

根据桐林遗址和照格庄遗址的浮选结果可以看出，不论是在龙山时代还是在岳石文化时期，黄河下游地区的古代先民的生业形态都已经发展到了农业经济阶段，但是，在这期间当地的农业生产特点似乎发生了一些细微的变化（表17～18）。

表17　　黄河下游地区农作物的出土绝对数量统计表

遗址名称	考古学文化	样品数量	粟	黍	水稻	小麦	大豆
临淄桐林	龙山时代	85	7030	5658	3423		
临淄桐林	岳石文化	37	1757	304	185		
牟平照格庄	岳石文化	125	7505	421	4	16	4

表18　　黄河下游地区农作物的出土概率统计表

遗址名称	考古学文化	样品数量	粟	黍	水稻	小麦	大豆
临淄桐林	龙山时代	85	89.4%	63.5%	65.9%		
临淄桐林	岳石文化	37	94.6%	75.7%	51.4%		
牟平照格庄	岳石文化	125	83.8%	32.5%	5%	7.5%	5%

桐林遗址龙山时代的浮选样品出土了粟、黍和水稻3种农作物。从绝对数量的对比上看，粟和黍的出土数量较多，分别为7030粒炭化粟粒和5658粒炭化黍粒；水稻的数量也很突出，3423粒炭化稻米。从出土概率的统计结果上看，粟的出土概率最高，约90%，水稻和黍的相差无几，都达到了65%左右。综合两种统计结果，我们认为，虽然在桐林遗址浮选结果中粟的统计数据相对比较突出，但实际上粟、黍和水稻这3种农作物应该都是龙山时代当地农业生产所种植的主体农作物。这个判断在日照两城镇遗址的龙山时代的浮选结果中得到证实。在两城镇遗址也浮选出土了粟、黍、水稻等不同农作物品种，在出土绝对数量的对比上，水稻最多，粟次之；但在出土概率上的对比上，水稻与粟的数据相差无几。这说明，水稻和粟在两城镇遗址龙山时代先民的生活中的重要性基本是在伯仲之间[17]。粟和黍是中国古代北方旱作农业的代表农作物，水稻是中国南方稻作农业的代表农作物。根据桐林遗址和两城镇遗址的浮选结果分析，在龙山时代，黄河下游地区的农业生产应该是以稻旱混作为特点，与现今淮河中下游地区的农业生产特点十分类似[18]。

桐林遗址岳石文化时期的浮选样品仍然出土了粟、黍和水稻3种农作物，但是，三者的统计数据之间的比例发生了明显的变化。例如，粟的出土数量在农作物总数中占绝对优势，比例高达78%，而水稻的出土数量有了明显下降，仅有8%。粟和水稻的出土数量的比例一升一降，这在出土概率的统计结果上也有所反映。在照格庄遗址岳石文化时期的浮选结果中，粟和水稻的统计数据差距表现得非常突出。在出土绝对数量的对比上，炭化粟粒多达7505粒，炭化稻米仅发现了4粒；在出土概率上的对比上，粟的出土概率高达83.8%，而水稻的仅有5%。综合桐林遗址和照格庄遗址的岳石文化时期的浮选结果可以看出，到了岳石文化时期，黄河下游地区的农业生产虽然依旧种植有粟、黍、水稻等不同的农作物品种，但其中以粟和黍为代表的旱作农业的比重有所增加，而稻作的比重明显下降。

由此可见，在黄河下游地区，龙山时代和岳石文化的文化交替不仅表现在其他文化特征上，在农业生产特点上也有所表现。在龙山时代，当地的农业生产是以稻旱混作为特点，在岳石文化时期，粟和黍占据了主体农作物的地位，而水稻的地位已经微不足道了。

另外，照格庄遗址岳石文化时期新出现的大豆特别是小麦的遗存也很值得重视，虽然这两种农作物品种所占比重并不显著。

（三）黄河中游地区（中原地区）

黄河中游地区是研究华夏文明起源的核心区域，所以自探源工程的预研究阶段开始，我们已经对黄河中游地区农业生产的特点有所探讨[19]。在探源工程（一）研究阶段，我们选择了4处考古遗址开展浮选工作，其中陶寺、新砦和王城岗3处遗址的浮选结果的分析报告已经分别发表。在本课题即探源工程（二）研究阶段，我们进一步选择了西坡遗址和周原遗址开展浮选工作。本课题的讨论将针对以上5处考古遗址的浮选结果进行综合分析。

需要指出的是，西坡遗址文化堆积的年代较早，属于仰韶文化晚期，周原遗址的地理位置偏西，在渭水流域的关中平原，因此，这2处遗址的加入使得对黄河中游地区农业生产的研究在时间和空间上都有所扩展，可以帮助我们更加全面地了解在华夏文明形成过程中黄河中游地区古代农业的发展和变化。

陶寺、新砦、王城岗、西坡和周原5处考古遗址的文化堆积的年代背景跨度较大，其中与本课题公元前3500年至公元前1500年这一年代范围相关的有：仰韶文化晚期、龙山时代、二里头文化、二里岗文化（早商）和先周文化5个不同的文化时期。如果按照年代排列，5处考古遗址的浮选结果大体可分为八组：其中属于仰韶文化晚期的有一组48份样品，龙山时代的三组共120份样品，二里头文化时期的两组共52份样品，二里岗即早商时期的一组14份样品，先周时期的一组19份样品（表19）。

表19　黄河中游地区考古遗址浮选样品年代背景的分组情况

考古学文化年代和分期	遗址名称	样品数量
仰韶文化晚期	灵宝西坡	48
龙山时代	襄汾陶寺	47
	登封王城岗	59
	扶风周原	14
二里头文化	新密新砦	26
	登封王城岗	26
二里岗文化	登封王城岗	14
先周时期	扶风周原	19

在5处考古遗址的八组浮选样品中，总计出土了5种农作物品种，即粟、黍、水稻、小麦和大豆。对八组出土的5种农作物分别进行了量化统计，包括出土绝对数量的统计（表20）和出土概率的统计（表21）。

表20　黄河中游地区农作物的出土绝对数量统计表

遗址名称	考古学文化	样品数量	粟	黍	水稻	小麦	大豆
灵宝西坡	仰韶晚期	48	1345	131	9		
襄汾陶寺	龙山时代	47	9160	606	30		3
登封王城岗		59	1416	113	16		140
扶风周原		14	5826	160	5	1	122
新密新砦	二里头时期	26	62	12	11	4	3
登封王城岗		26		1		1	2
登封王城岗	二里岗时期	14	1534	160	29	191	11
扶风周原	先周时期	19	583	94		120	37

表21　黄河中游地区农作物的出土概率统计表

遗址名称	考古学文化	样品数量	粟	黍	水稻	小麦	大豆
灵宝西坡	仰韶晚期	48	90.9%	81.8%	36%		
襄汾陶寺	龙山时代	47	94%	60%	17%		4%
登封王城岗		59	37%	25%	7%		20%
扶风周原		14	92.9%	50%	7.1%	14.3%	14.3%
新密新砦	二里头时期	26	56%	32%	28%	4%	12%
登封王城岗		26		3.8%		3.8%	7.7%
登封王城岗	二里岗时期	14	79%	71%	57%	79%	36%
扶风周原	先周时期	19	73.7%	78.9%		31.6%	26.3%

通过两种量化统计的结果可以看出，在黄河中游地区5处考古遗址的八组浮选结果中存在一个共同的现象，即粟在出土绝对数量的统计上和出土概率的统计上都明显地高于其他4种农作物品种。与粟的统计数据相比，黍的出土绝对数量并不突出，但出土概率统计结果相差无几。这清楚地表明，在公元前3500年至公元前1500年这2千年的历史进程中，粟和黍始终是黄河中游地区农业生产中所种植的主体农作物，当地的农业经济特点在整体上应该是属于古代中国北方旱作农业的传统。

然而，自仰韶文化晚期发展到早商时期，黄河中游地区的旱作农业生产还是呈现出了一些发展和变化。这些发展和变化主要反映在了水稻、小麦和大豆这3种辅助性农作物遗存的量化统计数据上。从表20和表21中可以看出，水稻、小麦和大豆这3种农作物品种是伴随着时代的进程，或逐渐出现或比重不断增加。

西坡遗址的浮选结果显示，在仰韶文化晚期当地的农业生产是以种植粟和黍为主，但包含有少量的水稻。

龙山时代的三组浮选结果显示，在龙山时代当地的农业生产除了继续种植粟、黍和水稻 3 种农作物之外，又新增添了一种农作物品种，即豆类作物——大豆。值得注意的是，在周原遗址的龙山时代的浮选样品中还发现了一粒小麦遗存。

二里头文化时期的浮选结果虽然有两组，但是，王城岗遗址二里头时期的 26 份浮选样品全部采自城壕堆积，这种特殊的埋藏背景造成了浮选结果中炭化植物种子的数量极端贫乏，因此其量化统计结果并不具备代表性。新砦遗址的浮选结果显示，在二里头文化时期，粟、黍、水稻、小麦和大豆这 5 种农作物品开始同时出现在当地的农业生产中，其中水稻遗存的比重又有所提升。

王城岗遗址二里岗时期的浮选结果显示，发展到二里岗时期即商代早期，黄河中游地区的农业生产不仅 5 种农作物品种齐全，而且比重相对比较均衡，特别是小麦的比重显著增加，粟和黍已经不再具备统治地位。

以上的这一变化模式说明，在公元前 3500 年至公元前 1500 年期间，黄河中游地区的农作物布局逐渐趋向复杂化，由相对单一的粟作向包括水稻、小麦和大豆在内的多品种农作物种植制度转化。

（四）西北地区（黄河上游地区）

在考古学的文化区域划分上，一般是将黄河上游地区包含在西北地区这一更大的地域范围内。西北地区是一个面积广大、文化类型相对复杂的古代文化区域。此次选择的武威磨咀子和民和喇家 2 处考古遗址，在年代上分别属于马厂类型和齐家文化这 2 个不同文化时期，在地域上分别位于甘肃河西走廊和青海东北地区这两个完全不同的生态环境，所以，在这两处遗址开展的浮选工作所获得植物遗存资料，对深入认识整个西北地区的农业经济特点是不够充分的，但能够为本课题的研究提供一些重要的信息。

磨咀子遗址和喇家遗址的浮选结果显示，至少在齐家文化以前，不论是在河西走廊还是在青海东北地区，当地古代先民的生业形态尚处在农业经济阶段。另外，在这两处考古遗址浮选出土的农作物遗存都是仅有粟和黍。这说明，当地的农耕生产所种植的农作物品种基本上仅局限于粟和黍，属于很典型的单一农作物品种种植制度。

表 22　　西北地区农作物的出土绝对数量统计表

遗址名称	样品数量	粟	黍	水稻	小麦	大豆	
武威磨咀子	38	2178	144				
民和喇家	9	589	5				

表 23　西北地区农作物的出土概率统计表

遗址名称	样品数量	粟	黍	水稻	小麦	大豆	
武威磨咀子	38	63.2%	44.7%				
民和喇家	9	78%	11%				

（五）长江下游地区（环太湖区域）

长江下游地区的土壤大多属于黏土性质，地下水位一般较高，尤其是平原或低洼湿地，考古遗址的文化堆积长期被水浸泡，起到了自然隔氧作用，对包括植物遗存在内的各种有机质遗物形成了良好的埋藏和保存条件。所以，在这个地区开展浮选或水洗工作，一般都能够发现和出土异常丰富的古代植物遗存，不仅出土数量显著，而且植物种类繁多，本课题选择的余杭卞家山遗址和湖州钱山漾遗址就是很好的例证。

通过浮选，在卞家山遗址和钱山漾遗址都出土了种类繁多的植物种子，经过植物种属鉴定，其中即有人类可食用的各种鲜果类植物遗存，也有当地生长的杂草类其他野生植物的遗存。但是就农作物而言，品种却相当的单一，除了在卞家山遗址发现的一粒炭化粟粒之外，2 处遗址出土的农作物遗存就仅有水稻 1 个品种。然而品种虽然单一，但水稻遗存出土的数量十分惊人，而且出土概率的统计数据也很高，尤其是钱山漾遗址，水稻遗存的出土绝对数量到达 12000 余粒，出土概率高达 87% 。这一结果说明，在良渚文化和钱山漾类型时期，长江下游地区的农业经济属于典型的古代中国南方稻作农业传统，水稻是当时农业生产中唯一的农作物品种。

表 24　长江下游地区农作物出土绝对数量统计表

遗址名称	样品数量	粟	黍	水稻	小麦	大豆	
余杭卞家山	19	1		1104			
湖州钱山漾	15			12163			

表 25　长江下游地区农作物的出土概率统计表

遗址名称	样品数量	粟	黍	水稻	小麦	大豆	
余杭卞家山	19	5.3%		52.6%			
湖州钱山漾	15			86.7%			

需要说明的是，在卞家山遗址浮选结果中发现的一粒炭化粟粒，由于是孤证，不足以为证展开讨论。长江下游地区良渚文化时期是否确实存在粟，仍然是个疑问，有待于今后的研究解决。

（六）长江中游地区（江汉平原/澧阳平原）

在公元前 3500 年至公元前 1500 年期间，长江中游地区的古代文化在江北的江汉平原和江南的澧阳平原分布的最为集中，本课题所选择的叶家庙和鸡叫城 2 处考古遗址恰好分别位于这两个区域内。江汉平原和澧阳平原的土壤和地下水位的特点与长江下游环太湖地区有些类似，虽然在总体上讲，长江中游的考古遗址的埋藏和保存条件不如长江下游的，但与中国北方大多数遗址相比，还是有利于植物遗存的长期保存。所以，在这个地区开展浮选或水洗工作也能够发现和出土丰富的植物遗存，这在鸡叫城遗址的浮选结果中表现得尤为显著。

另一点也与长江下游相同的是，叶家庙和鸡叫城遗址浮选出土的农作物遗存的品种也很单一，基本上就是水稻 1 个品种。虽然在叶家庙遗址浮选出土了少量的炭化粟粒，但由于出土数量太少，出土概率也非常低，在整个出土植物种子的统计中几乎可以忽略不计。从总体上看，在屈家岭和石家河文化时期，长江中游地区的农业经济也应该是属于古代中国南方稻作农业传统，水稻是当时农业生产中唯一的农作物品种。

表 26　长江中游地区农作物的出土绝对数量统计表

遗址名称	样品数量	粟	黍	水稻	小麦	大豆	
孝感叶家庙	45	16		9700			
澧县鸡叫城	25			79			

表 27　长江中游地区农作物的出土概率统计表

遗址名称	样品数量	粟	黍	水稻	小麦	大豆	
孝感叶家庙	45	8.8%		68.9%			
澧县鸡叫城	25			100%			

十二　讨　论

采用出土绝对数量和出土概率两种统计方法，对分布在 6 个区域的 12 处考古遗址浮选出土的农作物遗存进行了科学的量化统计和分析，其中包括粟（谷子）、黍（糜子）、水稻、小麦和大豆 5 个不同的品种。根据统计和分析结果，推测和判断不同的农作物品种在各考古遗址古代先民的日常生活和生产活动中的地位和价值。现在将这些量化分析结果再进行综合分析，同时结合《中华文明探源工程（一）》的研究结果，就公元前 3500 年至公元前 1500 年期间西辽河流域、黄河下游、黄河中游、西北地区、长江下游以及长江中游等 6 个地区的农业生产特点和发展模式进行比较和分析，探讨农业经济特征和变化模式与中华文明形成过程之间的关系。

目前可以得出以下几点初步的认识：

（一）各文化区的农业经济特点和发展模式不尽相同

通过系统的植物考古学研究发现，在中华文明的形成时期，即公元前 3500 年至公元前 1500 年期间，分布在中国南北广阔区域的六个强势古代文化传统，即黄河下游地区的海岱龙山/岳石文化、黄河中游地区的中原龙山/二里头文化、西北地区的齐家文化、长江下游地区的良渚/广富林文化、长江中游地区的屈家岭/石家河文化，以及西辽河流域地区的夏家店下层文化，它们当时的农业生产特点和发展模式都不尽相同。依据各自的农作物布局（作物品种、种植规模与比例等）以及相应的生产技术，大体可分为四个不同的农业生产特点。

① 典型的古代中国北方旱作农业传统，即以种植粟和黍为主的农业生产特点。通过浮选结果的量化分析，在公元前3500年至公元前1500年期间，西辽河流域地区和西北地区的农业生产特点基本上都属于这一农业传统。在这一阶段的后期，这2个地区的农业生产在农作物布局中开始出现了其他农作物品种，例如，在西辽河流域地区出现了大豆，在西北地区出现了小麦和大麦。但是，至少在中华文明形成时期即公元前1500年之前，这些新出现的农作物品种（大豆、小麦和大麦），与原有的主体农作物品种（粟和黍）相比，不论是在出土绝对数量上还是在出土概率上，所占比重都是微不足道的。

② 典型的古代中国南方稻作农业传统，即以种植水稻为主的农业生产特点。通过浮选结果的量化分析，在公元前3500年至公元前1500年期间，长江下游地区和长江中游地区的农业生产特点都属于这一农业传统。浮选结果还显示，至少在中华文明形成时期即公元前1500年之前，水稻不仅是古代中国南方稻作农业体系的主体农作物品种，而且几乎还是唯一的农作物品种。

③ 稻旱混作农业生产特点。这种特殊的农耕生产方式在农业种植制度上介于南方稻作农业和北方旱作农业之间，即水稻与粟和黍都是当地农作物布局中的主体农作物。通过浮选结果的量化分析，黄河下游地区龙山时代的农业生产特点应该属于这种特殊的农耕生产方式。但是，发展到岳石文化时期，水稻的比重明显有所下降，当地的农业生产逐渐开始回归到古代中国北方旱作农业传统。

④ 以多品种农作物种植制度为特点的农业生产。通过浮选结果的量化分析，在公元前3500年至公元前1500年期间，中原地区的农业生产呈现出了逐渐由单品种农作物种植制度向多品种农作物种植制度转变的特点。从总体上讲，中原地区的农业生产应该归属古代中国北方旱作农业传统，即以种植粟和黍为主。但是，自龙山时代起，当地的农耕生产逐步地向多品种农作物种植制度转化，水稻的比重逐渐增加，大豆普遍出现，小麦开始传入并迅速普及。

（二）中原地区特有的多品种农作物种植制度

在中华文明形成时期，中原地区的农业经济表现出了一种特殊的发展模式，即逐步地由单品种农作物种植制度（monoculture）向多品种农作物种植制度（polyculture）转变，具体地讲，在公元前3500年至公元前1500年这2000年间，中原地区的农业经济由前期的单纯依赖小米逐步演变成为后期的“五谷丰登”式的农耕特点。

所谓“种植制度”是指一个区域在一定时期内，为适应当地的农业气候条件、土壤水文条件、社会经济条件和生产技术水平而形成的农作物生产技术体系，其中包括土地利用、农作物品种构成以及相应的种植方式等。所谓“多品种农作物种植制度”是指在一个区域内同时种植有多种对生长条件需求不同的农作物品种，例如旱地作物、水田作物、秋收作物、夏收作物等；与之相应的种植方式包括单作、间作、混作、套作、轮作、连作等。

在现今的机械化农业生产技术条件下，单品种农作物种植制度应该是农业生产的发展趋势，有利于大规模的统一的生产、管理和经营。但是，在农业生产技术水平相对落后的史前时代，多品种农作物种植制度却是一种先进的农业生产模式。相比较单品种农作物种植制度，多品种农作物种植制度有以下几点优势：其一，提高限定区域的农业的生产总值。由于不同的农作物品种的生长习性不同，对土壤、水分、阳光等生长条件的要求不同，如果采用多品种农作物种植制度，就可以更加有效地使用有限的耕种土地，充分地利用全年的生长季节。其二，减轻各种自然灾害对农业经济的影响。不同的农作物品种的抗灾特性是不同的，有些是耐旱（小米），有些是耐涝（水稻）；而许多农业灾害也是针对相应的农作物品种，例如某些针对性很强的杂草和害虫。因此，采用多品种农作物种植制度，就能够在最大限度上减轻各种自然灾害对农业生产造成的损失。其三，为引进新农作物品种提供先决条件。长期采用多品种农作物种植制度，势必间接地创作了更多的新的人工生态环境，这就为当地增加植物种类的多样性提供了先决条件。

由于多品种农作物种植制度具有诸多优越性，我们认为，中原地区农业经济特有的这种发展模式应该与中华文明的形成存在着某种对应关系。

在中华文明形成时期中原地区的农业生产率先实施了多品种农作物种植制度，这是有其特殊的客观原因的：其一，中原地区生态环境的多样性为多品种农作物种植制度的发展提供了外部环境条件。其二，中原地区的中央地理位置，即处于各中国古代文化圈的核心区域，便于与周边各文化开展直接的文化碰撞和交流，这种频繁的文化交流又为不同农作物品种的传播提供了便利条件。龙山时代不同考古文化交流的加剧，已在现有的研究中得到充分印证。这种突然加剧的文化交流，更是为多品种农作物种植制度在中原地区的建立提供了条件和动力。

（三）水稻在黄河中下游地区的普遍种植

前面提到，黄河下游地区龙山时代的农耕生产具有稻旱混作的特点，所以在海岱文化区域内龙山时代浮选样品中，发现有水稻遗存不足为奇。然而，从表 20 可以看出，在中原地区的龙山时代浮选样品中也普遍发现有水稻遗存。现今黄河中下游地区在农业气候区划中属东部温暖带，农业生产以旱作为主，是我国主要小麦种植区。在龙山时代之前即仰韶文化和大汶口文化时期，这一地区特别是黄河中游地区的农耕生产属于典型的中国北方旱作农业传统，以种植粟和黍两种小米为主。所以，在龙山时代浮选样品中普遍出土有水稻遗存，这个现象值得关注。

水稻起源于长江中下游地区，是古代中国南方稻作农业传统的代表性农作物。以往的考古发现证实，早在仰韶文化时期水稻已经开始北传到了黄河中游地区，但发现的数量很少。然而，在我们选择的位于黄河中下游地区的考古遗址都浮选出土了水稻遗存，这一结果揭示，至少自龙山时代起水稻已经开始在中国北方黄河中下游地区普遍种植，这种状况一直延续到商代早期。水稻的耐瘠性很强，对土质的要求不高，只要有水就可以正常生长。水稻是高产农作物，单位面积产量远高于粟和黍。因此，在黄河中下游地区尤其是中原地区，水稻的普遍种植对于当地农业生产力的提高有很大的帮助。

在公元前3500年至公元前1500年期间，黄河中下游地区普遍地种植水稻，这应该与气候环境因素有一定的关系。根据气候环境的复原，仰韶文化晚期和龙山时代尚处在全新世大暖期的后段，二里头时期和商代早期虽然大暖期已经结束，但黄河中下游地区的区域性气候条件比现今仍然要温暖湿润，降水概率也较高，因此，在这一时期黄河中下游地区应该具备水稻种植的外部环境条件。

为了进一步论证公元前3500年至公元前1500年期间黄河中下游地区普遍种植水稻的事实，我们还采用了植硅石分析方法进行了测试。先后采集了8份植硅石样品，年代分属于仰韶文化晚期、龙山时代和二里头文化时期。经过实验室提取和显微镜观察，在这些样品中都发现有稻属植物叶片的植硅石类型，即银杏叶状扇形植硅石。这说明，黄河中下游地区浮选出土的水稻遗存应该是或至少一部分是在当地种植的，即在公元前3500至公元前1500年间，黄河中下游地区的古代农业生产中应该是包括有水稻种植行为。

（四）小麦开始传入黄河中下游地区

值得关注的是，此次在周原遗址的龙山时代浮选样品中发现了一粒炭化小麦遗存。事实上，近些年来通过浮选工作，在黄河中下游地区陆续发现了许多属于龙山时代的小麦遗存，其中比较重要的出土地点有：山东日照两城镇遗址[20]、山东聊城校场铺遗址[21]、山东胶州赵家庄遗址[22]、河南焦作西金城遗址[23]，河南禹州瓦店遗址[24]，等等。以上这些重要的植物考古发现说明，作为一种新的外来农作物品种，小麦早在龙山时代已经传入到中华文明起源的核心区域-黄河中下游地区。

通过此次浮选工作还可以看出，小麦在龙山时代传入黄河中下游地区后，很快便成为了当地农业生产中的农作物品种之一。发展到商代早期，小麦的出土数量突然增加，出土概率显著提高，在有些遗址的浮选结果中，小麦的出土概率甚至可以与粟和黍的出土概率相等齐，粟和黍已经不再具备统治地位。

小麦在旱地农作物中是高产作物，传入黄河中下游地区后，必将促使当地的农业种植制度逐步地由以种植粟和黍为主向以种植小麦为主的方向转化。事实上，就整个中国北方地区而言，小麦代替粟和黍成为主要粮食作物可以被看做是一场我国古代的农业革命。小麦的传入和由此造成的中国北方旱作农业种植制度的转化应该是伴随着中华文明的形成过程，其中的二里岗文化时期即商代早期很有可能是这一转化过程中的关键时期。

（五）单品种农作物种植制度与社会经济快速发展之间的矛盾

长江中下游地区是古代稻作农业的核心地区。大量的考古发现证实，稻作农业应该就起源于长江中下游地区。大约在公元前3500年前后，稻作农业在长江中下游地区突然开始高速地发展，为灿烂辉煌的良渚文化和分布广阔的屈家岭文化提供了强有力的经济支持。但是，我们的浮选结果显示，在公元前3500年至公元前1500年期间，水稻是长江中下游地区古代先民种植和依赖的唯一的农作物品种，当地的农业生产特点属于典型的单品种农作物种植制度。正如前文所提及的，在农业生产技术尚不发达的史前时代，单品种农作物种植制度本身存在着极大的隐患，对环境变化十分敏感，对各种自然灾害的抵抗能力非常弱，而且，以单品种农作物种植制度为特点的古代农业越是发达，人类对其依赖性越强，其存在的危险性就越大，各种灾害都有可能轻易地摧毁整个农业生产体系，由此造成以这种农业生产体系为基础的古代文化传统的迅速衰亡。

根据最新的气候环境研究，在公元前2500年前后，长江下游地区并没有出现波及整个区域的重大环境变化。但是长江下游的良渚文化却突然由盛变衰，乃至最终消亡。这一戏剧性的突变其具体原因有待继续研究，但我们的植物考古研究揭示，良渚文化的突然衰退有可能与其赖以为经济基础的稻作农业生产体系的崩溃有关，而单品种农作物种植制度有可能是造成长江下游地区稻作农业生产体系崩溃的内在原因之一。当然，这一推测是否属实，有待于在下一阶段工作中获取更多的植物考古资料，并结合其他信息，开展深入的探讨。

考古发现证实，分布在西辽河流域地区的夏家店下层文化是一支非常发达的古代文化，但随后当地古代文化开始出现显著的衰退，接替的夏家店上层文化不论是从遗址分布密度还是遗址规模上都无法与夏家店下层文化时期相比。造成这次文化衰退的原因应该有多种，其中环境变化对当地农业经济的破坏应该是导致这个文化体系的衰败主要原因之一。

我们的浮选结果显示，在夏家店下层文化时期，西辽河流域地区的农耕生产属于典型的古代中国北方旱作农业传统，虽然也发现有极少量的大豆遗存，但夏家店下层文化先民种植和依赖的主要是粟和黍。粟和黍的生长习性非常接近，种植粟和黍的农耕生产实际也应该属于单品种农作物种植制度。所以，西辽河流域地区的环境变化，对当地的以单品种农作物种植制度为特点的粟作农业产生显著影响和破坏，由此出现连锁反应，对分布在西辽河流域地区的以农业生产为基础的夏家店下层文化造成毁灭性的打击。

十三　结　　语

为了系统地认识中华文明形成时期以及早期发展阶段的农业生产特点及其变化模式，探讨古代农业发展与中华文明形成之间的关系，《中华文明探源工程（二）》“农业研究”子课题在不同地区选择了12处考古遗址开展植物考古研究，其中包括：西辽河流域地区的内蒙古敖汉兴隆沟遗址第Ⅲ地点和松山三座店遗址，黄河下游地区的山东临淄桐林遗址和牟平照格庄遗址，黄河中游地区的河南灵宝西坡遗址和陕西扶风周原遗址，黄河上游地区及西北地区的甘肃武威磨咀子遗址和青海民和喇家遗址，长江下游地区的浙江余杭卞家山遗址和湖州钱山漾遗址，长江中游地区的湖北孝感叶家庙遗址和湖南澧县鸡叫城遗址。

伴随着这些遗址的考古发掘，我们采集并浮选了682份浮选土样，从这些样品中浮选出土了十分丰富的古代植物遗存，其中以植物种子的出土数量最多，总计多达数十万粒。浮选出土的植物种子以农作物籽粒的出土数量最为突出，其中包括粟（谷子）、黍（糜子）、水稻、小麦和大豆5个不同的品种。粟、黍和水稻这3种农作物的出土数量丰富，而小麦和大豆的出土数量较少。有些考古遗址浮选出土的农作物遗存是以粟和黍为主，有些考古遗址是以水稻为主。

采用植物考古学方法对出土的农作物遗存进行量化统计和分析，判断各种农作物品种在古代先民日常生活和生产活动中的地位和价值。结合前期研究成果，就公元前3500年至公元前1500年期间不同地区农业生产特点和发展模式进行比较和分析，得出以下的认识，对下一步深入探讨农业经济特征和变化模式与中华文明形成过程之间的关系提供了重要信息和新的思路。

在中华文明的形成时期，各地区的农业生产特点和发展模式不尽相同。西辽河流域地区和西北地区即典型的古代中国北方旱作农业传统，即以种植粟和黍为主的农业生产特点。长江下游地区和长江中游地区是典型的古代中国南方稻作农业传统，即以种植水稻为主的农业生产特点。黄河下游地区在龙山时代表现为稻旱混作农业生产特点，即水稻与粟和黍都是当地农作物布局中的主体农作物。黄河中游地区的农业生产呈现出逐渐由单品种农作物种植制度向多品种农作物种植制度转变的特点，包括粟、黍、水稻、小麦和大豆5个不同的农作物品种。

在中华文明的形成时期，黄河中游地区的农业生产除了继续种植粟和黍之外，水稻的比重逐渐增加，大豆普遍出现，小麦开始传入并迅速普及。水稻是高产农作物，耐瘠性很强，水稻在黄河中游地区的普遍种植对当地农业生产力的提高有很大的帮助。小麦在旱地农作物中是高产作物，传入黄河中游地区后必将促使当地的旱作农业逐步地由以种植粟和黍为主向以种植小麦为主的方向转化。在农业生产技术水平相对落后的史前时代，黄河中游地区的多品种农作物种植制度具有提高农业生产总值、减轻自然灾害的影响、为增加植物种类的多样性提供先决条件等诸多优越性。这种特有的农业发展模式应该与中华文明的形成之间存在着某种相应关系。

在中华文明的形成时期，水稻是长江中下游地区农业生产中唯一的农作物品种，即典型的单品种农作物种植制度。在现今的机械化农业生产技术水平条件下，单品种农作物种植制度是农业生产的发展趋势，但在农业生产技术尚不发达的史前时代，单品种农作物种植制度存在着极大的隐患，对环境变化十分敏感，对各种自然灾害的抵抗能力非常弱。因此，以单品种农作物种植制度为特点的古代农业越是发达，人类对其依赖性越强，其存在的危险性就越大，任何自然或人为的灾害都有可能轻易地摧毁整个农业生产体系，由此造成以这种农业生产体系为基础的古代文化传统的迅速衰亡。长江下游地区良渚文化的突然衰亡有可能就是一个典型的例证。

执　笔　赵志军

注　释

[1]　翟虎渠主编：《农业概论》第236页，高等教育出版社，1999年。

[2]　a. 赵志军、何努：《陶寺城址2002年度浮选结果及分析》，《考古》2006年第5期。

b. 赵志军、方燕明：《登封王城岗遗址浮选结果及分析》，《华夏考古》2007年第2期。

[3] 赵志军：《植物考古学的田野工作方法——浮选法》，《考古》2004 年第 3 期。
[4] 刘国祥：《兴隆沟聚落遗址发掘收获及意义》，《东北文物考古论集》，科学出版社，2004 年。
[5] 内蒙古文物考古研究所：《内蒙古赤峰市三座店夏家店下层文化石城遗址》，《考古》2007 年第 7 期。
[6] 北京大学考古文博学院：《2003 年度山东临淄桐林遗址的调查发掘》，《中国考古》第 2 卷第 1 期，北京大学中国考古学研究中心电子期刊，2005 年。
[7] 赵志军：《考古出土植物遗存的误差》，《文物科技研究》第一辑，科学出版社，2004 年。
[8] 中国社会科学院考古所山东队、烟台市文管会：《山东牟平照格庄遗址》，《考古学报》1986 年第 4 期。
[9] 魏兴涛、马萧林、李永强、史智民、张应桥、李胜利、陈星灿：《河南灵宝市西坡遗址 2001 年春发掘简报》，《华夏考古》2003 年第 7 期。
[10] 周原考古队：《2001 年度周原遗址（王家嘴、贺家地点）发掘简报》，《古代文明》第 2 卷，文物出版社，2003 年。
[11] 中国社会科学院考古研究所甘青工作队、青海省文物考古研究所：《青海喇家齐家文化的重要发现》，《中国社会科学院文明研究中心通讯》，2002 年第 3 期。
[12] 国家文物局：《浙江余杭卞家山遗址》，《中国重要考古发现（2003）》，文物出版社，2004 年。
[13] 丁品、郑云飞、程厚敏、潘林荣、郭勇：《浙江湖州钱山漾遗址进行第三次发掘》，《中国文物报》，2005 年 8 月 5 日第 1 版。
[14] 郭伟民：《2006 年度南方地区考古新发现——鸡叫城聚落群调查与试掘》，《南方文物》2007 年第 4 期。
[15] 赵志军：《考古出土植物遗存的误差》，《文物科技研究》第一辑，科学出版社，2004 年。
[16] Gary Crawford et al. Late Neolithic Plant Remains from Northern China: Preliminary Results from Liangchengzhen, Shandong. Current Anthropology Volume 46, Number 2, 2005.
[17] 凯里·克劳福德、赵志军、栾丰实、于海广、方辉、蔡凤书、文德安、李炅娥、加里·费曼、琳达·尼古拉斯：《山东日照市两城镇遗址龙山文化植物遗存的初步分析》，《考古》2004 年第 9 期。
[18] 赵志军：《海岱地区南部新石器时代晚期的稻旱混作农业经济》，《东方考古》第 3 集，科学出版社，2006 年。
[19] 赵志军：《关于夏商周文明形成时期农业经济特点的一些思考》，《华夏考古》2005 年第 1 期。
[20] 凯利·克劳福德、赵志军、栾丰实、于海广、方辉、蔡凤书、文德安、李炅娥、加里·费曼、琳达·尼古拉斯：《山东日照市两城镇遗址出土龙山文化植物遗存的初步分析》，《考古》2004 年第 9 期。
[21] 赵志军：《两城镇与教场铺龙山时代农业生产特点的对比分析》，《东方考古》第 1 集，科学出版社，2004 年。
[22] 王春燕：《山东胶州赵家庄遗址龙山文化稻作农业研究》，山东大学硕士论文，2007 年。
[23] 王青、王良智：《河南发现龙山文化城址》，《中国文物报》2008 年 3 月 28 日。
[24] 赵志军：《公元前 2500 年 ~ 公元前 1500 年中原地区农业经济研究》，《科技考古》第二辑，科学出版社，2007 年。

山东胶州赵家庄遗址龙山文化炭化植物遗存研究*

靳桂云　王海玉　燕生东　刘长江　兰玉富　佟佩华

内容提要：赵家庄遗址龙山文化时期土样浮选结果显示，聚落中保存了丰富的炭化植物遗存，不论是绝对数量还是出土概率，农作物都占绝对优势，农作物以外的植物遗存包括杂草种子和果实；农作物从数量上看，稻的数量最多，其次是粟、黍，还有少量小麦和大麦，从出土概率看，粟的出土概率最高，其次为稻和黍，结合千粒重的分析结果，稻可能是聚落最重要的农作物，其次是粟、黍和小麦。以稻为主、水旱混作、多种农作物共存的农业生产模式降低了农业的风险，可能成为推动社会复杂化的重要因素。聚落农业的模式与聚落地理位置和龙山时代的气候密切相关，位于低山丘陵与胶莱平原交界的地貌部位，是水旱混作农业模式的基础，龙山时代充足的降水是稻作农业获得发展的前提。

关键词：赵家庄遗址　浮选　炭化植物遗存　稻粟混作农业

引　言

关于史前农业的研究，一直是史前考古学者非常关注的课题，不仅发表了根据农业工具等获得的农业方面的研究成果，而且在“中国通史”和“中华文明史”等大型综合性学术著作中都介绍和讨论了史前农业发展的问题，但是，在系统的植物考古研究开展之前，关于史前农业的研究，主要是根据文献记载、石器等农业工具的发现以及极少的农作物遗存，缺乏系统的研究。这种情况严重地阻碍了学术界对史前农业的认识。随着中国考古学研究的深入，特别是重建中国古代历史科学任务的提出[1]，系统收集考古遗址中的各类遗存资料、全面复原人类历史的发展过程，已经成为考古学界的共识。在这样的学术背景下，采集考古遗址中的植物遗存、分析与植物相关的古代人类活动（包

---

* 国家自然科学基金面上项目（41072135）资助

作者：靳桂云、王海玉 山东大学东方考古研究中心，济南，250100；燕生东 山东师范大学齐鲁文化研究中心，济南，250014；刘长江 中国科学院植物研究所，北京，1000014；兰玉富、佟佩华 山东省文物考古研究所，济南，250012。

括古代经济生活方式和人类与植被的关系）并进而探讨古代文化与文明发展过程，逐渐成为备受学者关注的科学命题[2]。

海岱地区史前文化是中国远古文化研究中的重要内容，其中大汶口文化和龙山文化时期，该地区的文化发展水平在中国史前文化中居于领先水平[3]，在中国文明化进程中有重要地位[4]。史前时代，特别是文明形成过程中，农业的发展，是社会经济发展和社会组织结构变迁的基础，这一点在两河流域古代文明产生与发展过程中有充分体现[5]。海岱地区文明化进程中的农业状况，特别是关于龙山时代农业的发展，已经有一些初步探讨[6]。但是，由于进行系统的植物考古分析的遗址比较少，对于总结区域性的古代农业发展，最大的问题是所拥有资料的空间广泛性不足，所以，结合考古发掘或者调查来积累植物考古资料，可以说是海岱地区植物考古和古代农业研究中的关键步骤。有鉴于此，我们确定了在山东省范围内系统收集考古遗址中生物遗存资料的科学目标，其中对于植物遗存的收集与整理就是这个目标的一个重要组成部分。

对考古遗址中植物遗存的收集与分析研究，是植物考古研究的基本内容。考古遗址中的植物遗存，包括植物大遗存和微体遗存两类，对各类植物遗存的系统收集与研究，将在古代农业起源与发展、古代人类与植物关系研究等方面提供非常重要的科学证据。目前，关于海岱地区植物考古研究，已经在龙山时代稻作农业的分布与规模方面取得了初步研究成果[7]，但是，要全面复原古代人类与植物关系的历史，我们还需要对该地区古代农业的产生、发展的历史过程、人类对植物利用、古代环境变迁等问题进行回答。本文报告的胶州赵家庄遗址炭化植物遗存的研究结果，可以被看做是回答上述科学问题的一个阶段性成果。

一　遗址概况

胶州市位于山东东部沿海，行政区划隶属于青岛市。这里属于鲁东丘陵区的胶莱平原。该区在构造上属于胶莱凹陷，第三纪时期形成宽广的剥蚀准平原，第四纪以来，开始接受河湖相沉积，平原海拔绝大部分在 50 米以下[8]。农业气候区划属于鲁东南沿海湿润农业气候区的半岛中部、鲁中半湿润农业气候区。区内年平均降水日数为 70 天至 94 天，平均降水量为 600 毫米至 900 毫米[9]。

本区现代地带性植被为暖温带落叶阔叶林[10]，顶极植被是落叶阔叶林。但是，由于长期人类活动的结果[11]，目前该区只在海拔 500m 以上的山区尚有少量以栎林为主的森林，平原和丘陵地区的森林被砍伐殆尽。栎林主要分布在泰山、鲁山、沂山、蒙山和徂徕山以及胶东丘陵[12]，五莲山也有小面积的栎林。在自然植被受到严重影响的同时，人工植被发达，沟谷和河岸都是人工林；在丘陵地带种植果树较多，如苹果、梨、桃、李、樱桃和柿等，干果有板栗、核桃、枣、银杏等；低矮的丘陵和较少的平原，多开垦为农田，粮食作物以小麦、玉米、甘薯为主，经济作物主要有花生和蔬菜，胶州大白菜已经成为当地蔬菜的品牌。

胶州赵家庄遗址位于山东省胶州市里岔乡韩家庄（36°03′01.47″N，119°47′16.31″E，海拔88米）村南的一级阶地上，介于低山丘陵区和鲁北冲积平原交界地带，南面是低山，北面就是广阔的平原，由发源于南部山区的黄水河冲积而成的山间平原，是古代居民从事农业耕作活动的理想场所（图1）。

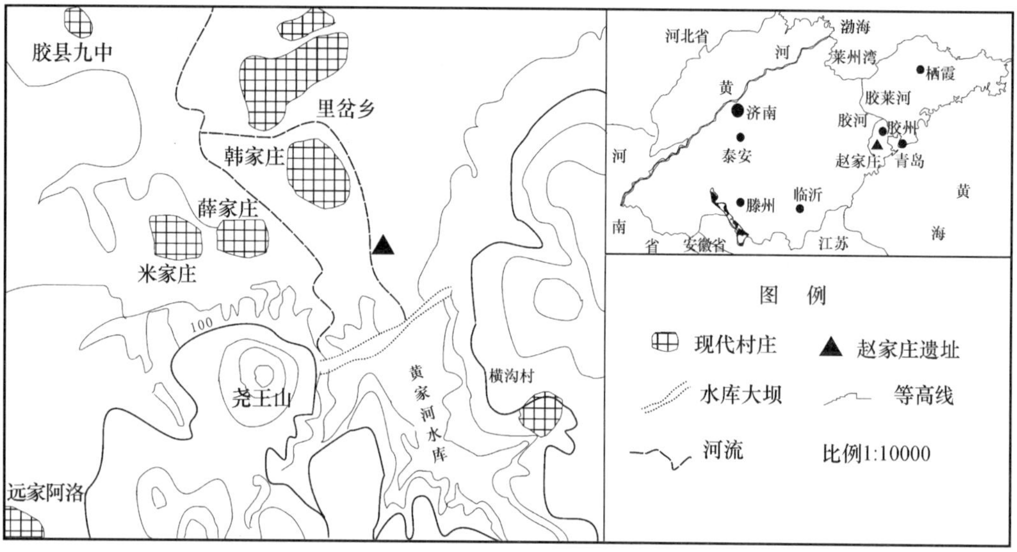

图1 赵家庄遗址地理位置示意图

初步勘探发现，遗址面积约10万平方米，保存有大汶口文化、龙山文化和东周时期的文化遗存，其中龙山文化时期遗存最丰富、保存最好。2005年5月至8月，为配合高速公路工程建设，山东省文物考古研究所与青岛市文物局、胶州市文化局联合，对赵家庄遗址发掘了3000多平方米，揭露了大汶口文化、龙山文化和东周时期的聚落布局，其中，龙山文化时期的聚落资料最丰富[13]。龙山文化时期的遗迹分两部分，西部为居住区，有房址、木构架水井、窖穴、灰坑、墓葬等遗迹；东部为水稻田[14]。居住区内灰坑和窖穴等遗迹中出土大量陶器、石器等遗物；根据陶器特征判断这些遗迹属于龙山文化第一至第三期（4600～4300cal. yr BP）[15]。其中H339等属于赵家庄遗址第一期遗存，部分打破水田的遗迹属于赵家庄遗址第三期遗存，而水田可能属于第二期遗存。

二 材料与方法

为了分析该遗址农业情况，我们依据常规的方法[16]，对该遗址进行了系统的植物考古采样和分析。

（一）采样与浮选

在居住区采用针对性采样法进行采样，即以各种性质比较明确的遗迹为主要采样单位，在发掘过程中每发现一处遗迹随即采取一份浮选土样，采样背景包括灰坑、井和灰沟等，其中以灰坑为主；由于各个时期文化堆积厚薄不同，在我们采集的75个土样中，1个为大汶口文化时期（H238）、3个为春秋时期（H501、H502、H518），其余（71个）为龙山文化时期。这些土样在当地进行了浮选，使用的浮选设备是水波浮选仪，收取浮出炭化物的分样筛的规格是80目（筛网孔径0.2毫米），浮选结果在当地阴干后被送交山东大学东方考古研究中心植物考古实验室进行分类、植物种属鉴定和分析。

发掘过程中没有采集水稻田区的浮选土样[17]；实验室的植硅体分析确定了这类遗迹为水稻田后，为全面了解稻田区的植物遗存情况，我们认为有必要通过浮选的方法了解稻田土样中炭化植物遗存组合。所以，我们在实验室选择那些植硅体分析后还有剩余的92个样品进行浮选；浮选方法是小水桶浮选法，收取炭化物的分样筛的规格是80目（筛网孔径0.2毫米）[18]。轻浮部分阴干后进行了分类、植物种属鉴定和分析。当然，我们遇到一个比较明显的问题，就是浮选的土样量全部小于2升，多数都是1升左右，一般来讲，如果浮选土样小于5升，会明显影响炭化植物遗存的组合和数量，所以，对于这部分浮选结果，我们只进行初步的定性分析。

（二）鉴定、统计

植物种属鉴定，参考了山东大学东方考古研究中心植物考古实验室的现代植物种子和果实标本和考古遗址出土的植物遗存标本，另外，还参考了植物考古教材中的植物种子和果实分析[19]。

居住区50个土样中多数（36个）都出土了5粒以上种子，其中最多的是184粒（H231⑤），其次出土145粒（H332），再次是104粒（H231⑥），此外还有6个土样中出土炭化种子超过40粒（H231、H271、H298、H329、H347K1:4、H375⑤）。在对所有样品中的炭化种子进行统计的基础上，对上述出土种子数量超过100粒的土样出土种子情况进行了详细统计，区分了主要和次要成分。

所有炭化种子遗存，凡是大于或等于整个种子的三分之一、能确定其科属种的，就作为一个个体统计。对于谷物，凡是具备胚的末端部位的，就作为一个个体统计，而对于豆类，则将完整的种子和具有子叶部位的都进行统计。

根据实际情况，将赵家庄遗址出土炭化植物遗存分为确定种属、残破未知和碎块三类。确定种属的包括农作物、豆科、果实类和杂草四类。残破未知的种子包括由于残破而典型特征没有保留下来而无法鉴定，未知的种子则保存完整，但限于参考资料和鉴定能力而无法确定。赵家庄遗址中还保存了相当多的破碎种子，这类种子破碎严重，一般只保留完整种子的1/3以下，多数完全无法鉴定，但也有小部分看出种属特征的，如水稻和豆科植物的种子。这部分种子不统计在出土种子总数中。

植物考古数据显示，新石器时代早期居民已经采集豆科植物和野葡萄食用，如舞阳贾湖遗址出土数量众多的豆科植物遗存[20]、山东济南张马屯后李文化遗址中出土最多的植物遗存就是炭化的野葡萄种子；到了龙山文化时期，考古遗址中出土豆科植物（以野大豆为主）和野葡萄的现象更为普遍，数量也增多，如山东滕州庄里西[21]、日照两城镇[22]和临淄桐林[23]等遗址中都出土了相当数量的豆科植物和野葡萄种子，可能表明龙山文化时期，大豆和野葡萄已经是居民植物性食物的一个组成部分。对大豆的鉴定标准，目前缺乏系统的研究，一般均以尺寸变化作为判断标准，赵家庄遗址出土大豆遗存在尺寸上介于现代野生大豆和驯化大豆之间，如果据此区分野生和驯化种，这些大豆显然不能被作为驯化大豆看待，这种情况在黄河流域其他龙山时代遗址中也有发现[24]。有学者提出中国青铜时代遗址中出土的大豆遗存可能代表的是驯化大豆[25]。但是，西亚和欧洲等地的植物考古研究发现，早期阶段的豆类经常和谷物、杂草同时存在，说明它们也是作物，但没有发现明显的种子大小变化[26]，甚至在谷物栽培经历了几个千年，驯化种已经建立，农业都已经传入欧洲，遗址中发现的豌豆和小扁豆的平均值和最小值跟它们在近东未栽培的野生近缘种几乎没有差别，仅在最大值方面有轻微变大的趋势[27]。这种情况表明，在豆类的早期栽培、驯化阶段，种子大小没有发生明显的增长，豆类种子大小的增长是栽培变种型式上的进步，出现的时间要比农业最初的发展晚得多[28]，东亚的大豆和赤豆等都可以使用相似的驯化模式[29]。由此看来，赵家庄等龙山文化时期遗址中出土的豆类遗存，虽然从尺寸上接近野生种，但事实上可能已经是人类长期栽培的或者是已经是驯化种了，至少是人类普遍利用的一种食物资源了。

尽管我们目前不能确定赵家庄等龙山文化遗址中与农作物共出于灰坑等遗迹中的豆科植物和野葡萄种子是驯化植物遗存，当这些植物是人类的食物遗留应该没有问题，所以在分析植物遗存的时候，应该将其与一般的杂草分别进行统计分析。所以，本文将赵家庄遗址出土的植物遗存分为农作物、豆科植物、野葡萄属和杂草四个类型进行统计分析，并对上述植物统计其绝对数量、百分比和出土概率。当然，蓼科、葫芦科等杂草中一些可食的植物可能也是聚落居民食物的一部分。

根据植物遗存分析古代居民植物性食物组成以及农业发展水平，一个基本的前提就是，认可考古遗址中出土的可食性植物遗存一定程度上代表居民消费的植物性食物比例。所以，首先需要对各种植物遗存进行数量和百分含量的统计。

但是，在估计某种农作物在聚落中的重要性时，我们要充分考虑到炭化植物遗存在堆积过程中、埋藏过程中以及被提取过程中存在的各种自然或人为因素造成的误差[30]。为了减弱各种误差对分析结果的影响，目前比较常用的是计算农作物的出土概率，出土概率是指在遗址中发现某种植物种类的可能性，是根据出土有该种植物种类的样品在采集的样品总数中所占的比例计算得出的，这种统计方法的特点是不考虑每份浮选样品中所出土的各种植物遗存的绝对数量，而是仅以“有”和“无”作为计量标准。

然而，出土概率统计结果对于同样是大粒作物的水稻、小麦和大麦或者同是小粒作物的粟和黍，可能是有效的，但对于既有大粒作物又有小粒作物的赵家庄遗址的植物遗存分析结果来讲，可能在此基础上还要考虑千粒重的问题。所谓的千粒重，就是不同农作物甚至同一种农作物的不同种，千粒的重量是不同的，这种差异直接影响到对每种农作物在居民粮食消费中作用的认识，在农学研究中千粒重是评估不同农作物经济价值的重要指标之一。有鉴于此，我们对赵家庄遗址出土的农作物遗存进行了千粒重的分析。

分析方法就是：取现代稻米、小米各 1000 粒，然后分别称其重量和体积，获得稻米和小米千粒重和千粒体积的数据及比例，再用这个比例反演赵家庄遗址出土稻米和小米数量所代表的米粒的重量和体积[31]。

（三）测年

传统观点认为，西周时期黄淮下游地区才开始出现小麦[32]，虽然近年在山东地区少数龙山文化遗址中发现了少量的炭化小麦遗存[33]，这些发现并没有得到足够的重视。其中一个重要的原因就是出土小麦遗存的遗址数量少、出土炭化小麦的数量少，而且这些小麦遗存都没有独立的年代数据。鉴于此，考虑到赵家庄遗址小麦和大麦遗存同时出土而且炭化小麦数量明显多于两城镇和教场铺两个遗址，为了充分认识这些小麦遗存的意义，我们从 H339 中选取一粒炭化小麦（实验室编号 BA061052），送北京大学加速器质谱实验室第四纪年代测定实验室进行测年。根据田野考古发掘记录，H339 属于赵家庄遗址年代最早的遗迹之一，大致相当于龙山文化最早阶段。

三　结　果

赵家庄遗址浮选出的炭化植物遗存，包括植物种子和果实、炭屑两大类。

炭屑是指经过燃烧的植物的残存，其重要来源应该是未完全燃烧的木材，其中可能包括燃料和遭到焚烧的建筑木材和其他用途的木料等。由于工作中的原因，赵家庄遗址居住区土样中浮选到的炭屑没有很好地保留下来，实验室分析中只发现了非常少而且细小的炭屑，我们既没有对其进行树种鉴定，也没有进行量化分析。水田区土样中浮选到的炭化木屑的数量更少，这可能与水田遗迹的性质有关。

大汶口文化时期的 1 个土样中没有发现炭化植物遗存；春秋时期 3 个灰坑中，有 2 个灰坑土样中浮选到炭化植物遗存，其中 H501 中浮选到 2 粒炭化植物种子（粟）、H502 中也浮选到 2 粒炭化植物种子（1 粒小麦［?］和 1 粒豆科［?］）。

龙山文化时期居住区和水田土样中都浮选到了炭化植物遗存。

（一）居住区出土炭化植物遗存与年代

居住区采集浮选土样 71 个，50 个土样（合计 447 升）中发现了炭化植物种子和果实 1197 粒；其中包括确定种属的 972 粒 24 种（种、属或科）植物（彩版 1、彩版 2）和 225 残破未知的种子（包括两类，一类是因为残破而无法鉴定种属，一类是属于现有水平无法鉴定的种属）；此外，还有大量的种子和果实碎块由于无法确定其种属不统计在内（这些碎块基本无法进行种属鉴定，但半数以上属于禾本科植物的种子，其中有些可以看出是稻米，但因为只保留整个种子的三分之一或更少，所以，将其归入碎块类）。平均每升土样中包含植物种子和果实约 2.7 粒。

H231⑤土样为 19 升，出土炭化种子 184 粒，平均每升土样中出土种子 9.68 粒。这些种子中，稻 80 粒，粟 31 粒，黍 5 粒，小麦 1 粒，豆科 1 粒，野葡萄 1 粒，萹蓄 3 粒，未知的 14 粒，其中稻最多，占 43%，粟占 17%，黍占 2%，小麦占 0.5%，所有农作物合计占 62.5%，稻占的百分比多于粟和黍的百分比之和。

H231⑥土样 21 升，出土炭化种子 104 粒，平均每升土样中出土种子 4.95 粒。这些种子中，稻 75 粒，粟 5 粒，野大豆 3 粒，萹蓄 2 粒，紫苏 5 粒，狗尾草 3 粒，葫芦科 2 粒，商陆 4 粒，未知 5 粒。农作物占绝对多数，其中稻最多，占 72%。

H332 土样 31 升，出土炭化种子 145 粒，平均每升土样中出土种子 4.67 粒。这些种子中，稻 52 粒，粟 7 粒，黍 1 粒，豆科 43 粒，野大豆 4 粒，萹蓄 3 粒，紫苏 4 粒，野西瓜苗 4 粒，未知 27 粒。

表 1 和图 2 显示，确定种属的物种包括农作物种子 700 粒、占 72%，豆科植物 173 粒、占 18%，果实 22 粒占 2%（全部是野葡萄属种子），豆科以外的其他杂草种子 77 粒、占 8%。出土农作物的样品数量是 44 个，出土概率是 88%，出土豆科植物的样品数量是 19 个，出土概率是 38%，出土野葡萄属的样品数量是 8 个，出土概率是 16%，出土杂草的样品数量是 18 个，出土概率是 36%。

表 1　　赵家庄遗址居住区出土炭化种子分类统计表

项目	农作物	豆科	果实（野葡萄）	杂草
种子数量	700	173	22	77
百分比%（N=972）	72	18	2	8
样品数量	44	19	8	18
出土概率%（N=50）	88	38	16	36

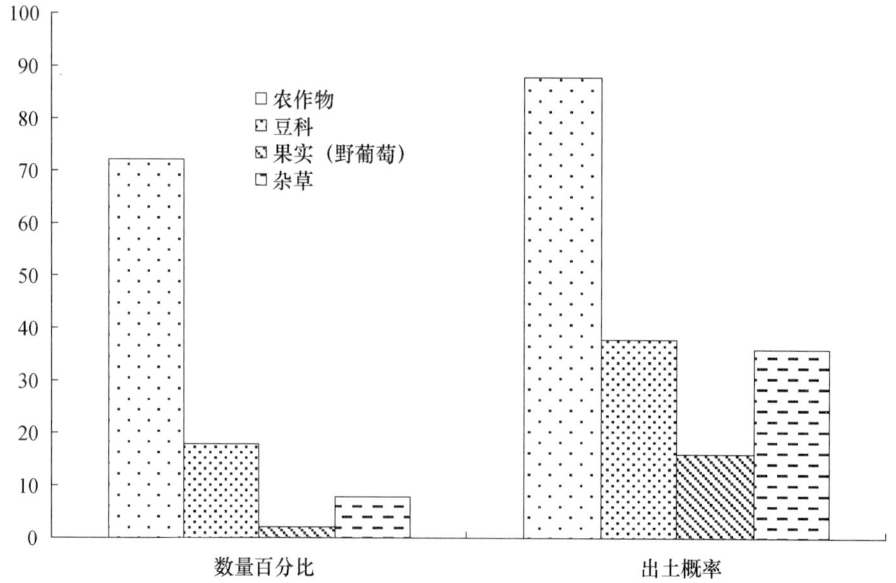

图 2　赵家庄遗址居住区炭化植物遗存比例示意图

表2显示，农作物包括水稻（*Oryza sativa*）、粟（*Setaria italica*）、黍（*Panicum miliaceum*）、小麦（*Triticum aestivum*）和大麦（*Hordeum vulgare*）。从数量看，水稻425粒，占总数的61%，谷子232粒，占33%，黍子77粒，占11%，小麦10粒，占1%（图3）；从出土概率看，谷子的出土概率最高，为70%，水稻居第二位，为61%，黍子的出土概率为36%，小麦出土概率为16%。只有1个样品中出土大麦1粒，不进行百分比和出土概率计算。

表2　　农作物百分含量和出土概率统计表

项目	稻	粟	黍	小麦
出土数量（粒）	425	232	75	10
数量百分比（n=700）	61%	33%	11%	1%
出土单位（个）	27	31	16	7
出土概率（n=44）	61%	70%	36%	16%

数量百分比计算中分母是出土栽培植物种子总数量；出土概率计算中分母是出土栽培植物种子单位总数量。

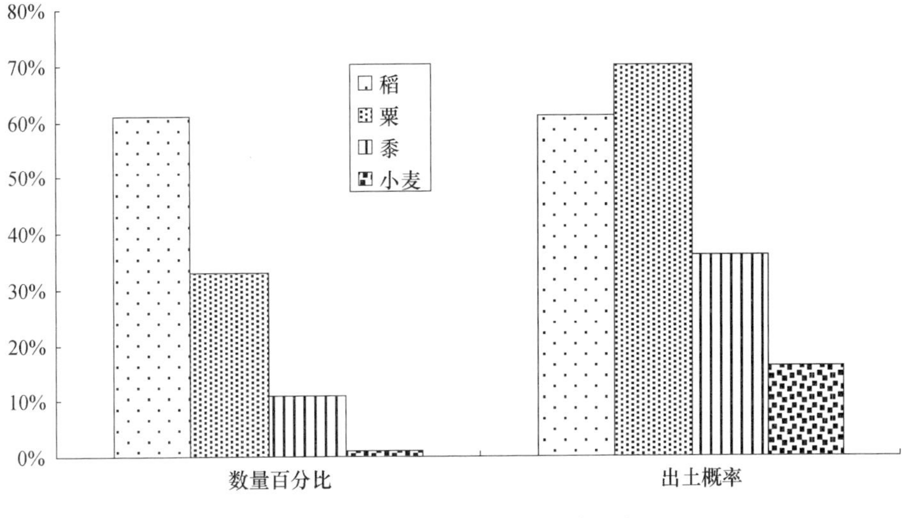

图3　农作物百分含量和出土概率示意图

谷物的千粒重分析结果显示，大米的千粒重是19.704克，千粒体积是23毫升；粟的千粒重是2.440克，千粒体积是3.1毫升；两者的千粒重比大约是8∶1，千粒体积比是大约7∶1，就是从重量上讲，8粒小米相当于1粒大米，从体积上讲，7粒小米相当于1粒大米。如果根据这个结果来估算赵家庄遗址出土炭化稻和粟遗存所代表的聚落谷物消费量或生产量，不论是以出土数量还是以出土概率来计算，稻米的重量和体积都远远高于小米。如果我们再把大粒作物和小粒作物在谷物收割、加工和食物加工过程中被丢失的可能性的差异性考虑进去，可能更会凸显出稻米在聚落粮食作物中的重要性，因为按照一般的生活常识，不论是谷物加工还是食物加工过程中，同样因为人类活动丢落的同样数量的稻米和小米，前者被人类发现并捡拾回来的概率要远远高于后者，这个事实直接造成在考古遗址中前者的出土概率要低于后者。

所以，根据上述分析，稻在赵家庄聚落居民的粮食性食物中是最重要的，占的比重最大。其次才是谷子和黍子等。

豆科植物包括豆科（Fabaceae）、野大豆属（*Glycine soja*）、豆茶决明（*Cassia nomame*）和野豌豆属（*Vicia* Linn.）四类合计173粒（表3，图4），出土单位19个。其中豆科129粒12个单位，数量百分比和出土概率分别是75%、63%；野大豆11粒5个单位，数量百分比和出土概率分别是6%、26%；豆茶决明32粒5个单位，数量百分比和出土概率分别是18%、26%；野豌豆属1粒1个单位。

表3　　豆科植物数量百分比和出土概率统计表

项目	豆科	野大豆	豆茶决明	野豌豆属
出土数量（粒）	129	11	32	1
数量百分比（n=173）	75%	6%	18%	
出土单位（个）	12	5	5	1
出土概率（n=19）	63%	26%	26%	

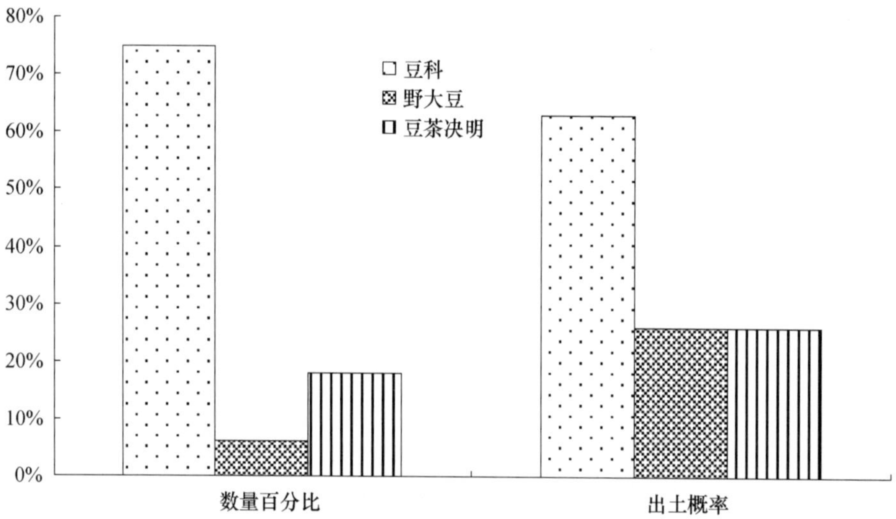

图4　豆科植物百分比和出土概率示意图

果实类只有葡萄属（*Vitis* Linn.）种子22粒，出自8个土样。

杂草包括萹蓄（*Polygonum aviculare*）、蓼科其他（Polygonaceae），赤瓟属（*Thladiantha* Bunge）、葫芦科其他（Cucurbitaceae），唇型科的紫苏（*Perilla frutescens*）和小鱼仙草（*Mosla dianthera*）；黍亚科（Panicoideae）、黍属（*Panicum* Linn.）、狗尾草属（*Setaria* Beauv.）、狗尾草（*Setaria virids*）和禾本科其他（Gramineae），锦葵科的野西瓜苗（*Hibiscus trionum*），莎草科（Cyperaceae），菊科的刺儿菜（*Cephalanopos segetum*），商陆科的商陆（*Phytolacca acinosa*），大戟科的铁苋菜（*Acalypha australis*）（表4，图5）。

表 4　　杂草种子数量百分比和出土概率统计表

项目	蓼科		葫芦科		唇型科		禾本科					野西瓜苗	莎草科	刺儿菜	商陆	铁苋菜
	萹蓄	蓼科	赤瓟属	葫芦科	紫苏	小鱼仙草	狗尾草	狗尾草属	黍属	黍亚科	禾本科					
出土数量（粒）	17	1	1	3	22	1	12	7	1	1	2	4	3	1	6	1
数量百分比（n＝77）	22%				29%		16%	9%							7%	
出土单位（个）	8	1	1	2	3	1	7	2	1	1	1	1	3	1	3	1
出土概率（n＝18）	44%				17%		39%									

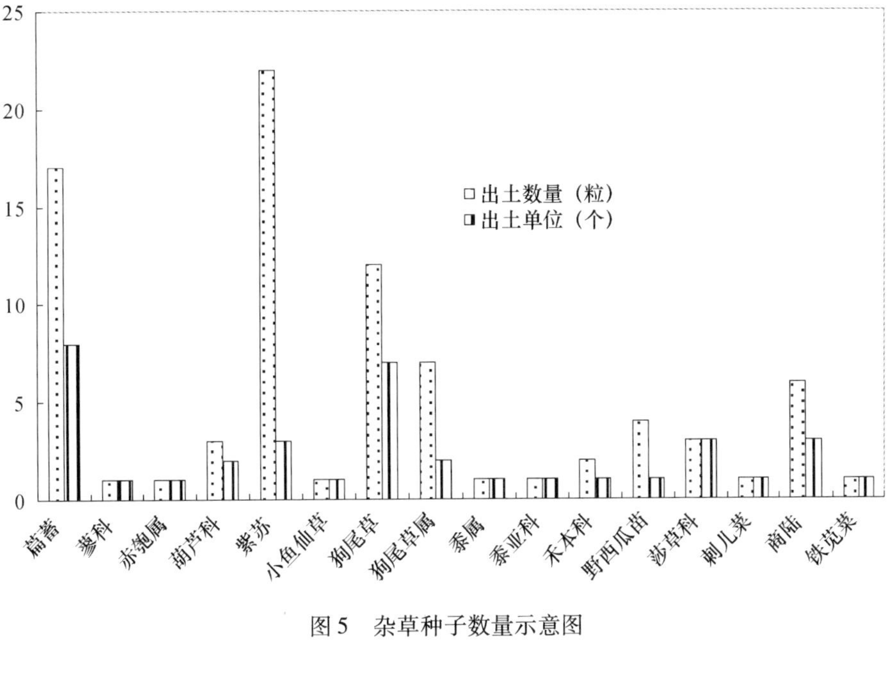

图 5　杂草种子数量示意图

表 4 和图 4 显示，在各类杂草中，紫苏的数量最多，占杂草总数的 29%，其次是萹蓄，占 22%，狗尾草和狗尾草属分别占 16% 和 9%，商陆占 7%，其余物种出土数量都低于 5 粒；从出土概率看，萹蓄最高，为 44%，狗尾草位居第二，39%，紫苏为 17%，其余物种样品数量都低于或等于 3，莎草科和商陆的样品数量都与紫苏相同，是 3 个，但因其数量少，可能表明其重要性显著低于紫苏。

H339 小麦的碳十四年代为距今（3905 ± 50）BP，树轮校正后年代为 2σ（95.4%）：

2570BC（2.7%）2530BC；2500BC（87.2%）2270BC；2260BC（5.5%）2200BC。所有碳十四半衰期为5568年，BP为距1950年的年代。树轮校正所用曲线为IntCal04[34]，所用程序为OxCal v3.10[35]。我们取概率最高的2500BC（87.2%）2270BC，即赵家庄遗址H339中炭化小麦年代为2500BC～2270BC。这个年代与我们根据陶器形制确定的该聚落的年代大体一致，即相当于龙山文化早中期。

（二）稻田土样浮选结果

稻田区域92份土样中，有20份24.5升土样中出土炭化种子28粒，平均每升土中出土炭化种子数量为1.14粒。炭化种子包括稻、粟、黍和小麦四种农作物和豆科、唇型科、禾本科、石竹科蚤缀、罂粟科、莎草科等杂草和未知类型。此外，还有残破不能确定种属的种子若干。

四　讨　论

赵家庄遗址是山东东部沿海地区继日照两城镇之后又一处经过系统植物考古研究的龙山文化遗址。浮选结果提供了该聚落植物大遗存的丰富信息，不仅可以据此讨论聚落生计方式等问题，而且可以结合两城镇等遗址的相关资料探讨沿海地区农业经济结构以及与内陆地区进行对比分析。

（一）聚落生计与农业

由于目前缺乏动物遗存的资料和同位素古人食谱的研究结果，很难全面认识赵家庄聚落的生业经济方式，但植物考古的研究显示，农业可能是生业经济的主要部分，植物性食物中还有一部分采集的野生植物，家畜饲养和捕捞淡水生物可能也是居民食物的部分补充。

首先，居住区土样中，平均每升就有2.7粒炭化植物种子或果实，密度最高的达到每升土中有9.68粒，表明植物遗存的密度比较高，进而说明人类对植物的利用程度比较高。而在所有的炭化植物遗存中，农作物数量占72%，出土概率是88%。

其次，如果赵家庄聚落中那些炭化的可食植物种子或果实代表的确实是人类采集野生植物作为食物的遗留，那这些野生植物遗存所占的微小比例可能表明采集野生植物性食物在居民的植物性食物中占的份额非常小，这可能也是农业发展的一个证明，通过农业获得的植物性食物可能是赵家庄聚落居民食物的重要组成部分，农业在聚落生业经济中占有相当重要的地位。如果我们将赵家庄聚落出土植物遗存情况与大汶口文化、良渚文化、广富林文化聚落植物遗存出土情况进行比较的话，就更能发现农业在赵家庄龙山文化聚落中的重要地位了。在经过系统发掘和植物考古分析的北阡遗址，大汶口文化时期遗存中保留的植物遗存数量非常少，其中的农作物遗存就更少，而野生植物遗存相对较多[36]。良渚文化时期聚落的植物遗存中，野生可食植物遗存的比重也显然大于赵家庄遗址[37]。

第三，赵家庄聚落出土典型的农田杂草的数量相对较少，在只占全部炭化植物遗存

8% 的杂草中，可能被人类作为食物的萹蓄和紫苏占 51%，典型的农田杂草如禾本科、莎草科、大戟科等不足一半，这可能也表明农业发展达到了比较高的水平，就是农田中的杂草得到了一定程度的清除，或者是庄稼收割和谷物加工过程中对杂草处理得比较干净。

杂草（weed），是指随着人类活动而出现的植物群体，在植物考古研究中，一般将杂草的出现作为人类活动影响该地区植被的一个标志（anthropogenic indicator）。杂草是依附于人类的生产和生活而出现的一类特殊植物，它既不是栽培植物，也不完全属于自然野生植物[38]。因此，考古遗址中出土的杂草种子，不能反映自然植物群落的特点，但却能反映人类活动的特点。其中，有些典型的农田杂草，进入考古遗址的途径最大可能性就是伴随着被收获的农作物一起被带入居住地，这些杂草可以为我们探讨古代农耕活动提供佐证。赵家庄遗址出土的杂草种子可以分为两大类。铁苋菜、刺儿菜[39]是典型的麦田杂草，小鱼仙草、野西瓜苗、禾本科的各类杂草等都等旱田杂草，它们的出现，可以作为聚落周围有旱田的证据，多数都可能是谷物收割过程中被带到聚落内的。

此外，聚落居住区东面比较规整的水田的存在[40]，也是农业发展的证明。

上述分析显示，农业是赵家庄聚落生业经济的重要组成部分。不过，除了农作物以外的豆科植物、野葡萄属和一些杂草型可食植物遗存的发现也表明，居民仍然采集野生植物作为食物的补充，甚至有可能认识到了某些野生植物的药用价值。根据现代植物学研究和民俗调查结果，紫苏、豆茶决明、萹蓄、葡萄属、豆科等，均属于可食植物类型，这些植物的果实、种子或者全株经常是药材或者是动物饲料，他们在聚落中出现，可能主要是人类有意采集的结果，反映当时的经济生活中，采集经济仍然存在。野大豆的茎、叶可作牲畜饲料，种子药用或者榨油用[41]；豆茶决明的叶可以作为茶的代饮品[42]；紫苏全草药用，同时还可以作香料，种子榨油可以食用[43]；小鱼仙草全草药用，有治疗感冒发热等功效[44]。在 H329 中发现了 20 粒炭化的豆茶决明种子，可能说明这是人类有意采摘的结果。

另外，根据与赵家庄相距不远的胶州（原胶县）三里河遗址的动植物遗存情况，我们推测，家畜饲养和狩猎捕捞野生动物获得肉食可能也是赵家庄聚落生业经济的一部分。三里河遗址大汶口文化晚期和龙山文化时期的遗存中不仅出土了炭化粟，而且出土了数量比较多的动物遗骸，包括家猪、狗和野生的鹿类、野猪、海鱼、各类贝壳等，这些发现似乎说明，在三里河聚落，家畜饲养和狩猎、捕捞活动在生业经济中有比较重要地位[45]。当然，并不能因此得出赵家庄聚落也有大量捕捞活动的结论，因为从地理位置上讲，三里河遗址靠近胶州湾，而赵家庄遗址则距离胶州湾比较远。不过，造就赵家庄遗址所在阶地的那条小河（现代的黄水河）可能早于赵家庄聚落就存在了，在赵家庄聚落居民活动的时期这条小河可能也为居民提供了一定的水产资源，只不过是因为发掘或者保存等原因我们没有找到相应的遗存而已。

（二）稻粟混作、多种作物共存的农业生产模式

炭化植物遗存的分析结果显示，赵家庄聚落以稻和粟为主要作物，黍和小麦居于比

较次要的地位，聚落农业是一种稻粟混作、多种作物共存的模式。

从统计数据和相关分析看，在农作物中，水稻居于最重要的地位，粟可能位居第二，稻粟混作的农业模式比较明显。

从数量看，水稻425粒，占总数的61%，谷子232粒，占33%，黍子77粒，占11%，小麦10粒，占1%；从出土概率看，谷子的出土概率最高，为70%，水稻居第二位，为61%，黍子的出土概率为36%，小麦出土概率为16%。显然，稻和粟是两种重要的农作物。那么，两者是否具有相同的重要性呢？我们还需要进行具体分析。

根据出土数量和概率来分析农作物的重要性程度，只有在两者都是大粒作物或者小粒作物的前提下才是有效的，而赵家庄的稻是大粒作物，而粟则是小粒作物，所以在估算其重要性的时候我们必须考虑到千粒重的问题。前面的结果已经显示，从千粒重的角度讲，水稻占有绝对的优势。如果我们再考虑到稻和粟这两种谷物在考古遗址中堆积的可能性的差异，就会发现，相对于稻来讲，粟可能更容易或者更高频率地堆积在考古遗址中，这主要是因为粟的粒小，即使与稻同样程度被丢失，但被拣回的可能性要小得多，这可能是导致粟的出土概率高的一个因素。此外，对居住区灰坑等遗迹土样的植硅体分析初步结果显示，几乎所有的土样中都有水稻植硅体，而粟和黍的植硅体则远不如水稻植硅体普遍。根据最新的研究成果，相对于粟和黍的稃壳来讲，水稻壳体的植硅体产量相对较低[46]，就是说，同样数量的壳体植硅体，所代表的稻谷的数量要多于粟和黍的数量。考虑到我们同时统计了稻的壳体和茎叶上的植硅体，这样也就增加了植硅体所代表的稻谷的数量和出土概率，所以，大致可以认为植硅体分析所获得的粟和黍的稃壳植硅体与稻的茎叶和壳体植硅体代表了相等数量的粟、黍和稻。

根据上述分析可以发现，赵家庄聚落农业中，稻是最主要的农作物，粟的重要性位居第二。这种情况在出土炭化种子数量比较多的三个样品中有更清晰的反应。H231⑤共出土炭化种子184粒，其中稻80粒、粟31粒、黍5粒、小麦1粒，还有豆科、野葡萄、萹蓄等，其中稻最多，占总数的43%，粟占17%，黍占2%，小麦占0.5%，所有农作物合计占62.5%，稻占的百分比多于粟和黍的百分比之和。H231⑥中出土炭化种子104粒，其中稻75粒、粟5粒，还有野大豆、萹蓄、紫苏、狗尾草、葫芦科、商陆等，农作物稻占绝对多数，达到72%。H332出土炭化种子145粒，其中稻52粒、粟7粒、黍1粒，农作物中也是稻的数量最多。这三个出土炭化植物遗存数量比较多的土样，其堆积形成的原因可能是人类堆放了谷物脱穗或者脱壳加工的副产品，就是谷物脱穗或者脱壳的副产品被作为垃圾堆放在灰坑中后由于某种原因燃烧（或者是这些副产品本来就被作为家庭的燃料，燃烧后的灰烬被堆积到灰坑中）致使植物种子炭化，那么，这三个样品中炭化植物遗存的比例可能比较真实地反映了农作物的构成比例。

以水稻为主、稻粟混作的农业生产模式，不仅存在于赵家庄聚落，在海岱地区南和东南部的其他一些聚落中也有同样的发现。对安徽蒙城尉迟寺和山东日照两城镇两个聚落农作物遗存的分析表明，海岱地区南部新石器时代晚期阶段，稻旱混作可能是农业经济的主要特点，具体表现在农作物种类上就是水稻和谷子占有大致相等的地位[47]。

除了稻和粟这两种最重要的农作物以外，黍和小麦也是赵家庄聚落比较重要的农作物。这种水旱混作、多种农作物共存的农业生产模式，无疑将显著地降低农业的风险，进而导致并促进了社会复杂化。

从统计数据看，不论是出土数量还是出土概率，黍都显著低于粟；不过，黍的千粒重是粟的千粒重的2倍左右，这样看来，在居民的粮食消费中，粟和黍的重要性可能相差无几，基本是接近的。

赵家庄遗址这次浮选到10粒小麦，其中5粒完整，另外5粒稍微残破。此外，还有1粒大麦是带壳（颖片）的，椭圆型，中间最宽，向两端渐尖，扁片状，腰部皱纹明显，大麦腹沟不明显。不论是大麦还是小麦，都是龙山文化时期出现在山东地区新的农作物类型。H339出土炭化小麦AMS测年结果为2500BC～2270BC，属于龙山文化早中期，这说明至迟到龙山文化中期阶段，海岱地区已经比较普遍种植小麦[48]，目前经过系统植物考古研究的两城镇、赵家庄、桐林和教场铺四个遗址，除了桐林以外的三个遗址中都发现了小麦。不过，小麦在炭化植物遗存中的比例都很低，两城镇遗址122份土样中浮选到4000余粒炭化植物种子，其中有2粒属于龙山文化晚期的小麦[49]，茌平教场铺遗址也发现了炭化小麦[50]但具体情况尚不清楚。

赵家庄遗址出土10粒小麦和1粒大麦，似乎说明麦类作物在聚落农业中的地位高于两城镇聚落，虽然我们意识到作如此推测需要考虑到目前两城镇和赵家庄遗址都没有进行全面揭露的局限性，但如果同样用千粒重的观点来看赵家庄遗址小麦与黍的重要性，就会发现，事实上两者的差距没有单纯从数量和出土概率方面分析的那样大。实验表明，小麦的千粒重是19克，黍的千粒重是5克，这样看来，赵家庄遗址出土的黍和小麦的出土概率比较接近，从数量看，仍然是小麦少于黍。

如果我们从全国考古遗址小麦遗存的出土情况看，海岱地区龙山文化聚落中出现小麦，可能与当时的大背景有关。检索已经公开发表的考古遗址中小麦遗存资料，我们发现，在龙山时代，似乎小麦突然在中国黄河流域大范围出现[51]，这种情况启发我们考虑中国北方地区比较大范围种植小麦的历史和环境背景问题，因为全球范围内的气候干冷事件就发生在龙山时代，可能小麦大规模地向中国北方地区传播，正是在这样的背景下发生的。可能冷干气候首先影响了西亚地区的小麦农人，他们为了寻找更丰富的土地资源而向东迁徙，这是小麦东传到中国的根本原因。

综合上面的分析，我们认为，赵家庄聚落农业中，稻是最主要的农作物，其次是粟、黍和小麦，其中小麦的地位可能偏低，这可能与小麦引进到山东地区时间短、还没有被居民普遍接受有关系。但是，不论如何，赵家庄聚落这种以稻为主、水旱混作、多种农作物并存的农业生产模式，不仅表明聚落农业发展水平的提高，更重要的是农业的发展及其低风险特点，为社会进步特别是社会复杂化的发展提供了基本的食物保障。

（三）聚落农业与环境

赵家庄聚落以稻为主、水旱混作农业生产模式的形成，是聚落周围地貌环境和龙山时代黄淮海地区气候共同作用的结果。

水旱混作的农业格局，与赵家庄遗址所在的地貌部位有密切关系。赵家庄遗址位于黄水河东岸阶地上，居住区靠近东边的低山丘陵区，而水田则靠近古河道。从聚落周围地貌分析，河流阶地上有条件种植水稻，周围的低山丘陵区，则适合种植粟、黍、大麦等典型的旱地作物，对水的需求介于水稻和粟等旱地作物之间的小麦，可能种植在低山丘陵和河流阶地之间的地带。

现代赵家庄遗址周围地区已经基本没有水稻种植，但在遗址西南方向的诸城以及更南的临沂各县的某些乡镇，还有小面积的旱稻种植，这种情况可能说明，现代气候条件下，赵家庄遗址及周围地区不种植水稻，可能主要是水源不充分。由于赵家庄聚落水田的确认[52]，我们可以推测赵家庄聚落龙山文化时期的稻主要是水稻，至少是有一部分水稻，那这就可能说明，龙山文化时期，赵家庄遗址及周围地区，降水比现代要多，至少能够满足水稻种植的需要。同属于海岱地区的两城镇[53]、丹土[54]、桐林[55]和教场铺[56]等遗址中都出土了稻遗存，而这些遗址周围目前都不再种植水稻，这种情况可能也表明，龙山文化时期，整个海岱地区的气候比现在湿润，降水量高于现代。来自考古遗址的一些其他植物遗存也表明，当时黄河中游和黄淮之间的降水量明显地高于现代。日照两城镇[57]、诸城薛家庄[58]和河南登封王城岗[59]遗址中不仅都发现了水稻遗存，而且都发现了炭化刚竹遗存，现代气候状况下，刚竹的自然生长地带是江淮之间。我们推测，龙山文化时期，海岱地区乃至黄河中游的登封一带，气候与现代的江淮之间相似。

附记：赵家庄遗址的浮选工作是由发掘主持人燕生东筹划组织的，参加土样采集工作的有燕生东和兰玉富等，野外土样浮选工作由燕生东和兰玉富指导民工完成，实验室小水桶浮选由王春燕完成，炭化种子和果实的鉴定工作是由中国科学院植物研究所刘长江高级工程师指导、王春燕完成的，鉴定结果的统计、整理和制图由王春燕和靳桂云完成。植物遗存照片由刘长江和王春燕拍摄。

鉴定和分析工作还得到了中国社会科学院考古研究所赵志军研究员的指导和帮助，在此表示真诚的感谢！

注 释

［1］ 苏秉琦：《中国文明起源新探》，三联书店，1999年。
［2］ 赵志军：《植物考古学的学科定位与研究内容》，《考古》2001年第7期。
［3］ 严文明：《东亚文明的黎明——中国文明起源的探索》，《农业发生与文明起源》，科学出版社，2000年。
［4］ 高广仁、邵望平：《中华文明发祥地之一——海岱历史文化区》，《史前研究》1984年第1期。
［5］ 杨建华：《两河流域的史前时代》，吉林大学出版社，1993年。
［6］ 赵志军：《海岱地区南部新石器时代晚期的稻旱混作农业经济》，《东方考古》第3集，科学出版社，2006年。
［7］ 靳桂云、栾丰实：《海岱地区龙山时代稻作农业研究的进展与问题》，《农业考古》2006年第1期。
［8］ 山东省地方史志编纂委员会：《山东省志·自然地理志》，山东人民出版社，1996年。
［9］ 山东省地方史志编纂委员会：《山东省志·气象志》，山东人民出版社，1994年。

[10] 周光裕：《山东植被分类及分区》，《山东大学学报》1963 年第 1 期。

[11] 该地区全新世时期最早的人类活动大约始于大汶口文化晚期（5000 cal. yr BP）。中国社会科学院考古研究所：《胶县三里河》，文物出版社，1988 年。

[12] 王仁卿、周光裕：《山东植被》，山东科学技术出版社，2000 年。

[13] 燕生东、兰玉富：《山东胶州赵家庄先秦聚落考古获重要收获》，《中国文物报》2006 年 4 月 28 日。

[14] 靳桂云、燕生东、宇田津彻朗、王春燕、兰玉富、佟佩华：《胶州赵家庄遗址水田的植硅体证据》，《科学通报》2007 年第 52 卷第 18 期。

[15] 栾丰实：《海岱龙山文化的分期和类型》，《海岱地区考古研究》，山东大学出版社，1997 年。

[16] 刘长江、靳桂云、孔昭宸：《植物考古——种子果实研究》，科学出版社，2008 年。

[17] 发掘过程中，对这部分遗迹是否属于水田，还不能确定，所以，当时没有采集浮选土样。

[18] 实验表明，小水桶浮选法和水波浮选仪浮选法对植物遗存的密度和种属数量都不存在显著影响，高玉：《炭化植物遗存提取与数据分析方法浅析——以八里岗遗址浮选结果为例》，北京大学考古文博学院学士学位论文，2009 年。

[19] 刘长江、靳桂云、孔昭宸：《植物考古——种子果实研究》，科学出版社，2008 年。

[20] 赵志军：《植物考古学及其新进展》，《考古》2005 年第 7 期。

[21] 孔昭宸、刘长江、何德亮：《山东滕州市庄里西遗址植物遗存及其在环境考古学上的意义》，《考古》，1999 年第 7 期。

[22] 凯利・克劳福德、赵志军、栾丰实、于海广、方辉、蔡凤书、文德安、李炅娥、加里・费曼、琳达・尼古拉斯：《山东日照市两城镇遗址龙山文化植物遗存的初步分析》，《考古》2004 年第 9 期。

[23] 宋吉香：《山东桐林遗址出土植物遗存分析》，中国社会科学院研究生院硕士学位论文，2007 年 5 月。

[24] 赵志军：《浮选结果与分析》，《登封王城岗考古发现与研究（2002 ~ 2005）》，大象出版社，2007 年。

[25] Dorian Q Fuller（傅稻镰），《颍河中上游谷地植物考古调查的初步报告》，《登封王城岗考古发现与研究（2002 ~ 2005）》（下）附录四，大象出版社，2007 年。

[26] a. Garrard A. 2000. Charting the emergence of cereal and pulse domestication in South-West Asia, *Environmental Archaeology*, 4: 67 ~ 86.

b. Zohary D. and Hopf M. 2000. *Domestication of plants in the Old World.* 3rd edn. Oxford: Oxford University Press.

c. Hillman G. C. , Hedges R. , Moore A. M. T. , Colledge S. , Pettitt P. 2001. New evidence of Late Glacial cereal cultivation at Abu Hureyra on the Euphrates. *The Holocene*, 11: 383 ~ 393.

d. Tanno K-I. , Willcox G. 2006. How fast was wild wheat domesticated? Science, 311: 1886.

e. Weiss E. andKislev M. E. 2006. Autonomous cultivation before domestication. *Science*, 312: 1608 ~ 1610.

[27] VanZeist W. and Bottema S. 1971. Plant husbandry at Neolithic Nea Nikomedeia, Greece. *Acta Botanica Neerlandica*, 20: 524 ~ 538.

[28] Fuller Q. D. and Harvey E. 2006. The archaeobotany of Indian pulses: identification, processing and evidence for cultivation. *Environmental Archaeology*, 11: 257.

[29] Fuller Q. D. 2007. Contrasting patterns in crop domestication and domestication rates: recentarchaeobotanical insights from the old world. *Annals of Botany*, 100 (5): 903 ~ 924.

[30] 赵志军:《两城镇与教场铺龙山时代农业生产特点的对比分析》,《东方考古》第1集,科学出版社,2004年。
[31] 靳桂云:《山东稻遗存考古的新成果》,《东方考古》第5集,科学出版社,2008年。
[32] 董玉琛、郑殿升:《中国小麦遗传资源》,中国农业出版社,2000年。
[33] a. 凯利·克劳福德、赵志军、栾丰实、于海广、方辉、蔡凤书、文德安、李炅娥、加里·费曼、琳达·尼古拉斯:《山东日照市两城镇遗址龙山文化植物遗存的初步分析》,《考古》2004年第9期。
b. 赵志军:《两城镇与教场铺龙山时代农业生产特点的对比分析》,《东方考古》第1集,科学出版社,2004年。
[34] Reimer PJ, MGL Baillie, E Bard et al. , 2004, Radiocarbon calibration from 0 ~ 26 cal kyr BP-Intcal04 terrestrial radiocarbon age calibration, 0 ~ 26 cal kyr BP, Radiocarbon 46: 1029 ~ 1058.
[35] Christopher Bronk Ramsey 2005, www. rlaha. ox. ac. uk/orau/oxcal. html
[36] 赵敏:《北阡遗址炭化植物遗存研究》,山东大学历史文化学院硕士学位论文,2009年。
[37] 靳桂云、赵敏、王传明:《植物大遗存与史前农业研究》,《植物考古——种子果实研究》,科学出版社,2008年。
[38] 强盛主编:《杂草学》,中国农业出版社,2001年。
[39] 马奇祥、赵永谦:《农田杂草识别与防除原色图谱》,金盾出版社,2005年。
[40] 靳桂云、燕生东、宇田津彻朗、王春燕、兰玉富、佟佩华:《胶州赵家庄遗址水田的植硅体证据》,《科学通报》2007年第52卷第18期。
[41] 陈汉斌、郑亦津、李法曾:《山东植物志》(下),青岛出版社,1997年。
[42] 陈汉斌、郑亦津、李法曾:《山东植物志》(下),青岛出版社,1997年。
[43] 陈汉斌、郑亦津、李法曾:《山东植物志》(下),青岛出版社,1997年。
[44] 陈汉斌、郑亦津、李法曾:《山东植物志》(下),青岛出版社,1997年。
[45] 中国社会科学院考古研究所:《胶县三里河》,文物出版社,1988年。
[46] 张健平、吕厚远、吴乃琴、李丰江、杨晓燕、王炜林、马明志,张小虎:《关中盆地6,000 ~ 2,100 cal yr BP. 期间黍、粟农业的植硅体证据》,《第四纪研究》第30卷第2期。
[47] 赵志军:《海岱地区南部新石器时代晚期的稻旱混作农业经济》,《东方考古》第3集,科学出版社,2006年。
[48] 靳桂云、燕生东:《山东胶州赵家庄遗址发现龙山文化小麦遗存》,《中国文物报》2008年2月22日。
[49] 凯利·克劳福德、赵志军、栾丰实、于海广、方辉、蔡凤书、文德安、李炅娥、加里·费曼、琳达·尼古拉斯:《山东日照市两城镇遗址龙山文化植物遗存的初步分析》,《考古》2004年第9期。
[50] 赵志军:《两城镇与教场铺龙山时代农业生产特点的对比分析》,《东方考古》第1集,科学出版社,2004年。
[51] 靳桂云:《中国早期小麦的考古发现与研究》,《农业考古》2007年第4期。
[52] 靳桂云、燕生东、宇田津彻朗、王春燕、兰玉富、佟佩华:《胶州赵家庄遗址水田的植硅体证据》,《科学通报》2007年第52卷第18期。
[53] 凯利·克劳福德、赵志军、栾丰实、于海广、方辉、蔡凤书、文德安、李炅娥、加里·费曼、琳达·尼古拉斯:《山东日照市两城镇遗址龙山文化植物遗存的初步分析》,《考古》2004年第9期。
[54] 靳桂云、刘延常、栾丰实、宇田津彻朗、王春燕:《山东丹土和两城镇龙山文化遗址水稻植硅

体定量研究》,《东方考古》第 2 集,科学出版社,2005 年。
[55] 宋吉香:《山东桐林遗址出土植物遗存分析》,中国社会科学院研究生院硕士学位论文,2007 年 5 月。
[56] 赵志军:《两城镇与教场铺龙山时代农业生产特点的对比分析》,《东方考古》第 1 集,科学出版社,2004 年。
[57] 凯利·克劳福德、赵志军、栾丰实、于海广、方辉、蔡凤书、文德安、李炅娥、加里·费曼、琳达·尼古拉斯:《山东日照市两城镇遗址龙山文化植物遗存的初步分析》,《考古》2004 年第 9 期。
[58] 靳桂云、王传明、赵敏、方辉:《山东地区考古遗址出土木炭种属研究》,《东方考古》第 6 集,科学出版社,2009 年。
[59] 王树芝:《木炭碎块的研究》,《登封王城岗考古发现与研究 2002 ~ 2005》,大象出版社,2007 年。

山东胶州赵家庄遗址居住区土样植硅体分析与研究*

靳桂云　吴文婉　燕生东　兰玉富　佟佩华

内容提要： 根据赵家庄遗址居住区灰坑等遗迹中土样植硅体分析结果，讨论了（1）赵家庄聚落中保存的丰富植硅体，多数植硅体保存完整可能与土壤的一次性沉积有关，植硅体中有吸附炭，可能与燃烧活动有关；（2）该聚落大汶口文化晚期、龙山文化早中期、东周时期农业经济在经济活动中的地位不断提高，特别是龙山文化时期，农业经济呈现了快速发展的局面，这可能与龙山文化时期海岱地区的文化交流以及环境变迁有关，周代的农作物中仍然有水稻，表明该聚落周代仍具备种植水稻的条件；（3）植硅体组合和沉积特点，还反映了赵家庄聚落龙山文化居民植物利用活动的一些特点，农作物的秸秆和谷物加工副产品等可能普遍被用作燃料，同时，还广泛利用芦苇等植物作为燃料，并可能形成了对芦苇的崇拜。

关键词： 赵家庄　居住区　植硅体　农作物组合　植物利用

赵家庄遗址发掘伊始，就设计了系统的植物考古研究方案，其中的微体植物遗存研究以植硅体研究为主，其中包括对可能的水田土样的植硅体分析[1]、对可能为谷物收割工具双孔石刀表面的植硅体分析和对居住区地层和遗迹土样的植硅体分析。本文将报告居住区土样的植硅体分析结果。

关于海岱地区龙山文化遗址居住区土样的植硅体研究，目前只有两城镇有系统的结果[2]。我们对龙山文化遗址中植硅体的沉积和保存状况，信息有限，需要积累更多的资料。赵家庄遗址是胶州湾地区第一个进行系统植物考古研究的龙山文化遗址，该遗址居住区的植硅体分析结果，将有助于我们获得关于山东地区龙山文化遗址植硅体沉积、保存、形态组合方面的综合信息，将为开展该地区更多考古遗址植物考古研究提供十分重要的参考资料。

赵家庄遗址炭化植物遗存显示，农业是主要生计活动，水稻和粟是主要的粮食作物，粟、黍和小麦是典型的旱地作物，虽然我们还不能确定这里的水稻是否旱地种植，但植硅

---

* 国家自然科学基金面上项目（41072135）资助

作者：靳桂云、吴文婉 山东大学东方考古研究中心，济南，250100；燕生东 山东师范大学齐鲁文化研究中心，济南，250014；兰玉富、佟佩华 山东省文物考古研究所，济南，250012。

体研究已经揭示这里有水田稻作农业。距离赵家庄不远的三里河遗址中也出土了粟的遗存。这说明，在这个区域内，农业耕作比较普遍，而伴随着农业的耕作、作物收割、粮食作物的脱穗脱粒加工等活动，人类不仅会将遗址周围的粮食作物以外的植物带进聚落内，而且各种农作物也会以多种方式保存在聚落中。我们对两城镇和丹土等龙山文化遗址的植硅体分析已经表明，植硅体分析可以为认识人类的上述活动提供重要信息[3]。

一 材料与方法

（一）分析材料

在赵家庄遗址发掘过程中，从居住区采集了66个植硅体分析土样。其中2个土样属于大汶口文化时期（H238和H238-1），2个土样属于周代（H501、H502），其余为龙山时期。62个龙山文化时期的土样，3个属于J103（井），2个属于HG201（灰沟），6个属于H102，2个属于H103，2个属于H209，2个属于H214，4个属于H231，3个属于H282，2个属于H284，3个属于H285，2个属于H311，2个属于H326，2个属于H335，2个属于H379，其余属于H271、H273、H275、H280、H289、H298、H315、H316、H321、H323、H329、H332、H333、H339、H347、H357、H360、3H68、H371、H373、H375、H376、389、393、395、397，每个遗迹单位如果包括2个或2个以上土样，就是每个土样在遗迹中深度不同，这样采样的目的是为了通过植硅体分析了解灰坑填土堆积情况。这次分析的龙山文化土样属于1个井、1个灰沟、38个灰坑（表1）。

表1　　植硅体土样登记表

序号	野外编号	序号	野外编号	序号	野外编号
1	H238-1	23	H231-8	45	H326-2
2	H238	24	H271	46	H329
3	J103（中部）	25	H273	47	H332
4	J103（中部）	26	H275-1	48	H333-2
5	J103（底部）	27	H280	49	H335-3
6	HG201底部	28	H282-2	50	H339-3
7	HG201上部	29	H282K2	51	H347K1
8	H102（顶部）	30	H282K3	52	H357
9	H102（20厘米深）	31	H284-1	53	H360
10	H102（40厘米深）	32	H284-2	54	H368-2
11	H102（60厘米深）	33	H285	55	H371
12	H102（138厘米深）	34	H285-4	56	H373
13	H102（180厘米深）	35	H285-5	57	H375-5

续表 1

序号	野外编号	序号	野外编号	序号	野外编号
14	H103-41	36	H289	58	H376
15	H103-44	37	H298	59	H379-43
16	H209	38	H311-41	60	H379-44
17	H209-44	39	H311-42	61	H389
18	H214	40	H315	62	H393
19	H214（18 号）	41	H316	63	H395
20	H231	42	H321	64	H397
21	H231-45	43	H323	65	H501
22	H231-46	44	H326-41	66	H502

（二）实验室分析方法

实验室分析方法如下[4]：

① 把样品充分搅拌均匀后风干，再将风干样品 5 克 ~10 克放入 50 毫升烧杯中。

② 把烧杯放入烘箱，加温到50℃ ~70℃，取出放入通风柜，加入 10 毫升 ~20 毫升浓 30% H_2O_2（过氧化氢，俗称双氧水），分散黏土颗粒、氧化有机质。

③ 加入 30 稀盐酸，加热（0.5 小时 ~1 小时）。

④ 用蒸馏水清洗，静置（4 小时），反复 2 次 ~3 次。离心去水。

⑤ 用比重 2.4 的重液（Hl + Kl + Zn）浮选。

⑥ 用中性树胶制片，在显微镜下观察、统计。

（三）鉴定方法

植硅体鉴定是用 NIKON E800 显微镜放大 400 倍完成。根据常规方法[5]，每个样品统计大约 200 个植硅体。

植硅体形态鉴定，主要是采用与公开发表的文献进行对比的方法，因为目前还没有建立该地区现代植物的植硅体对比标准，无法将考古遗址中发现的植硅体类型与该地区现代植物标本进行对比。在对现代植物植硅体的研究中，目前对单子叶类植物，特别是其中的禾本科植物和莎草科植物的植硅体类型积累的资料比较多，除了已经确认的栽培作物如玉米、水稻、大麦和小麦、谷子和黍子等的植硅体类型外，对禾本科植物中常见的扇型、哑铃型、方型、长方型、尖型、棒型等植硅体类型及其组合的环境意义也有比较深入的研究，这些研究成果不仅成为古代农业研究、第四纪环境研究中的重要参考，也是研究全新世时期人类与环境关系的重要基础。由于目前对可鉴定植物植硅体类型的植物种属鉴别能力各不相同，有些可以比较准地鉴定到科、属甚至种，但有些只能鉴定到目或纲[6]，所以，对于考古遗址土壤中植硅体的类型，在鉴定和统计过程中，将其分为三类比较合理[7]：不具备植物种属鉴定意义的植硅体类型、未知的植硅体类型和可鉴定的植硅体类型。

不具备植物种属鉴定意义的植硅体类型，主要有方型、长方型、尖型、棒型、部分扇型和哑铃型等，这些植硅体类型或者由于形态简单、缺乏表面特征（方型、长方型、尖型、棒型属于此类），或者是由于目前的研究还不够细致（部分扇型和哑铃型等属于此类），因此不具备植物种属的鉴别意义。但是，这些植硅体类型特别是其组合，有重要的古环境意义[8]，同时，它们在考古遗址的土壤中经常大量出现，所以，如果能够对不同区域的考古遗址中出土这类植硅体组合进行对比分析，或可能得到一些区域环境方面的信息。例如，我们在王城岗遗址中发现的棒型中，以平滑棒型为主，而在山东日照两城镇和淄博桐林遗址中却以刺状棒型为主，上述遗址中出土的农作物的种类基本一致，这种不具备种属鉴定意义的棒型植硅体类型的差别，到底反映的是什么问题，我们需要在今后的工作中继续积累资料和加深认识，但毫无疑问，这种现象是我们必须加以注意的。据此，我们在统计时，将其作为一个类别，但不参与对可鉴定植硅体类型含量的计算。

本文中的未知植硅体类型，指的是那些无法在现有文献中找到的植硅体类型。由于没有可供参考的文献，所以，对其无法命名，但报告中给出它们的照片，以便今后研究中参考，或者其他学者可能也见到过这种类型。

可鉴定的植硅体类型，就是指那些可以鉴定到科、属，甚至种一级的植硅体类型，也包括只鉴定到纲或目的植硅体类型。如前所述，目前对禾本科植物植硅体类型的研究比较深入，所以，在可鉴定的植硅体类型中，以禾本科植物的植硅体类型比较多。由于禾本科植物分布范围广泛，并经常被人类利用，再加上该科植物植硅体产量高，这就决定了在考古遗址的土壤中多数都以禾本科植物的植硅体类型为主，在以前分析过的山东日照两城镇、河南登封王城岗等龙山时代考古遗址中都有这种情况。这次在赵家庄遗址植硅体分析中也发现了以禾本科植物植硅体为主的情况。

禾本科植硅体类型中，可鉴定的类型有三大类：第一类是起源于植物叶片的机动细胞扇型，其中，水稻、芦苇、竹子都有特定的扇型植硅体类型，除此以外的扇型还有很多种类，目前其与植物之间的关系还不十分清楚；第二类是表皮短细胞，包括哑铃型（包括十字型和多铃型等，其中水稻具有典型的横排哑铃型植硅体）、竹节型（长鞍型）、鞍型（包括长鞍型和短鞍型）。第三类是植物颖果外稃上的植硅体，目前已经知道水稻、大麦和小麦、谷子和黍子外稃上的植硅体具有属甚至种一级的鉴定特征。

目前，学术界关于如何确定考古遗址中的驯化稻植硅体，已经有了比较成熟的标准。首先，由于稻属植物发育了区别于禾本科其他植物的特征扇型植硅体，所以，在没有野生稻生长的地区，只要在考古遗址中发现了属于稻属植物的扇型植硅体，就可以确认其为栽培稻植硅体[9]。中国的黄河流域不仅现代没有野生稻生长，可能在全新世温暖期之后的龙山时代也没有野生稻生长，所以，在黄河流域龙山时代及以后的考古遗址中，只要发现有稻属植物的植硅体，我们就可以认为这是驯化稻的遗存[10]。其次，在确认有稻属植物扇型植硅体的基础上，还可以根据这种扇型植硅体扇缘的纹饰区分驯化稻和野生稻[11]，所以，即使分析南方地区史前时代考古遗址的植硅体，也可以根据扇型植硅体的形态来区分野生稻和驯化稻。虽然根据扇型植硅体已经能够判断考古遗址中是否有驯化稻，但确定考古遗址中是否有驯化稻遗存，一般情况下需要稻属扇型、横排哑铃型和稻壳的双峰乳突型植硅体在同一个考古遗址的相同或者不同遗迹中出现，这样的判断才是最科学可靠的。稻亚科的哑铃型植硅体在植物中的分布上有自己的特点，就是成排沿着与叶脉平行的方向排列，而其他亚科的哑铃型排列都是头尾相连成排分布的[12]，植硅体本身的特点则是个体小，两端外缘不封闭、有裂隙，柄较短[13]，有一种两端开裂、四角分开的哑铃型，也是稻亚科所特有的[14]。来自稻壳的乳突型植硅体，形态特征也是稻亚科特有的，如果采用测量形态参数的方法，可以区分驯化稻和野生稻的植硅体[15]。

关于粟和黍的植硅体鉴定，包括稃壳和叶子植硅体两类鉴定标准。关于现代粟和黍稃壳植硅体的研究，为我们鉴定考古遗址中同类作物的稃壳植硅体提供了科学的依据[16]。另有一篇文献涉及谷子茎叶植硅体形态研究[17]。本文就是根据上述文献中建立的对谷子和黍子等作物的判别标准，对赵家庄遗址土壤样品中的植物遗存进行分析。

对于麦类作物植硅体的分析，已经发现，大麦和小麦的植硅体形态有比较明显的区别，主要表现在表皮细胞上的纹理结构不同[18]。在鉴定赵家庄遗址的土壤样品时，我们也采用了这个标准。

除了谷物类植硅体的植硅体外，我国常见的竹子、芦苇等植物的植硅体形态也具备了参考标准[19]。

二 分析结果

（一）植硅体保存状况和基本组合

在所有的样品中都发现了植硅体，但是，不同时期和同时期的不同遗迹之间，植硅体含量、保存状况、组合存在明显差异（表2）。

表2　　赵家庄遗址居住区土壤样品植硅体分析结果一览表

序号	野外编号	时代	结果	组合特点及推测
1	H238-1	大汶口	炭屑为主；植硅体极少，有扇型、棒型、方型和尖型	
2	H238	大汶口	炭屑多，植硅体极少；芦苇扇型	
3	J103（中部）	龙山	炭屑很多，占视域的80%；植硅体含量低，其中部分破碎或者有吸附碳，少量植硅体风化；有水稻扇型（含量低，占植硅体的5%）、芦苇扇型、刺棒型、平滑棒型、方型、长方型、各类扇型、尖型、哑铃型等	

续表 2

序号	野外编号	时代	结果	组合特点及推测
4	J103（中部）	龙山	炭屑很多，占视域的 80%；植硅体含量低，其中部分破碎或者有吸附碳，少量植硅体风化；有水稻扇型（含量低，占植硅体的 5%）、芦苇扇型、刺棒型、平滑棒型、方型、长方型、各类扇型、导管型、尖型、哑铃型等	
5	J103（底部）	龙山	少量炭屑；植硅体破碎，芦苇扇型多风化严重；棒型、方型、长方型、刺棒型、各类扇型、尖型为基本组合	
6	HG201 底部	龙山	炭屑极少，占视域的 1% 左右；植硅体含量大、种类丰富，以谷物植硅体为主，破碎的谷子或者黍子颖壳植硅体 30%、水稻扇型植硅体 20%、水稻哑铃型 5%、水稻双峰型 20%，其余为棒型、各类扇型、哑铃型、方型、长方型、尖型	土壤中含丰富的谷物植硅体，比较纯净
7	HG201 上部	龙山	炭屑较多，占视域的 10%；植硅体含量比较低且部分破碎；水稻扇型植硅体比较多，少量方型、长方型和平滑棒型	有一定数量的水稻植硅体
8	H102（顶部）	龙山	炭屑为主，植硅体极少；未见谷物植硅体，少量扇型、方型和长方型	
9	H102（20 厘米深）	龙山	植硅体极少；有扇型、尖型和方型	
10	H102（40 厘米深）	龙山	植硅体极少；有扇型、尖型和方型	
11	H102（60 厘米深）	龙山	炭屑极少；植硅体含量高、少量破碎或风化；黍亚科叶片长方型比较多，占 10%，芦苇扇型、其他各类扇型、哑铃型、各类棒型、方型、长方型、多铃型	谷物植硅体含量一般
12	H102（138 厘米深）	龙山	炭屑 60%，多数植硅体有吸附碳；多种禾本科植物的植硅体，其中水稻扇型和黍亚科发育哑铃型比较多，其他哑铃型、芦苇扇型、其他扇型、刺棒型、平滑棒型、方型、长方型、三铃型、短鞍型、中鞍型	有可能是利用各种禾本科植物活动的遗留；堆积物质地和颜色比较一致

续表 2

序号	野外编号	时代	结果	组合特点及推测
13	H102（180 厘米深）		炭屑 30%，少数植硅体有吸附碳；植硅体含量丰富且多数保存完整；谷物植硅体含量低，有水稻扇型、双峰型和哑铃型，谷子或黍子颖壳植硅体，各类扇型、长方型、方型、黍亚科长方型、各类哑铃型、板状棒型、刺棒型较多，其余还有尖型、属于竹子的突起扇型、中鞍型、芦苇扇型、阔叶树类型	禾本科植物种类多，除了少量的水稻、谷子和黍子等农作物植硅体外，还有可以确认的芦苇、竹子等。有可能是利用各种禾本科植物活动的遗留；堆积物质地和颜色比较一致
14	H103-1	龙山	土壤中有机质含量低，植硅体极少；水稻扇型、芦苇扇型、其他扇型、尖型和棒型等	
15	H103-4		土壤中有机质含量低，植硅体极少；水稻扇型、芦苇扇型、其他扇型、尖型和棒型等	
16	H209		炭屑含量高；植硅体含量低，多破碎；有扇型、棒型、尖型、方型、哑铃型	土壤中的植硅体可能是再次堆积到这里的
17	H209-4		植硅体极少，有水稻扇型	
18	H214		炭屑为主，植硅体极少；棒型、方型和扇型	
19	H214（18 号）		无炭屑；植硅体极少且多破碎；扇型、棒型为主，芦苇扇型常见，其他扇型少	
20	H231		无炭屑；植硅体丰富，少量破碎，多数保存完整；以哑铃型、波浪型（照片中第 1 号）和黍亚科长方型为主，有各类扇型（其中有的类似野生稻扇型）、芦苇扇型、谷子或黍子颖壳植硅体，水稻扇型很少	土壤中曾经集中有黍亚科植物的叶子
21	H231-5		炭屑为主，植硅体极少；有扇型、棒型、方型和尖型	
22	H231-6		炭屑为主，大约占视域的 70%；少量植硅体上有吸附碳；植硅体类型丰富，部分破碎；大哑铃型、芦苇扇型、平滑棒型、各类哑铃型为主，短鞍型、方型、长方型、黍亚科长方型、尖型等。	土壤中有较多黍亚科植物叶秆
23	H231-8		炭屑大约有 10%；多数植硅体上有吸附碳；植硅体含量丰富且形态多样，水稻扇型为主，占 70%，部分水稻哑铃型；谷子和黍子颖壳植硅体数量比较少；芦苇扇型、长方型、方型、平滑棒型、黍亚科发育哑铃型、成组方型、成组长方型、尖型、各类扇型；粳稻扇型占水稻扇型的 80% 以上	堆放灰烬的垃圾坑；燃料以稻的秆叶为主，其中还有芦苇、谷壳及其他

续表2

序号	野外编号	时代	结果	组合特点及推测
24	H271		植硅体丰富而且保存完整；各类扇型最多，其次为棒型和尖型；极少水稻扇型和双峰型	
25	H273		炭屑为主，占90%，多数植硅体都有吸附碳切破碎；少量水稻扇型、哑铃型、双峰型和谷子或者黍子颖壳植硅体，黍亚科发育哑铃型和其他哑铃型、中鞍型、多铃型、各类扇型、芦苇扇型、尖型、平滑棒型、刺状棒型。农作物植硅体少，非作物植硅体较多	破碎植硅体表明为再次堆积；吸附碳多可能表明是作为燃料
26	H275-1		炭屑20%，少数植硅体有吸附碳；植硅体含量高且多保存完整；水稻扇型较多，长方型、方型、平滑棒型、刺状棒型、各类扇型、芒属扇型、雀麦扇型、尖型、芦苇扇型、中鞍行、黍亚科长方型、三铃型	
27	H280		炭屑多，植硅体相对较少而且多破碎；谷子和黍子颖壳植硅体较多，水稻双峰型相对少，水稻扇型更少，各类扇型、长方型、尖型和各类棒型	
28	H282-2		炭屑多；有少量水稻扇型和双峰型，各类扇型、长方型、尖型和各类棒型	
29	H282K2		炭屑少；植硅体丰富；水稻扇型比较多，还有水稻双峰型，谷子和黍子颖壳植硅体较少，各类扇型、平滑棒型、刺状棒型、板状棒型、方型、长方型、芦苇扇型；松属花粉	燃料中多为稻叶
30	H282K3		炭屑为主，占80%；部分植硅体有吸附碳；有少量水稻扇型，方型、尖型、长方型、成组方型、成组长方型、刺状棒型、平滑棒型、哑铃型、中鞍型、芦苇扇型	
31	H284-1		炭屑60%，植硅体密度比较低；有水稻扇型、方型、长方型、尖型、其他扇型、三羊草扇型、平滑棒型、刺状棒型、板状棒型	
32	H284-2		炭屑极少，植硅体含量丰富，保存完整，很少有吸附碳；水稻扇型40%，各类扇型、芦苇扇型、方型、长方型和尖型等	水稻比较多
33	H285		炭屑多，植硅体保存一般，部分植硅体有吸附碳；棒型多，还有水稻扇型、谷子或者黍子颖壳型、方型、长方型	

续表 2

序号	野外编号	时代	结果	组合特点及推测
34	H285-4		炭屑多，植硅体保存一般，部分植硅体有吸附碳；棒型多，还有水稻扇型、谷子或者黍子颖壳型、方型、长方型	
35	H285-5		炭屑极少；植硅体含量高、少量破碎或风化、很少有吸附碳；水稻扇型 15%，黍亚科叶片长方型比较多，占 10%，芦苇扇型、其他各类扇型、哑铃型、各类棒型、方型、长方型、多铃型	
36	H289		炭屑 60%，植硅体保存完整；水稻扇型和双峰型占 10%，芦苇扇型、哑铃型、棒型、其他扇型、芒属扇型	
37	H298		以炭屑为主，占 98%；极少植硅体，芦苇扇型	
38	H311-1		极少炭屑；植硅体含量高，水稻扇型 5%，还有横排哑铃型、双峰型，竹子突起扇型，谷子或者黍子颖壳植硅体极少，还有一种大叶子上的植硅体，与滕州孟庄春秋灰坑中所见者相同	
39	H311-2		极少炭屑，植硅体含量高且保存完整；各类扇型最多，其次为棒型和长方型，水稻扇型和双峰型少	
40	H315		炭屑极少；破碎谷子（确定）颖壳植硅体 30%，水稻扇型植硅体 20%，水稻哑铃型 3%，水稻双峰型 20%，各类扇型、棒型、哑铃型、多铃型、方型、长方型、尖型	堆积性质接近丹土 G
41	H316		炭屑为主，植硅体极少，扇型、方型和长方型	
42	H321		炭屑较多，70% 左右，植硅体含量相对低且多有吸附碳；水稻扇型 2%，芦苇扇型较少，发育哑铃型较多，少量扇型似野生稻，其他扇型、棒型	
43	H323		炭屑较多，70% 左右，植硅体较多；水稻扇型 20%，芦苇扇型、其他扇型、棒型、方型、长方型、尖型	
44	H326-1		炭屑较多，60% 左右，植硅体多有吸附碳；水稻扇型多于双峰型，合计大约为 30%，芒属扇型、平滑棒型、方型、长方型	燃料燃烧后的垃圾，燃料中有较多的稻叶和壳

续表 2

序号	野外编号	时代	结果	组合特点及推测
45	H326-2		炭屑较多，80% 左右，芦苇扇型上则多吸附碳，芦苇扇型多，大约 10%，大的方型、长方型、板状棒型，其他扇型，极少水稻扇型	
46	H329		炭屑较多，98% 左右，极少植硅体；芦苇扇型	
47	H332		无炭屑，植硅体丰富且保存好，较多成组的植硅体；水稻双峰型较多，70%，水稻扇型和哑铃型各占 3%，谷子或黍子颖壳植硅体极少，芦苇扇型、竹子扇型、其他扇型、方型、棒型、尖型	加工场所或副产品堆放地
48	H333-2		炭屑较多，80% 左右，多数植硅体有吸附碳；水稻扇型 5%，以粳型为主，棒型较多，一侧带锯齿的板状棒型较多，吕厚远鉴定为雀麦型	堆放灰烬的垃圾堆，燃料中水稻少，可能为雀麦的较多，最多的可能是阔叶树类
49	H335-3		炭屑较多，70% 左右，植硅体比较多；水稻扇型比较少，其他各类扇型比较多，其中有竹子扇型，还有棒型、方型和长方型	
50	H339-3		炭屑较多，80% 左右；极少水稻扇型和哑铃型，平滑棒型 10% 左右，刺状棒型较少，其他扇型、方型、长方型、中鞍型、哑铃型	似乎棒型多的样品都是炭屑多
51	H347K1		以炭屑为主，植硅体极少	
52	H357		炭屑 50%，植硅体保存好；水稻扇型 20%，以粳型稻为主，雀麦扇型型少于水稻扇型，棒型较多，其他扇型、哑铃型等	堆放灰烬的垃圾坑，燃料中以稻秆叶为主
53	H360		炭屑少，植硅体较多；少量水稻扇型，芦苇扇型、多铃型、各类扇型、棒型、方型、长方型、中鞍型	
54	H368-2		炭屑多，植硅体含量低但保存好；2 个水稻扇型，其他扇型、棒型、方型、长方型、芦苇扇型	
55	H371		炭屑极少，植硅体含量丰富且保存完整；无谷物植硅体，以棒型、长方型、方型为主，芦苇扇型常见	
56	H373		炭屑多，植硅体含量低且多破碎；扇型、棒型、尖型、哑铃型	一般垃圾坑

续表 2

序号	野外编号	时代	结果	组合特点及推测
57	H375-5		炭屑 80%，植硅体较少；有水稻扇型、雀麦型、平滑棒型、刺状棒型、方型、长方型、其他扇型、尖型	
58	H376		炭屑 90%，植硅体极少，少量水稻扇型	
59	H379-3		炭屑多，植硅体极少	
60	H379-4		炭屑多，95%，植硅体含量低；以水稻扇型为主，双峰型较少	好象与 H379-3 为不同季节的燃料垃圾堆
61	H389		炭屑 80%，少量植硅体破碎；极少水稻扇型，以野生植物为主，哑铃型、棒型、方型、长方型、多种哑铃型、各类扇型、多铃型	
62	H393		炭屑 90%，植硅体种类多但部分破碎且有吸附碳；少量水稻扇型，大的哑铃型、芦苇扇型、平滑棒型、少量刺状棒型、各类哑铃型、短鞍型、方型、长方型、黍亚科长方型、尖型	较多黍亚科植物叶秆
63	H395		炭屑 80%，植硅体多破碎；水稻扇型 5%，方型、长方型、尖型、哑铃型等	
64	H397		炭屑较多，98% 左右，极少植硅体；水稻扇型和芦苇扇型等	
65	H501	东周	炭屑较多，80% 左右，植硅体较少；少量水稻扇型、双峰型，芦苇扇型、各类扇型、方型、棒型	多野生禾本科植物植硅体
66	H502	东周	炭屑少，植硅体较多；少量水稻扇型，以棒型、方型、长方型为主，其他扇型	

大汶口文化时期，土样中炭屑非常多，植硅体含量很低，但保存比较完整。除了芦苇扇型外，还有少量的扇型、棒型、方型和长方型植硅体，没有发现水稻和谷子或黍子等农作物植硅体。

龙山文化时期的土样中多数植硅体保存完整，成组的方型和长方型植硅体可能表明一些灰坑中植物分解很弱；但在一些灰坑或地层中发现了风化严重或者破为碎片的植硅体化石和有大量的吸附碳的植硅体化石。

植硅体的基本组合为农作物植硅体、芦苇和竹子植硅体以及大量的扇型和长方型等多种植物共有的植硅体，还有少量未识别的植硅体类型。

农作物植硅体包括水稻的扇型、稃壳双峰型、哑铃型和粟稃壳型（彩版3）。

非农作物中，可以鉴定到科或者属的植硅体包括芦苇扇型和竹亚科扇型（彩版4）。

此外，还有大量的来自禾本科其他种属的各类扇型、棒型、方型、尖型、铃型、长方型和未识别型等（彩版5）。

根据灰坑土样中所含炭屑量以及植硅体组合，可以将龙山文化时期灰坑分为四类：

一类是：土样中以炭屑为主，植硅体含量低，其中以水稻和芦苇扇型植硅体为主，也含有少量的扇型、方型和长方型植硅体。含有水稻植硅体的土样中，一般是水稻扇型、哑铃型和双峰型都出现，但数量少，而且多数有吸附碳。几乎没有水稻植硅体的土样中，芦苇扇型比较多。

二类是：土样中炭屑含量低于30%，植硅体含量较高、密度大，其中水稻植硅体与其他禾本科植物如芦苇和竹子等的植硅体含量相当或者稍有不同，但肯定都有，水稻植硅体中扇型和哑铃型比较多，双峰型相对较少，有时还同时存在谷子或者黍子颖壳植硅体；部分植硅体破碎而且多数都有吸附碳，这类灰坑可能是用来堆放灰烬的地方，燃料中以水稻的茎叶为主。

三类是：土样中炭屑含量低于10%，植硅体含量高、保存完整、极少有吸附碳；植硅体中水稻扇型和哑铃型或者双峰型占很大比重，或者成为主体，其他植物的植硅体含量相当低，而且成组的方型和长方型植硅体多见。这类灰坑可能主要是用来加工谷物，或堆放谷物加脱壳以后的副产品。

四类是：土样中几乎完全没有炭屑，植硅体含量丰富、部分破碎。植硅体中水稻和谷子或黍子植硅体以及发育哑铃型和黍亚科长方型较多植硅体共存。

东周时期灰坑H501和H502土样中，内也发现了比较丰富的植硅体。其中有农作物水稻、芦苇扇型、其他各类扇型等植硅体。

（二）农作物植硅体

大汶口文化灰坑中都没有发现农作物植硅体；东周时期灰坑中都发现了少量水稻植硅体。在62个龙山文化土样中，45个土样中有农作物植硅体。这45个出土驯化植物植硅体的土样中全部出土了水稻植硅体，水稻植硅体的出土概率为100%；11个单位发现有谷子或黍子颖壳植硅体，概率为24%（图1）。由以上统计可以看出，含有水稻植硅体的灰坑数量和频率远远大于含有谷子或黍子颖壳植硅体的灰坑（表3）。

表3　出土水稻和粟黍颖壳植硅体龙山文化灰坑数量与频率统计表

植物类型	出土单位（个）	出土概率 N=45
水稻	45	100%
粟或黍	11	24%

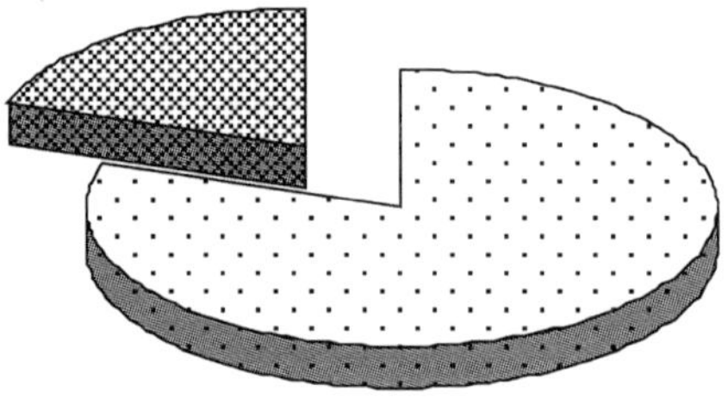
(a)

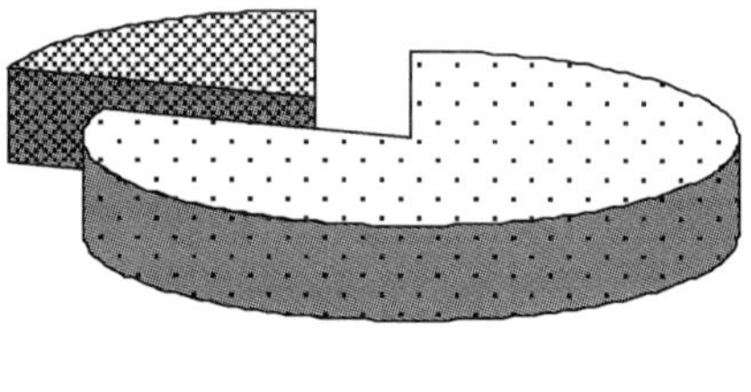
(b)

图1 出土水稻和粟黍颖壳植硅体龙山文化灰坑数量（a）和频率（b）统计图

（三）其他植物起源的植硅体

在分析的66个样品中，除了鉴别出起源于水稻、谷子和黍子等农作物的植硅体外，还发现了大量的起源于禾本科其他植物和部分木本植物的植硅体以及少量的蕨类植硅体，海绵骨针，硅藻等。

禾本科中的芦苇扇型可以分两大类；竹子植硅体既有扇型也有长鞍型。除了上述可以大致确定来源的植硅体外，还有大量的植硅体，或者其本来就起源于多种植物，或者我们目前的鉴定水平还不足以鉴定其来源。其他扇型包括四个类型，形态上也有比较明显的区分；棒型有平滑和刺状两类；方型植硅体的形态比较一致；尖型植硅体可以分为长尖型和短尖型；铃型植硅体除了哑铃型外，还有比较多的多铃型；板状棒型植硅体介于棒型和长方型之间。我们辨认出的野生稻植硅体，主要特点是，从形态上看，与水稻扇型植硅体非常接近，但唯独扇缘上的鱼鳞状纹饰数量少于9个，而根据相关研究，这可能是野生稻扇型植硅体[20]。未识别的植硅体类型，有4种类型。

三 讨论与结论

（一）植硅体堆积与保存及植物利用

赵家庄遗址居住区土样中保存了丰富的植硅体，而且多数植硅体保存完成，这种情况与日照两城镇遗址居住区土样植硅体分析结果基本一致[21]。

土样中植硅体丰富，至少说明当时在聚落内沉积了大量的植硅体，而且土壤性质适合植硅体的保存。而聚落中沉积大量的植硅体，说明当时聚落内植物利用程度高，植物利用在当时居民的生活占比较重要地位。多数植硅体保存比较完整，说明多数灰坑或者地层中的土壤为第一次沉积，植硅体破碎的样品，则可能表明发生了再沉积过程；植硅体上有吸附碳，可能表明与燃烧活动有关，这个问题后面将详述。

（二）聚落农业的发展与变迁

通过植硅体分析结果，我们可以认识赵家庄聚落大汶口文化晚期、龙山文化早中期和东周时期的农业发展与变迁过程。

大汶口文化时期，只有一个灰坑（H238）中的土样，其中没有发现任何农作物的植硅体。虽然1个样品的结果不足以说明赵家庄遗址大汶口文化时期的农业，但通过考察山东地区其他遗址的植物考古研究结果，我们仍能对山东地区大汶口文化时期的农业进行初步推测。

目前山东范围内已经进行植硅体分析的大汶口文化早中期遗址有滕州西公桥[22]、潍坊前埠下[23]、济宁玉皇顶[24]、蓬莱大仲家[25]等，大汶口文化晚期遗址有五莲董家营[26]，这些遗址中都没有发现农作物的植硅体。在日照徐家村大汶口文化晚期遗址发现了1粒炭化稻米[27]。

上述状况可能表明，山东地区，大汶口文化早期到中期，农业经济发展水平比较低，或者说不普遍，至少在已经进行植硅体分析的遗址中都没有发现农作物植硅体。当然，我们必须考虑到，上述进行植硅体分析的遗址中，每个遗址采集土样的数量也不同，其分析结果所表达的意义可能有差异，但所有遗址中都没有发现农作物植硅体，可能还是在某种程度上反映了当时的现实。到了大汶口文化晚期，情况发生了变化，当时可能出现了农业迅速发展的状况。这并不仅仅因为徐家村遗址中发现了1粒炭化稻米，还因为在接着而来的龙山文化早期，山东地区农业经济已经得到了相当的发展水平，这主要表现在考古遗址中出土农作物遗存数量多、农作物包括水稻和粟黍和小麦等多种、这类遗址普遍存在等方面。根据初步分析，我们认为，山东地区农业经济的这种发展与变迁，可能主要是文化交流与发展的结果，当然，环境因素也是我们需要考虑的[28]。

植硅体分析结果显示，龙山文化时期，赵家庄聚落内，不论是文化层还是灰坑等遗迹的土样中，都包含有丰富的农作物植硅体，不仅农作物种类包括了水稻粟黍，炭化遗存分析还发现了小麦和大豆，也是农作物[29]，而且，多数土样中农作物植硅体含量都很高，这种情况可能反映了农业发展达到了比较高的水平，主要表现为多种农作物并存、农业产量高。

龙山文化时期，赵家庄聚落中，农作物种类包括水稻、粟、黍、小麦、大豆。这与日照两城镇、临淄桐林和茌平教场铺等龙山文化遗址的农作物结构相同，反映了龙山文化时期山东地区农作物基本组成使一致的。在黄河中游的河南、陕西、山西等地区，龙山文化时期的农作物也类似。可能说明，秦汉时期农作物传统在龙山文化时期已经形成。

赵家庄遗址土样中包含大量的农作物植硅体，可能表明，水田和旱作并存的农业经济，在当时的经济生活中占比较重要的地位。如前所述，大汶口文化时期，特别是大汶口文化早中期之际，农业经济可能在经济生活中占不十分重要的地位，而龙山文化时期，这种状况得到了很大改观。对这种状况的解释，除了我们要考虑的文化交流和气候因素外，环境的变化可能也起了重要作用。

地貌调查显示，赵家庄遗址坐落在胶河支流黄水河一级阶地上。从遗址中间的路沟两侧可以清楚地看到阶地的地层堆积：第一层是现代耕土层，厚约20厘米，在保护标志以西的麦田里耕土表面，我们发现了很多龙山文化陶片，这说明现代耕土实际上就是破坏了龙山文化层形成的，至少在我们看到的麦田部位如此；第二层是厚20厘米至30

厘米的黑色淤泥层，在路沟西断崖上这个淤泥层被龙山文化时期的井和柱础打破（柱础中发现红烧土，里面有植物印痕，这个井是龙山文化时期），而在路沟东侧的断崖上，这一层出土很多龙山文化陶片，可能是作为垃圾被堆积到这里的[30]，龙山文化时期的水田土壤是黑色淤泥夹一些红烧土或者炭粒，这些现象可能说明：赵家庄遗址的龙山文化水田就是在这个黑色淤泥上面。

我们对山东东部沿海地区的日照两城镇和胶南寨里乡的赵家沟遗址进行地貌调查时也发现了类似的现象，在两城镇遗址的准平原部位，早于龙山文化层的是黑垆土层。两城镇遗址植物考古研究显示，聚落的农业发展是经济生活中的重要组成部分，可能与黑垆土层的开发有关，因为富含有机质的黑垆土层，在农业经济发展的早期阶段是理想的农田。

根据炭化植物和植硅体分析我们发现，赵家庄遗址龙山文化时期，稻作农业占非常重要地位，这种现象与日照两城镇遗址比较接近。关于山东地区龙山文化时期稻作农业发展的气候和文化背景，我们已经进行过论述[31]，龙山文化所在的中全新世晚期阶段，山东地区的气温和降水还能够满足水稻生长的要求，而且由于江淮地区古文化与山东地区古文化的交流，促进了稻作农业的发展。对赵家庄遗址进行的地貌调查也显示，赵家庄遗址的地貌部位适合进行水稻种植。

（三）植硅体组合反映的植物利用

多数样品中都保存了大量的植硅体，这种情况与后李文化、北辛文化、大汶口文化遗址中植硅体含量低[32]，形成了鲜明对比。可能反映人类对植物资源开发程度的差异。后李文化时期，人类对植物资源开发程度低，但遗址中出土动物骨骼比较多，表明人类相对多地开发动物资源。彭家遗址植硅体分析发现，地层中植硅体含量非常低，但却出土了丰富的动物骨骼。当然，这种情况可能也与发掘区的位置有关。以济宁玉皇顶遗址为例，根据发掘报告[33]，我们知道，发现的遗迹主要包括房址（包括其构建设施——柱洞）和灰坑两类，灰坑内填灰杂土一类垃圾的很少，有相当部分填土为烧土，有的还经过夯砸压实，显然与建筑活动有关。这类包含垃圾很少的灰坑中，堆积各类植物遗存的机会就很少，就更不用说堆积各类与人类活动相关的植物遗存了。

龙山文化遗址土样中，植硅体含量明显多于新石器时代早期土样中植硅体含量，这无疑说明龙山文化时期人类对植物利用的程度加深。在已经分析植硅体的近 20 个遗址中，多数土样中植硅体含量明显多于新石器时代早期土样中植硅体含量，菏泽地区的几个龙山文化遗址中，植硅体多数比较破碎。

2005 年对赵家庄遗址的发掘，主要是揭露了龙山文化时期的居住区和水田区。在分析的 66 个植硅体土样中，62 个属于龙山文化时期，这些土样的分析结果，为我们通过植硅体组合认识龙山文化时期的人类对植物利用的方式奠定了基础。前文中已经根据土样中炭屑含量、植硅体含量及保存状况，将这些土样分为四类，这四种类型，也反映了人类对植物利用方式的不同。

第一类土样中，炭屑为主，植硅体含量低，其中以水稻和芦苇扇型植硅体为主，也含有少量的扇型、方型和长方型植硅体。含有水稻植硅体的土样中，一般是水稻扇型、哑铃型和双峰型都出现，但数量少，而且多数有吸附碳。几乎没有水稻植硅体的土样中，芦苇扇型比较多。上述两种土样可能都来自灰坑，如果灰坑中堆积物是生活垃圾，就可能是炊事活动的燃料燃烧后堆积，燃料中主要是木本植物，草本植物占的比重小，但有少量水稻和芦苇的植株某部分，表明水稻和芦苇是被作为燃料的一部分使用。新石器时代居民生活中的燃料来源主要是木本植物和草本植物，木本植物中，主要是灌木和乔木的枝杈，我们可以通过鉴定考古遗址特别是炉灶附近出土木炭的树种认识燃料的来源[34]。遗憾的是，赵家庄遗址中没有采集到可供树种鉴定的木材样品。目前山东地区新石器时代遗址木材鉴定工作还处于起步阶段，可以借鉴的资料极少[35]，但学者们对内蒙古、湖北、河南等地区先秦时期遗址进行的木炭分析结果显示，作为薪柴的木材主要是灌木和乔木的枝杈，包括松类树种的应压木等[36]。现代社会中，地处偏远山区的居民，主要是经济欠发达地区，还是以灌木和乔木枝杈为燃料。

第二类土样中，炭屑含量明显少于第一类，炭屑含量低于30%，植硅体含量较高、密度大，其中水稻、粟黍等农作物的植硅体与其他禾本科植物如芦苇和竹子等的植硅体含量相当或者稍有不同，但肯定都有。水稻植硅体中扇型和哑铃型比较多，双峰型相对较少，有时还同时存在谷子或者黍子颖壳植硅体；部分植硅体破碎而且多数都有吸附碳，如果这类土样也来自堆积炊事垃圾的灰坑，炊事活动的燃料可能以草本植物为主，其中包括了数量相当多的禾本科植物。用粮食作物的茎秆作为燃料，或者再加一些容易获得的草本植物作为燃料，这在古代社会可能是常见的，我们在两城镇遗址也发现了类似的现象[37]。现代农村中还普遍存在这种情况，我们在日照两城镇遗址进行植物考古调查时就发现了这样的实例，在农民房屋附近的田间地头或者村庄的空地上，堆放着小麦的秸秆，村民们说这些秸秆都是做饭的燃料。

第三类土样中炭屑含量低于10%，植硅体含量高、保存完整、极少有吸附碳；植硅体中水稻扇型和哑铃型或者双峰型占很大比重，或者成为主体，其他植物的植硅体含量相当低。这种灰坑有可能是水稻一类谷物加工场所或者是靠近谷物加工场所而用于堆放谷物加工副产品的，而堆积在灰坑中的副产品由于某种原因有少量的燃烧，或者是灰坑中也同时堆积了少量的炊事活动垃圾，因为样品中有少量的炭屑。与丹土遗址的壕沟类似[38]。

第四类土样中几乎完全没有炭屑，植硅体含量丰富、部分破碎。植硅体中水稻和谷子或黍子植硅体以及发育哑铃型和黍亚科长方型较多植硅体共存。这类灰坑可能是堆积粮食加工副产品的所在，而这些副产品几乎没有燃烧。

上述分析可以发现，龙山文化时期赵家庄居民对植物利用方式多样，其中将农作物秸秆作为燃料是一个显著特点，而这个特点在中国农村有悠久历史传统。

赵家庄遗址居住区土样中有比较多的芦苇扇型植硅体，可能表明人类利用芦苇的普遍性。芦苇的利用在古代乃至现代都十分普遍，芦苇可以作为编制芦席、房屋建筑的材料，也可以作为燃料。我国古代文献中曾经有记载反映古代人类对芦苇的崇拜，南部和东南部文化共同体的人们，由于他们生活的环境靠近沼泽河流沿岸，普遍都用芦苇做衣服、遮蔽物和食物，逐渐形成了对“芦苇的崇拜”[39]。

除了芦苇以外，其他植物的植硅体也比较丰富，特别是禾本科植物植硅体，比较丰富，主要包括各类扇型、长方型、方型、哑铃型、各类棒型、尖型等。可能主要是燃料或者动物饲料，当然，不排除收获其他禾本科植物作为食物的可能性，比如黍亚科中的某些种属如狗尾草或者马唐等植物，都有可能作为食物，我们在一些仰韶时代遗址中发现黍亚科植物种子与谷子和黍子的数量大致相等，可能表明当时黍亚科中的某些植物是被当做与谷子和黍子同样的栽培和收获的，只是栽培的时间很短暂而没有机会发展成为驯化植物，我们目前并不知道何时停止对其栽培。

四　结　语

植硅体分析，是赵家庄聚落植物考古研究的一项重要内容，分析结果不仅揭示了聚落内植硅体沉积和保存特点、展示了该聚落的农业发展过程和人类对植物利用的方式等，而且证明了植硅体分析是聚落植物考古研究中不可缺少的内容。

土样中发现了丰富的植硅体，可能说明当时在聚落内沉积了大量的植硅体，而且土壤性质适合植硅体的保存。多数植硅体保存比较完整，说明多数灰坑或者地层中的土壤为第一次沉积，植硅体破碎的样品，则可能表明发生了再沉积过程；植硅体上有吸附碳，可能表明与燃烧活动有关。

通过植硅体分析结果，我们可以认识赵家庄聚落大汶口文化晚期、龙山文化早中期和东周时期的农业发展与变迁过程。大汶口文化时期的土样中没有发现农作物植硅体，可能表明当时农业经济发展水平比较低；龙山文化时期，聚落内不论是文化层还是灰坑等遗迹的土样中，都包含有丰富的农作物植硅体，而且，多数土样中农作物植硅体含量都很高，这种情况可能反映了农业发展达到了比较高的水平，主要表现为多种农作物并存、农业产量，农业的迅速发展可能与文化交流和环境变迁有关；东周时期，水稻仍然是聚落农业中的一部分。

植硅体组合和沉积特点还显示，赵家庄聚落龙山文化居民对植物的利用包括利用各种植物作为燃料等方面，有可能形成了对芦苇的某种崇拜。

附记：赵家庄遗址的植硅体土样采集工作是由发掘主持人燕生东筹划组织的，参加田野采样的有燕生东和兰玉富等，植硅体提取由王春燕和靳桂云共同完成，植硅体鉴定由靳桂云完成，鉴定结果的统计和整理由靳桂云、吴文婉完成。插图由燕生东等提供基础资料、靳桂云绘制，植硅体照片由靳桂云拍摄。

植硅体鉴定工作得到中国科学院地质与地球物理研究所吕厚远研究员的指导和帮助，在此表示真诚的感谢！

注 释

[1] a. 靳桂云、燕生东、宇田津彻朗、王春燕、兰玉富、佟佩华：《胶州赵家庄遗址水田的植硅体证据》，《科学通报》2007 年第 52 卷第 18 期。

b. JIN GuiYun, YAN ShengDong, Tetsuro UDATSU, LAN YuFu, WANG ChunYan, TONG PeiHua, Neolithic rice paddy from the Zhaojiazhuang site, Shandong, China, Chinese Science Bulletin 2007, 52 (24): 3376 ~ 3384.

[2] 靳桂云、栾丰实、蔡凤书、于海广、方辉、文德安：《山东日照市两城镇遗址土壤样品植硅体研究》，《考古》2004 年第 9 期。

[3] a. 靳桂云、栾丰实、蔡凤书、于海广、方辉、文德安：《山东日照市两城镇遗址土壤样品植硅体研究》，《考古》2004 年第 9 期。

b. 靳桂云、刘延常、栾丰实、宇田津、彻朗、王春燕：《山东丹土和两城镇龙山文化遗址水稻植硅体定量研究》，《东方考古》第 2 集，科学出版社，2005 年。

[4] 王永吉、吕厚远：《植物硅酸体研究及应用》，海洋出版社，1993 年。

[5] Piperno, D. R. Phytolith analysis: an archaeological and ecological perspective. Academic Press, San Diego, 1988.

[6] Piperno, D. R. Phytolith analysis: an archaeological and ecological perspective. Academic Press, San Diego, 1988.

[7] 赵志军、吕烈丹、傅宪国：《广西邕宁县顶蛳山遗址出土植硅石的分析与研究》，《考古》2005 年第 11 期。

[8] 王永吉、吕厚远：《植物硅酸体研究及应用》，海洋出版社，1993 年。

[9] Fujiwara, H. Research into the history of rice cultivation using plant opal analysis. In Pearsall & Piperno (eds.): Current research in phytolith analysis: application in archaeology and paleoecology, 147 ~ 158. University of Pennsylvania, Philadelphia, 1993.

[10] 靳桂云：《中国北方史前考古遗址中水稻遗存的植物硅酸体判别标准》，《文物保护与考古科学》2002 年第 14 卷第 1 期。

[11] a. Fujiwara, H. Fundamental studies in plant opal analysis. On the silica bodies of motor cell of rice plants and their near relatives, and the method of quantitative analysis. *Archaeology & natural science*1976, 9 (in Japanese) .

b. 王永吉、吕厚远：《植物硅酸体研究及应用》，海洋出版社，1993 年。

[12] 王永吉、吕厚远：《植物硅酸体研究及应用》，海洋出版社，1993 年。

[13] 王永吉、吕厚远：《植物硅酸体研究及应用》，海洋出版社，1993 年。

[14] 王永吉、吕厚远：《植物硅酸体研究及应用》，海洋出版社，1993 年。

[15] a. Zhao Zhijun, D. M. Pearsall, R. A. Benfer and D. R. Piperno, Distinguishing rice (*Oryza sativa*, Poaceae) from wild Oryza species through phytolith analysis Ⅱ: Finalized method, *Economic Botany* 52 (2): 134 ~ 145, 1998.

b. Lu H Y, Liu Z X, Wu N Q, Borne S, Satite Y, Liu B Z, Wang L, 2002. Rice domestication and climatic change: phytolith evidence from East China. *Boreas* 31: 378 ~ 385.

[16] a. Lu Houyuan, Yang Xiaoyan, Ye Maolin et al. Millet noodles in Late Neolithic China, *Nature* 437: 967 ~ 968, 2005.

b. Lu H, Zhang J, Wu N, Liu K-b, Xu D, et al. (2009) Phytoliths Analysis for the Discrimination of Foxtail Millet (Setaria italica) and Common Millet (Panicum miliaceum) . *PLoS ONE* 4 (2): e4448. doi: 10. 1371/journal. pone. 0004448.

c. Houyuan Lu, Jianping Zhang, Kam-biu Liu, Naiqin Wu, Yumei Li, Kunshu Zhou, Maolin Ye, Tianyu Zhang, Haijiang Zhang, Xiaoyan Yang, Licheng Shen, Deke Xu, Quan Li, Earliest domestication of common millet (Panicum miliaceum) in East Asia extended to 10, 000 years ago, *PNAS* 2009, 106 (18): 7367 ~ 7372.

[17] Sujiyama Shinji, Matsuda Ryuji, Fujiwara Hiroshi, Morphology of phytoliths in the motor cells of Paniceae-basic study on the ancient cultivation, *Archaeology & Natural science*, 20, 81 ~ 92, 1988.

[18] Terry B. Ball, John S. Gardner, Nicole Anderson, Identifying inflorescence phytoliths from selected species of wheat (*Triticum nonococcum*, *T. dicoccon*, and *T. aestivum*) and barley (*Hordeum vulgare* and *H. spontaneum* (Gramineae)), *American Journal of Botany* 86 (11): 1615 ~ 1623, 1999.

[19] 王永吉、吕厚远:《植物硅酸体研究及应用》, 海洋出版社, 1993 年。

[20] Lu H Y, Liu Z X, Wu N Q, Borne S, Satite Y, Liu B Z, Wang L, 2002, Rice domestication and climatic change: phytolith evidence from East China. *Boreas* 31: 378 ~ 385.

[21] 靳桂云、栾丰实、蔡凤书、于海广、方辉、文德安:《山东日照市两城镇遗址土壤样品植硅体研究》,《考古》2004 年第 9 期。

[22] 靳桂云:《山东地区先秦考古遗址植硅体分析及相关问题》,《东方考古》第 3 集, 科学出版社, 2006 年。

[23] 靳桂云:《山东地区先秦考古遗址植硅体分析及相关问题》,《东方考古》第 3 集, 科学出版社, 2006 年。

[24] 靳桂云、党浩:《济宁玉皇顶遗址植硅体分析》, 山东省文物考古研究所编,《海岱考古》第三辑, 科学出版社, 2008 年。

[25] 靳桂云:《植硅体分析》,《胶东半岛贝丘遗址环境考古》, 社会科学文献出版社, 1999 年。

[26] 靳桂云:《山东先秦考古遗址植硅体分析与研究 (1997 ~ 2003)》,《海岱地区早期农业和人类学研究》, 科学出版社, 2008 年。

[27] 陈雪香:《山东日照两处新石器时代遗址浮选土样结果分析》,《南方文物》2007 年第 1 期。

[28] 靳桂云:《山东稻遗存考古的新成果》,《东方考古》第 5 集, 科学出版社, 2008 年。

[29] 靳桂云、王海玉、燕生东、刘长江、兰玉富、佟佩华:《山东胶州赵家庄遗址龙山文化炭化植物遗存研究》,《科技考古》第三辑, 科学出版社, 2011 年。

[30] 燕生东、兰玉富:《山东胶州赵家庄先秦聚落考古获重要收获》,《中国文物报》2006 年 4 月 28 日 1 版。

[31] 靳桂云:《山东稻遗存考古的新成果》,《东方考古》第 5 集, 科学出版社, 2008 年。

[32] 靳桂云:《山东先秦考古遗址植硅体分析与研究 (1997 ~ 2003)》,《海岱地区早期农业和人类学研究》, 科学出版社, 2008 年。

[33] 党浩:《玉皇顶遗址发掘报告》,《海岱考古》第三辑, 科学出版社, 2008 年。

[34] 靳桂云、王春燕、孙梁红、腰希申:《木材鉴定在考古学中的应用》,《海岱考古》第二辑, 科学出版社, 2007 年。

[35] 靳桂云、于海广、栾丰实、王春燕:《山东日照两城镇龙山文化 (4600 ~ 4000cal yr BP) 遗址出土木材的古气候意义》,《第四纪研究》2006 年第 26 卷第 4 期。

[36] 王树芝:《木炭在考古学研究中的应用》,《江汉考古》2006 年第 1 期。

[37] 靳桂云、栾丰实、蔡凤书、于海广、方辉、文德安:《山东日照市两城镇遗址土壤样品植硅体研究》,《考古》2004年第9期。

[38] 靳桂云、刘延常、栾丰实、宇田津彻朗、王春燕:《山东丹土和两城镇龙山文化遗址水稻植硅体定量研究》,《东方考古》第2集，科学出版社，2005年。

[39] 水上静夫:《葦と中國农业；併せとてその信仰起源に及ぶ》, The worship of Reeds in Ancient China,《东京支那学报》1957年，3，51；摘要：RBS，1962年，3，no.790。转引自：李约瑟,《中国科学技术史》第六卷《生物学及相关技术》，第一分册，《植物学》，科学出版社，上海古籍出版社，2006年。

山东胶州赵家庄遗址龙山文化石刀刃部植硅体分析与研究*

靳桂云　王育茜　燕生东　兰玉富　佟佩华

内容提要：考古遗址出土石刀类工具的刃部，一般会残留其所加工植物的植硅体，根据植硅体类型可以为判断石刀的功能提供科学证据。通过提取胶州赵家庄遗址出土龙山文化双孔石刀刃部的植硅体，发现了来自水稻叶部的扇型、哑铃型植硅体以及来自黍亚科叶部的长方型植硅体，据此判断，龙山文化双孔石刀中，有的可能是专门用来收割水稻或者粟类农作物的。

关键词：赵家庄遗址　龙山文化　石刀刃部　植硅体分析

新石器时代遗址中发现的石刀（特别是仰韶时代及其以后流行的双孔石刀）通常被认为是一种谷物收割工具[1]。如果确实如此，那么，这些石刀被长期使用后，刃部乃至刀体的其他部位都有可能附着一些谷物的农作物的植硅体。尤其是收割的谷物属于禾本科植物的时候，附着植硅体的数量可能更多，因为禾本科植物的叶子和茎秆上产生大量的植硅体。基于此，通过提取石刀刃部表面残留的植硅体并分析其所属植物种类，有希望获得石刀收割植物种类的信息，欧洲学者已经取得了相关研究成果[2]。本文将报告赵家庄遗址部分石刀刃部表面植硅体分析结果，并对相关问题进行讨论。

一　材料与方法

赵家庄遗址出土了数量比较多的双孔石刀（图 1），为了进行相关分析与研究，我们在将其送到实验室之前，都没有对其进行任何清洗。我们选择其中的 6 件（表 1），进行刃部植硅体分析。

---

* 国家自然科学基金面上项目（41072135）资助

作者：靳桂云、王育茜 山东大学东方考古研究中心，济南，250100；燕生东 山东师范大学齐鲁文化研究中心，济南，250014；兰玉富、佟佩华 山东省文物考古研究所，济南，250012。

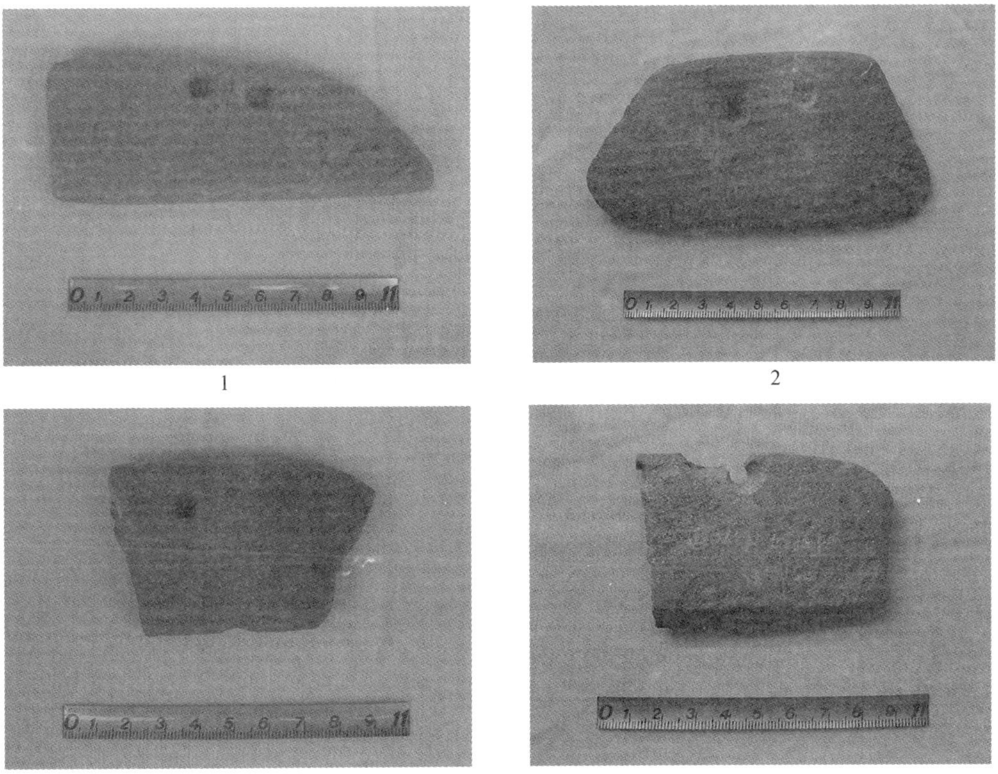

1　　2　　3　　4

图1　赵家庄遗址出土部分双孔石刀

1～4. 石刀（H262∶1、H323∶1、H364∶1、H379③∶5）

表1　　**赵家庄遗址植硅体分析石器标本登记表**

序号	出土单位	保存状况
1	H315∶4	残
2	H323∶1	完整
3	H347∶1	残
4	H347∶2	残
5	H364∶1	残
6	H375⑤∶1	残

石刀刃部表面植硅体分析的理论依据是，（1）石刀在被使用时（可能主要是收割各类农作物），其刃部因力学作用而发生各种变化如破损、剥离和磨耗等，这样就会使被石刀收割的作物的微体植物遗存如植硅体和淀粉粒等保存在这些剥离面或者破损后形成的洼坑中；特别是当石刀被反复使用，就会积累比较多的植硅体，而且植硅体比较紧密地附着在石器表面，即使经过长时间的埋藏过程也不会脱落；（2）古代农作物以禾本科植物为主，因为禾本科植物的茎秆、叶子等几乎整个植株的地上部分都产生大量的

植硅体，所以，考古发掘中发现的石刀，如果不经过任何的清洗，就送到实验室，在实验室采用特殊方法将附着的植硅体清洗下来，就可以进行鉴定和统计，从而判断石刀是否曾经作为收割谷物的工具和曾经收割哪类作物。

基于上述，我们根据国际同行的方法[3]，对6件石刀刃部表面植硅体进行了提取。具体操作步骤是（1）用蒸馏水和细毛刷轻轻冲刷石刀表面，将其表面浮土去掉；（2）用钢毛刷清洗刃部；（3）用钢毛刷尽力刷取石刀刃部表面纹理或凹坑里的沉积物，将刷下来的沉积物倒入烧杯中，烧杯中加入1∶1硫酸和硝酸混合液，放置两天，去除黏土颗粒；（4）对烧杯中土样中提取到的植硅体进行制片和鉴定、统计。

显微镜下观察后我们发现，玻片中黏土颗粒太多，很难看清楚植硅体的形态特征，这可能说明用硫酸、硝酸混合液处理这类土样效果不是很理想。借鉴我们提取稻田土样植硅体的方法，我们尝试了超声波的方法从土样中提取植硅体。具体方法是：将前面实验室方法中的前两步骤获得的样品，放入超声波中（功率100%）超声20分钟，将样品放入干燥箱中烘干6个小时，制片、观察，在显微镜下发现玻片中的植硅体清晰可见，说明这个方法比较适合赵家庄遗址的样品。

二 分析结果

在6个样品中都发现了比较多的植硅体（表2）。植硅体分析结果有如下特点：（1）这些植硅体和灰坑中的植硅体明显不同，不仅提取物中没有其他杂质，而且植硅体表面非常干净，没有吸附炭屑；（2）完全不见禾本科以外植物的植硅体，禾本科植物的植硅体主要是水稻和粟黍等农作物的植硅体，其中，除了可以明确鉴定的水稻

表2 赵家庄遗址石器植硅体分析结果表

序号	出土单位	植硅体组合	备注
1	H315∶4	植硅体较少；水稻扇型和平滑棒型为主，水稻哑铃型稍少；方型和长方型数量少	可能曾经用于水稻收割
2	H323∶1	植硅体极少；水稻扇型、哑铃型、平滑棒型、其他扇型	不能确定是否曾经用于谷物收割
3	H347∶1	植硅体丰富；水稻扇型（42）和水稻哑铃型（14）为主；其他扇型数量和种类很少，见到2个芒属扇型；平滑棒型、方型和长方型与水稻扇型大致相等或者略少	肯定曾经用于水稻收割
4	H347∶2	极少植硅体；平滑棒型	不能确定是否曾经用于谷物收割
5	H364∶1	植硅体丰富；水稻扇型（148）和哑铃型（82）为主，黍亚科长方型（38）次之；平滑棒型、刺棒型、尖型、方型、长方型、板状棒型、其他扇型等	肯定曾经用于谷物（水稻和粟黍等）收割
6	H375⑤∶1	植硅体较少；水稻扇型（18）（不见其他扇型）、哑铃型、黍亚科长方型（2）（其他长方型很少）；平滑棒型、刺棒型、尖型	可能曾经用于水稻收割

扇型、哑铃型（彩版6）和可能的黍亚科长方型[4]植硅体外，其他的植硅体都比较大，而且发育好，可能主要是来自农作物的植硅体，如各类棒型、方型和长方型等；另外有两种植硅体显然不属于栽培植物，但这种植硅体数量非常少，仅见到两例；（3）农作物中，水稻扇型和哑铃型植硅体比较多，粟黍类植硅体数量相对较少。

根据表2统计结果，可将石器表面植硅体组合情况分为三类（1）植硅体丰富而且以水稻扇型和哑铃型为主、少量黍亚科长方型（H364∶1和H347∶1）、（2）植硅体较少且以水稻扇型和哑铃型为主（H315∶4、H375⑤∶1）、（3）植硅体极少且包括水稻扇型和哑铃型（H323∶1、H347∶2）。

第一类植硅体丰富的石刀，可以肯定是曾经用于谷物收割。H347∶1植硅体组合中水稻植硅体比较多，其中水稻扇型42个、水稻哑铃型14个；H364∶1发现148个水稻扇型和82个水稻哑铃型植硅体，还有38个黍亚科长方型植硅体。

第二类植硅体比较多的石刀，可能也曾经用于水稻收割。

第三类植硅体极少的石刀，不能确定是否曾经用于谷物收割，特别是H347∶2，植硅体极少，而且没有发现任何作物植硅体。

在多数样品中，除了有谷物植硅体外，还有一些禾本科植物常见的植硅体类型，如扇型、长方型、方型、尖型和棒型等，但在第一类和第二类植硅体组合中，这些植硅体类型的数量都非常少，而且这些植硅体形态规整、个体大，可能于多数栽培植物的植硅体有关。

三 相关问题讨论

古代石器使用方法的研究，是考古学，尤其是史前考古学研究的重要课题之一，它能为我们认识、了解远古人类经济生活领域，特别是农业等方面提供较为准确的信息。目前，这方面的研究主要通过对石器进行微痕和表面残留物分析来实现，残留物包括脂肪、植硅体和淀粉粒等。

关于中国新石器时代晚期遗址中常见的双孔石刀的功能研究，多数学者都承认其为谷物收割工具，但已有研究基本都限于推测，没有实证性的研究。本文报告的研究结果，是利用植硅体方法分析龙山文化双孔石刀功能或者说收割谷物种类的首次尝试，取得了比较大明显的突破。

（一）方法的可行性和科学性

实验结果，证明了我们所采用的实验室方法的可行性和科学性，赵家庄遗址出土双孔石刀刃部的植硅体组合，基本代表了石刀使用时在刃部沉积的植硅体类型。

首先，在实验室我们采用了特别的方法，避免将灰坑土壤中沉积的植硅体与石刀刃部附着（或沉积）的使用时期的植硅体混合。这种方法就是，对石刀进行三次清洗，第一次用普通毛刷对整个石刀进行清洗，第二次用比较坚硬的钢毛刷清洗刃部，第三次，针对性地用钢毛刷清洗刃部表面纹理和凹坑中的沉积物，对这次清理下来的沉积物进行植硅体提取和分析。

其次，分析结果也证明，我们提取到的植硅体是双孔石刀使用过程中附着在刃部的植硅体，可能就是石刀所收割的农作物的植硅体。

表 3 为石刀刃部提取植硅体与石刀所在灰坑土样中提取植硅体的对比结果。H347 和 H375，灰坑土样中，植硅体都比较少，而出土于这两个灰坑的双孔石刀刃部表面都提取到水稻扇型、哑铃型等植硅体；特别是 H347，灰坑土样中植硅体极少，又大量的吸附炭，完全没有发现水稻扇型或者哑铃型植硅体，但在出土于该灰坑的双孔石刀刃部，我们却提取到丰富的水稻扇型和哑铃型植硅体；H315 土样中有丰富的水稻植硅体，但出土于该灰坑的石刀上植硅体极少，可能说明石器上的植硅体组合基本不受灰坑堆积的影响。

表 3　　石刀刃部植硅体组合与石刀所在灰坑土样植硅体组合对比

<table>
<tr><th>灰坑编号</th><th>石刀刃部植硅体组合</th><th>灰坑土样植硅体组合</th></tr>
<tr><td>H315</td><td>植硅体较少；水稻扇型和平滑棒型为主，水稻哑铃型稍少；方型和长方型数量少</td><td>炭屑极少；破碎谷子颖壳植硅体 30%，水稻扇型植硅体 20%，水稻哑铃型 3%，水稻双峰型 20%，各类扇型、棒型、哑铃型、多铃型、方型、长方型、尖型</td></tr>
<tr><td>H323</td><td>植硅体极少；水稻扇型、哑铃型、平滑棒型、其他扇型</td><td>植硅体较多；水稻扇型 20%，芦苇扇型、其他扇型、棒型、方型、长方型、尖型</td></tr>
<tr><td rowspan="2">H347</td><td>植硅体较多；水稻扇型（42）和水稻哑铃型（14）为主；其他扇型数量和种类很少，见到 2 个芒属扇型；平滑棒型、方型和长方型与水稻扇型大致相等或者略少</td><td rowspan="2">植硅体极少，有大量吸附炭</td></tr>
<tr><td>极少植硅体；平滑棒型</td></tr>
<tr><td>H375</td><td>水稻扇型（18）（不见其他扇型）、哑铃型、黍亚科长方型（2）（其他长方型很少）；平滑棒型、刺棒型、尖型</td><td>炭屑 80%，植硅体较少；有水稻扇型、雀麦型、平滑棒型、刺状棒型、方型、长方型、其他扇型、尖型</td></tr>
</table>

双孔石刀刃部植硅体分析结果还有四个特点可以说明其代表了石刀收割农作物的植硅体，第一，灰坑土样中常有大量的吸附炭，而石刀刃部植硅体提取中却没有发现这个现象，表 3 的 H347 和 H375 就是明显的例子；第二，灰坑土样植硅体组合中有水稻或者粟黍颖壳的植硅体，但石刀刃部植硅体组合中没有发现这类植硅体，如 H315 土样中发现了数量比较多的水稻颖壳植硅体，但出土于该灰坑的双内孔石刀刃部确没有发现水稻颖壳植硅体，这些现象可能正是由于双孔石刀收割谷物、反复接触植物茎秆和叶部造成的，从而说明了从刃部提取的植硅体组合代表了石刀使用时期附着的植硅体类型；第三，赵家庄遗址灰坑和水田土样中，都有比较多的芦苇扇型植硅体，但我们分析的 6 件双孔石刀刃部却完全不见芦苇扇型植硅体；第四，H347∶1 和 H347∶21 两个石刀，同出一个灰坑，植硅体情况却完全不同；这也可能说明，我们从石刀刃部提取的植硅体组合，基本不受灰坑土样中沉积植硅体的影响。

此外，H375⑤:1 这是6件石器中第1件进行植硅体分析的，由于当时对参考文献理解的不透彻，在刷这件石器的时候，石器表面附着的土状沉积物刷洗的不很彻底，但植硅体分析仍反映了一种比较纯的组合形式，不仅植硅体数量少，而且扇型中没有见到水稻扇型以外的其他扇型和长方型中没有见到黍亚科长方型以外的长方型，这都说明清洗工作还是将可能来源于灰坑的填土清洗干净了。

可见，不论是我们的实验室操作程序，还是植硅体分析结果，基本排除了从石刀刃部提取的植硅体来自石刀出土的灰坑中沉积的植硅体的可能性，从而说明了我们的方法的具有可行性和科学性。

（二）双孔石刀是谷物收割的专门工具

植硅体分析结果显示，赵家庄遗址4件双孔石刀（H364:1、H347:1、H315:4、H375⑤:1）是用于谷物收割的，而且主要是收割水稻，收割方式是收割穗或者从植株的中间部位收割。

石刀就是后代文献中的銍，作为谷物收割工具，在商周时期非常流行[5]。直到现代，中国北方的一些偏远山区仍然将其作为谷物收割工具。

从赵家庄遗址出土石刀刃部保存大量水稻扇型和哑铃型植硅体看，这些双孔石刀主要是用来收割水稻，而且应该是收割谷穗或者从植株的中间部位收割，而不是从根部收割。至于是否不同谷物用不同的工具，目前还不能得出结论，需要更多的材料证明。这次分析的石刀，主要用于水稻收割，这种情况与炭化植物遗存和植硅体分析获得的聚落农业以稻作农业为主的结论非常吻合。

附记：赵家庄遗址的植硅体采样是由发掘主持人燕生东筹划组织的，参加采样的有燕生东和兰玉富等，石器表面植硅体分析由王春燕完成，植硅体鉴定和分析由靳桂云、王育茜完成。植硅体照片由靳桂云拍摄。

当石器堆积在灰坑或地层中时，逻辑上讲，灰坑（或地层）填土中的植硅体会有一部分附着到石器表面，所以，我们从石刀刃部表面获得的植硅体，是否指示石刀曾经收割的作物，并不确定。虽然我们在实验室采取了一些措施，尽量去除灰坑或者地层土壤对石刀刃部表面植硅体组合的影响，但现有结果并不能完全排除石刀刃部表面植硅体可能来自灰坑或地层土壤的可能性。为了证明石刀刃部表面的植硅体不是石刀废弃和堆积后从周围土壤中污染的，我们在后续工作中，又选择与已经分析的石刀同出一个灰坑的那些石器进行表面植硅体分析。同时我们也对另外的所有石器进行表面微痕分析。

注 释

[1] 罗二虎：《中国古代系绳石刀研究》，《考古学集刊》第14集，文物出版社，2004年。

[2] Ross, M. Julie, Phytoliths from a Norse Greenlandic Quern stone: a preliminary investigation, *Environmental Archaeology*, 2004, 9: 99 ~ 106.

[3] Ross, M. Julie, Phytoliths from a Norse Greenlandic Quern stone: a preliminary investigation, *Environmental Archaeology*, 2004, 9: 99 ~ 106.

[4] Sujiyama Shinji, Matsuda Ryuji, Fujiwara Hiroshi, Morphology of phytoliths in the motor cells of Paniceae-basic study on the ancient cultivation, *Archaeology & Natural science*, 20, 81 ~ 92, 1988.

[5] 宋兆麟：《我国的原始农具》，《农业考古》1986年第1期。

中华文明形成时期的动物考古学研究

动物考古课题组

内容提要：本文通过对位于西辽河流域、黄河流域、长江流域多个考古遗址出土的动物遗骸进行整理和研究，探讨这些地域内公元前3500年至公元前1500年古代人类与动物的关系。不同地区古代居民获取肉食资源的方式不尽相同，尤其是黄河流域古代居民主要通过饲养家畜获取肉食资源的方式与长江流域的古代居民主要通过渔猎方式获取肉食资源的行为形成鲜明的对照。西辽河流域和黄河上游地区的古代居民获取肉食资源的方式到公元前2000年以来逐步发生变化，而黄河中下游地区古代居民获取肉食资源的行为一直保持相对稳定状态。相当于龙山文化时期在甘肃和内蒙古地区发现的马骨，印证了我们认为家马是由外来文化传播进入中国的推测，甘肃地区和内蒙古地区都是家马从中国境外进入中国中原地区的通道。

关键词：仰韶时期　龙山时期　二里头时期　动物考古学研究

包括畜牧业在内的广义的农业经济是中国古代社会的经济基础，要探讨中华文明的形成过程和机制，认识当时各个地区包括家畜饲养在内的农业经济特点及其发展模式是十分重要的。

在执行“中华文明探源工程（一）”的过程中，通过对位于中原地区属于龙山时代的河南新密新砦遗址、登封王城岗遗址、山西襄汾陶寺遗址，属于二里头文化的河南洛阳二里头遗址出土的动物遗骸进行动物考古学研究，我们认识到中原地区公元前2500年至公元前1500年这个时间段里的居民在获取肉食资源方面的特征，明显地继承了中原地区以前仰韶文化的传统。遗址中出土的动物以家猪为主。除此之外，我们还发现了黄牛和绵羊等新的家养动物。而这2种动物和这个地区以后商周时期出现数量较多的黄牛和绵羊在时间上是一脉相承的，可以说，中原地区公元前2500年至公元前1500年的家畜饲养似乎发挥着承前启后的作用。我们尚不清楚黄牛为何成为家畜的动因，这个问题有待于进一步探讨，但是依据中原地区现有的线索，至少我们认为绵羊成为家畜的动因可能是因为文化传播和交流的作用。黄牛和绵羊成为家畜以后，不但丰富了当时人的肉食资源，在宗教祭祀方面也开始发挥重要的作用，乃至成为后来区分等级身份的重要标志[1]。

上述这些认识填补了我们以往对这几个遗址有关古代人类与动物的相互关系认识

的空白，为我们认识当时家畜动物的发展状况及其与文明演进的关系提供了新的认识和启示。但是，我们同时也明显意识到，由于我们的认识仅仅局限在一个特定的时间段里，一个特定的地域范围内，因为没有比较，我们不可能在更大的时空范围内把握饲养家畜在经济及社会形态中发挥的作用。因而，开展长时间、大范围的研究是必不可少的。

有鉴于此，在执行“中华文明探源工程（二）”时，我们组成“动物考古课题组”继续攻关，课题组成员包括中国社会科学院考古研究所的袁靖、吕鹏；湖北省文物考古研究所的罗运兵；吉林大学边疆考古研究中心的汤卓炜；山东大学东方考古研究中心的宋艳波；河南省文物考古研究所的马萧林；重庆师范大学历史与社会学院的武仙竹。在此次研究中，我们有意识地将研究范围扩大到西辽河流域、黄河流域和长江流域，在时间上也向前延伸了1000年。此次研究的遗址包括内蒙古赤峰白音长汗遗址、赤峰大山前遗址第Ⅰ地点、赤峰上机房营子遗址，吉林通化王八脖子遗址，山东茌平教场铺遗址，河南灵宝西坡遗址、禹县瓦店遗址，甘肃武威磨咀子遗址、广河齐家坪遗址，湖北郧县黑家院遗址等10处（表1）。这里需要解释的是“中华文明探源工程（二）”明确规定，此次研究不安排新的发掘，仅能收集已经发掘出土的动物遗存材料开展研究，而现有资料的局限性是不可否认的，比如各个地区遗址数量不等，在时间段上也有不能连贯之处，这在长江流域表现得尤为明显。我们此次研究的遗址都在本课题探讨的时空范围内，通过对这些遗址出土的动物遗存进行研究，可以为我们认识特定时空范围内古代居民获取肉食资源的方式提供新的资料。

表1　　出土动物遗存的考古遗址情况

分布区域	遗址名称	考古学文化	绝对年代（BC）
东北地区（以西辽河地区为主）	内蒙古赤峰白音长汗遗址	红山文化	4000～3000
	内蒙古大山前第一地点	夏家店下层文化	2000～1500
	内蒙古赤峰上机营房子遗址	夏家店下层文化	2000～1500
	吉林通化王八脖子遗址	新石器时代晚期	4000～3000
黄河下游地区	山东茌平教场铺遗址	山东龙山文化	2500～2000
黄河中游地区	河南灵宝西坡遗址	仰韶文化中期	3800～3300
	河南禹县瓦店遗址	河南龙山文化晚期	2200～2000
黄河上游地区	甘肃武威磨咀子遗址	马家窑文化马厂类型	2300～2000
	甘肃广河齐家坪遗址	齐家文化	2200～1800
长江中游地区	湖北郧县黑家院遗址	石家河文化	2600～2200

我们的研究方法包括种属鉴定，确定其所属的部位（包括左右），统计它们的数量，并对颌骨、牙齿进行测量，观察骨骼表面有无人工痕迹等等。在此基础上，确定各类动物的可鉴定标本数（NISP）与最小个体数（MNI），并结合考古学现象进行分析。在鉴定时，我们以中国社会科学院考古研究所科技考古中心、吉林大学边疆考古中心、河南省文物考古研究所的古代和现代动物骨骼标本作为比对标本，同时参考了一些中外文的动物骨骼图谱[2]。

以下按照各个遗址出土的动物遗骸概况、讨论及结论等分别论述。

一 各个遗址出土的动物遗骸概况

这里分为动物种属和各个遗址出土的动物种属及数量分别阐述。

（一）动物种属

这里首先列出各个遗址出土的全部动物种属。

软体动物门 Mollusca
　腹足纲 Gastropoda
　　中腹足目 Mesogastropoda
　　　田螺科 Viviparidae
　　　　中华圆田螺 *Cipangopaludina cathayensis*（Heude）
　　　　环棱螺 *Bellamya* sp.
　　基眼目 Basommatophora
　　　椎实螺科 Lymnaeidae
　　　　静水椎实螺 *Lymnaea stagnails*
　　柄眼目 Stylommatophora
　　　烟管螺科 Phaedusinae
　　　　小弟拟管螺 Hemiphaedusa frater-minor
　　　巴蜗牛科 Bradybaenidae
　　　　同型巴蜗牛 *Bradybaena similaris*
　　　　中国蜗牛 *Cathaica pulveratricula*
　瓣鳃纲 Lamellibranchia
　　列齿目 Taxodonta
　　　蚶科 Arcidae
　　　　东海舟蚶 *Scapharca satowi*
　　真瓣鳃目 Eulamellibranchia
　　　蚌科 Unionidae
　　　　杜氏珠蚌 *Unio douglasiae* Griffith et Pidgeon
　　　　雕饰珠蚌 *Unio sculptus*
　　　　圆顶珠蚌 *Unio douglasiae*（Gray）
　　　　巨首楔蚌 *Cuneopsis capitata*
　　　　三角帆蚌 *Hyriopsis cumingii*（Lea）
　　　　剑状矛蚌 *Lanceolaria gladiola*（Heude）
　　　　射线裂脊蚌 *Schistodesmus lampreyanus*
　　　　高裂脊蚌 *Schistodesmus altus*sp. nov.
　　　　薄壳丽蚌 *Lamprotula leleci*（Heude）

背瘤丽蚌 *Lamprotula leai* (Gray)
猪耳丽蚌 *Lamprotula rochechouarti*
天津丽蚌 *Lamprotula tientsinensis*
绢丝丽蚌 *Lamprotula fibrosa* (Heude)
多瘤丽蚌 *Lamprotula polysticta* (Heude)
环带丽蚌 *Lamprotula zonata*
白河丽蚌 *Lamprotula* (*parunio*) *paihoensis* King
细瘤丽蚌 *Lamprotula* (*S.*) *microsticta* (Heude)
丽蚌 *Lamprotula* sp.
厚美带蚌 *Lepidodesma languilati* (Heude)
东方剑齿蚌 *Ensidens pazii* Lea
蚬科 Corbiculidae
河蚬 *Corbicula fluminea*
帘蛤科 Veneridae
文蛤 *Meretrix meretrix* (Linnaeus)
脊椎动物亚门 Vertebrata
鱼纲 Pisces
硬骨鱼纲 Osteichthyes
鲤形目 Cypriniformes
鲤科 Cyprinidae
鲤鱼 *Cyprinus carpio* L.
草鱼 *Ctenopharyngodon tdellus* (Cuvier & Valenciennes)
青鱼 *Mylopharyngodon piceus* (Richardson)
鲢鱼 *Hypophthalmichthy smolitrix*
鳙鱼 *Aristichthys nobilis*
鲶形目 Siluriformes
鲿科 Bagridae
黄颡鱼 *Pelteobagrus fulvidraco*
鲶科 Siluridae
南方大口鲶 *Silurus soldatovi meridionalis*Chen
两栖纲 Amphibia
无尾目 Salientia
蛙科 Ranidae
蛙 *Rana* sp.
爬行纲 Reptilia
鳄目 Crocodilia
龟鳖目 Chelonia
龟科 Testudinidae

鳖科 Trionychidae
鸟纲 Aves
鸡形目 Galliformes
雉科 Phasianidae
鸡 *Gallus* sp.
雉 *Syrmaticus* sp.
哺乳纲 Mammalia
食虫目 Insectivora
鼹鼠科 Talpidae
灵长目 Primates
猴科 Cercopithecidae
猕猴 *Macaca* sp.
兔形目 Lagomorpha
兔科 Leporidae
兔 *Lepus* sp.
啮齿目 Rodentia
仓鼠科 Cricetidae
中华仓鼠 *Sinocricetus zdanskyi*
中华鼢鼠 *Myospalax fontanierii*
东北鼢鼠 *Myospalax psilurus*
田鼠 *Microtus* sp.
竹鼠科 Rhizomyidae
中华竹鼠 *Phizomys sinensis*
鼠科 Muridae
家鼠 *Mus musculus* Linnaeus
半岛姬鼠 *Apodemus peninsulae*
豪猪科 Hystricidae
豪猪 *Hystrix hodgsoni* Gray
食肉目 Carnivora
犬科 Canidae
狗 *Canis familiaris* Linnaeus
貉 *Nyctereutes procyonoides*（Gray）
豺 *Cuon alpinus* Pallas
熊科 Ursidae
鼬科 Mustelidae
黄腹鼬 *Mustela kathiah* Hodgson
黄鼬 *Mustela sibirica* Pallas
狗獾 *Meles meles* Linnaeus

水獭 *Lutra lutra* Linnaeus

猫科 Felidae

猫 *Felis* sp.

豹 *Panthera pardus* Linnaeus

虎 *Panthera tigris* Linnaeus

奇蹄目 Perissodactyla

犀科 Rhinocerotidae

犀 *Rhinoceros* sp.

马科 Equidae

马 *Equus* sp.

偶蹄目 Artiodactyla

猪科 Suidae

野猪 *Sus scrofa* Linnaeus

家猪 *Sus scrofa domesticus* Brisson

鹿科 Cervidae

麝 *Moschus moschiferus* Linnaeus

獐 *Hydropotes inermis* Swinhoe

水鹿 *Cervus unicolor* Kerr

梅花鹿 *Cervus nippon* Temminck

马鹿 *Cervus elaphus* Linnaeus

麋鹿 *Elaphurus davidianus* Milne-Edwards

狍 *Capreolus capreolus* Linnaeus

牛科 Bovidae

黄牛 *Bos* sp.

水牛 *Bubalus* sp.

羚羊 *Cazella subgutturosa* Guldenstaeda

绵羊 *Ovis* sp.

山羊 *Capra* sp.

以上的动物有中华圆田螺、环棱螺、静水椎实螺、小弟拟管螺、同型巴蜗牛、中国蜗牛、东海舟蚶、杜氏珠蚌、雕饰珠蚌、圆顶珠蚌、巨首楔蚌、三角帆蚌、剑状矛蚌、射线裂脊蚌、高裂脊蚌、薄壳丽蚌、背瘤丽蚌、猪耳丽蚌、天津丽蚌、绢丝丽蚌、多瘤丽蚌、环带丽蚌、白河丽蚌、细瘤丽蚌、丽蚌、厚美带蚌、东方剑齿蚌、河蚬、文蛤等贝类 29 种，鲤鱼、草鱼、青鱼、鲢鱼、鳙鱼、黄颡鱼、南方大口鲶等鱼类 7 种，两栖类的蛙 1 种，鳄、鳖、龟等爬行类 3 种，鸡、雉等鸟类 2 种，鼹鼠、猕猴、兔、中华仓鼠、中华鼢鼠、东北鼢鼠、田鼠、中华竹鼠、家鼠、半岛姬鼠、豪猪、狗、貉、豺、熊、黄腹鼬、黄鼬、狗獾、水獭、猫、豹、虎、犀、马、野猪、家猪、麝、獐、水鹿、梅花鹿、马鹿、麋鹿、狍、黄牛、水牛、羚羊、绵羊、山羊等哺乳类 38 种，共计 80 种。

（二）各个遗址出土的动物种属及数量

这里按照西辽河地区、黄河下游地区、黄河中游地区、黄河上游地区和长江中游地区分别介绍各个遗址出土的动物种属及数量。

1. 西辽河地区

（1）内蒙古赤峰白音长汗遗址

依据汤卓炜等的研究，白音长汗遗址新石器时代堆积可以分为小河西、兴隆洼、赵宝沟、红山、小河沿文化五期。动物遗存主要集中出土于兴隆洼文化和红山文化时期的堆积中。属于本课题研究时间段的红山文化时期出土的动物种类包括东海舟蚶、杜氏珠蚌、东方剑齿蚌、鸟、野兔、狗、熊、狗獾、野猪、梅花鹿、马鹿、狍、野牛，共计13种。

从出土动物遗骸的数量看，无脊椎动物占有的数量极少，鸟类的比例也很少，绝大多数为哺乳类。以肉量比例推测，当时人获取的肉食资源明显以哺乳类为主。

依据测量结果及比较研究，可以把狗归入家养动物，其余均为野生动物，以野生动物占优势。当时人获取肉食资源的方式以狩猎为主，家养动物只有狗[3]（图1～图4，表2、表3）。

（2）内蒙古赤峰大山前遗址第Ⅰ地点

依据汤卓炜等的研究，大山前遗址第Ⅰ地点的堆积可分为夏家店下层、夏家店上层文化两期。动物遗骸主要出土于夏家店下层文化的堆积中。其动物种类包括狗、马、家猪、马鹿、狍、野牛、黄牛、绵羊，共计8种。

依据测量结果及比较研究，可以把狗、马、猪、黄牛、绵羊归入家养动物，其余均为野生动物，家养动物占据绝对优势，家养动物中以家猪为主，当时人获取肉食资源的方式以饲养家畜为主[4]（图1～图4，表2、表3）。

（3）内蒙古赤峰上机房营子遗址

依据汤卓炜等的研究，上机房营子遗址的堆积可分为夏家店下层、夏家店上层文化两期。动物遗骸主要出土于夏家店下层文化堆积中。上机房营子遗址出土动物种类包括淡水瓣鳃类、鸡、鼹鼠、野兔、东北鼢鼠、家鼠、半岛姬鼠、狗、马、野猪、家猪、梅花鹿、马鹿、狍、黄牛、绵羊，共计16种。

从出土动物遗骸的数量看，无脊椎动物占有的数量极少，鸟类的比例也很少，绝大多数为哺乳类。这个遗址的特殊现象是鼠的数量相当多，考古研究人员认为很可能是后期侵入的。以肉量比例推测，当时人获取的肉食资源明显以哺乳类为主。

依据测量结果及比较研究，可以把狗、马、家猪、黄牛、绵羊归入家养动物，其余均为野生动物，在家养动物中以家猪为主，家养动物和野生动物的比例比较接近，该遗址直到夏家店上层文化时期，家养动物在数量上才占据优势地位，其中马和绵羊的数量有了明显增加。当时人获取肉食资源的方式以饲养家畜为主[5]（图1～图4，表2、表3）。

（4）吉林通化王八脖子遗址

依据汤卓炜等的研究，王八脖子遗址的文化堆积包括新石器时代晚期和商周时期两个部分。新石器时代晚期堆积中出土的动物种类包括狗、貉、豺、黄鼬、狗獾、虎、野猪、家猪、原麝、梅花鹿、马鹿、狍等，共计12种。

从出土动物遗骸的数量看，全部为哺乳动物。当时人获取的肉食资源明显以哺乳动物为主。

依据测量结果及比较研究，可以把狗、家猪、黄牛归入家养动物，其余均为野生动物，以野生动物占优势。但是，需要强调的是野猪的数量明显多于家猪。该遗址自新石器时代晚期至商周时期，当时人获取肉食资源的方式一直以狩猎为主。但是到了商周时期，家养动物的比例有所增加，尤其是家猪的数量增加明显，但是在全部动物的数量中仍然占少数，而野生动物的多样性依然十分明显，且数量占据多数[6]（图1～图4，表2、表3）。

2. 黄河下游地区

山东茌平教场铺遗址

依据宋艳波的研究，教场铺遗址属于龙山文化。出土的动物种类包括中华圆田螺、蜗牛、圆顶珠蚌、巨首楔蚌、三角帆蚌、剑状矛蚌、射线裂脊蚌、高裂脊蚌、薄壳丽蚌、背瘤丽蚌、猪耳丽蚌、天津丽蚌、绢丝丽蚌、多瘤丽蚌、白河丽蚌、细瘤丽蚌、厚美带蚌、文蛤、鲤鱼、草鱼、青鱼、鲢鱼、鳄、龟、鳖、鸟、兔、竹鼠、豪猪、狗、狗獾、猫、猪、梅花鹿、麋鹿、獐、牛、羊，共计37种。

从出土动物遗骸的数量看，无脊椎动物占有一定的比例，此外还有一定数量的鱼类、爬行类和鸟类，但是数量最多的是哺乳类。以肉量比例推测，当时人获取的肉食资源明显以哺乳类为主。

依据测量结果以及比较研究，可以把狗、猪、牛、羊归入家养动物，他均为野生动物。家养动物的数量最多，当时人获取肉食资源的方式以饲养家畜为主[7]（图1～图4，表2、表3）。

3. 黄河中游地区

（1）河南灵宝西坡遗址

依据马萧林的研究，西坡遗址出土的动物遗骸均属于仰韶文化中期，种类包括环棱螺、中国蜗牛、雕饰珠蚌、河蚬、蛙、雉、猕猴、兔、中华仓鼠、中华鼢鼠、中华竹鼠、豪猪、狗、貉、熊、马、家猪、麝、獐、梅花鹿、鹿（种属不明）、牛、羚羊、绵羊/山羊，共计24种。

从出土动物遗骸的数量看，无脊椎动物占有一定的比例，但数量较少。两栖类和鸟类的数量也很少，哺乳类的数量最多，以肉量比例推测，当时人类获取肉食资源明显以哺乳类为主。

依据测量结果及比较研究，可以把狗和猪归入家养动物，其他均为野生动物。这里要说明的是由于被鉴定为马的骨骼仅1块，绵羊或山羊的骨骼同样仅1块，这里暂时不进行讨论。哺乳类中以家养动物为主。当时人获取肉食资源的方式以饲养家畜为主[8]（图1～图4，表2、表3）。

（2）河南禹县瓦店遗址

依据吕鹏等的研究，瓦店遗址的文化堆积可以分为龙山文化晚期一期、龙山文化晚期二期、龙山文化晚期三期和明清时期等4个阶段。整个龙山文化晚期出土的动物种类包括中华圆田螺、圆顶珠蚌、楔蚌、三角帆蚌、剑状矛蚌、蚌（无法鉴定种属，暂分为

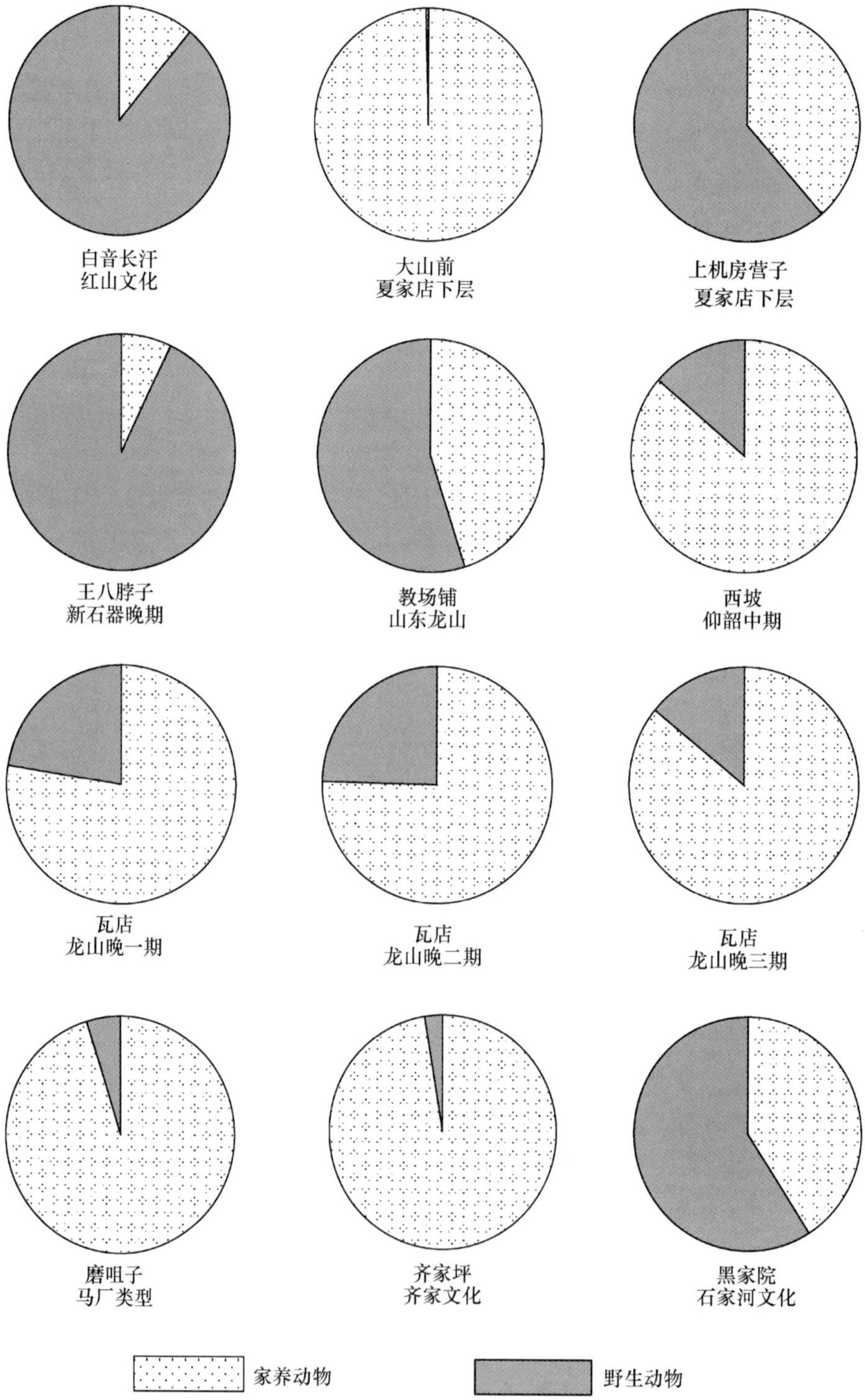

图1　动物可鉴定标本数比例图

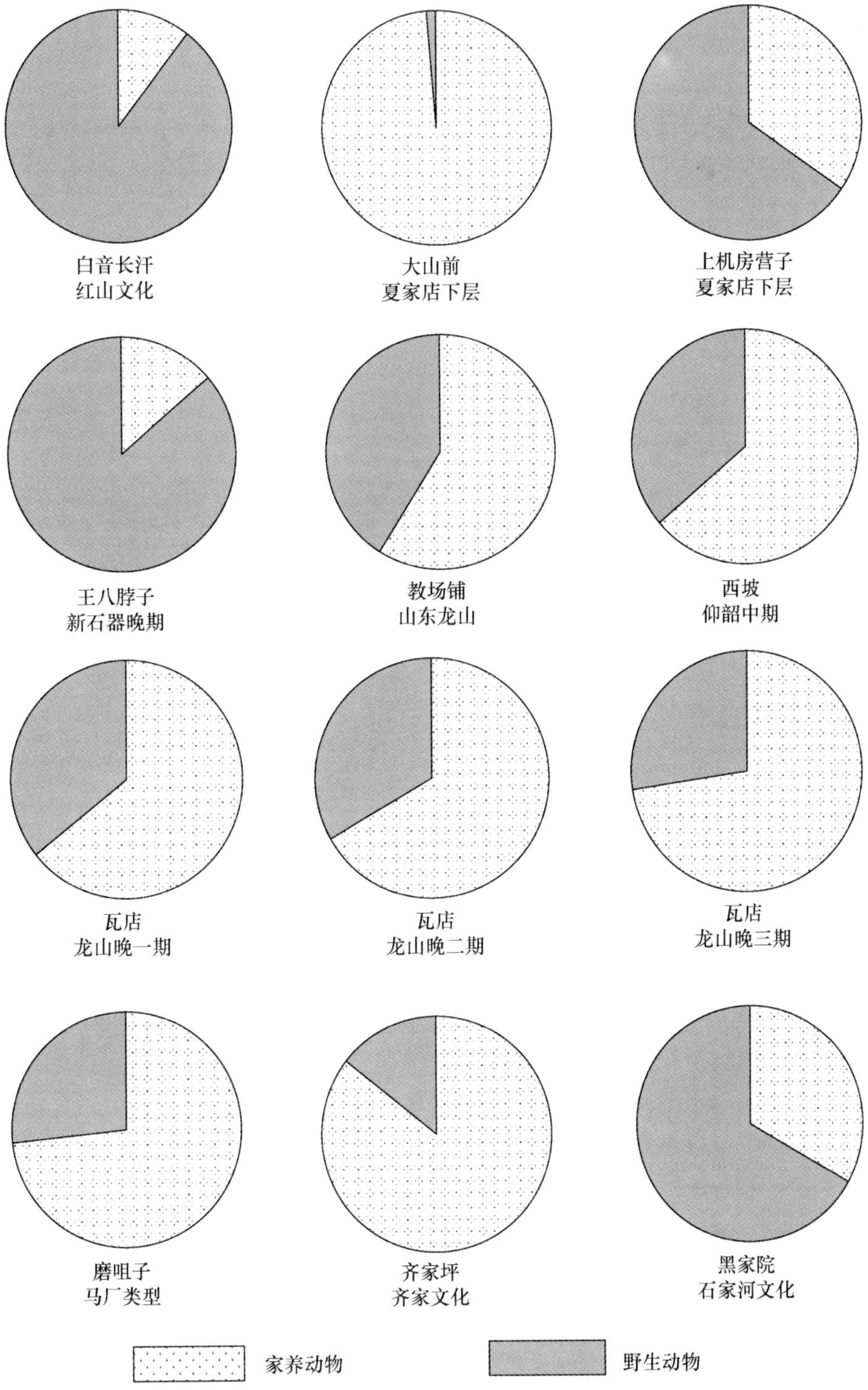

图2　动物最小个体数比例图

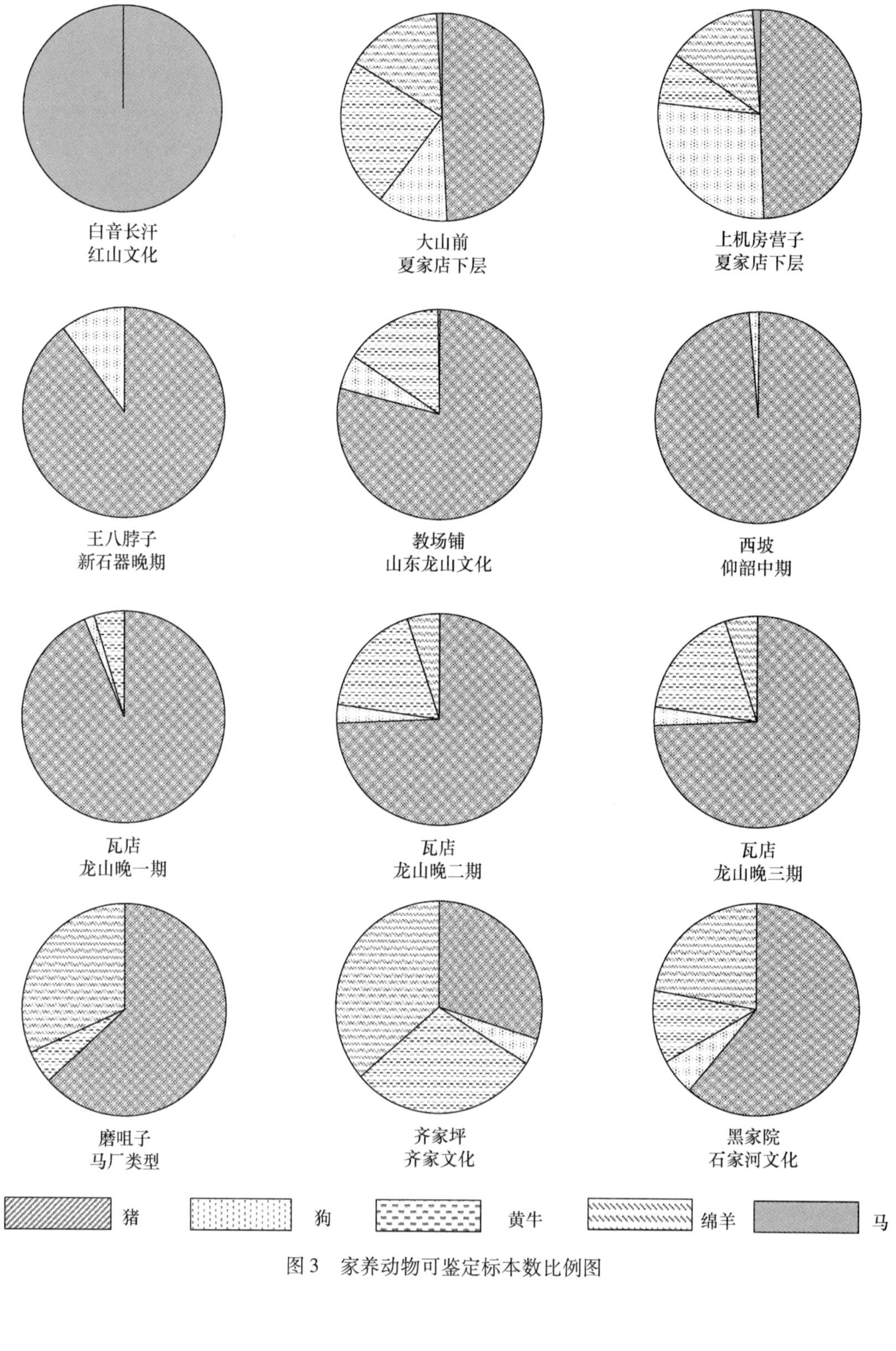

图3 家养动物可鉴定标本数比例图

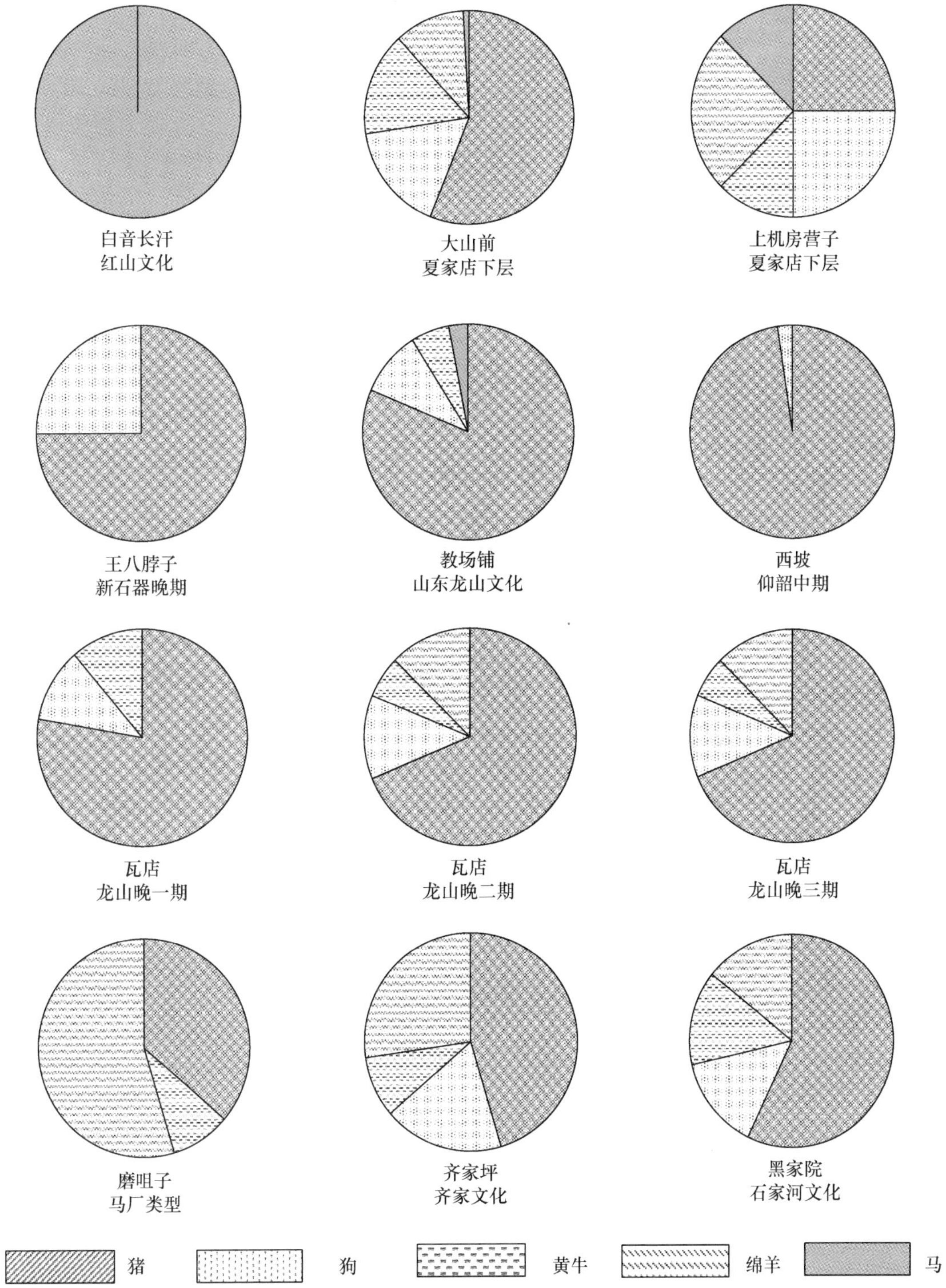

图4　家养动物最小个体数比例图

A蚌、B蚌、C蚌、D蚌、E蚌、G蚌、I蚌）、蚬、青鱼、鲤科、鱼（种属不明）、龟、鳖、爬行类（种属不明）、鸟类（种属不明）；兔、豪猪、啮齿动物（种属不明）、狗、獾、鼬科动物、小型食肉动物、猪、梅花鹿、小型鹿、黄牛、绵羊，共计32种。

从出土动物骨骼的数量看，无脊椎动物占有一定的比例，其中以中华圆田螺数量居多。脊椎动物数量远多于无脊椎动物，考虑到肉量比例，当时人类获取的肉食资源主要以哺乳类为主。

依据测量结果及比例研究，可以把狗、猪、黄牛和绵羊归入家养动物，其他均为野生动物。家养动物的数量和比例均占绝对优势，当时人获取肉食资源的方式以饲养家畜为主，当时家畜饲养已经进入相当成熟的时期[9]（图1～图4，表2、表3）。

4. 黄河上游地区

（1）甘肃武威磨咀子遗址

依据吕鹏的研究，磨咀子遗址的动物遗骸均属于马家窑文化马厂类型。出土的动物种类包括形体大小不同的两种鸟、兔、田鼠、马、猪、中型鹿、黄牛、绵羊、山羊，共计10种。

从出土动物遗骸的数量看，鸟类数量明显少于哺乳类。考虑到肉量比例，当时人类获取肉食资源明显以哺乳类为主。

依据测量结果及比较研究，可以把猪、黄牛和绵羊归入家养动物，马骨出土数量极少，这里暂时不做讨论，其他均为野生动物。哺乳类以家养动物为主，家猪的数量最多，绵羊稍次。当时人获取肉食资源的方式以饲养家畜为主[10]（图1～图4，表2、表3）。

表2

遗址名称	文化分期	可鉴定标本数		最小个体数	
		野生动物	家养动物	野生动物	家养动物
白音长汗	红山文化	89.19%	10.81%	89.74%	10.53%
大山前第Ⅰ地点	夏家店下层	0.39%	99.61%	1.30%	98.70%
上机营房子	夏家店下层	61.47%	38.53%	65.38%	34.62%
王八脖子	新石器晚期	92.94%	7.06%	86.21%	13.79%
教场铺	山东龙山	54.97%	45.03%	41.04%	58.96%
西坡	仰韶中期	13.80%	86.20%	36.22%	63.78%
瓦店	龙山晚一期	22.50%	77.50%	35.71%	64.29%
	龙山晚二期	24.63%	75.37%	33.33%	66.67%
	龙山晚三期	14.13%	85.87%	27.40%	72.60%
磨咀子	马厂类型	4.85%	95.15%	26.67%	73.33%
齐家坪	齐家文化	2.63%	97.37%	14.29%	85.71%
黑家院	石家河文化	59.09%	40.91%	66.67%	33.33%

表 3

遗址名称	文化分期	可鉴定标本数					最小个体数				
		马	狗	猪	黄牛	绵羊	马	狗	猪	黄牛	绵羊
白音长汗	红山文化	—	100.00%	—	—	—	—	100.00%	—	—	—
大山前第Ⅰ地点	夏家店下层	0.96%	11.20%	49.19%	23.31%	15.34%	0.87%	16.52%	56.09%	15.65%	10.87%
上机营房子	夏家店下层	1.30%	27.27%	49.35%	7.79%	14.29%	12.50%	25.00%	25.00%	12.50%	25.00%
王八脖子	新石器晚期	—	10.34%	89.66%	—	—	—	25.00%	75.00%	—	—
教场铺	山东龙山	—	5.30%	78.91%	15.48%	0.31%	—	9.80%	81.37%	5.88%	—
西坡	仰韶中期	—	1.57%	98.43%	—	—	—	2.40%	97.60%	—	—
瓦店	龙山晚一期	—	1.61%	93.55%	4.84%	—	—	11.11%	77.78%	11.11%	—
	龙山晚二期	—	2.86%	74.29%	17.71%	5.14%	—	6.25%	68.75%	6.25%	12.50%
	龙山晚三期	—	7.05%	82.75%	5.15%	5.04%	—	5.66%	75.47%	5.66%	7.55%
磨咀子	马厂类型	—		63.27%	5.10%	31.63%	—	9.09%	36.36%	9.09%	54.55%
齐家坪	齐家文化	—	4.05%	29.73%	29.73%	36.49%	—	9.09%	45.45%	9.09%	27.27%
黑家院	石家河文化	—	5.56%	61.11%	11.11%	22.22%	—	14.29%	57.14%	14.29%	14.29%

（2）甘肃广河齐家坪遗址

依据吕鹏的研究，齐家坪遗址出土的动物遗骸均属于齐家文化。出土有狗、猪、小型鹿、黄牛、绵羊，共计5种。

依据测量结果及比较研究，可以把狗、猪、黄牛和绵羊归入家养动物，其他均为野生动物。哺乳类中以家养动物为主，家养动物以猪、黄牛和绵羊为主，者数量大体相当。当时人获取肉食资源的方式以饲养家畜为主[11]（图1~图4，表2、表3）。

5. 长江中游地区

湖北郧县黑家院遗址

依据武仙竹的研究，黑家院遗址主要属于石家河时期文化遗存，另有少量汉代及明清时期文化遗存。属于石家河文化时期的动物种属包括静水椎实螺、小弟拟管螺、同型巴蜗牛、圆顶珠蚌、环带丽蚌、河蚌、河蚬、白鲢、鳙鱼、黄颡鱼、南方大口鲶、鳖、豪猪、狗、黄腹鼬、水獭、豹、犀、家猪、獐、水鹿、黄牛、水牛、绵羊/山羊，共计24种。

从出土动物遗骸的数量看，哺乳类占据主要部分，以肉量比例推测，当时人类获取的肉食资源明显以哺乳类为主。

依据测量结果及比较研究，可以把狗、猪和黄牛归入家养动物，由于属于水牛、绵羊或山羊的骨骼极少，这里暂不讨论，其他均为野生动物。野生动物的数量多于家养动物。当时人获取肉食资源的方式以狩猎为主[12]（图1~图4，表2、表3）。

二 讨 论

以下分为各地区家畜饲养研究、各地区古代居民获取肉食资源方式比较、家马的起源等分别论述。

（一）各地区家畜饲养研究

论及各地区的家畜饲养研究，涉及单个遗址的探讨和一个地区的归纳。就单个遗址而言，我们主要侧重于两个方面，一是家养动物在所有哺乳类中所占的比重。另一方面是各类家养动物的比例结构。就一个地区而言，我们的研究着重考察其历时性的变化。下面分地区讨论，我们在讨论中的主要依据是本次研究的结果。讨论中所列的百分比数据包括可鉴定标本数的比例和最小个体数的比例，若这两个数据比较接近，则简要地取一个平均值，不再一一标明。

1. 西辽河地区

本地区公元前3500年至公元前1500年间的文化发展系列主要是红山文化晚期、小河沿文化和夏家店下层文化。此次研究的东北地区中有4个遗址，其中3个位于西辽河地区，主要包括红山文化和夏家店下层文化。这里仅重点讨论西辽河地区的遗址。

在红山文化时期，白音长汗遗址出土的家养动物无论在可鉴定标本数还是最小个体数方面都仅占全部哺乳类总数的10%左右，家畜中仅发现狗。由于白音长汗遗址在红山文化时期的动物遗存很零碎，这些材料是否有代表性还有待以后新的资料再作验证。

至夏家店下层文化时期，该地区家养动物已明显增多，如大山前遗址家养动物比例占90%以上，家畜种类包括马、狗、猪、黄牛和绵羊等，其中家猪占50%左右，黄牛和绵羊的比重较大，都可达15%左右，只有马的数量很少，仅占1%左右，各类家畜所占比例的顺序依次为猪、黄牛、绵羊、狗和马。上机房营子遗址中的家畜种类与大山前遗址的比较一致，各类家养动物的比例也基本相似，只是猪的比例偏低，而羊和马的比例略高。

结合这几个遗址的材料，基本上可以认为西辽河地区到夏家店下层文化时期家养动物已占据主导地位，其中牛和羊的数量已有一定规模，家马已经出现。此时这个地区获取肉食资源的方式以饲养家畜为主。

另外，属于东北地区的吉林通化王八脖子遗址在新石器时代家畜饲养很不发达，家畜种类只有猪和狗，其比例仅占哺乳类总数的10%左右。甚至到了商周时期，尽管家养动物的比例略有增加，新出现家养黄牛，但是全部家畜在该遗址全部动物的数量中仍只占20%左右。

自公元前3500年至公元前1500年，西辽河流域的古代居民获取肉食资源的方式似乎经历了以狩猎活动为主向以饲养家畜为主的转变过程。饲养的家畜种类由单一的家猪，变为增加了马、黄牛和绵羊。其中还有一点值得关注的是，在内蒙古赤峰上机房营子遗址，自夏家店下层文化到夏家店上层文化，绵羊的数量明显增加，这种变化与当时人有意识地增加饲养绵羊的数量相关，深究其原因，可能与当时这个地区的自然环境有一定变化相关。还有一点要强调的是在吉林通化王八脖子遗址，一直到商周时期，当时人获取肉食资源的方式还是以狩猎为主。可见当时在整个东北地区的特定时间段里，并非所有的遗址都存在古代居民获取肉食资源的方式经历以狩猎活动为主向以饲养家畜为主的转变过程。

2. 黄河下游地区

本地区公元前3500年至公元前1500年间的文化发展系列主要是大汶口文化、龙山文化和岳石文化。此次研究的遗址仅有属于龙山文化的教场铺遗址1处，关于大汶口文化和岳石文化的研究，由于缺乏基础资料而没有开展。

教场铺遗址中猪的比例高达80%，其次是狗和牛，而羊的比例很低，其可鉴定标本数的比例不足1%，最小个体数的比例也不足3%。这个地区龙山文化时期家养动物至少占据60%以上，已占据优势地位，家畜种类有狗、猪、黄牛和绵羊，其中又以猪为最多，绵羊的数量很少。

自公元前2500年至公元前1500年，黄河下游地区的古代居民获取肉食资源的方式以饲养家畜为主，饲养的家畜种类主要是狗、猪和黄牛，绵羊极少。

3. 黄河中游地区

本地区公元前3500年至公元前1500年间的文化发展系列主要是仰韶文化晚期、龙山文化和二里头文化。在“中华文明探源工程（一）”中，我们已对中原地区公元前2500年至公元前1500年间的陶寺、王城岗、新砦和二里头个遗址的家畜饲养状况进行了研究。这次研究的2个遗址中1个是属于公元前3800年至公元前3300年的仰韶文化中期的西坡遗址，另1个是公元前2200年至公元前2000年的河南龙山文化晚期的瓦店遗址。

西坡遗址的家畜有猪和狗，在哺乳类中家养动物所占的可鉴定标本数比例高达86%，最小个体数比例也达64%，而猪的比例占家养动物总数的95%以上。可见中原地区至迟在公元前3500年左右家畜饲养活动已相当发达，主要饲养家猪。

瓦店遗址一至三期家养动物的总体比例均占哺乳类的70%左右，其中以第三期的比例最高。家畜种类包括狗、猪、黄牛和绵羊，其中以猪为主，占家畜总数的75%左右，狗、黄牛、绵羊的比例比较接近，其中绵羊的比例在7%左右，明显高于同一时期的黄河下游地区。

这些材料进一步印证了我们已有的研究成果，即该地区自公元前3500年至公元前1500年间家畜饲养活动一直比较发达，长期连续下来，龙山文化时期新出现的家畜有黄牛和绵羊，由于这2种家养动物的出现，猪在家养动物中所占的比例开始降低。

自公元前3500年至公元前2000年，黄河中游地区的古代居民获取肉食资源的方式以饲养家畜为主。饲养的家畜种类从仰韶文化时主要是狗和猪，到龙山文化时增加了黄牛和绵羊。

4. 黄河上游地区

本地区公元前3500年至公元前1500年间的文化发展系列主要是马家窑文化和齐家文化。这次研究的甘肃地区2个遗址分别是属于马家窑文化马厂类型的武威磨咀子遗址和属于齐家文化的广河齐家坪遗址。

磨咀子遗址的哺乳类中家养动物的比例占80%，家畜种类有猪、黄牛、绵羊等，按可鉴定标本数统计，猪最多，占63%，其次是绵羊，占32%，黄牛占5%；按最小个体数统计，则以绵羊最多，占55%，其次是猪，占36%，黄牛占9%。若考虑猪和羊各自可提供的肉食量，该时期仍以家猪饲养在肉食来源中略占优势，但绵羊的数量也很多。

齐家坪遗址的哺乳类中家养动物占90%左右，略高于磨咀子遗址的统计结果。其种类有猪、狗、黄牛和绵羊，按可鉴定标本数计算，以绵羊最高，达36%，其次是黄牛和猪，都占30%，狗最少；按最小个体数计算，猪排首位，占45%，其次是绵羊，占27%，再次是狗和黄牛。尽管两种统计方法的结果有一定的出入，但在当时绵羊和黄牛已经占据相当高的比例是不可否认的事实。

从整体上看，该地区自马家窑文化马厂类型到齐家文化时期，家畜饲养活动有了明显发展，而从家畜种类的构成看，随着时间的，黄牛和绵羊的数量明显增加，远远超过同时期的其他地区。

自公元前3500年至公元前2000年，黄河上游地区的古代居民获取肉食资源的方式以饲养家畜为主。饲养的家畜种类有家猪、黄牛和绵羊，绵羊的数量到齐家文化时期增加了。这种现象与前面阐述的西辽河地区有些相似，自然环境的变化可能是需要考虑的原因之一。

5. 长江中游地区

本地区公元前3500年至公元前1500年间的文化发展系列主要是屈家岭文化和石家河文化。这次选取的遗址仅黑家院遗址1处，属于石家河文化。由于该遗址并非石家河文化典型遗址，其研究结果缺乏代表性，但其参考价值还是不容忽视的。

该遗址石家河文化时期遗存中家养动物的比重在35%左右，家畜的种类有猪、狗、黄牛和不能确定是山羊还是绵羊的羊，其中以猪最多，占60%左右，其次是羊和黄牛，都在15%左右，狗的数量最少。

在公元前2000年前后，位于长江中游地区的黑家院遗址古代居民获取肉食资源的方式虽然以狩猎为主，但是家养动物也占据一定的比例。

（二）各地区古代居民获取肉食资源方式的比较

我们认为从整体上看，西辽河地区和黄河流域具有一种共性。即从以饲养家猪为获取肉食资源的主要方式，逐步转变为以饲养家猪、牛、羊为获取肉食资源的主要方式。通过仔细比较，我们可以发现西辽河地区和黄河上游地区古代居民获取肉食资源的方式有一定的相似之处，即到了公元前2000年左右，绵羊的数量有所增加。而黄河中游地区和下游地区则有一点不同，即黄河中游地区的古代居民在公元前2000年左右已经开始饲养一定数量的绵羊，而下游地区在新石器时代晚期仅发现零星的绵羊骨骼，到了商周时期养羊才开始真正形成规模化[13]。

我们认为，依据现有的资料，长江中游地区在公元前2000年左右的特点是主要通过渔猎活动来获取肉食资源、饲养家猪的比例不高，这个现象是值得关注的。

通过黄河流域和长江流域史前时期居民获取肉食资源的活动，发现黄河流域的居民在相当长的时间里主要通过饲养家畜的方式获取肉食资源的特征和长江流域的居民主要通过渔猎活动获取肉食资源这样的特征形成鲜明的对照[14]。

黄河流域和长江流域古代居民获取肉食资源方式的明显差异至少一直延续到先秦时期。在先秦时期的文献《周礼・职方氏》里把天下分为九州，在讲述各州的物产时提到，“东南曰扬州，……其畜易鸟兽，其谷易稻。正南曰荆州，……其畜易鸟兽，其谷易稻。河南曰豫州，……其畜易六扰，其谷易五种。正东曰青州，……其畜易鸡狗，其谷易稻麦。河东曰兖州，……其畜易六扰，其谷易四种。正西曰雍州，……其畜易牛马，其谷易黍稷。东北曰幽州，……其畜易四扰，其谷易三种。河内曰冀州，……其畜易牛羊，其谷易黍稷。正北曰并州，……其畜易五扰，其谷易五种”。这段文献里提到的“六扰”是指鸡、狗、马、猪、牛、羊这六种家养动物，而“五种”是指黍、稷、菽、麦、稻这5种农作物。我们看到，各个州都有与农业活动相关的记载。但是就获取的肉食资源而言，位于黄河流域乃至更北面的各个州主要依赖家畜，多的有六种，最少的也有两种。唯独位于长江流域的扬州和荆州则仅有鸟兽，这种对各个地区有家畜和没有家畜的文献记载也在一定程度上印证了我们对公元前3500年至公元前1500年各个地区考古遗址出土的动物骨骼研究结果是可信的。

另外，中原地区获取肉食资源的活动具有两个特点，其一是饲养狗、猪、牛、羊等多种家养动物，其二是这种饲养活动持续发展下去，由这两个特点所代表的中原地区古代居民获取肉食资源的方式可能是中原地区的经济要强大于周围地区的重要证据之一。这个分析对我们认识国家最终形成于中原地区是一个有益的启示。

（三）家马的起源问题

此次我们在整理西辽河流域夏家店下层和上层文化、黄河上游地区马家窑文化马厂类型的遗址出土的动物骨骼时发现了马骨。此前，仅在黄河上游地区马家窑文化马厂类型和齐家文化的遗址里发现马骨，比如属于黄河上游地区的甘肃武山傅家门遗址为距今5000年左右，在文化层里发现1颗马牙。甘肃永靖大何庄遗址为距今3700年左右，在文化层中发现3块马的下颌骨。甘肃永靖秦魏家齐家文化墓地的年代与大何庄大致相同，发掘报告中提到发现马骨[15]。这些马骨的发现对我们研究中国家马的起源是十分重要的线索。

我们在系统地研究了中国古代遗址出土的马骨资料后认识到，中国的旧石器时代存在普氏野马，普氏野马是当时人捕猎的对象。但是到了新石器时代，从出土的零星马骨资料看，马与人基本上没有什么关系。而到了商代晚期，在黄河中下游地区突然出现了大量的家马，这可能和外来文化的传播有关[16]。而现在在甘肃和内蒙古地区公元前3500年至1500年这个时间段发现的马骨，正好印证了我们的推测，即家马是由外来文化传播进入中国的，甘肃地区和内蒙古地区都是家马从中国境外进入中国中原地区的通道。

三 结 论

我们对西辽河流域、黄河流域和长江流域特定时间段里古代居民获取肉食资源的方式特征存在差异性的认识是在此次“中华文明探源工程（二）”中首次提出的，具有创新性；我们通过比较研究，认为中原地区具备了多种家养动物，且这种饲养活动持续发展下去，这可能是中原地区的经济要强大于周围地区的一个重要证据。

在肯定成绩的同时，我们也清楚地认识到单凭这些研究，远不能真正说明问题，如西辽河地区红山文化和夏家店下层文化的研究成果过于单薄，黄河下游地区缺少大汶口文化的研究成果，中、上游地区的研究成果过于笼统，整个长江流域的研究成果很少，我们此次仅能围绕1个遗址的动物骨骼资料进行探讨，依据这点材料不可能对长江流域公元前3500年至公元前1500年的肉食资源获取方式进行系统地、实证性地论证。

鉴于此次是在不能开展发掘工作的前提下完成课题的，我们依据的资料都是以前发掘的积累，今后还需开展主动发掘，以求在收集资料上加强科学性，系统性，通过对更多遗址的工作，以更多的实证性资料和认识来说明问题。

执　笔：袁　靖　罗运兵

注　释

[1] 袁靖、黄蕴平、杨梦菲、吕鹏、陶洋、杨杰：《公元前2500年至公元前1500年中原地区动物考古学研究》，《科技考古》第二辑，科学出版社，2007年。

[2] a. B. 格罗莫娃著，刘后贻等译：《哺乳动物大型管状骨检索表》科学出版社，1960年。

b. 中国科学院古脊椎动物与古人类研究所：《中国脊椎动物化石手册》，科学出版社，1979年。

c. 伊丽莎白·施密德著，李天元译：《动物骨骼图谱》，中国地质大学出版社，1992年。

d. Simon Hillson. 1992. Mammal Bones and Teeth. London: Institute of Archaeology University College London.

[3] 汤卓炜、郭治中、索秀芬：《白音长汗遗址出土的动物遗存》，《白音长汗》，科学出版社，2004 年。

[4] 汤卓炜：《内蒙古赤峰大山前遗址第 I 地点出土的动物骨骼研究报告》，待刊。

[5] 汤卓炜：《内蒙古赤峰上机房营子遗址出土的动物骨骼研究报告》，待刊。

[6] 汤卓炜：《吉林通化王八脖子遗址出土的动物骨骼研究报告》，待刊。

[7] 宋艳波：《山东教场铺遗址出土的动物骨骼研究报告》，待刊。

[8] 马萧林：《河南灵宝西坡遗址动物群及相关问题》，《中原文物》2007 年第 4 期。

[9] 吕鹏、杨梦菲、袁靖：《禹州瓦店遗址动物遗骸的鉴定和研究》，《登封王城岗考古发现与研究（2002 ~ 2005）》，大象出版社，2007 年。

[10] 吕鹏：《甘肃武威磨咀子遗址出土的动物骨骼研究报告》，待刊。

[11] 吕鹏：《甘肃广河齐家坪遗址出土的动物骨骼研究报告》，待刊。

[12] 武仙竹：《湖北黑家院遗址出土的动物骨骼研究报告》，待刊。

[13] 袁靖、杨梦菲：《前掌大遗址出土动物骨骼研究报告》，《滕州前掌大墓地》，文物出版社，2005 年。

[14] Yuan Jing, Rowan Flad, Luo Yunbing, Meat-acquisition patterns in the Neolithic Yangzi river valley, Antiquity, 2008, 82 (316): 351 ~ 366.

[15] 袁靖：《中国古代家马的研究》，《中国史前考古学研究》，三秦出版社，2003 年。

[16] 袁靖：《中国古代家马的研究》，《中国史前考古学研究》，三秦出版社，2003 年。

中国北方地区三个青铜时代遗址黄牛遗骸分子考古学研究

蔡大伟　汤卓炜　任晓燕　伊弟利斯·阿不都热苏勒
于慧鑫　周　慧　朱　泓

内容提要：我们对中国北方3个青铜时代遗址的26个黄牛遗骸进行了分子考古学研究。应用PCR扩增技术，我们获得了23个古黄牛序列，并对其进行了DNA序列变异位点分析及线粒体DNA世系分型。我们发现所有的样品都属于普通牛，并没有瘤牛，支持中国北方黄牛起源于普通牛的假说。从线粒体DNA世系分布上，我们看到了近东地区黄牛世系向东扩散的景象，其扩散很可能是由史前人类介导的黄牛贸易造成的。此外，我们在内蒙古地区发现了东北亚地区特有的T4世系，表明内蒙古地区黄牛存在本地驯化的因素。

关键词：黄牛　古DNA　线粒体DNA　世系

一　前　　言

在中国，黄牛（Cattle）是指牦牛和水牛以外的所有家牛，分为普通牛（*Bos taurus*）和瘤牛（*Bos indicus*）2个种，是非常重要的经济动物。在古代，牛的驯化是新石器时代的一个重大事件。黄牛的出现对农业社会的起源、发展与演变具有非同小可的影响和作用，丰富了当时人们的肉食资源，推动了饲养技术和家畜饲养业的发展，进一步促进了经济形态的复杂化。同时，牛在历史时期祭祀活动中也扮演了重要角色，对祭祀中等级制度的形成，也起到了重要作用[1]。因此，揭示其起源与驯化对我们认识古代畜牧业的发展及其与人类文明演进的密切关系具有重要意义。

考古证据显示黄牛的最初驯化发生在大约11000年前，起源于野生原牛（*Bos primigenius*）[2,3]。普通牛被认为最可能是在新月沃地被驯化的，也有人认为普通牛可能是在非洲被驯化的[4-6]；而瘤牛被认为是在印度河河谷地区被驯化的[7]。然而，对现代黄牛

作者：蔡大伟、汤卓炜、周　慧、朱　泓　吉林大学边疆考古研究中心考古DNA实验室，长春，130023；于慧鑫、周　慧　吉林大学生命科学学院，长春，130023；任晓燕　青海省文物考古研究所，西宁，810007；伊弟利斯·阿不都热苏勒　新疆文物考古研究所，乌鲁木齐，830011。

群体的大规模线粒体 DNA 分析显示，在现代普通牛群体中存在 5 个线粒体 DNA 世系[8,9]：T1、T2、T3、T4；在现代瘤牛群体中发现了 2 个的线粒体 DNA 世系 I1 和 I2[10]。T1 世系主要发现在非洲牛中，在其他地区的群体中很少发现，暗示非洲普通牛可能经历了独立的驯化。T、T2 和 T3 是近东和欧洲普通牛的主要世系，尤其是 T3 在欧洲的群体中占有统治地位，被认为是新石器时代起源于近东地区。T4 是在东北亚地区的普通牛中发现了一个新的世系，在这个世系中并没有欧洲和近东的牛，这暗示 T4 在东北亚地区经历了独立的驯化[11]。瘤牛世系 I1 和 I2 主要存在于印度牛中，暗示瘤牛起源于印度河流域。

多年来，中国北方黄牛的起源与驯化一直是国内外考古学家研究的热点问题。考古发掘表明，黄牛骨骼在中国北方地区从公元前 7500 年左右的新石器时代中期开始出现，并且一直延续下来的，早期的黄牛明显是野生的，袁靖等认为其真正被驯化的时间至少在公元前 2500 年左右[12]。与近东地区普通牛和印度河流域瘤牛的驯化历史相比，中国北方黄牛的驯化时间较短，很可能源自上述两个地区。但是，东北亚世系 T4 的存在，暗示中国北方黄牛可能具有复杂的起源，有必要进行深入的研究。

距今 4000 千年前，是黄牛驯化与发展的一个重要时期。在本研究中，我们选取了中国北方 3 个青铜时代遗址古代黄牛（后文简称：古黄牛）的遗骸进行古 DNA 分析，希望本研究能够全面地揭示 4000 年前中国北方黄牛的遗传结构，为研究中国黄牛的起源提供分子考古学证据。

二 材料和方法

（一）遗址概况及样品的采集

青海长宁遗址位于青海省西宁市大通县长宁乡长宁村西南约 3 公里处，这是一处齐家文化时期的大型聚落遗址，距今有 4000 年至 3500 年前，长宁遗址发掘面积大、聚落型制保存完整，对探索黄河上游史前文明的起源具有十分重要的意义。在此遗址我们选择了 5 个样本，全部是牙齿，实验室编号 QHN1-5。

大山前遗址位于赤峰市西南部的喀喇沁旗永丰乡大山前村，其第 I 地点是以夏家店下层文化为主（碳十四测年数据 4000 ~ 3500 aBP）的中国北方青铜时代早期文化遗存。在夏家店下层文化遗址中发现了大量适于农业生产的石制工具以及保存有炭化谷物的祭祀坑，墓葬中殉牲以猪为主，其次是牛、羊，表现出以农业为主，兼营畜牧、狩猎的复合经济形态。在此遗址我们选择了 4 个样本，全部是牙齿，实验室编号 DSQN1-4。

小河墓地位于罗布泊地区孔雀河下游河谷南约 60 千米的荒漠之中，1934 年瑞典考古学家贝格曼首次发现小河墓地，2002 年底，新疆文物考古研究所开始了对小河墓地的考古工作，碳十四鉴定结果显示小河墓地的使用年代在距今 3400 年至 4000 年之间。在此遗址我们选择了 17 个样本，其中 4 个是骨骼（编号 XHN1-4），2 个是牙齿（XHN5-6），11 个是毛皮（编号 XHN7-17）。

（二）标本的处理

针对不同的样品采用不同的处理方法，对于牙齿和骨骼样本，首先用毛刷要除去样本表面损坏和受污染的表层，随后用电动打磨工具去除表层2毫米~3毫米，然后用10%漂白粉溶液浸泡古代材料5分钟~10分钟，在紫外线照射下晾干，随后将样品放入液氮冷冻粉碎机FREEZER/MILL6750（SPEXP CetriPrep，USA）之中，液氮冷却，打磨成粉，-20℃冷冻保存。对于毛皮样本，一般用剪刀将毛皮剪成细小的微粒，用75%的乙醇溶液清洗1次~2次，10%漂白粉溶液浸泡15分钟，再用蒸馏水冲洗2次即可。

（三）古DNA抽取、扩增和测序

古DNA提取参照蔡大伟等人的文献进行[13]。

PCR扩增：依据参考序列V00654设计两对套叠引物（第一对引物：L16022

5′-GCCCCATGCATATAAGCAAG-3′和H16178 5′-CACGCGGCATGGTAATTAAG-3′；第二对引物：L16159 5′CTTAATTACCATGCCGCGTG 3′和H16334 5′-CGAGATGTCTTATT

TAAGAGG-3′和H16334 5′-CGAGATGTCTTATTTAAGAGG-3′）扩增两段古DNA序列，第一段序列长为157bp，位置在16022~16178；第二段序列长为176bp，位置在16159~16334，两段序列合并起来全长313bp。扩增程序：95℃5分钟，92℃1分钟变性，55℃退火1分钟，72℃延伸1分钟，8个循环后进入92℃1分钟变性，50℃~55℃退火1分钟，72℃延伸1分钟，28个循环后，72℃延伸10分钟，4℃保持．扩增反应均在Mastercycler®personal热循环仪（Eppendorf，Germany）上进行。50 μL反应体系中含2.5 mmol/L Mg^{2+}，1X Buffer，200 μmol/L dNTPs，1.6 g/L BSA，0.5 μmol/L每条引物，1U Taq酶，3 μL模版．PCR扩增产物通过2%琼脂糖（Biowest，German）凝胶电泳检测，再将扩增所得的DNA片段进行连接并用QIAEX® Ⅱ GEL Extraction Kit胶回收试剂盒（QIAGen，Germany）纯化PCR产物。纯化产物用ABI PRISM® 310 Genetic Analyzer全自动遗传分析仪（Applied Biosystems，USA）通过Dyeprimer试剂盒进行正反双向直接测序。

三　结果和分析

（一）古黄牛序列变异

5个青海长宁样品和4个大山前样品两段片段全部扩增成功，但小河样品情况较为复杂，我们仅得到14个样品的第一段序列，此外XHN2、XHN10和XHN11样品两段扩增均失败。在成功的样品中，所有的抽提和扩增的空白对照均为阴性，表明在抽提和扩增过程中无可观察到的污染发生。

为了适应小河墓地较短的样品，我们将序列截取到位点16022~16178，长度为157bp用于序列分析。将23个序列与参考序列V00654相比，一共发现7个变异位点，定义 8 个单倍型 H1 ~ H8，详见表 1。单倍型 H1 和 H6 在古黄牛群体中较为常见，每个单倍型各有 6 个个体分享。值得注意的是 H1 被 3 个遗址的黄牛所共享，表明这一单倍型在中国北方地区较为流行，而 H6 仅为小河墓地的个体所分享。此外，H2 和 H3 也被不同遗址的古黄牛所分享，这些结果表明中国北方不同地区的黄牛存在交流，从一个侧面反映了该地区黄牛饲养业可能较为发达，人群间交流较为普遍。

（二）古牛线粒体 DNA 世系分布

根据黄牛线粒体 DNA 世系的分型位点（表 2），我们确定了 23 个古黄牛的线粒体 DNA 世系（表 1）。我们发现所有的样品都属于普通牛，并没有瘤牛。然而，在现代中国北方黄牛群体中存在瘤牛世系，我们的结果暗示瘤牛进入北方地区可能是公元前 2000 年以后，支持中国北方黄牛起源与普通牛的假说。T 和 T3 世系的区别位点仅在于第二段序列中的 16255 位点（表 2），由于我们仅获得了小河墓地古黄牛的第一段序列，不能够区分小河墓地黄牛到底是 T 还是 T3 世系，所以将其定为 T/T3 世系。青海长宁和内蒙古大山前遗址的古黄牛由于获得了两段古 DNA 序列，因而可以区分出 T 和 T3 世系（表 1）。在内蒙古大山前遗址的 4 个黄牛中，我们发现 2 个 T3（50%）和 2 个 T4（50%）；在青海长宁遗址的 5 个古黄牛全部是 T3 型；在小河墓地 14 个古黄牛中，发现 11 个 T/T3（79%），3 个 T2（21%）。先前的研究表明 T、T2 和 T3 起源于近东地区，

表 1　　古黄牛序列变异位点及线粒体 DNA 世系分布表

单倍型	变异位点							样品编号	线粒体 DNA
	1	1	1	1	1	1	1		
	6	6	6	6	6	6	6		
	0	0	0	0	0	1	1		
	4	5	5	5	9	1	3		
	2	0	5	7	3	9	5		
V00654	T	C	T	G	G	T	T		T3
H1	.	.	.	.	.	C	.	QHN1，QHN3，QHN4，DSQN4，XHN16，XHN9	T/T3 *
H2	.	T	.	.	.	C	.	QHN2，XHN17	T/T3 *
H3	.	.	C	.	.	.	.	QHN5，DSQN3	T3
H4	C	.	.	.	A	.	.	DSQN1，DSQN2	T4
H5	.	.	.	C	.	.	.	XHN3，XHN12，XHN13	T2
H6	.	.	.	.	.	.	.	XHN1，XHN4，XHN5，XHN8，XHN14，XHN15	T/T3
H7	.	.	.	.	.	.	C	XHN6	T/T3
H8	.	T	.	.	.	.	.	XHN7	T/T3

* 小河墓地黄牛的世系为 T/T3，青海长宁或内蒙古大山前遗址黄牛为 T3 世系。

尤其是T3被认为是新石器时代起源于近东地区，从我们的结果上看T3在距今4000年前已经向东扩散到内蒙古地区，而T2世系的扩散活动不太大，仅局限在新疆小河地区。黄牛是一种大型的食草类家畜，移动能力并不强，其扩散很可能是由史前人类的黄牛贸易造成的。结合我们对中国古绵羊的研究，我们认为距今4000年前东西方人群的史前交流广泛存在。值得注意的是，在内蒙古大山前遗址中，我们发现了T4型。在先前的研究中，Mannen等[14]推测T4型起源于东北亚地区，我们的结果进一步确认了上述结论，这表明内蒙古地区黄牛可能存在本地驯化的因素。

表2　　黄牛世系分型位点（根据Troy等[15]和Edwards等[16]的文献）

世系	分型位点
T1	16113C
T2	16057C* -16185A
T4	16042C* -16093A* -16302A
T3	参考序列
T	与参考序列在16255位点不同，为16255C

*当所获得的序列较短时，可作为分型特异位点。

结　　论

我们对中国北方3个青铜时代遗址的黄牛遗骸进行了分子考古学研究，揭示了距今4000年前中国北方黄牛的遗传结构，为研究中国北方黄牛的起源提供分子考古学证据。研究结果显示中国北方黄牛极有可能起源于普通牛，并具有复杂的母系来源，既有来自近东地区的黄牛世系，也有本地驯化的黄牛世系。为了进一步揭示北方地区黄牛的起源及其遗传结构变化规律，我们今后的工作重点将放在对更早期的黄牛样品进行分子考古学分析上。

附记：本研究先后受到以下基金项目的资助：中国博士后科学基金特别资助项目（资助号：200902491）；吉林大学基础科研经费资助项目（资助号：2008ZZ09）；教育部人文社会科学重点研究基地重大项目（资助号：2009JJD780003）；教育部人文社会科学研究项目（资助号：09YJC780003）。

感谢青海省文物考古研究所考古发掘执行领队阎林和王倩倩等，以及内蒙古文物考古研究所的郭治中、中国社会科学院考古研究所朱延平、吉林大学边疆考古研究中心王立新、朱永刚等，为我们提供了宝贵的研究样品。在本文研究过程中受到中国社会科学院考古研究所袁靖先生的帮助和支持，在此深表谢意。

注　释

[1] 袁靖、黄蕴平、杨梦菲、吕鹏、陶洋、杨杰：《公元前2500年~公元前1500年中原地区动物考古学研究——以陶寺、王城岗、新砦和二里头遗址为例》，《科技考古》第二辑，科学出版社，2007年。

[2] Payne WJA, Hodges J. 1997. Tropical Cattle, Origins, Breeds and Breeding Policies. Blackwell Science, Oxford.

[3] Edwards CJ, MacHugh DE, Dobney KM, et al. 2004. Ancient DNA analysis of 101 cattle remains: limits and prospects. Journal of Archaeological Science, 31.

[4] Loftus RT, MacHugh DE, Bradley DG,, et al. 1994. Evidence for two independent domestications of cattle. Proc Natl Acad Sci USA, 91 (7).

[5] Marshall F, Hildebrand E. 2002. Cattle before crops: the beginnings of food production in Africa. Journal of World Prehistory, 16 (2).

[6] Wendorf F, Schild R, Close E. 1987. in The Palaeoecology of Africa and the Surrounding Islands. (Balkema, Rotterdam, The Netherlands).

[7] Meadow RH. 1993. Animal domestication in the Middle East: a revised view from the eastern margin, in Harappan Civilization, second edition. New Delhi: Oxford Univ. Press and India Book House.

[8] Troy C S, MacHugh D E, Bailey JF, et al. 2004. Genetic evidence for Near-Eastern origins of European cattle. Nature, 410.

[9] Mannen H, Kohno M, Nagata Y, et a. 2004. Independent mitochondrial origin and historical genetic differentiation in North Eastern Asian cattle. Molecular phylogenetics and evolution, 32.

[10] Mumtazb B, Albano BP, Rizwan M, et al. 2005. Phylogeography and origin of Indian domestic cattle. Current science, 89 (1).

[11] Mannen H, Kohno M, Nagata Y, et a. 2004. Independent mitochondrial origin and historical genetic differentiation in North Eastern Asian cattle. Molecular phylogenetics and evolution, 32.

[12] 袁靖、黄蕴平、杨梦菲、吕鹏、陶洋、杨杰:《公元前2500年~公元前1500年中原地区动物考古学研究——以陶寺、王城岗、新砦和二里头遗址为例》,《科技考古》第二辑,科学出版社,2007年。

[13] 蔡大伟、王海晶、韩璐、李胜男、周慧、朱泓:《4种古DNA抽提方法效果比较》,《吉林大学学报(医学版)》2007年第33卷第1期。

[14] Mannen H, Kohno M, Nagata Y, et a. 2004. Independent mitochondrial origin and historical genetic differentiation in North Eastern Asian cattle. Molecular phylogenetics and evolution, 32.

[15] Troy C S, MacHugh D E, Bailey JF, et al. 2004. Genetic evidence for Near-Eastern origins of European cattle. Nature, 410.

[16] Edwards CJ, MacHugh DE, Dobney KM, et al. 2004. Ancient DNA analysis of 101 cattle remains: limits and prospects. Journal of Archaeological Science, 31.

青海大通长宁和内蒙古赤峰大山前遗址青铜时代古绵羊分子考古学研究

蔡大伟　汤卓炜　任晓燕　王立新　于慧鑫　周　慧　朱　泓

内容提要：我们对青海长宁和内蒙古大山前遗址出土的16个距今约4000年前的青铜时代绵羊进行了分子考古学研究，应用PCR技术成功地获得了13个古绵羊序列，结合先前获得的陶寺和二里头遗址9个古绵羊数据进行了DNA序列变异位点分析及共享序列搜索。结合Genbank上发表的中国现代绵羊序列构建了系统发育树，探讨了古绵羊与中国蒙古系、藏系和哈萨克系绵羊的关系。研究结果显示世系A在古绵羊群体中占统治地位，其中有一个单倍型被上述4个遗址的绵羊以及多个现代绵羊所共享，表明距今4000年前黄河流域绵羊的饲养业已经很发达，该地区史前人群的交流比较普遍。此外，我们首次发现低频率的B世系绵羊，考虑到世系B源于近东地区，我们的结果进一步暗示中国绵羊的驯化可能既有本地因素，也有外来因素，而驯化技术的传播可能是其主要动力，从一个侧面反映了距今4000千年前史前人类的东西方交流。

关键词：绵羊　古DNA　单倍型　系统发育树

一　前　　言

在古代遗址中发掘出土的动物遗骸反映了古人的饮食、生产、祭祀、战争等各种行为，是我们认识古代居民活动的重要资料[1]，尤其是早期动物的遗骸可能反映了人们对动物的驯化及其饲养过程，而此过程与人类社会经济形态的复杂化、农业社会的形成、发展密切相关。

作为最早被驯化的动物之一，绵羊（domestic sheep，*Ovis aries*）提供给人类社会大量的产品（例如，肉、奶、羊毛纤维等），在人类的早期文明中扮演着农业、经济、文化甚至是宗教的角色，这一切使得家绵羊成为新石器时代早期人类驯化的最成功的动物之一。目前，关于家绵羊的起源问题仍存在很大的分歧。来自考古的证据表

作者：蔡大伟、汤卓炜、王立新、朱　泓、周　慧　吉林大学边疆考古研究中心考古DNA实验室，长春，130023；
任晓燕　青海省文物考古研究所，西宁，810007；于慧鑫、周　慧　吉林大学生命科学学院，长春，130023。

明，绵羊最早可能是在距今10000年前西南亚的新月沃地被驯化的，表明近东地区可能是一个绵羊驯化起源的中心。与近东地区相比，绵羊在中国出现的时间较晚，绵羊骨骼遗骸最早在中国西北地区公元前5000年至公元前3000年的新石器时代晚期极个别的遗址里才有发现。袁靖等认为绵羊作为家养动物起源的时间大概在公元前3600年至公元前3000年以前，地区大致是甘肃和青海一带。中原地区绵羊的起源时间大致在公元前2500年至公元前2000年，有可能是由于文化的传播，从其他地域引进的[1]。然而，现代分子生物学的研究结果显示在现代绵羊群体中存在5个不同的线粒体DNA世系：A、B、C、D、E。这5个世系的分歧时间远远超过绵羊的驯化时间，在历史上经历过群体扩张，而且部分世系呈现明显的地理分布特征，例如世系A在亚洲群体中占统治地位，世系B在欧洲群体中占统治地位，这些研究暗示绵羊是多地区起源的[2]。

距今4000年左右是中国家绵羊起源、驯化及传播的重要时期，也是东西方文明相互交流的一个关键时期，史前家养动物的传播与史前人群间的交流密切相关。在先前的研究中，我们分析了陶寺和二里头遗址古绵羊线粒体DNA序列，发现在古代绵羊（以下文中简称为古绵羊）中仅存在世系A，并没有其他世系存在，尤其是在现代绵羊中广泛存在的世系B。本次研究我们继续扩大取样的范围，选取的青海长宁遗址和内蒙古大山前遗址出土的古绵羊进行分子考古分析，希望本研究能够全面地揭示4000年前中国绵羊的遗传结构，为研究中国绵羊的起源提供分子考古学证据。

二　材料和方法

（一）遗址概况及样品的采集

青海长宁遗址位于青海省西宁市大通县长宁乡长宁村西南约3公里处，这是一处齐家文化时期的大型聚落遗址，距今有4000年至3500年前，长宁遗址发掘面积大、聚落型制保存完整，对探索黄河上游史前文明的起源具有十分重要的意义。在此遗址我们选择了10个样本，实验室编号CNS1-10。

大山前遗址位于赤峰市西南部的喀喇沁旗永丰乡大山前村，其第Ⅰ地点是以夏家店下层文化为主（碳十四测年数据4000～3500aBP）的中国北方青铜时代早期文化遗存。在夏家店下层文化遗址中发现了大量适于农业生产的石制工具以及保存有炭化谷物的祭祀坑，墓葬中殉牲以猪为主，其次是牛、羊，表现出以农业为主，兼营畜牧、狩猎的复合经济形态。在此遗址我们选择了6个样本，实验室编号DSQS1-6。

（二）标本的处理、古DNA抽取、扩增和测序

标本的处理和古DNA抽提参见蔡大伟等人的方法[3]。

PCR扩增：依据参考序列AF010406设计两对套叠引物（第一对引物：L15391 5′-CCACTATCAACACCCAAAG-3′和H15534 5′-AAGTCCGTGTTGTATGTTTG-3′；第二对引物：L15496 5′-TTAAACTTGCTAAAACTCCCA-3′和H15661 5′-AATGTTATGTACTCGCT-

TAGCA-3′)，序列长度为 271 bp（位点 15391 ~ 15661，参考 NC_ 001941）。扩增程序：95℃ 5 分钟，92℃ 1 分钟变性，55℃退火 1 分钟，72℃延伸 1 分钟，8 个循环后进入 92℃ 1 分钟变性，50.9℃退火 1 分钟，72℃延伸 1 分钟，29 个循环后，72℃延伸 10 分钟，4℃保持。扩增反应均在 Mastercycler® personal 热循环仪（Eppendorf，Germany）上进行。50 μL 反应体系中含 3 mmoL · L^{-1} $MgCl_2$，1 × Buffer，200 μmoL · L^{-1} dNTP，1.6 g · L^{-1} BSA，0.5 μmoL · L^{-1}每条引物，1U Taq 酶，2 μL 模版。PCR 扩增产物通过 2% 琼脂糖（Biowest，German）凝胶电泳检测，再将扩增所得的 DNA 片段进行连接并用 QIAEX® Ⅱ GEL Extraction Kit 胶回收试剂盒（QIAGen，Germany）纯化 PCR 产物。

DNA 测序：使用 ABI PRISM® 310 Genetic Analyzer 全自动遗传分析仪（Applied Biosystems，USA）通过 Dyeprimer 试剂盒进行测序反应。

（三）数据分析

古绵羊线粒体 DNA 序列截取到位点 15437 ~ 15639，共 203 bp 以适应 GenBank 上公开的序列。DNA 序列用 Clustal X 1.83 软件进行对位比对，确定变异位点及单倍型。利用 MEGA 3.1 软件采用 Kimura-2 参数模型，构建邻接树（Neighbor-Joining tree）。

三 结果和分析

（一）古绵羊序列变异

我们从 16 个样品中成功的扩增出 13 个样品的线粒体控制区序列，其中 10 个青海长宁样品扩增成功 7 个（CNS2、CNS6 和 CNS9 样品失败），6 个大山前遗址样品全部扩增成功。所有的抽提和扩增的空白对照均为阴性，表明在骨样的抽提和扩增过程中无可观察到的污染发生。

为了增加分析样品的数据量，我们加入了年代相近的陶寺（TS01）和二里头遗址 8 个古绵羊序列（ELS1 ~ ELS8）[4]，一共是 22 个古绵羊序列进行数据分析。将 22 个序列与参考序列 AF010406 相比，一共发现 13 个变异位点，定义 6 个单倍型 H1 ~ H6，（表 1）。我们发现单倍型 H2 在中国古绵羊群体中最为常见，一共有 12 个个体分享此单倍型，占整个古绵羊群体的55%，值得注意的是 4 个遗址中都有古绵羊分享此单倍型，此单倍型是世系 A 的建立者。H1 仅由一个长宁遗址古绵羊组成，单倍型 H3 由二里头和大山前遗址古绵羊共享，H4 和 H5 仅由二里头遗址古绵羊组成，H6 仅有一个来自大山前遗址的个体。不同遗址中的古绵羊共享同一单倍型（例如 H6 和 H2），暗示这一时期黄河流域绵羊的饲养业已经很发达，该地区史前人群的交流比较普遍。

为了查看古绵羊序列在现代绵羊中的分布情况，我们在 NCBI 上利用 BLAST 程序进行了搜索，寻找与其共享的序列，结果见表 1。单倍型 H1、H2、H3 和 H6 在现代绵羊群体中都存在共享序列。共享单倍型 H2 的现代绵羊个体最多，高达 90 个，其中中国多达 45 个。这一结果表明单倍型 H2 不论是在距今 4000 年前的古代，还是在现代都是一个非常重要的单倍型。

表 1　　古绵羊序列变异位点及共享序列分布表

单倍型	变异位点													样品编号	共享序列分布*
	1	1	1	1	1	1	1	1	1	1	1	1	1		
	5	5	5	5	5	5	5	5	5	5	5	5	5		
	4	4	4	4	5	5	5	5	5	6	6	6	6		
	5	5	6	8	1	4	8	8	9	2	3	3	3		
	0	9	4	4	3	7	3	6	7	2	5	8	9		
AF010406	G	C	T	G	C	G	C	A	T	T	A	C	A		
H1	C	T	.	A	.	A	T	.	C	.	G	T	G	CNS3	中国（1）
H2	.	T	.	A	.	A	T	.	C	.	G	T	G	TS01，ELS6，CNS1，CNS4，CNS5，CNS7，CNS8，CNS10，DSQS1，DSQS2，DSQS4，DSQS5	中国（71） 新西兰（12） 中亚（1） 欧洲（6）
H3	.	T	.	A	.	A	T	.	C	C	G	T	G	ELS4，ELS5，ELS7，DSQS3	中国（2）
H4	.	T	C	A	.	A	T	.	C	.	G	T	G	ELS1，ELS2，ELS3	无
H5	.	T	.	A	T	A	T	.	C	.	G	T	G	ELS8	无
H6	.	.	.	.	.	.	.	G	.	.	.	.	.	DSQS6	中国（3）

* 括号中的数字代表个体数。

（二）系统发育树

为了进一步研究古绵羊与现代绵羊的亲缘关系，我们选择了14中国地方品种（蒙古羊、同羊、湖羊、小尾寒羊、西藏羊、哈萨克肥臀羊、汉中羊、兰州大尾羊、欧拉羊、乔科羊、甘加羊、岷县黑裘皮羊、巴什拜羊、塔什库尔干羊）135个现代绵羊作为比对序列（Genbank 编号：DQ903190-207；DQ903228-294 和 DQ903299-304；AY829430-AY829376），这些品种覆盖了整个中国。这些绵羊根据地理分布及其种群特征可进一步分为三大谱系：蒙古系（长短脂尾）、藏系（短瘦尾）和哈萨克系（肥臀）。鉴于在现代绵羊中存在多个世系，我们进一步选择了一些谱系的参考序列作为区分工具来识别古绵羊的世系。这些参考序列是：世系 A：AF010407；世系 B：AF010406；世系 C：DQ852283；世系 D：DQ852288 和 DQ852289；世系 E：DQ852281。系统发育树清晰地显示了5个现代绵羊世系 A ~ E，22个古绵羊分布在世系 A 和 B 中，其中在世系 A 中有

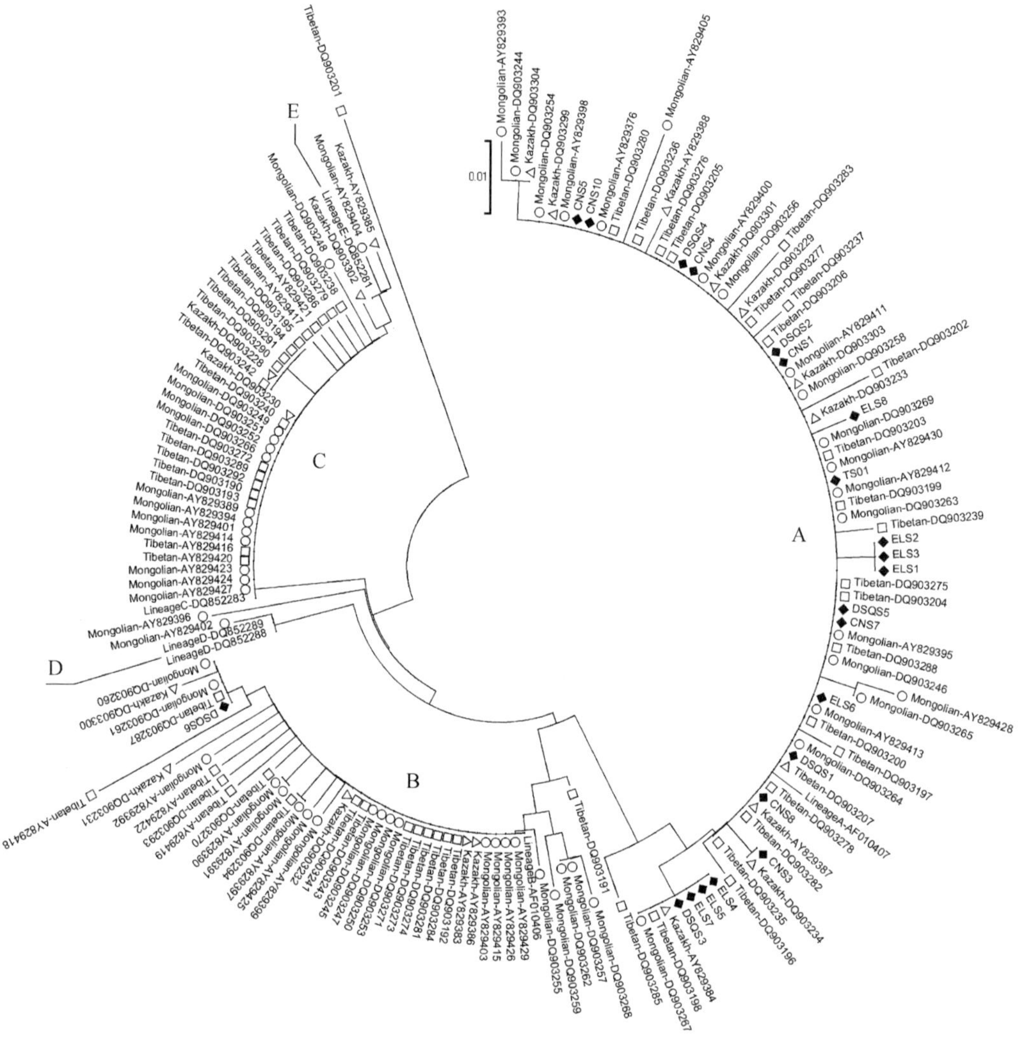

图1 古绵羊与现代中国绵羊系统发育树

◆ 代表中国古绵羊 ○ 代表蒙古系绵羊 □ 代表藏系绵羊 △代表哈萨克系绵羊 ABCDE 代表绵羊世系

21 个个体，频率高达 95%，在 4 个遗址中都分布。在世系 B 中仅有 1 个大山前遗址古绵羊，频率仅为 5%。此外，系统发育树还显示了品种的高度混合现象，在世系 A、B 和 C 中各自都发现了蒙古系、藏系和哈萨克系绵羊。

世系 A 在中国古绵羊中占统治地位，先前的大量研究表明世系 A 是亚洲起源。为了明确世系 A 起源的准确地点，我们进一步调查了世系 A 在不同地区绵羊群体中的分布频率[5~7]：东亚为 63%、中亚为 34%、高加索地区为 28%、近东地区为 24%、欧洲东部边缘地区为 14%、伊比利亚半岛仅为 4%。我们发现世系 A 的分布频率在东亚最高，并呈现由东向西逐渐递减的趋势，考虑到世系 A 在中国古绵羊群体中的统治地位，暗示世系 A 可能是在东亚地区被驯化的，当然我们的结论尚需对更古老的样品研究来证实。根据考古发掘记录，出土绵羊的遗骸遍布近东地区，进一步考虑到世系 B 的地理分布倾向，支持世系 B 起源于近东地区。占统治地位的亚洲世系 A 以及近东起源的世系 B 在中国古绵羊群体中呈现，表明中国绵羊的驯化有本地因素，也有外来因素中，而驯化技术的传播可能是其主要动力。

Meadows 等[8]在亚洲和欧洲家绵羊中发现了很高的基因流，基因渗透在家绵羊品种的发展和选择过程中扮演了一个重要的角色，而导致基因流的根本因素是历史上人类的迁徙和贸易活动造成的。在本研究中，我们在大山前遗址 6 个古绵羊中发现了一个属于 B 世系的绵羊，极有可能是由近东地区扩散到中国，从一个侧面反映了距今 4000 千年前史前人类的东西方交流。

结　　论

我们对青海长宁和内蒙古大山前遗址距今约 4000 年前的古绵羊进行了分子考古学研究，结合先前获得的陶寺和二里头遗址古绵羊数据进行了古 DNA 序列，结果显示世系 A 在占统治地位，此外我们首次发现 B 世系绵羊。我们的结果表明中国绵羊的驯化既有本地因素，也有外来因素中，而驯化技术的传播可能是其主要动力，从一个侧面反映了距今 4000 千年前史前人类的东西方交流。

附记：本研究先后受到以下基金项目的资助："十一五"国家科技支撑计划重点项目"中华文明探源工程（二）"《3500BC～1500BC 中国文明形成与早期发展阶段的技术与经济研究》（资助号：2006BAK21B03）；中国博士后科学基金资助项目（资助号：20080430156）；中国博士后科学基金特别资助项目（资助号：200902491）；吉林大学基础科研经费资助项目（资助号：2008ZZ09）；教育部人文社会科学重点研究基地重大项目（资助号：2009JJD780003）；教育部人文社会科学研究项目（资助号：09YJC780003）。衷心感谢青海省文物考古研究所和内蒙古文物考古研究所为本研究提供了宝贵的样本。在本文研究过程中受到中国社会科学院考古研究所袁靖先生的帮助和支持，在此深表谢意。

注　释

[1] 袁靖、黄蕴平、杨梦菲、吕鹏、陶洋、杨杰：《公元前 2500 年～公元前 1500 年中原地区动物考古学研究——以陶寺、王城岗、新砦和二里头遗址为例》，《科技考古》第二辑，科学出版社，2007 年。

[2] Meadows JR, Cemal I, Karaca O, et al. 2007. Five ovine mitochondrial lineages identified from sheep breeds of the near East. Genetics, 175.

[3] Dawei Cai, Lu Han, Xiaolei Zhang, et al. 2007. DNA analysis of archaeological sheep remains from China. Journal of archaeological science, 34.

[4] 蔡大伟、韩璐、周慧、朱泓：《陶寺和二里头遗址古绵羊线粒体 DNA 序列多态性分析》，《科技考古》第二辑，科学出版社，2007 年。

[5] Pedrosa S, Uzun M, Arranz JJ, et al. 2005. Evidence of three maternal lineages in Near Eastern sheep supporting multiple domestication events. Proceedings. Biological sciences / The Royal Society, 272 (1577) .

[6] Chen SY, Duan ZY, Sha T, et al. 2006. Origin, genetic diversity, and population structure of Chinese domestic sheep. *Gene*, 376.

[7] Tapio M, Marzanov N, Ozerov M, et al. 2006. Sheep mitochondrial DNA variation in European, Caucasian, and Central Asian areas. Molecular biology and evolution, 23 (9) .

[8] Meadows JRS, Li K, Kantanen J, et al. 2005. Mitochondrial sequence reveals high levels of gene flow between breeds of domestic sheep from Asia and Europe. Journal of heredity, 96.

中华文明形成时期中原地区家猪的古 DNA 研究

赵兴波　刘冉冉　范启鹏　方　迟　吴常信　李　宁

内容提要：东亚是世界上家猪的独立驯化中心之一，但对其驯化历史的研究还不够系统。本研究提取源自黄河中下游 5 个遗址（公元前 2400 年至公元前 1415 年）的 43 个古代猪骨 DNA，重建了 1509 个东亚现代猪种内部及其与中国古代猪的系统发生学关系。研究结果揭示出一个未被驯化过的、在中国广泛分布的野猪群体。更重要的是，还给出证据表明黄河中下游地区现代家猪和史前猪在遗传上具有延续性，证明了中国家猪的驯化从公元前 2400 年至今具有本地连续性。

关键词：古代 DNA　线粒体 DNA　东亚家猪　野猪　驯化历史

东亚是世界上家猪独立驯化中心之一[1]，但对其驯化历史的研究还不够系统和深入。以黄河流域的家猪驯化历史为例，我国黄河流域最早公元前 6500 年已出现家猪[2]；同时，全新世早期和中期地层（公元前 6000 年至公元前 570 年）都有家猪遗骸广泛分布[3]，这都为该地区是家猪起源或驯化地提供了证据。然而，与考古学研究相比，至今为止，大量的分子遗传学研究[4]均没有发现该地区野猪对家猪有遗传上的贡献。例如最近的一项研究综合了全国范围采集的家猪和野猪的线粒体信息推断，黄河中上游分布的野猪与当地及中国各地家猪均没有共同特征，而黄河下游的家猪与长江中下游野猪遗传特征相似，因而黄河流域家猪驯化的历史很难确定[5]。我们有必要引入古代猪遗传信息，去探索黄河流域的家猪驯化史，及其与中国现代家猪的关联。

此外，Wu 研究中[6]提出的黄河中上游野猪和当地家猪及所有东亚猪种都没有共同的母系遗传特征的现象，早在 Greger 研究中也有相同报道[7]。Greger 的研究还揭示了一特殊的野猪支系（分布于山西省、陕西省和四川省），这一支系对其所采集的其他亚洲家猪没有母系遗传上的贡献。然而，这一野猪支系是否在历史上对现代家猪有过遗传上的贡献，还有待验证。

本研究中，我们运用严格的古代 DNA 操作规范提取源自黄河中下游 5 个遗址（公元前 2400 年至公元前 1415 年）的 43 个古代猪骨 DNA，最终从 16 个样本中获得了能够

作者：赵兴波、刘冉冉、范启鹏、方迟、李宁 中国农业大学农业生物技术国家重点实验室，北京，100193；赵兴波、范启鹏、方迟、吴常信、李宁 中国农业大学动物科技学院，北京，100193。

区分东亚猪种主要支系的 185 bp 线粒体高变区片段。此外，中国农业大学测序获得了我国 66 个地方猪种的 662 bp 线粒体高变区序列。我们利用贝叶斯（Mrbayes）马可夫链（MCMC）和网络图法（Median-Joining Network），综合分析了 1509 个（Genbank 已有的 1358 个东亚猪的相应区域序列）东亚猪的系统发生学关系以及现代猪和古代猪的系统发生关联分析，以期找到上述几个问题的答案。

一 材料与方法

（一）古代和现代猪样本信息

由考古研究所采集的源自 43 个古代猪个体的骨骼和牙齿样本，来源于位于中国中原地区的 5 个考古遗址（表 1）。

表 1　古代样本信息表

遗址	样本数	时间（公元前）
陶寺（山西省）	10	2400 年至 1900 年
高红（山西省）	7	1500 年至 1200 年
瓦店（河南省）	10	2200 年至 2000 年
王成岗（河南省）	7	1600 年至 1415 年
古城寨（河南省）	9	2200 年至 1415 年

现代猪种的信息来源包括，中国农业大学农业生物技术国家重点实验室测序获得的 151 个中国家猪和野猪的线粒体高变区 662bp 序列信息，及从公共数据库 Genbank 中下载的源于东亚的 1358 个猪的线粒体高变区相应的序列信息。古代猪样本地里分布信息见图 1。

（二）古代 DNA 提取方法和污染控制

古代 DNA 提取及扩增操作均在中国农业大学独立的古代 DNA 实验室进行。

古代 DNA 提取使用改进的异丙醇沉淀法，操作步骤为：（1）牙齿样本用 10% 次氯酸钠处理 1 分钟，后用无菌水反复冲洗。（2）将去污染的牙齿放入 1ml 裂解缓冲液（100 mM Tris · Cl，100mM NaCl，100mM EDTA PH 8.0，0.5% SDS）中用组织研磨器（Tissuelyser，Qiagen 公司）打磨成匀浆状，将样品在 50℃ 震荡摇床上作用 2 小时，5000G 离心 5 分钟。（3）取离心后上清液，加入缓冲液 B（5M KAc，6M LiCl），冰上作用 30 分钟后，12000G 离心 15 分钟，（4）取离心后上液 1ml，加入等体积的异丙醇，-20℃ 静置 2 小时后，13000G 离心 30 分钟，除去上清后加入 1ml 70% 乙醇，13000G 离心 30 分钟，最后加入适量的无菌水溶解沉淀物。每个样品得到约 100ul DNA 提取液用于下一步的 PCR 扩增。

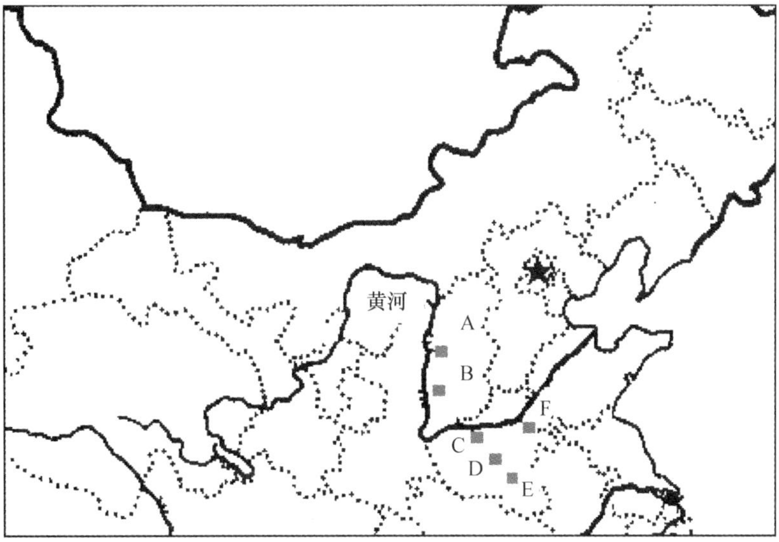

A:高红遗址；B：陶寺遗址；C：古城寨遗址；D：瓦店遗址；E：贾湖遗址；F：王城岗遗址

图 1　古代猪样本的地理分布图

（三）PCR 扩增和克隆测序

参考 GenBank 序列 NC_ 000845 设计的引物分别用于扩增高变区的两个片段，PCR 引物信息见表 2。

表 2　**古 DNA 研究 PCR 引物信息**

引物名[a]	序列	大小
L99	ACAAATATGCGACCCCAAAA	97 bp
R196	ATGCATGGGGACTAGCAGTT	
L180	TGCTAGTCCCCATGCATATAA	179 bp
R358	CCTGCCAAGCGGGTTGCTGG	

[a]L：上游引物；R：下游引物

优化的扩增体系：25ul 反应体系中含 3mM Mg^{2+}，相应酶的 1X Buffer，400uM dNTPs，2mg/ml BSA（Promega 公司），0.5uM 上下游引物，1U AmpliTaq Gold（Applied Biosystems 公司，美国）酶，3ul 提取 DNA。

UNG 酶处理和降落 PCR 扩增程序：37℃作用 5 分钟使 UNG 去除损伤 DNA，95℃作用 10 分钟变性 UNG 同时启动 AmpliTaq Gold，95℃变性 45s，61℃退火 30s，72℃延伸 30s，10 个循环后进入 95℃变性 30s，58℃退火 30s，72℃延伸 30s，30 个循环后，72℃延伸 7 分钟。扩增反应在 PTC-200（BIO-RAD 公司，美国）热循环仪上进行。

将扩增所得的 DNA 片段用 QIAquikTM PCR 纯化试剂盒（Qigen 公司，德国）纯化。与 PMD19（Takara 公司，日本）克隆载体连接。使用 ABI PRISM ® 3730 测序仪（Applied Biosystems 公司，美国）通过 ABI BigDye3. 1 试剂盒进行测序反应。获得的每一个测序反应图都采用 Chromas2. 22（www. technelysium. com. au）查看以避免有疑问的碱基出现。五个含有多态位点的古代样本由吉林大学古代 DNA 实验室进行独立重复性验证。

（四）数据分析方法

将获得的151 条猪线粒体高变区序列662 bp 与 GenBank 下载的 1358 条相应序列首先用 CondonCode Aligner 软件进行比对，之后手动用 Se-Al（http://evolve. zoo. ox. ac. uk）依次校对。用 Collapse1. 2 软件分析获得 279 个单倍型序列。之后选用 Greger 研究中[8]生成的代表非东亚地区的单倍型序列。利用 MrBayes 3. 1. 2 软件进行系统发生学分析。首先利用 ModelTest 软件选择出适合的模型为 HKY85 + G + I 模型，之后进行 8 次系统进化树构建（每一次运算至分离频率的标准差小于 0. 01 ）。进一步地，利用 Network 4. 1 软件构建 Median-joining 网络图。因为该程序不兼容带有缺失位点的序列，所以构建该树的序列长度为 662bp 全长中的 378bp（图 3）。最后，将古代样本的 185bp 高变区序列与 1509 条现代猪的相应序列进行比对，构建 Median-joining 网络图来分析现代猪和史前猪的系统发生学关系。

二 结果和讨论

本研究从 20 个古代猪骨中成功提取出了 DNA ，其中获得了 16 个古代猪个体的线粒体高变区 185bp 序列可用于下一步和现代猪种遗传信息的整合分析。古代 mtDNA 序列的可靠性可由以下几点保证：古代 DNA 从提取到扩增的操作均在专用的古代 DNA 室进行，每一次扩增中提取阴性对照和 PCR 阴性对照均没有产物；扩增成功概率和扩增片段长度呈负相关，实验中 254 bp 的扩增始终没有获得相应产物（引物序列未列出）；将一次测序产生的有多态位点的 5 个样本在吉林大学古代 DNA 实验室进行独立重复性实验，结果一致；同一扩增产物克隆测序，不同克隆序列结果间存在少数不一致现象，是古代 DNA 存在损伤的特征表现。

利用贝叶斯法，基于来自 1509 个东亚现代猪线粒体序列的 279 个单倍型构建八个系统发生树，生成的一致树（consensus tree）如图 2 所示。生成由大部分家猪和野猪的单倍型（haplotype）构成的主类群（cluster），还有三个距离主类群较远的类群，从右到左依次是单独由家猪构成的“家猪类群”，单独由野猪构成的“野猪类群”，家猪和野猪共同构成的“混合类群”。其中混合类群已经在之前研究中有过报道，所以在此不再赘述，我们最为关注的是不同于主类群的野猪类群。

进一步的利用网络图方法分析东亚现代猪种的系统发生关系，结果印证了贝叶斯系统发生树的结果（图 3）。虽然是基于 387 bp 的高变区序列，但贝叶斯系统发生树中特殊的野猪类群在 网络图中还是与主类群距离较远。

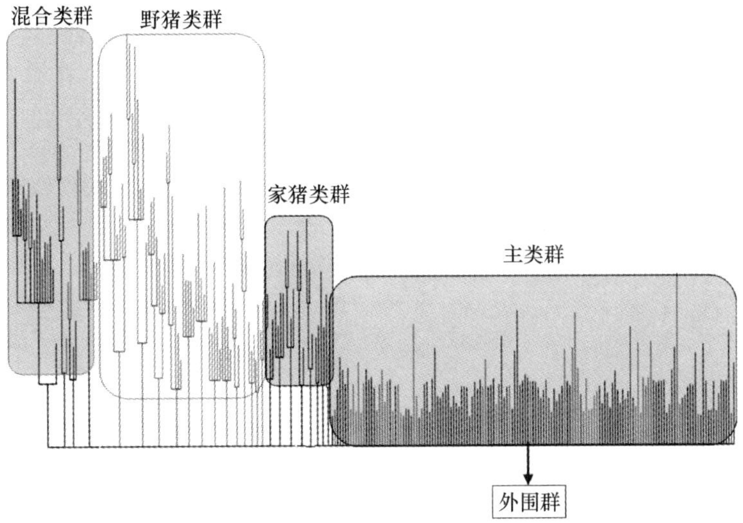

图 2　基于 279 个现代猪线粒体高变区序列单倍型的贝叶斯一致性系统发生树
（包括家猪和野猪共享的主类群、家猪类群、野猪类群和距离主类群较远的家猪和野猪共享的混合类群）

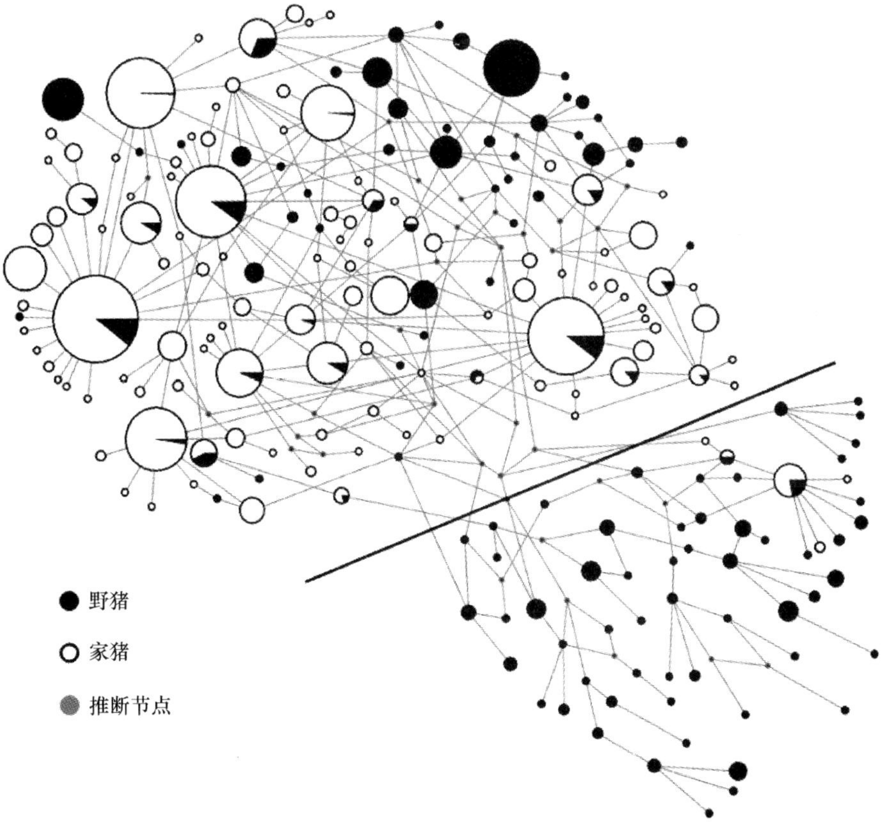

图 3　基于 1509 个现代猪线粒体高变区 387bp 序列构建网络图
黑线上半部分类群与贝叶斯树中的主类群相似，下半部分类群与特殊的野猪类群相似；
其中一个圆形代表一个类群，其大小和样本频率成正比。

当我们分析主类群和与其分离的野猪类群的地理分布时，发现特殊的野猪类群和主类群中家猪分布有很大区域上的重叠（图4）。这些分析结果说明，在东亚大陆很大部分区域，都可能存在着一些野猪没有对同一地区分布的家猪有母系遗传上的贡献。但来自现存猪种的遗传信息只能代表近期的事件或对历史事件进行推断，要确证历史上的驯化事件，有必要引入古代猪的遗传信息。

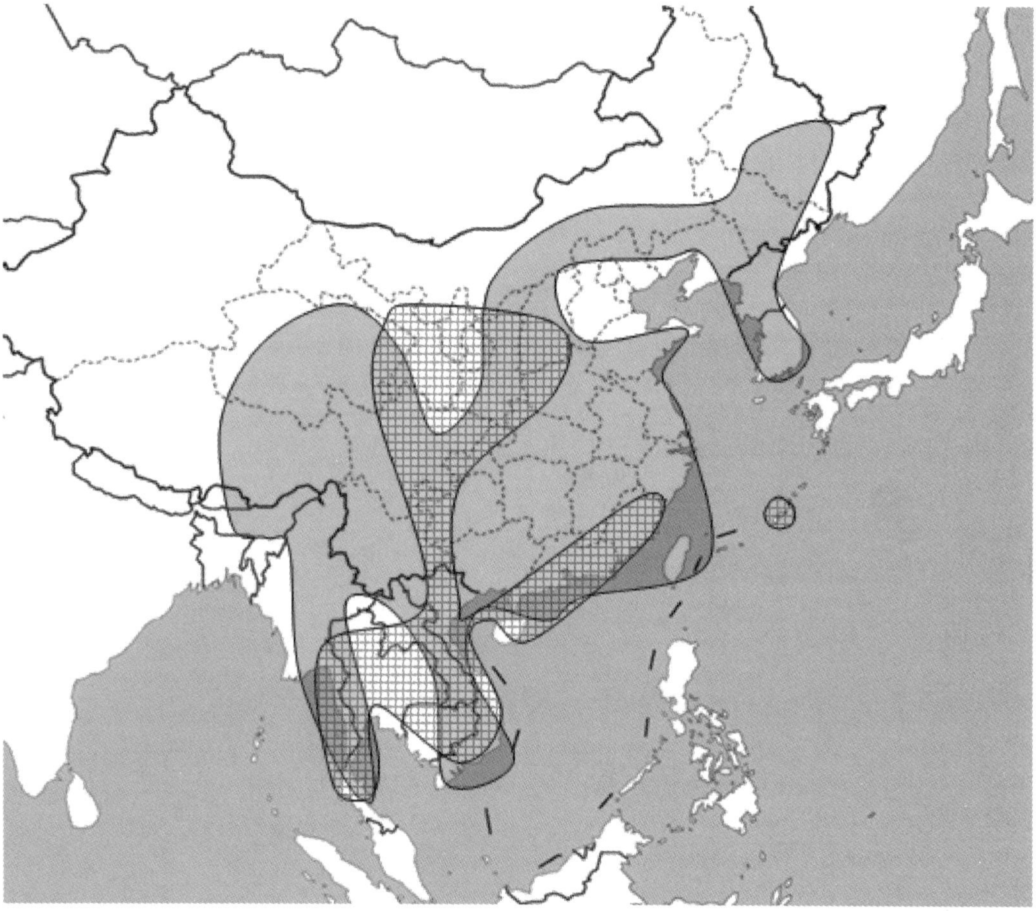

图4 特殊的野猪类群和所有家猪分布图的整合图
网格区域代表特殊的野猪类群分布，灰色区域代表家猪分布地理区域

进一步地，我们综合分析从古代猪骨和现代猪样本获得的线粒体 DNA 信息。基于 185 bp 高变区序列构建的网络图产生 104 个不同类群（Clade），其中包括 7 个主类群（主要类群指家猪野猪共享且高频出现单倍型），而在古代猪中可以找到其中 4 个主类群。此外，古代猪还具有 3 个特有的类群（图 5）。这就表明，黄河流域中下游地区史前猪与中国现代猪种的遗传信息是呈延续性的。且古代黄河流域猪的遗传多样性指示了该地区是中国家猪驯化中心之一。同时，之前考古学形态研究给出的证据也显示，黄河流域新石器时代的家猪猪骨呈现逐渐增多的趋势而野猪猪骨呈现逐渐减少的趋势，支持该地区历史上就存在家猪驯化事件的推断。

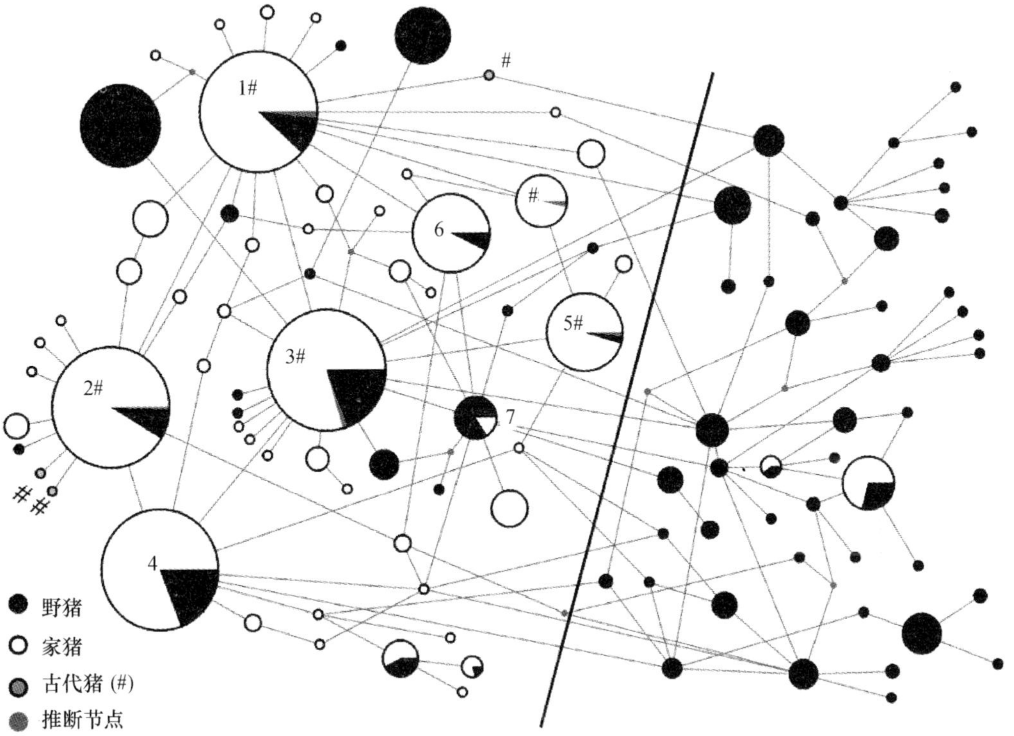

图 5　基于 16 个古代猪和 1509 个现代猪线粒体高变区 185bp 序列构建网络图
1-7 代表 7 个主要类群；# 号标示了古代猪中具有的单倍型；黑线左半部分类群与贝叶斯树中的主类群接近吻合，右半部分类群与特殊的野猪类群接近吻合；一个圆形代表一个类群，其大小和样本频率成正比

此外，图 5 还表明，之前贝叶斯和现代猪网络图分析产生的特殊的野猪类群，与古代猪距离较远。现代特殊的野猪类群与史前猪种遗传特征的巨大差异性，表明了这些独特的野猪类群很可能是一直没有对家猪有母系遗传上的贡献。当然，更明确的结论需要更大量古代样本的核查。但无疑，这项研究将为我国猪种遗传多样性的保护策略的制定提供更多的参考资料[9]。

同时，在 Greger 的研究基础上[10]，本研究也再一次表明，通过现代猪的遗传信息推断历史事件存在偏差，古代 DNA 的信息对于探明驯化以及进化历史是极为珍贵的资料。

三　结　论

① 本实验通过对中国古代猪线粒体遗传信息的分析表明，中国现代家猪与黄河中下游地区史前猪在遗传上具有延续性，中国家猪驯化从公元前 2400 年至今具有本地连续驯化模式。

② 在东亚地区，一些野猪和家猪在很大地理范围内都是共存的，但未见其对家猪

有过遗传上的贡献。这些特殊的野猪类群具有独特的基因库，所以在实际应用当中，其分布区域应该作为优先保护的地区。

③ 古生物遗骸中遗传信息的获得，将有力地推动生物进化史的系统研究。

参考文献

[1] a. Giuffra E. , et al. The origin of the domestic pig: Independent domestication and subsequence introgression. Genetics, 2000, 154: 1785 ~ 1791.

b. Kim K. I. , Lee J. H. , Li K. , Zhang Y. P. , Lee S. S. , Gongora J. and Moran C. Phylogenetic relationships of Asian and European pig breeds determined by mitochondrial DNA D-loop sequence polymorphism. Anim. Genet. , 2002, 33 (1), 19 ~ 25.

c. Greger Larson, Keith Dobney, Umberto Albarella, et al. Worldwide Phylogeography of Wild Boar Reveals Multiple Centers of Pig Domestication. Science, 2005, 307 (5715): 1618 ~ 1621.

[2] 罗运兵、张居中:《河南舞阳县贾湖遗址出土猪骨的再研究》,《考古》2008 年第 1 期。

[3] Yuan Jing, Rowan K. Flad. Pig domestication in ancient China. Antiquity, 2002, 76 (293): 724 ~ 732.

[4] a. Wu G. S. , Yao Y. G. , Qu K. X. , Ding Z. L. , Li H. , Palanichamy M. G. , Duan Z. Y. , Li N. , Chen Y. S. and Zhang Y. P. Population phylogenomic analysis of mitochondrial DNA in wild boars and domestic pigs revealed multiple domestication events in East Asia. Genome Biol. , 2007, 8: 12.

b. Greger Larson, Keith Dobney, Umberto Albarella, et al. Worldwide Phylogeography of Wild Boar Reveals Multiple Centers of Pig Domestication. Science, 2005, 307 (5715): 1618 ~ 1621.

[5] Wu G. S. , Yao Y. G. , Qu K. X. , Ding Z. L. , Li H. , Palanichamy M. G. , Duan Z. Y. , Li N. , Chen Y. S. and Zhang Y. P. Population phylogenomic analysis of mitochondrial DNA in wild boars and domestic pigs revealed multiple domestication events in East Asia. Genome Biol. , 2007, 8: 12.

[6] Wu G. S. , Yao Y. G. , Qu K. X. , Ding Z. L. , Li H. , Palanichamy M. G. , Duan Z. Y. , Li N. , Chen Y. S. and Zhang Y. P. Population phylogenomic analysis of mitochondrial DNA in wild boars and domestic pigs revealed multiple domestication events in East Asia. Genome Biol. , 2007, 8: 12.

[7] Greger Larson, Keith Dobney, Umberto Albarella, et al. Worldwide Phylogeography of Wild Boar Reveals Multiple Centers of Pig Domestication. Science, 2005, 307 (5715): 1618 ~ 1621.

[8] Greger Larson, Keith Dobney, Umberto Albarella, et al. Worldwide Phylogeography of Wild Boar Reveals Multiple Centers of Pig Domestication. Science, 2005, 307 (5715): 1618 ~ 1621.

[9] a. FAO. The State of the World' s Animal Genetic Resources for Food and Agriculture, edited by Barbara Rischkowsky & Dafydd Pilling. Rome. 2007.

b. 李相运:《家猪的起源和驯化》,《畜牧兽医杂志》1998 年第 17 期。

c. J. Yang, et al. Genetci diversity present within the near-complete mtDNA genome of 17 Breeds of indigenous Chinese pigs. Journal of Heredity, 2003, 94 (5): 381 ~ 385.

d. Wu G. -S. , Pang J. -F. and Zhang Y. -P. The molecular phylogeny and phylogeography of Suidae Zool. Res. 2006, 27 (2): 197 ~ 201 (in Chinese) .

e. Zhang Gui-Xiang, et al. Genetic diversity of micorsatellite loci in fifty-six Chinese native pig breeds. Acta Genetica Sinica, 2003, 30 (3): 225 ~ 233 (in Chinese) .

[10] G. Larson, U. Albarella, K. Dobney, P. Rowley-Conwy, J. Schibler, A. Tresset, J. -D. Vigne, C. J. Edwards, A. Schlumbaum, A. Dinu, et al. Ancient DNA, pig domestication, and the spread of the Neolithic into Europe. PNAS, 2007, 104: 15276 ~ 15281.

中原地区几处仰韶文化时期考古遗址的古人类食物状况分析

张雪莲　仇士华　钟　建　赵新平　孙福喜　程林泉
郭永淇　李新伟　马萧林

内容提要：本文应用稳定同位素 $\delta^{13}C$、$\delta^{15}N$ 对中原地区仰韶文化遗址，即郑州西山、西安鱼化寨和灵宝西坡遗址出土人骨中碳、氮稳定同位素进行分析。结果显示，遗址基本均是以 C_4 类植物为主食。$\delta^{15}N$ 值显示人们食物中也有一定程度的肉类。同时，对相关区域的部分动物骨头的碳同位素分析结果表明，家养动物的食性与人类食物状况具有一定的相关性，这在 C_4 类植物为人类主食区域中再次得到显示和证明。结合墓葬状况的分析表明，仰韶时期已经存在社会分层现象，在人们食物状况上也有体现。

关键词：仰韶文化　中原地区　稳定同位素分析　食物状况

以往关于古人类食物状况的研究主要是通过出土遗物进行推论，而稳定同位素碳十三（$\delta^{13}C$）、氮十五（$\delta^{15}N$）分析方法的特点是可以获取食用者本身的直接信息。$\delta^{13}C$ 可以反映人们食物中的主食状况，$\delta^{15}N$ 显示的是营养级的高低。该方法与传统研究相结合，互为补充，弥补了以往研究中的不足。同时，由于人类的食物状况与自然环境、生产力发展水平以及社会文化习俗等密切相关，所以这一研究正受到愈来愈多的关注。

应用稳定同位素 $\delta^{13}C$、$\delta^{15}N$ 分析进行古人类的食物状况研究近年来已获得较大发展。国外分别在20世纪60年代~70年代开始建立 $\delta^{13}C$、$\delta^{15}N$ 的分析方法，之后逐渐成熟和完善。在我国，$\delta^{13}C$ 分析最早在20世纪80年代由蔡莲珍、仇士华引入并应用于古人类食物研究[1]，$\delta^{15}N$ 分析20世纪初首先由中国社会科学院考古研究所碳十四实验室应用元素分析仪研究建立[2]。随着分析技术的不断发展，新的仪器设备的市场化，使得这一分析越来越便捷、易行，由此也推动了这一研究的普及和发展。

中国半个多世纪的考古发掘与研究为探讨人类食物的组成与来源奠定了基础、提供了条件。其中比较典型的植物遗存，如小米类植物，从新石器早期的大地湾、磁山、裴李岗，到半坡、大河村等遗址和后来的龙山文化遗址等均有发现。而稻作植物，长江中

作者：张雪莲、仇士华、钟建、李新伟 中国社会科学院考古研究所，北京，100710；赵新平、马萧林 河南省文物考古研究所，郑州，450000；孙福喜、程林泉、郭永淇 西安市文物保护考古所，西安，710068。

游的大溪文化遗址，长江下游的河姆渡遗址，太湖地区的马家浜文化罗家角遗址，以及良渚文化等遗址中都有发现。随着研究的不断深入，年代更早的小米类植物和稻作植物也都陆续发现了。但这些粮食类作物具体是怎样一个发展状况，比如在什么样的阶段人们食用的程度是怎样的，其发展轨迹如何，这就需要结合我们的方法进行探讨。

同时，不同社会地位、不同身份的人食用什么样的食物，特别是身份、地位相对较高的人，其食物构成是否与一般民众的食物构成相同或不同，通过这些分析，社会发展的文明进程可以得到展现。

本文分析的遗址主要有郑州西山遗址，西安鱼化寨遗址和灵宝西坡遗址。这 3 处遗址均为仰韶文化时期，其年代为距今 5000 年以上。

一 方法和材料

本研究的原理、方法及具体手段在相关的文章中多有介绍[3][4][5]，此处不再赘述。主要步骤为采集需要做分析的人骨或动物遗骨，制备成骨胶原，并水解成明胶，干燥后通过元素分析仪进行气体分离与纯化，之后通过质谱仪进行质谱分析，数据处理得到分析结果。质谱测量仪为 Thermo Finnigan 公司的 DELTA-plus，碳、氮测量所用标准物质分别为 USGS-24 和 IAEA-N1。

所用材料为西山遗址、鱼化寨遗址和西坡遗址出土的部分人骨，以及相关遗址的部分动物遗骨样品。骨胶原的提取和分析表明所选择的样品均处于保存良好状态。

（一）西山遗址

西山遗址位于郑州市北郊的古荥乡孙庄村西，1984 年冬发现。1993 年至 1996 年期间国家文物局考古领队培训班对此进行了连续发掘[6]，发掘面积达 6385 平方米。该遗址遗存可分为 3 期，大体相当于仰韶文化的早、中、晚 3 期。

取该遗址出土部分人骨进行分析，其分析结果见表 1。

表 1　西山遗址人骨 $\delta^{13}C$、$\delta^{15}N$ 分析结果

序号	实验室编号	原编号	分期	性别（年龄）	$\delta^{13}C$（‰）	C_4类植物百分比（%）	$\delta^{15}N$（‰）
1	ZK8156	TG5M221	1	女（成年）	-11.293	66.98	8.472
2	ZK8162	T5133M225	1	男（30～40）	-11.568	64.86	8.799
3	ZK8183	T3735M186	1	男（25～30）	-11.598	64.63	9.847
4	ZK8152	T4539M88	2	男（25～30）	-11.335	66.65	8.896
5	ZK8153	T3937M193	2	女（成年）	-8.993	84.67	8.606
6	ZK8157	T3837 M181	2	男（25～30）	-7.553	95.75	8.892
7	ZK8159	T4539M130	2	女（成年）	-7.824	93.66	8.751
8	ZK8160	T3636M191	2	?（15～16）	-7.858	93.40	8.257

续表1

序号	实验室编号	原编号	分期	性别（年龄）	$\delta^{13}C$（‰）	C_4类植物百分比（%）	$\delta^{15}N$（‰）
9	ZK8161	T3837M189	2	女（18～19）	-7.816	93.72	8.478
10	ZK8163	T5533M209	2	男（40～45）	-8.299	90.01	9.583
11	ZK8166	T4438M89	2	女（20±）	-7.903	93.05	10.092
12	ZK8168	T5733M226	2	男?（8）	-8.060	91.85	8.26
13	ZK8172	T3838M202	2	女（成年）	-6.660	100.00	9.444
14	ZK8173	T4539M98	2	男（40～45）	-7.726	94.42	9.044
15	ZK8174	T5533 M222	2	女（17～18）	-7.922	92.91	8.523
16	ZK8177	T3836M183	2	男（30～35）	-7.339	97.39	8.112
17	ZK8178	T3534M180	2	?（10）	-8.743	86.59	8.038
18	ZK8179	T3738W120	2	?（1～2）	-6.427	100.00	10.164
19	ZK8180	T5233W148	2	婴儿	-6.091	100.00	11.642
20	ZK8181	T4338 W90	2	（3～4）	-8.221	90.61	10.06
21	ZK8182	T5233W186	2	（婴儿）	-7.646	95.03	10.949
22	ZK8184	T3937 M192	2	（成年）	-7.844	93.51	8.233
23	ZK8167	T4439 M79	3	男（25～30）	-7.975	92.50	9.199
24	ZK8147	T4639 M127	3	男（35～40）	-7.600	95.38	9.239
25	ZK8148	T4739M94②	3	男（40±）	-7.650	95.00	8.426
26	ZK8149	T4638M143	3	女（成年）	-7.976	92.49	8.263
27	ZK8154	T4739 M100	3	（7～8）	-7.894	93.12	7.827
28	ZK8158	T4639M126	3	（成年）	-7.677	94.79	8.791
29	ZK8165	T3029M99	3	男（45～50）	-6.984	100.00	8.693
30	ZK8169	T4338M75	3	男（35～40）	-7.619	95.24	8.954
31	ZK8170	T3029 M80	3	男（40～45）	-7.463	96.44	8.658
32	ZK8171	T4739M94③	3	男（35～40）	-6.823	100.00	9.858
33	ZK8175	T3638M163	3	男（35～40）	-7.614	95.28	8.614
34	ZK8176	T2432 M53	3	男（30～35）	-8.646	87.34	9.569
35	ZK8185	T4738H657②	3	（40～45）	-7.547	95.79	8.434
36	ZK8186	T3431H1051	3	（未成年）	-11.336	66.65	8.963
37	ZK8187	T3931H1289	3	男（成年）	-6.739	100.00	9.336
38	ZK8188	T3434H1129	3	不详	-10.921	69.84	9.172
39	ZK8189	T4738H657①（另一袋）	3	（6～8）	-7.186	98.57	8.275

（二）鱼化寨遗址

鱼化寨遗址位于西安市西郊鱼化寨村北300米以远的岗地之上。遗址原面积40000多平方米，是一处内涵丰富、保存完好的仰韶文化聚落遗址。

取该遗址出土部分骨样品进行分析，其分析结果见表2。

表2　　鱼化寨遗址骨样品 $\delta^{13}C$、$\delta^{15}N$ 分析结果

序号	样品编号	单位	$\delta^{13}C$（‰）	C4类植物百分比（%）	$\delta^{15}N$（‰）
1	ZK6605	02XYH T0205 G1⑤，（内壕沟⑤层）	－13.961	46.45	11.74
2	ZK6608	浮洗040T0514 ⑧层下 H1697 升重	－19.107	6.87	3.819
3	ZK6624	FX084 T1013 ⑤层下 H199 重	－17.454	19.58	6.164
4	ZK6628	FX038 T0414 H1778 升重（⑨层下）	－21.689	12.99	4.157
5	ZK6630	FX035 T0414 H16010 升重（⑥层下）	－11.889	62.39	6.326
6	ZK6634	FX 013 T1014⑥层下 H1536 升重	－16.987	23.18	5.392
7	ZK6635	FX017 T0709 外壕沟④9 升重	－21.251	9.62	5.594
8	ZK6644	FX018 T0709 G⑧7 升重（外壕沟⑧）	－17.769	17.16	6.595
9	ZK6646	FX061 T0614⑨层下 H1797 升重	－18.472	11.75	4.461
10	ZK6620	Ⅲ区 T0713 北隔梁下 M11（⑥层下，人骨架）	－10.008	76.86	8.77
11	ZK6621	2003 XYHⅢ区 T0817\ T0917 北扩方 M1 南（②层下，小孩）	－8.608	87.63	8.325
12	ZK6622	2003 XYHⅢ区 T0817\ T0917 北扩方 M1 中（大人）（②层下）	－8.002	92.29	8.435
13	ZK6623	Ⅲ区 T0520 W108（③a 层下）	－10.505	73.0	8.829
14	ZK6623		－10.828	70.55	8.710
15	ZK6651	W45 2003XYH ⅢT0612 ③C 下北部正中［样品袋上的标号为：51号，FX054T0413⑦层下灰沟内，7升重］（③C下，人骨）	－10.943	69.67	9.273
16	ZK6652	W89 2004XYH ⅢT0415 ⑥下（人骨）	－7.564	95.66	10.640
17	ZK6653	W13 2003XYH ⅢT0711 ③D 下 北部隔梁正中（孩骨）	－7.724	94.43	9.358
18	ZK6655	2003XYH ⅢT0713 W73 瓮底（④层下，人骨）	－10.165	75.65	9.878

续表 2

序号	样品编号	单位	$\delta^{13}C$（‰）	C4 类植物百分比（%）	$\delta^{15}N$（‰）
19	ZK6656	2002XYH Ⅱ区 T1013 W1（③层下，人骨）	-7.560	95.69	9.748
20	ZK6657	2002XYH Ⅱ区 T1013 ③C 瓮棺内（③C 层下，人骨）	-7.553	95.75	8.53
21	ZK6658	2003XYH Ⅲ T0712 W71 瓮底（⑤层下，人骨）	-7.494	96.20	10.215
22	ZK6660	2003XYH Ⅲ T0612 ③d 下 W52 瓮底（人骨）	-7.539	95.85	9.112
23	ZK6661	2003XYH Ⅲ T1014 ⑧下 M12 中部（人骨）	-8.449	88.85	9.726
24	ZK6662	2004XYH ⅢT0713 W60 瓮底（③d 层下，人骨）	-8.989	84.70	9.206
25	ZK6663	2004XYH ⅢT0619⑤ 下 M16 探方东南部（人骨）	-8.456	88.80	8.762
26	ZK6664	W37 罐内灰色填土内（③b 层下，小孩残骨）	-9.576	80.18	9.074
27	ZK6664-2		-9.512	80.68	9.193
28	ZK6665	2003XYH ⅢT0612 W44 罐内（③b 层下，小孩残骨）	-8.169	91.01	10.378
29	ZK6666	2003XYH Ⅲ T0913 W19 瓮底（④层下，骨）	-8.19	90.85	9.569
30	ZK6667	2003XYH Ⅲ T0713 W6 瓮底（④层下，骨骼）	-6.536	100.00	9.154
31	ZK 6668	2003XYH Ⅲ T0913 W9 瓮底（⑤层下，人骨）	-8.104	91.51	8.65
32	ZK6669	2004XYH T0913 M3（③层下，骨架）	-11.631	64.38	8.773
33	ZK6670	2003XYH ⅢT0712 W24（④层下，骨架）	-7.445	96.58	9.751
34	ZK6671	2003XYH Ⅲ T1312 W25 瓮底（④层下，骨架）	-6.685	100.00	10.803

（三）西坡遗址

西坡遗址位于河南省灵宝市阳平镇西坡村西北，坐落于铸鼎原南部，现存面积约

400000 平方米，为目前发现的保存最为完好的仰韶文化中期即庙底沟时期大型中心聚落遗址[7][8][9]。

取该遗址出土人骨进行分析，其分析结果见表3。

表3　西坡遗址人骨 $\delta^{13}C$、$\delta^{15}N$ 分析结果

序号	样品编号	墓号	性别	$\delta^{13}C$（‰）	C_4类植物百分比（%）	$\delta^{15}N$（‰）
1	SP1701	M1	男	-8.887	85.48	8.747
2	SP1702	M3	男	-8.265	90.27	8.799
3	SP1703	M8	男	-11.952	61.91	12.650
4	SP1704	M11	女	-8.916	85.26	9.002
5	SP1705	M13	男	-9.733	78.98	8.184
6	SP1706	M21	男	-9.789	78.55	9.434
7	SP1707	M14	女	-8.712	86.83	9.229
8	SP1708	M17		-7.950	92.69	9.851
9	SP1710	M20	男	-9.541	80.45	10.206
10	SP1711	M22	女	-12.442	58.14	8.928
11	SP1712	M16	女	-8.343	89.67	9.652
12	SP1713	M18	女	-10.858	70.32	11.449
13	SP1714	M4	男	-11.314	66.82	9.608
14	SP1715	M5	女	-9.765	78.73	9.235
15	SP1716	M6	女	-10.115	76.04	9.142
16	SP1717	M12	男	-9.630	79.77	9.287
17	SP1718	M7	男	-9.866	77.95	9.367
18	SP1719	M9	男	-9.608	79.94	6.854
19	SP1720	M10	男	-7.907	93.02	8.777
20	SP1721	M15	男	-8.263	90.28	9.470
21	SP1722	M24	男	-8.201	90.76	8.585
22	SP1723	M23	女	-9.149	83.47	8.740
23	SP1724	M30	男	-9.568	80.25	9.826
24	SP1725	M29	男	-10.224	75.20	10.78
25	SP1726	M26	男	-10.153	75.75	9.052
26	SP1727	M25	男	-8.674	87.12	9.232
27	SP1728	M28	男	-11.266	67.18	9.445
28	SP1729	M27	男	-9.956	77.26	10.832
29	SP1731	M33	男	-10.868	70.25	9.509
30	SP1732	M32	男	-9.843	78.135	8.729
31	SP1733	M31	女	-9.451	81.15	9.570

（四）动物样品的分析

结合对人的食物研究，我们还作了部分动物样品的 $\delta^{13}C$ 分析，所分析的样品除了西坡遗址的部分动物样品外，还有古城寨遗址和瓦店遗址的部分样品（表4）。

古城寨遗址位于河南新密市曲梁乡大樊庄村溱水东岸，为龙山时代晚期遗址。

瓦店遗址位于河南省禹州市火龙镇瓦店村东部和西北部的台地上，为龙山时代晚期遗址。

表4　古城寨、瓦店、西坡遗址部分动物 $\delta^{13}C$ 分析结果

序号	样品编号	遗址	原编号	动物	$\delta^{13}C$（‰）	C_4类植物百分比（%）
1	SP2018	古城寨	97XGT1⑨灰土层，左，桡骨骨干	中型鹿科动物	–19.2	6.15
2	SP2019	古城寨	99XGIVT103J4:7，右，掌骨近端	中型鹿科动物	–20.2	0
3	SP2021	古城寨	2000XGIV区T71⑦，左，肱骨远端	猪	–7.4	94.3
4	SP2022	古城寨	2000XGIV区T71H113②，右，肱骨近端	猪	–8.7	86.9
5	SP2023	古城寨	2000XGIV区T87H106，左，肱骨远端	猪	–7.3	97.7
6	SP2045	瓦店	YHW97IVT4H24，右，跖骨	羊	–8.6	87.7
7	SP2047	瓦店	YHW97IVT1F2，左，桡骨近端	猪	–7.1	99.2
8	SP2049	瓦店	YHW97IVT3F4，左，桡骨	猪	–8.2	90.8
9	SP2050	瓦店	YHW97IVT6③，左，胫骨远端	猪	–14.9	39.2
10	SP2051	瓦店	YHW97IVT3④，右，肱骨远端	猪	–11.1	68.5
11	SP2052	瓦店	YHW97IVT3H45，左，股骨远端	猪	–8.3	90
12	SP1734	西坡	H104:011，左，股骨远端	猪	–7.5	96.15
13	SP1735	西坡	H116:117，左，胫骨远端	？	–29.6	0
14	SP1736	西坡	F102:①:022，左，肱骨	中型	–6.6	100.00
15	SP1737	西坡	H22:323，右，尺骨近端	猪	–6.5	100.00
16	SP1738	西坡	H107:025，左，肱骨远端	猪	–7.0	100.00
17	SP1739	西坡	H110:026，左，尺骨骨干	猪	–7.1	99.23
18	SP1740	西坡	H114:④:041，左，胫骨近端	中型	–9.9	77.69

二 分析与讨论

我们所分析的这几处遗址，基本均是近年来的发掘项目，本文先做一简单分析。

（一）西山遗址

将表1的结果归纳于表5。

表5 西山遗址不同分期之间的分析比较结果

分期	总体结果比较		男性结果比较		女性结果比较	
	$\delta^{13}C$ 平均值（‰）	$\delta^{15}N$ 平均值（‰）	$\delta^{13}C$ 平均值（‰）	$\delta^{15}N$ 平均值（‰）	$\delta^{13}C$ 平均值（‰）	$\delta^{15}N$ 平均值（‰）
1	-11.486（3）	9.039（3）	-11.583（2）	9.323（2）	-11.293（1）	8.472（1）
2	-8.125（15）	8.747（15）	-8.385（6）	8.798（6）	-7.853（6）	8.982（6）
3	-7.770（16）	8.832（16）	-7.511（10）	9.055（10）	-7.976（1）	8.263（1）

总结以上，可获得的初步的结论如下：

（1）西山遗址中，$\delta^{13}C$ 的平均值为 -8.215‰，相应的 C_4类植物百分比为 90.65%，表明所分析的人骨个体基本是以 C_4类植物为主食，依据所处时代与环境因素以及考古发掘研究，应该是以小米类为主食的；$\delta^{15}N$ 值为 9.011‰，表明他们的食物中有一定量的肉类（表1）。

（2）由分析结果可见，虽然第1期的样品数太少，难以说明问题，但西山遗址第2期和第3期人们的主食中 C_4类植物的比例已经相当的高，达到90%以上，表明农作物的栽培在这一区域中已成气候。西山遗址地处中原，从气候条件来看属典型的粟作区，在距今5000年前后人们的主食中 C_4类植物已占有较大的比例，表明当时已经有较大规模的 C_4类作物的种植，由此可以看出，种植农业的发展在那时已经不是起步阶段。

（3）按照年代从第1期到第3期的序列来看，人们的主食中 C_4类植物百分比有增加的趋势，其中第1期和第2期之间可能差别比较明显，而第2期和第3期之间差别较小。说明至少第2期以后 C_4类植物作为主食在那一时期基本已处于稳定状况。

（4）从性别与食物的相互关系上比较，18个男性个体和8个女性个体在主食和营养级上都没有看出明显的差别；而通过分期比较，相对数据量多一些，能显示的结果相对清晰一些的是在第2期，两者在主食上有些差别，女性 C_4类植物百分比比男性高一些，但差别不大，仅为4%；营养食物的食用由早期到晚期变化不是太明显。

（5）从营养级上看，瓮棺葬埋葬的较小孩童，可能有母乳喂养，或被提供了营养价值较高的食物，因而显示了稍高的营养水平。

（二）鱼化寨遗址

将表2中的结果按照层位计算平均值获得见表6。

表 6　鱼化寨遗址人骨样品 $\delta^{13}C$、$\delta^{15}N$ 分析层位平均结果

层位	个体数	$\delta^{13}C$ 平均值（‰）	C_4类植物百分比（%）	$\delta^{15}N$ 平均值（‰）
2	2	-8.305	89.96	8.380
3	10	-9.018	84.47	9.228
4	5	-7.804	93.80	9.831
5	3	-8.018	92.17	9.209
6	2	-8.786	86.26	9.705
8	1	-8.449	88.85	9.726

由于所获得的该遗址有关人骨的信息相对较少，只能据其结果进行简单的讨论。

该遗址的情况与前面所分析的遗址相类似，其样本容量不够大，只能看到大致的趋势。

曾和进行该遗址发掘的考古学家进行过简单的讨论，由于所分析的这些层位的整个年代跨度不是太大，所以反映在食性方面层位之间的界限可能也不会太清晰，但仍会给我们提供一些信息。

综合表 3 中的分析结果可以得到这样几点初步的认识：

（1）25 个人骨数据显示出，鱼化寨人的 $\delta^{13}C$ 平均值为 -8.65‰，其主食中 C_4类植物百分比为 87.07%，可见是以 C_4类植物为主食的，应该是小米类的可能性较大。鱼化寨遗址人们的主食状况与前面西山遗址比较类似，C_4类植物在人们的主食中占有的比例较高，表明了种植农业已有较大的普及。

（2）前面的 9 个数据其 $\delta^{13}C$ 值绝对值较大，可能应为食草类动物，可以看出其主食是以 C_3类植物为主的，可见该遗址周围自然环境中的植被 C_3类植物比较丰富。同时，结合这几个样品 $\delta^{15}N$ 分析结果，也可以有助于对于食草类动物的判断或估计，它们的 $\delta^{15}N$ 值一般均比较偏低。而第一个样品 $\delta^{15}N$ 值明显较高，如果是动物的话，至少应属杂食类的。

（3）人骨样品分析，其 $\delta^{15}N$ 平均值在 9.310‰，表明人们的食物中肉类的摄取占有一定的比例。在前面其他遗址人骨样品的分析中已谈到，食草类动物的 $\delta^{15}N$ 值一般在 5‰至 7‰，人类的 $\delta^{15}N$ 值达到 9‰，按营养级的级差为 3‰来计算的话，至少该遗址所分析的人们的营养级要高于食草类动物一个营养级。而再结合看一下前面的 8 个数据，它们的 $\delta^{15}N$ 确实大体是处于 5‰至 7‰的范围。如果人们的食物中有这类动物的食用，人们的营养级就应高于其食用的动物的营养级。

（三）西坡遗址

由表 3 中的分析可获得以下初步结果。

（1）在主食方面的结果

31 个人骨标本的 $\delta^{13}C$ 平均值为 -9.654‰，由此获得的 C_4类植物百分比平均值为接近 80%，表明西坡遗址墓地所葬人群的主食为 C_4类植物为主，可能主要以小米类食物

为主。这种情况也与前面2个遗址类似，反映出C_4类植物种植在该区域已比较普及，农业的发展已有较大规模。

男性和女性在主食方面的结果显示，21个男性的$\delta^{13}C$平均值为-9.691‰，其相应的C_4类植物的百分比为79.30%。9个女性的$\delta^{13}C$平均值为-9.751‰，其相应的C_4类植物的百分比为78.85%。可以看出男女性别在主食上没有明显的差别。

（2）在营养状况方面的结果

由表4可以看出，在营养级方面，其总的$\delta^{15}N$平均值在9.425‰，说明这一群体在整体上其营养级不是太低，有一定的肉类摄取。

男女性别表现在营养级上的差别，其数值分别为9.400‰和9.439‰。可以看出，两者无明显差别。

（3）营养级状况与墓葬的型制、大小以及随葬品情况的考察

比较典型地是几座较大规格的墓葬其墓主人的营养级都明显地偏高，比如M18，M8，M27以及M29。这4座高等级墓葬墓主人个体的$\delta^{15}N$比值均超过10，显示其营养状况比其他西坡人更好，或许食肉的比例更高（图1）。其中M8墓主人$\delta^{15}N$比值最高，为12.65‰，以下依次是M18，为11.449‰；M27为10.832‰；M29为10.78‰。和西坡遗址的其他墓葬比较可以看出，其他大部分墓葬主人的$\delta^{15}N$比值均在8和9之间，和前面4座高等级墓葬主人之间形成差别。

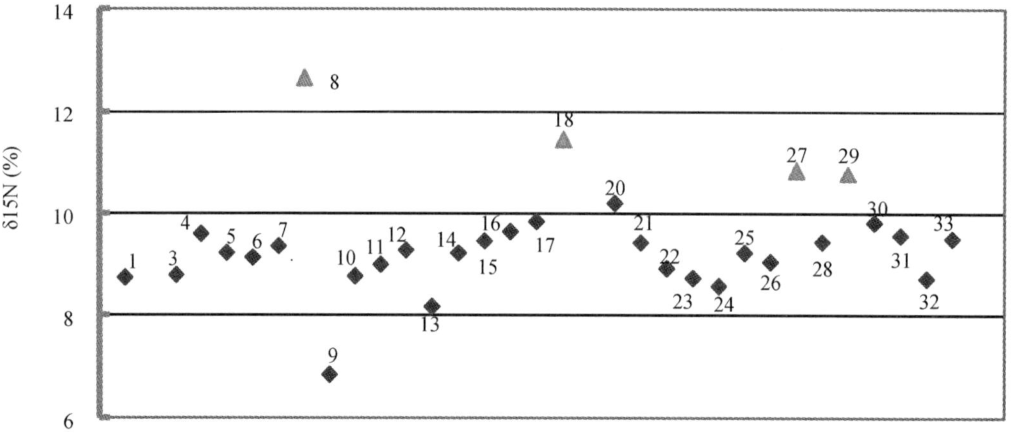

图1 西坡遗址墓葬人骨$\delta^{15}N$分析结果

据考古学研究，西坡遗址属于仰韶文化中期，此时社会阶层已经出现，这可以从所发现的墓葬大小与其结构上的差别反映出来。西坡遗址所发现的30余座墓葬据其大小分成大型、中型、小型三类。我们测定的营养级相对较高的这几座墓葬均属大墓之列。从其随葬品情况看，这几座墓均有随葬品，但为数不多。从其墓葬结构上，较大型墓葬显示了其与众不同的地方，如M27、M29不但规模大，在墓室和脚坑上均有盖板，其上还覆盖有编织物，这是其他较小一些的墓葬所不具备的。另外，M27其整体还以草拌泥封填，这些在同时期墓葬中均属罕见。所以对于西坡墓葬，考古学家认为，首先从其遗迹现象看，社会分层现象已经出现，但与大体相同时期的海岱地区、辽西地区以及长江

中下游地区较高等级墓葬中如此丰富的随葬品现象又有明显不同，这或许正反映了这一时期该地区社会进化的区域特征。而反过来看，食性分析的结果与此分析大致基本吻合。

（4）除了以上结论之外，这里还应注意到的是，相对于营养级较低的人来说，有些营养级较高的人其主食中 C_4类植物比例反而会低一些，这里主要是针对黄河流域、中原一带以 C_4类植物为主食的区域中的遗址而言的。我们这里可以看一下上面提到的西坡遗址 4 座相对等级较高的大墓中，其墓主人主食中 C_4类植物百分比较之遗址总的平均值明显低一些。如 M8，C_4类植物百分比为 61.91%；M18，C_4类植物百分比为 70.32%；M29，C_4类植物百分比为 75.20%；M27，C_4类植物百分比为 77.26%。这种情况在我们分析过的其他遗址中也有出现，如二里头、前掌大等。这或许是由于身份等级相对较高的人除了对动物类高营养类食物有需求外，对于主食上也有多样化的要求，当然这其中也包含了动物类食物的食物链效应。

（四）动物样品的分析

表 4 列出了古城寨、瓦店以及西坡部分动物的 $\delta^{13}C$ 分析结果。由此可以让我们了解这几处遗址家养动物的一些食物状况，从中也可以看出先前在文明探源第一阶段研究中我们提出的家养动物与人类在食物结构上具有一定的相关性，在这里得到进一步的体现。

从古城寨、瓦店和西坡遗址所分析的动物样品的结果来看，古城寨的动物样品中，3 个猪样品的 C_4类植物百分比平均值在 93.85%，比值较高，与同一区域中的人主食比例相类似。而 2 个鹿科动物的 C_4类植物百分比平均值只有 2.31%，C_3类植物比例相对较高，可能含有较丰富的野生植物。

瓦店的 5 个猪样品和 1 个羊样品的 C_4类植物百分比平均值在 79.23%，C_4类植物比例也比较高。5 个猪样品中，只有 1 个样品的 C_4类植物百分比比较低，为 39.2%。这一头猪的食物可能大部分来源于自然植被，有可能食用采自自然植被的猪草，也有可能是放养所致。

西坡遗址 7 个动物样品的分析中，4 个明确是猪的样品，$\delta^{13}C$ 结果其绝对值都比较低，平均值为 -7.025‰，相应的 C_4类植物百分比在 99.81%. 另外 2 个中型动物，据负责该遗址发掘的考古学家介绍，属于猪的可能性也比较大，它们的 $\delta^{13}C$ 结果分别为 -6.6‰和 -9.9‰，相应的 C_4类植物百分比分别为 100.00% 和 77.69%，其 C_4类植物百分比也明显比较高。用? 标志的动物，其 $\delta^{13}C$ 绝对值相当高，相应的 C_4类植物百分比为 0，表明应该完全依靠自然植被生存，很有可能为野生类动物，或是完全靠放养的家养动物。

河南省考古所的马萧林先生等曾对出土于西坡遗址的动物以及相关遗址（陕西省西安市临潼区的康家遗址——龙山文化遗存）的动物和人进行过同位素分析与研究（表 7）[10]。在其对于西坡家养动物的分析中，显示出家猪的主食中 C_4类植物比例较高，达到 95% 以上，这一结果与我们的分析结果比较一致。其结果同样显示了家养动物在食物组成上与人的食物组成有相近之处，比如猪和狗同这一区域中的同时代的人的

表 7 西坡、康家遗址部分动物 $\delta^{13}C$ 分析结果

遗址	样品编号	动物	$\delta^{13}C$（‰）	C_4类植物百分比（%）
西坡	26	猪	-7.400	96.90
	27	猪	-7.650	95.00
	28	狗	-8.180	90.92
康家	19	猪	-11.530	65.15
	21	猪	-11.760	63.38
	22	猪	-7.530	95.92
	20	狗	-8.970	84.85
	23	狗	-14.530	42.08
	24	狷羚（bubalus）	-14.200	44.62
	25	羊（Dom. sheep）	-18.760	9.54
	17	鹿（deer）	-17.250	21.15
	18	狷羚（bubalus）	-15.110	37.62

$\delta^{13}C$ 值比较接近，相应的 C_4类植物比例也比较类似，人的食物中 C_4类植物百分比在 70% 到 90%，猪和狗的食物中的 C_4类植物百分比在 90% 到 95%。而处于同一区域中的属于野生类的牛等，其 $\delta^{13}C$ 值相差就比较大，C_4类植物比例相对也就低得多，最高只有 40% 左右。

三 结 语

仰韶文化是黄河中游地区的重要新石器时期考古学文化，在 1921 年发现于河南省渑池县的仰韶村，故而得名，由于以其彩陶为显著特征，又称为彩陶文化，据考古学研究，仰韶文化分为半坡、史家、庙底沟等类型，分布在甘肃、陕西、山西等地，大致时间为距今 5000 年至 7000 年，现已发现此类文化遗存数百处。据考古学研究，在仰韶文化遗址中已有粟、黍等植物遗存发现，如西安半坡遗址[11]、陕西姜寨遗址[12]等。而这里，如此丰富的遗址人骨资料分析，可以为以往的研究增添新的依据，使我们由此获得一个相对更加清晰的认识。

上述 3 个遗址均属黄河流域，由其分析结果可知其中西山遗址人们主食中的 C_4植物百分比为 90.65%，鱼化寨遗址为 87.07%，西坡遗址为近 80%，即人们主食中的 C_4植物百分比基本均在 80% 以上，表明人们的主食以 C_4类植物为主，应该是属小米类，说明当时在那个区域种植农业已比较普及，农业已有较大规模的发展。同时从营养级上看，几个遗址的人都有一定的肉类食物食用，表明具有相对稳定的肉食来源，而从同属一个较大区域的动物的食性上看，C_4类植物也占有较大的比例，说明了家养动物此时在其食物来源上也部分地依赖于种植农业。

农业起源说认为，当定居人口增长到一定程度，压力较大时，植物的驯化与种植就成为人们获取食物来源的重要方面（也是动物饲养的基础条件），而栽培农业的发生和发展，既表明了社会发展的需求，也体现了社会的进步，这应当是人类文明产生和发展的基础。

另外，从西坡遗址结合墓葬状况所获悉的不同的等级在营养状况上也有体现，表明阶层社会的存在，这也进而表明了社会的文明进程。

从其性别和营养级关系来看，现有样品给出的结果，男女两性在营养级上没有显示出明显的差别，这是否也代表了当时社会生活的一种状况。

以上的结论仅是就目前所分析得到的数据结果而言，也希望随着今后分析数据量逐步增多，使我们有机会可以进一步进行探讨或对我们的结果进行验证和充实。

在2005年至2006年的文明探源研究第一阶段，我们分析了陶寺遗址、二里头遗址以及偃师商城等[13]，并结合我们以往有关的研究工作，比如夏商周断代工程期间结合进行的关于古人类食物结构状况方面的研究[14]，结合承担的国家文物局有关古人类食物状况的研究以及配合考古研究进行的这类研究等，使我们对于探源第一阶段这一时期所涉及的区域中的人们的食物结构状况有了一些认识，并与相关区域作了比较。探源第二阶段，由公元前2000年向前延伸到了公元前3500年，由考古学二里头文化、庙底沟二期文化等进入了仰韶文化时期，具体看这一时期的人又是怎样的一个生活状况。从上一个阶段到这一个阶段有哪些的不同，发生了什么样的变化。当然，我们的研究还是初步的，尽管通过这一阶段的课题研究，对我们的研究工作无论是深度还是广度都得到了促进，但毕竟研究的遗址还比较少，由此获得的认识和可解释的问题也比较有限，这些都有待于在今后研究继续深入的过程中逐步得到提高和完善。

附记：本实验中的质谱测定部分是在中国农业科学院李玉中教授的质谱室完成的，特此感谢！

对于中国社会科学院考古研究所袁靖研究员提供的古城寨、瓦店遗址动物骨骼鉴定信息和王明辉副研究员提供的西坡遗址人骨鉴定信息表示真诚的谢意！

注 释

[1] 蔡莲珍、仇士华：《碳十三测定和古代食谱研究》，《考古》，1984年第10期。

[2] 张雪莲、王金霞、冼自强、仇士华：《古人类食物结构研究》，《考古》，2003年第2期。

[3] Ambrose SH. Preparation and characterization of bone and tooth collagen for stable carbon and nitrogen isotope analysis [J]. Journal of Archaeological Science, 1990, 17: 431~451.

[4] DeNiro MJ. Post-mortem preservation of alteration of in vivo bone collagen isotope ratios in relation to palaeodietary reconstruction [J]. Nature, 1985, 317: 806~809.

[5] 张雪莲：《应用古人骨的元素、同位素分析研究其食物结构》，《人类学学报》2003年第22卷第1期。

[6] 国家文物局考古领队培训班：《郑州西山仰韶时代城址的发掘》，《文物》1999年第7期。

[7] 河南省文物考古研究所、中国社会科学院考古研究所河南一队、三门峡市文物考古研究所、灵宝市文物保护管理所、荆州黄帝陵管理所：《河南灵宝西坡遗址2005年春季墓地发掘简报》，《考古》2008年第1期。

[8] 中国社会科学院考古研究所河南一队、河南省文物考古研究所、三门峡市文物考古研究所、

灵宝市文物保护管理所、荆山黄帝陵管理所:《河南灵宝西坡遗址发现一座仰韶文化中期特大房址》,《考古》2005 年第 3 期。

[9] 中国社会科学院考古研究所河南一队、河南省文物考古研究所、三门峡市文物工作队、灵宝市文物保护管理所、荆山黄帝陵管理所:《河南灵宝市西坡遗址试掘简报》,《考古》2001 年第 11 期。

[10] Ekaterina A. Pechenkina, Stanley H. Ambrose, Ma Xiaolin, Robert A. Benfer Jr. Reconstructing northern Chinese Neolithic subsistence practices by isotopic analysis [J]. Journal of Archaeological Science, 2005, 32: 1176 ~ 1189.

[11] 中国社会科学院考古研究所、西安半坡博物馆:《西安半坡》,文物出版社,1963 年。

[12] 西安半坡博物馆、陕西省考古研究所、临潼县博物馆:《姜寨——新石器时代遗址发掘报告》,文物出版社,1988 年。

[13] 张雪莲、仇士华、薄官成、王金霞、钟建:《二里头遗址、陶寺遗址部分人骨碳十三、氮十五分析》,《科技考古》第二辑,科学出版社,2007 年。

[14] 西安半坡博物馆、陕西省考古研究所、临潼县博物馆:《姜寨——新石器时代遗址发掘报告》,文物出版社,1988 年。

中国早期冶金术研究的新进展

北京科技大学冶金与材料史研究所
中国社会科学院考古研究所
北京大学考古文博学院

内容提要： 本文综述了《中华文明探源工程（二）》子课题“公元前3500年至公元前1500年中国文明形成与早期发展阶段的技术与经济研究”之“冶金术研究”专题的主要研究结果，并对这些结果的学术意义进行了初步地探讨。本文指出：齐家文化砷铜的发现意义重大，进一步表明西北地区在中国早期冶金发展的进程中曾扮演过非常重要的角色；北方地区作为区域文化互动中活跃的一环，在早期冶金术的传播方面也做出了显著的贡献；青铜礼制容器和组合范铸技术在二里头遗址的出现，构成了中原地区冶金术划时代发展的核心内容，也使中原地区成为当时中国的冶金技术中心。这种中心地位的形成，既吸收了来自西北和北方的技术因素，也有本地区自身技术演进的基础。中原、西北和北方之间文化互动的加强，是冶金术迅速传播并取得突破的基础和动因。中原地区早期冶金术的发展是中华文明在中原崛起最重要的技术和经济基础之一。

关键词： 早期冶金术　早期铜器　齐家文化铜器　砷铜　二里头文化铜器

金属是人类文明发展的物质基础，金属技术的发生和演进在早期文明史上是具有划时代意义的重大事件。金属的出现及应用，对人类文明进程而言，其意义并不仅限于技术、生产和经济上，也同样表现在政治、宗教和礼仪等精神文化方面。简言之，金属技术的发展与人类物质和精神文明的演进密切相关。

金属何时在中国开始出现？冶金术在中国是否有多个起源？冶金术的发展与传播在中国文明起源进程中起到了什么样的作用？青铜范铸技术在中原地区兴起有着怎样的技术和社会背景？其与早期国家的形成及社会复杂化之间又存在着怎样的互动关系？这些都是研究中华文明起源与早期发展必然会涉及的问题，一直为学术界高度关注。

考古发现已经表明，铜器在中国的较多出现大致在公元前第三千纪，这正是中国各地区域文化加速发展、中华文明雏形初现的关键时期。铜器和冶铜术的出现无疑是这一时期技术与经济发展最显著的部分之一，它不仅构成了中华文明起源进程的一部分，而且也是推动这一进程最为活跃的要素之一。在公元前2000年前后，中国各地的区域文化之间互动急剧增强，冶金术的传播即是其中之一，从而为各地的文化演进带来新的动力。至公元前第二千纪上半叶，中原地区的二里头文化在各区域的青铜文化中脱颖而出，一跃成为中华文明形成最直接也最重要的基础。而伴随这一划时代进程的，正是青铜礼器范铸技术在中原地区的异军突起，它奠定了其后近2000年中国青铜文明的演进基础，也成为中国早期文明最显著的技术和文化特征。

因此，冶金术的出现和传播，是中华文明起源和早期发展最重要的要素和动力之一。对中国冶金术起源和早期发展的探索，也自然成为中华文明起源研究的一部分，甚至是非常关键的一部分。在《中华文明探源工程》预研究和第一阶段研究中，冶金术均被列为子课题之一，说明学术界对冶金术在中华文明起源中的作用和意义有着广泛的共识。

关于中国冶金术的起源和早期发展，中外学者们已经做了大量的研究，并已揭示出西北、中原、北方和海岱是中国早期铜器集中出土的4个关键地区[1]。在《中华文明探源工程》第一阶段的研究中，主要围绕中原地区开展了一系列的研究工作，重心放在河南偃师二里头遗址出土的冶铸遗物上。研究结果表明，在二里头文化阶段，中原地区的青铜冶铸技术获得了突飞猛进的发展，在合金熔炼、合范铸造等方面均达到了相当高水平。这一过程是与早期国家形成、礼制演进互为依托的。第一阶段的研究没有涉及中原以外的西北、北方和海岱地区。因此，2006年，《中华文明探源工程》（二）立项时，在“公元前3500年～公元前1500年中国文明形成与早期发展阶段的技术与经济研究”课题中，不仅设立了“冶金术研究”这一子课题，而且明确提出研究的地域范围要有扩展，要把西北和北方、也就是黄河上游和辽河流域纳入到新阶段的研究计划之中。这就把中华文明探源工程提升到了一个新的高度，展示出更加开阔的研究视野。

承担《中华文明探源工程》（二）“冶金术研究”子课题的单位共有3家，即北京科技大学冶金与材料史研究所、中国社会科学院考古研究所和北京大学考古文博学院。课题负责人是北科大的梅建军，课题组成员包括：北科大：孙淑云、韩汝玢、李延祥、李晓岑、李秀辉、潜伟、章梅芳；考古所：刘煜、赵春燕；北大：陈建立。另外，北京科技大学和北京大学的部分研究生也参与了课题的研究工作，他们是：北科大：陈坤龙、凌勇、徐建炜、李建西、杨瑞栋、袁晓红和沈璐；北大：黄维。

本文是综合课题组各位成员的原始研究报告撰写而成的，在报告具体研究结果时均予注明。原始报告中包含有大量的数据图表，在本文中基本上均已略去，仅保留个别图和主要的研究结论。本文的中心目的在于总结“冶金术研究”子课题所取得的主要研究成果，并阐述其学术价值和意义。本文分4个部分：首先介绍研究对象和方法；然后综述主要研究结果，将分地区按遗址逐个进行；接下来是总结所获得的几点认识，将围绕冶金术与中华文明起源进程的关系展开；最后是结语，将提出总结并对下一步的研究进行展望。

一　研究对象和方法

针对中国早期铜器考古发现的现状，“冶金术研究”子课题确定了如下3个方面的研究内容：1）对公元前3500年至公元前1500年期间黄河和辽河流域新发现的早期铜器进行检测分析，并结合已有的分析资料，进一步揭示各地区早期铜器的技术特征；2）系统地考察和研究早期铜器的铸造技术，包括石范和陶范两种工艺，为揭示中国范铸技术的起源和早期发展创造条件；3）开展不同区域之间早期冶金技术的比较研究，探讨中国北方、西北和中原地区在早期青铜冶金发展上的联系和差异，揭示不同的区域中是否存在技术创新或技术传播，从而为阐明冶金技术在中华文明起源和早期发展过程中的作用提供科学依据。

在研究方法上强调科学技术检测手段的应用，如利用金相显微镜、SEM-EDS和XRF等理化分析手段，来检测特定地区出土青铜器和冶铸遗物的成分及显微组织等。通过探讨各地区冶铜技术和青铜合金配比等冶铸工艺，以及铜器的制作加工工艺、陶范和坩埚材料的选择和制作技术等，来归纳、总结和比较各地区早期冶金技术发展的特点。不仅注重技术层面的研究，还将特别关注冶金技术的发展在各地社会复杂化进程中的作用。

根据以上研究内容和思路，确定以下3类材料为主要的研究对象：一是考古发掘出土的早期铜器；二是在考古遗址上发掘出土的或采集的矿冶遗物，主要是冶炼炉渣及冶炼的中间产品；三是发掘出土的或采集的铸范资料，包括石范和陶范。在各地考古研究机构和考古工作者的大力支持下，课题组成员对250多件标本和样品进行了分析检测。这些标本和样品分别出自中原、北方和西北的18处早期文化遗址，即中原4处：河南偃师二里头、山西襄汾陶寺、陕西神木新华、山西夏县东下冯；北方（西辽河流域）3处：辽宁法库县湾柳街、内蒙古喀拉沁旗大山前、内蒙古赤峰三座店；西北11处：青海同德县宗日、贵南县尕马台、甘肃民乐东灰山、临潭陈旗磨沟、张掖黑水国南城、永靖秦魏家、玉门市火烧沟、古董滩和砂锅梁、新疆塔里木盆地小河墓地、青海循化县阿哈特拉墓葬。无论是测试标本的数量，还是标本所涉遗址的数量，均已超出了课题考核指标的要求。

上述遗址所归属的考古学文化主要有：中原龙山文化、二里头文化、夏家店下层文化、齐家文化、四坝文化和卡约文化。除卡约文化的下限可能较晚以外，其他文化的年代均在公元前1500年之前。新疆小河墓地尚未明确其文化归属，但其年代早于公元前1500年应无疑义。卡约文化的上限可到公元前1500年，甚至更早一些，下限可晚至公元前第一千纪初。换言之，本文所研究的绝大部分标本和样品的年代均落在公元前2300年至公元前1500年之间。

下面将按中原、北方和西北3个地区分遗址依次报告标本和样品的分析测试结果。需要强调的是，这里报告的只是纲要性的结论，原始数据图表均留待课题组成员分别撰写独立的研究论文发表。本文在综述相关研究结果时，难免有体例不一、语焉不详或表述不当之处，敬请课题组成员和读者见谅。

二　主要研究结果

从已有的考古发现看，中国早期铜器和冶铸遗物的发现主要集中在西北、中原、北方和海岱这四个地区，且以西北地区所出数量最多，在千件以上，分布也最为广泛；其次是中原地区，早期的仰韶和龙山文化诸遗址仅有零星的发现，而到二里头文化第三期，铜器数量激增，达数百件之多，并出现了礼制容器，彰显出文化进程的加速；再次是北方地区，铜器发现已近百件，主要集中在内蒙古朱开沟和赤峰大甸子2处遗址上；相比之下，海岱地区的早期铜器发现最少，总数不过20余件，零散出自龙山和岳石文化的一些遗址。在本研究中，大部分标本和样品来自西北地区，与近年来西北地区的考古新发现接连不断，早期铜器和冶铸遗物的资料大幅增加明显有关；其次是中原地区，样品主要来自二里头遗址；来自北方地区的样品为数不多，但毕竟增添了新的遗址点，是对已有研究的重要补充；而海岱地区因未见新的早期铜器发现，故本文不再论及。

（一）铜器和冶铸遗物研究结果综述

中原地区 研究样品出自以下4处遗址，即河南偃师二里头、山西襄汾陶寺、陕西神木新华和山西夏县东下冯。取自二里头遗址的样品总计有39个，陶寺遗址有2个，新华遗址有1个，东下冯遗址有17个。

1. 河南偃师二里头遗址

二里头遗址是目前中原地区所知年代最早的青铜时代遗址，据碳十四数据拟合的结果，其年代在公元前1780年~公元前1529年之间[2]。据梁宏刚和孙淑云统计，截至2002年，仅二里头遗址出土的铜器总数约有200件，公开发表的有117件，种类包括小件工具如刀、锥、削、锛、凿、钻、锯和鱼钩，兵器则有戈、戚、钺和镞，乐器有铃，容器有爵、斝、盉和鼎，装饰品有泡和镶嵌绿松石的铜牌。此外，还发现了铸铜遗迹，出土了陶范、石范、坩埚和炼渣等遗物[3]。这些均表明，在二里头文化时期，中原地区迎来了一个全新的青铜冶铸体系的诞生。

陈建立和刘煜对二里头遗址出土的36件标本进行了检测分析，其中铜器标本30件，铜渣标本6件。铜器和炉渣标本的年代是由考古发掘者提供的，大致分布在4个年代区间内：即二里头四期晚段、二里头四期晚到二里岗下层之间、二里岗下层偏晚和二里岗上层六段。

从金相组织观察结果看，经过检测的30件铜器样品中有22件为典型的铸造组织，有8件铜器样品的金相组织为热加工或热冷加工组织，这些铜器的夹杂物以硫化铜为主，个别硫化物还含有少量的铁。

从成分分析的结果看，经检测的22件铜器中有纯铜、砷青铜、锡砷青铜、铅锡砷青铜、锡青铜和铅锡青铜等6种材质，其中含砷铜器有4件，应予重视。本次研究结果为研究二里头遗址青铜合金提供了新资料。

6件铜渣样品，其中一块铜渣中存在大块低锡青铜块，其金相组织为α固溶体树枝晶组织，其余5件样品有较多的纯铜颗粒弥散分布。除了含锡的合金颗粒和锈蚀的锡青铜外，锡在炉渣中通常都以二氧化锡（SnO_2）晶体存在。

由上述分析，陈建立和刘煜得出如下初步认识：二里头遗址出土铜器的制作技术具有早期铜器制作特征，虽然对铜、锡、铅和砷等合金元素的配比与金属器物功能的关系有一定认识，但是其合金比例尚不稳定，当时锡和铅已经能够有意识地加入。

2. 山西襄汾陶寺遗址

山西襄汾陶寺遗址是龙山文化时期的一处大型都邑性遗址，出土有成组彩绘漆木器、彩绘陶器（龙纹陶盘）、玉器、金属器和石质乐器等，代表了氏族部落社会走向初期国家这一关键阶段，意义非常重要[4]。

刘煜利用 Quant-X 射线荧光能谱（EDXRF），对山西襄汾陶寺遗址出土的铜环和铜片进行了科学分析，铜环分析结果为含少量铅的红铜，含铜 98.14%，含铅 1.11%，其余微量元素为砷、铁、银、锡、铋、锑。铜片为含少量砷的红铜，含铜 97.98%，含砷 0.94%，其他微量元素为铁、银、锡、铋、锑、镍。取样观察金相组织，铜片为红铜的铸造组织，有大块深色的锈蚀部分，可见弥散分布的富砷相。由于铜环较小，取样会损害完整性，故未作金相检测。铜环应为单面范铸造而成。

陶寺遗址以前还出土过 2 件铜器，1 件是铜铃，经湿化学分析，确定为红铜，含铜 97.86%，铅 1.54%，锌 0.16%，此外还含有微量砷、锑、铋、镍等。铜铃系由分范合铸而成，顶部中心的孔系整器铸成后再加工钻成。另 1 件是齿轮型铜器，不同部位取样，经 ICP 分析，确定为砷铜，含砷量为 4.8%，同时含有铋、锑、硒、铅、铁、银、碲等微量元素，该件器物由单面范铸造而成。

由上面的分析结果我们可以看到，陶寺出土铜器以红铜为主，并且均含有砷、铅等微量元素。初步判断，本次检测的 2 件陶寺铜器当是冶炼共生矿所得的原始合金，微量元素铅和砷可能来自含有这两种元素的铜矿石中。齿轮形器含有较高的砷，是否与其他 3 件器物有不同的来源，还需要深入研究。此外，陶寺铜器已经显现出以铸造方式为主的技术取向，铸造技术已经发展到了一个比较高级的阶段。

3. 陕西神木新华遗址

陕西神木新华遗址位于陕西省北部神木县，是一处龙山时代晚期——夏代早期的遗存，其绝对年代大致被推定在公元前 2150 年～公元前 1900 年之间。该遗址出土有大量陶器、玉器、石器和骨器，但未曾见铜器出土的报道[5]。2006 年，在榆林新机场火石梁工地出土了一把铜刀，编号为 T12②:3，发掘者认为其与新华遗址关系密切，从而推定其时代相当于中原夏文化时期[6]。即便如此，这也是迄今为止在陕西北部地区发现的年代最早的铜刀。

2006 年 10 月，陈坤龙和梅建军与陕西省考古研究所合作，在该铜刀脊背前端取得了一小块样品，随后进行了金相组织及元素成分分析。结果表明，这件铜刀为含少量铅的锡青铜制成，其化学成分为铜 88.8%，锡 9.9%；铅 1.3%。金相显微镜观察结果表明：样品比较纯净，基本无腐蚀；未侵蚀状态下即可见较多颗粒状、条状（很小）蓝灰色夹杂弥散分布；基体金属组织呈轻微变形的等轴晶、孪晶组织形态，晶粒较细小、

图1 陕西神木新华遗址出土铜刀的金相组织照片（锻造组织）

均匀；晶内有大量的滑移线存在（图1）；这些组织特征证明该铜刀（至少是背部）曾经热锻加工处理。从外形上看，这件铜刀整体线条流畅，背部厚，刃部很薄；在脊背及刀柄中间位置有明显的铸造合范披缝。初步推断，这件锡青铜刀为双范铸造成型后，又对刃部及尖背部进行过加热、锻打。在锻打的过程中，铜刀的温度不断降低，当铜刀的温度低于合金的再结晶温度时，持续的锻打会导致等轴晶、孪晶变型，并且在晶内出现大量滑移线[7]。

由于铜刀出自陕北的河套地区，在地理上非常接近内蒙古的朱开沟遗址，而其形制又与后来所谓“北方系青铜器”的刀基本一致，因此，这件铜刀的发现和科学鉴定对探索北方系青铜器的起源具有重要的学术价值。

4. 山西夏县东下冯遗址

二里头文化的分布中心在豫西和晋南，主要遗址包括河南偃师二里头、登封王城岗、洛阳东干沟、驻马店杨庄、密县新砦和山西夏县东下冯等。铜器和冶铜遗物主要出自偃师二里头遗址，其他遗址仅有少量的发现。山西夏县东下冯遗址属于二里头文化东下冯类型，一般认为其年代在公元前1900年至公元前1500年。该遗址出土有少量的小件铜工具和武器（如镞），但不见容器，还出土有铸造石范，与二里头遗址的发现相比存在一些显著的差异。在早年的发掘中，曾出土一批与冶铸活动相关的遗物，均为小块状的金属或炉渣，但从未做过科学分析研究。

为查明这批遗物的性质，李延祥和李建西从中选取了17个样品，采用扫描电镜能谱仪进行了初步的定性或半定量分析，结果表明，这17件冶炼遗物均为冶炼或熔炼铜和铜合金的遗物，其中有11件为铜或铜的氧化物，但部分遗物含有微量的铅、砷和锡；有4件遗物为铜铅（Cu-Pb）合金，含有少量或微量的砷；另有1件铜砷（Cu-As）合金和1件冶炼中间产品冰铜（Cu-S）铁（Fe）。由此分析结果看来，在东下冯遗址存在某种形式的金属熔炼和加工制作活动，但与二里头遗址相比似存在一些差异，这对认识中原地区二里头遗址以外的冶铜业发展提供了重要的新材料，特别值得注意的是，这里的部分遗物含有砷，且有1件铜砷（Cu-As）合金存在。

北方地区（西辽河流域） 研究标本均为小件铜器，包括工具与武器，如刀、斧、锥和镜等，总计25件，出自辽宁法库柳湾街、内蒙古喀喇沁旗大山前和赤峰三座店等遗址。这些遗址分别属于高台山文化和夏家店下层文化。

1. 辽宁法库县湾柳街等遗址

李延祥与铁岭市博物馆合作，对辽宁法库柳湾街等遗址出土的15件铜器进行了取样和初步检测。这些铜器主要是刀、斧和镜，属高台山文化，其年代与夏家店下层文化相近，有的可能更晚一些。所用方法为扫描电镜能谱分析，结果表明，这15件铜器中，有9件为铜锡铅（Cu-Sn-Pb）三元合金，有4件为铜锡（Cu-Sn）合金，有的含少量铅（Pb），有1件为铜铅（Cu-Pb）合金，最后1件为含少量锡（Sn）和铅（Pb）的红铜。从部分样品的扫描电镜背散射像可以看出，这些铜器基本上都是铸造制成，但刀、剑的刃部有可能经过冷、热加工，从而留下了锻造组织。这一结果为研究高台山文化的青铜冶金提供了重要的分析资料。

2. 内蒙古喀喇沁旗大山前遗址

大山前遗址位于内蒙古喀喇沁旗永丰乡大山前村，坐落在半支箭河极其支流汇合处附近，有5个地点，编号$KD_1 \sim KD_5$。KD_1出土夏家店下层文化铜器3件，包括残铜刀1件、残铜套1件和短粗铜条1件。KD_4出土夏家店下层文化铜器6件，包括细锥2件、粗锥（镞）1件、铜条1件、环首残刀1件和喇叭状耳饰1件。

李延祥对这批铜器进行了扫描电镜成分测定和金相组织鉴定，结果表明，在9件被检测的铜器中，有2件检测出含约4%的砷，为铜锡铅砷（Cu-Sn-Pb-As）四元合金；有2件为铜锡铅（Cu-Sn-Pb）三元合金，其余5件均为锡青铜（Cu-Sn）。这些铜器中，铜套和耳环等器物明显对机械性能无要求，其含铅甚高，应属有意所为。从显微组织的观察结果看，这批铜器的制作采用了铸造及铸后冷热加工工艺。部分铜器中含有少量的砷、铋、银等元素，对探讨金属原料的来源有参考价值。这批分析数据是对夏家店下层文化铜器分析资料的重要补充。

3. 内蒙古赤峰三座店遗址

赤峰三座店遗址位于内蒙古宁城县西45公里的三座店乡三座店村西侧，为一处高丘，俗称古山子。遗址北依七老图山，东南约0.5公里为坤都伦河，属西拉木伦河水系，总面积13000多平方米。文化层厚度平均在5米左右，包括汉——战国、夏家店上层文化和夏家店下层文化三个时期堆积，主要堆积为夏家店下层文化。该遗址出土夏家店下层文化铜器3件，包括2件锥（88NST1926⑥A∶27；87NST1927H63∶1）和1件装饰品（88NST1324⑤∶4）。

李延祥对这3件铜器进行了扫描电镜能谱成分分析，结果表明，铜饰件为铜锡铅（Cu-Sn-Pb）三元合金所制；2件铜锥的成分不一样，1件为含少量铅的铜锡（Cu-Sn）合金，另1件则为铜锡铅砷（Cu-Sn-Pb-As）四元合金，与大山前遗址所出的2件铜器的成分相近，这类含砷的多元铜合金在北方地区已有多次发现，可能与当地的矿产资源有关，值得给予特别注意。

西北地区　在西北地区所获的研究标本和样品数量最多，总计在200件以上。本文所报告的标本和样品共计160件，出自以下11处遗址：青海同德宗日、贵南尕马台、甘肃民乐东灰山、临潭陈旗磨沟、张掖黑水国南城、永靖秦魏家、玉门火烧沟、玉门花海古董滩、花海砂锅梁、新疆小河墓地和青海循化阿哈特拉。

1. 青海省同德县宗日遗址

宗日遗址位于青海省同德县城西北约40公里处，北依目杨龙瓦和塔拉龙山，南临黄河。1994年至1996年，青海省文化厅文物处组织考古队对遗址进行正式发掘，共开挖探方31个、清理墓葬341座、灰坑18个和祭祀坑18个。出土文物共23000余件，包括陶器、石器、骨器和铜器，其中墓葬中出土铜环、铜饰等铜器7件，探方中也有铜器出土。宗日遗址的年代始于马家窑文化时期，结束于齐家文化时期，据碳十四测定，大致在公元前3600年至公元前2000年之间。

徐建炜和梅建军在遗址发掘者苏生秀和陈洪海先生的合作和支持下，获得了宗日遗址出土的3件铜器的样品。它们分别取自铜环、铜饰残片和铜器残片，均属齐家文化时期（公元前2200年至公元前1800年）的遗物；采用金相显微镜和扫描电镜能谱仪对其金相组织和化学成分进行了检测分析，结果表明，3件铜器均含砷，2件为铜砷（Cu-As）合金，1件为铜锡砷（Cu-Sn-As）三元合金。铜环的金相组织显示为铸造组织。这是首次在出土的齐家文化铜器中鉴定出砷铜，对重新认识齐家文化铜器的技术特征具有重要意义[8]。

2. 青海省贵南县尕马台遗址

尕马台墓葬遗址位于青海省海南藏族自治州贵南县，属于齐家文化（公元前2200年至公元前1800年）。1977年该遗址共有40多座墓葬被发掘，有单人葬也有合葬。出土的生产工具有细石球、石球、骨针等；出土铜器49件，其中包括铜指环、铜泡等装饰品和1面七角星纹铜镜；其他随葬品还有海贝、骨贝、绿松石和骨珠等。

徐建炜、孙淑云和梅建军与青海省文物考古研究所合作，取得了8件尕马台遗址出土铜器的样品，其中大部分已经完全锈蚀；使用扫描电镜能谱仪对这些样品进行了化学成分分析，结果表明，除1件铜镯为铜砷（Cu-As）合金制成外，其余7件铜器均为锡青铜；使用金相显微镜对其中2件残留有金属的样品进行了显微组织观察，结果表明，铜镯为铸造制成（图2），而铜泡则是热锻制成的（图3）[9]。李虎侯曾对尕马台遗址出土的七角星纹铜镜做过检测，发现其为锡青铜铸成。本次分析的结果表明，锡青铜很可能是尕马台遗址出土铜器的突出特征，而砷铜器物在该遗址的存在无疑也是一项重要的新发现，进一步证实齐家文化铜器中存在砷铜，这对认识齐家文化与分布在河西走廊的四坝文化的关系具有重要的意义。

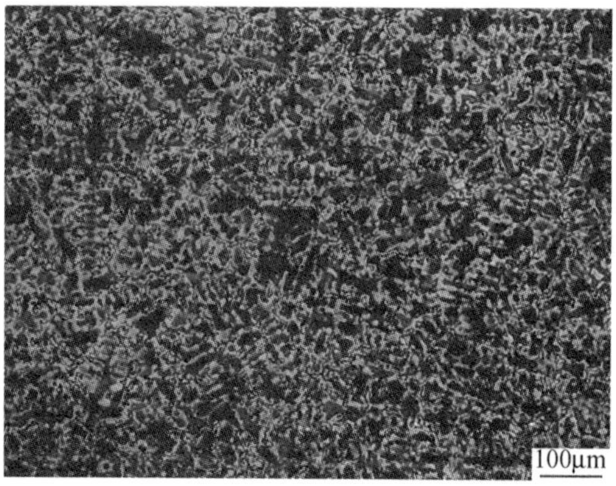

图2 青海贵南县尕马台遗址出土铜镯的金相组织照片（铸造组织）

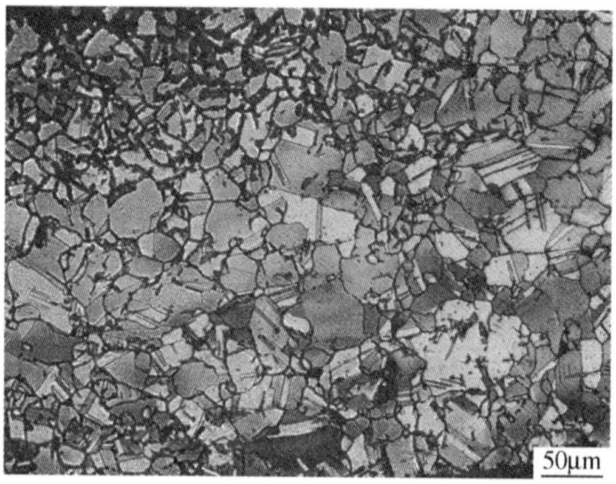

图3 青海贵南县尕马台遗址出土铜泡的金相组织照片（锻造组织）

3. 甘肃民乐县东灰山遗址

民乐东灰山遗址位于甘肃省民乐县城北27公里的六坝乡办林场东侧，面积约12万平方米，文化层厚0.5米~5米，内涵丰富，属于四坝文化（公元前1950年~公元前1550年）。出土陶器有罐、盆、钵、盘、杯；石器有斧、锄、纺轮和石祖，还有炭化麦粒、谷粒以及少量铜器等。

取自民乐东灰山遗址的铜器样品有7件，均为铜器残片或碎块。潜伟和孙淑云采用扫描电子显微镜能谱仪对这7件样品进行了成分测定，结果表明，有2件铜器样品为砷铜，砷（As）含量在2~3%之间，有1件为铜锡铅（Cu-Sn-Pb）三元合金，有1件可称为类青铜，含有1.8%的铋（Bi）和1.3%的砷（As），其余均为纯铜，其中仅有1件含有1.3%的锡（Sn）。对4件样品的金相组织进行了观察，结果表明，3件为热锻制作（图4），1件为铸造制成。

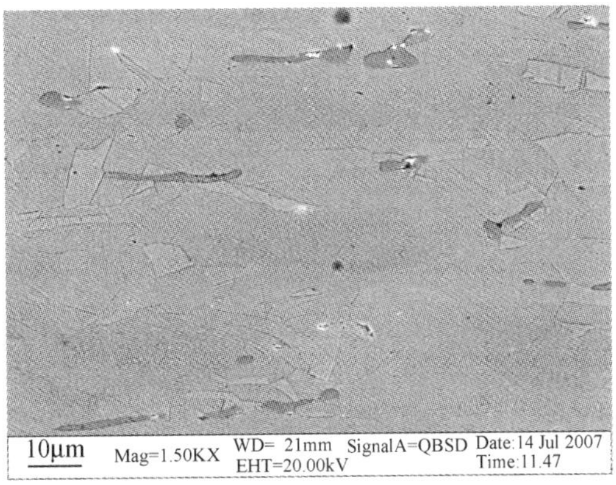

图4　甘肃民乐东灰山遗址出土铜器扫描电镜背散射电子像

孙淑云等人曾检测分析过东灰山遗址出土的13件铜制品，发现其中有11件为砷铜，有2件为砷锡青铜[10]。本次分析的结果，既肯定了砷铜的存在，也提供了新的分析资料，说明在东灰山遗址还曾使用少量的红铜和铜锡铅（Cu-Sn-Pb）三元合金。前人的研究工作还曾发现东灰山遗址出土的铜器多采用热锻和冷加工工艺制作，本次分析也证实，多数铜器是锻打制成的。

4. 甘肃省临潭县陈旗乡磨沟遗址

陈旗磨沟遗址位于甘肃省临潭县陈旗乡磨沟村，地处洮河南岸的马蹄形山间台地，区域内发现有仰韶中晚期、马家窑、齐家和寺洼文化的遗存；其中，齐家文化墓葬区位于磨沟村北约100米、靠近洮河的台地上，面积近8000平方米。在1980年至1981年的调查中，曾在此采集到陶器和石器。2008年，甘肃省文物考古研究所和西北大学文化遗产与考古学研究中心联合，对此遗址进行了正式发掘，面积达1700余平方米，共清理齐家文化墓葬346座，出土铜器100件以上，已接近或略超过之前已知齐家文化铜器的总和，是迄今所知齐家文化遗址中出土铜器最多的。

徐建炜、沈璐、陈建立和梅建军与甘肃省文物考古研究所合作，采用便携式X射线荧光能谱仪，对46件铜器标本进行了无损成分分析[11]，其种类包括耳环、扣、泡、环、臂钏、手镯和刀等，结果表明：1）有22件含有砷，尽管确切含量不能确定，但至少提示这22件铜器中，可能会有部分砷铜合金存在；2）这批铜器的材质是多种多样的，其中至少有“红铜”（Cu）22件、铜锡（Cu-Sn）12件、铜锡铅（Cu-Sn-Pb）8件、铜铅（Cu-Pb）4件。这一初步的定性分析结果丰富了我们对齐家文化铜器材质特征的认识。

另外，还采用扫描电子显微镜能谱仪对9件铜器样品进行了化学成分分析，结果表明，有7件为铜锡（Cu-Sn）合金，1件为铜锡砷（Cu-Sn-As）合金，含砷（As）为2.4%，1件为含少量锡（Sn）和砷（As）的红铜。值得注意的是，9件铜器中，有5件铜器检出了少量或微量的砷（As），只有1件含砷（As）量超过2%。这一分析结果基本印证了XRF无损定性分析的结果，差异主要体现在铅元素上，在能谱分析中没有检出铅元素。

磨沟遗址出土的齐家文化铜器意义重大，其种类之多、数量之大、内涵之丰富，均前所未见。目前所做的科学检测分析尽管还是初步的，但已揭示出包括多种合金材质并存在内的一些重要技术特征，将对齐家文化以至整个西北地区的早期铜器研究产生深远的影响。

图5 甘肃张掖黑水国南城遗址局部地貌（梅建军摄）

5. 甘肃省张掖黑水国南城冶炼遗址

甘肃张掖黑水国南城遗址规模很大，文化内涵非常丰富。遗址主体是一处相对较高的台地，高约有2米~3米，面积约有5000平方米，在其上和四周随处可见陶片，其中有很多是彩陶片（图5）。据李水城和王辉等考古学家的判断，这些陶片既有马厂文化的，也有齐家文化和四坝文化的。在这处遗址的地表发现很多冶炼的炉渣，均为小块状。梅建军在此遗址共采集标本17件，包括1颗铜颗粒和16块炉渣。

徐建炜采用扫描电子显微镜能谱仪对其中12件标本进行了检测分析，发现铜颗粒为铜锡合金完全锈蚀后的产物；在炉渣中观测到大量的金属状小颗粒，经用能谱仪进行成分测定，均为铜或冰铜，而炉渣基体则为二氧化硅—氧化亚铁—氧化铝（SiO_2-FeO-Ai_2O_3）构成的多元渣系。由此分析初步判断，在黑水国南城遗址发现的炉渣应是炼铜的炉渣。这表明，在南城遗址很可能存在早期的炼铜遗址。如果未来的正式发掘工作能够证实冶炼遗址的年代可早到四坝文化或齐家文化时期，那这将是迄今在中国西北河西走廊地区发现的年代最早的炼铜遗址，值得给予高度重视。

6. 甘肃永靖秦魏家遗址

秦魏家遗址位于甘肃省永靖县莲花城的西南部，与大何庄遗址隔沟相望。1959年至1960年，中国科学院考古研究所发掘、清理出138座长方形竖穴土坑墓。这是保存较完整的一处齐家文化氏族公共墓地。墓地分为南、北两区。大部分墓都有石器、陶器、骨器和猪下颚骨等随葬品，其中3座墓出有铜器。铜器有铜环和铜饰共3件。另外，地层和灰坑中还出土铜锥、小铜斧和铜饰各1件。

孙淑云采用扫描电子显微镜能谱仪，对该遗址出土的1件残铜块进行了分析检测，结果表明，其材质为锡青铜，含锡量为13.5%；另外，在金相显微镜下观察到样品中存在少量硫化物夹杂和自由铜沉积。

7. 甘肃省玉门市火烧沟遗址

玉门火烧沟遗址位于甘肃省玉门市清泉中学及周围，属于四坝文化（公元前1950年至公元前1550年）。1976年第一次发掘，出土有彩陶、石器、铜器和金银器。在发掘、清理的312座墓葬中，有106座出土铜器，占墓葬总数的三分之一多。1990年进行了第二次发掘，在17座墓葬中有4座出土铜器。出土铜器总数在200件以上，种类包括镞、刀、匕、斧、锥、凿、镢、泡、管、钏、铜丝、耳环、鼻饮、圆形铜饰、权杖头等。

徐建炜、陈建立和梅建军与甘肃文物考古研究所合作，取得了4件火烧沟遗址的样品，其中有2件为出土的残铜片和“铜渣”，另2件为地表采集的“孔雀石”和铜镞；采用扫描电镜能谱仪对这4件样品进行了化学成分分析，结果表明，残铜片的材质为铜（Cu）；所谓“铜渣”其实是铜锡铅（砷）[Cu-Sn-Pb（As）] 完全锈蚀后的产物；所谓“孔雀石”实际是铜铁硫化物，可能是“冰铜”；而铜镞则为铜砷（Cu-As）合金，且含砷量高达7%。金相鉴定表明，铜镞乃为铸造成型（图6）。

图6 甘肃玉门火烧沟遗址地表采集铜镞的金相组织照片（铸造组织）

另外，陈建立、黄维和梅建军还采用便携式X射线荧光能谱仪，对火烧沟墓地出土的15件铜器标本进行了无损成分分析，结果表明，有8件含有少量或微量的砷，值得注意的是有3件铜铅（Cu-Pb）合金、1件铜锡铅（Cu-Sn-Pb）合金和2件铅锡（Cu-Sn）合金的存在。这一分析资料丰富了我们对四坝文化铜器多种材质特征的认识。

8. 甘肃省玉门市古董滩遗址

玉门古董滩遗址位于甘肃省玉门市花海乡，由地表采集的陶片判断，其时代可能为公元前第二千纪中晚期，与四坝文化和骟马文化有关。这是一处与铜冶炼活动相关的遗址，遗址地表随处可见冶炼炉渣，与木炭、陶片混在一起，偶尔可以采集到小铜颗粒（图7）。

图7 甘肃玉门花海乡古董滩遗址局部地表堆积情景（梅建军摄）

潜伟在此遗址采集到铜器残片和铜颗粒标本各1件，并采用扫描电子显微镜能谱仪对其成分进行了测定，结果表明2件标本均含有砷，铜器残片仍为金属态，含砷（As）1.4%，银（Ag）1.3%，而铜颗粒已经完全锈蚀，故其分析数据仅为定性结果。尽管只有两个数据，但却提示了重要的信息，即古董滩遗址可能存在冶炼铜或铜砷合金的活动，这一点有待在下一步的深入研究中予以证实。

9. 甘肃省玉门市砂锅梁遗址

玉门砂锅梁遗址位于甘肃省玉门市花海乡，也是一处可能与四坝文化和骟马文化有关的遗址，时代约在公元前第二千纪中晚期。这是一处与熔铜活动相关的遗址，在遗址地表上可以采集到一些小铜颗粒，有的与木炭、陶片混在一起。

潜伟采用扫描电子显微镜能谱仪，对砂锅梁遗址地表采集到的12件铜颗粒或残铜块进行了成分分析，结果表明：有4件铜颗粒为铜砷（Cu-As）合金，含砷（As）量在

2～4%之间；有3件为铜锡（Cu-Sn）合金，但均已锈蚀；有4件红铜，也已锈蚀；另外有1件铜铅铋（Cu-Pb-Bi）合金，较为罕见。这一初步分析的结果揭示出，砂锅梁遗址可能是一处与炼制铜砷合金有关的遗址。这对理解早期砷铜在河西走廊地区的流行提供了重要的新线索，值得重视，应继续展开深入的研究工作。

10. 新疆塔里木盆地小河墓地

小河墓地位于新疆罗布泊地区孔雀河下游河谷南约60公里的罗布沙漠中，东距楼兰古城遗址175公里，西南距阿拉干36公里。2002年，新疆文物考古研究所组成小河墓地考古队，对该墓地进行了正式发掘，出土了上万件珍贵的古代文物，包括有机质文物如毛织品、木器、草篓等，以及很多小铜片和金耳环。小河墓地规模宏大，墓葬制度奇特，与古墓沟类型文化具有共性。据考古工作者初步判断，小河墓地的年代大约落在公元前第二千纪的前半叶。

图8 新疆小河墓地出土铜片（03XHT23C: 55）的金相组织照片（锻造组织）

凌勇、陈坤龙和梅建军与新疆文物考古研究所合作，对22件小河墓地出土的金属制品进行了检测分析，其中15件为铜片、铜管和铜镞等，7件为金耳环。对铜器取样，采用金相显微镜进行组织鉴定，采用扫描电镜能谱仪做化学成分分析；而对金耳环，则采用无损检测方法，只做表面分析。分析结果表明：22件标本中，14件为铜或铜合金、1件为纯锡、7件为金或金银合金；而在14件铜或铜合金制品中，有9件锡青铜，2件红铜，2件铜铅合金（其中1件含有少量的锡［Sn］和砷［As］，1件铜锡砷［Cu-Sn-As］合金）；而在检测的7件金耳环中，仅有1件为纯金所制，其余均为金银合金制成。对3件铜片的金相组织观察表明，其制作均采用锻造工艺（图8）[12]。

小河墓地出土金属器的分析结果有三点值得注意：一是金属器的材质呈现多样化的现象；二是所鉴定出的纯锡制品是迄今中国境内所知年代最早的；三是所鉴定出的金和金银合金也是目前中国境内所知年代最早的。这批分析资料对更好地认识新疆早期金属技术的特征无疑具有重要的学术价值。

11. 青海循化县托隆都村阿哈特拉墓地

阿哈特拉墓地，位于青海循化县街子乡托隆都村南阿哈特拉山。1981年，青海省考古研究所在此墓地发掘墓葬217座，出土文物1300余件，包括陶器、铜器和石器。此墓地属卡约文化阿哈特拉类型，时代约为公元前第二千纪中晚期。

李秀辉采用扫描电镜能谱仪对该墓地出土的14件铜器标本进行了检测分析，其中10件标本使用进行了无损定性分析，另有4件标本则取样，使用扫描电镜能谱仪进行了半定量化学成分分析，结果表明：这14件铜器的材质主要有如下几种：铜锡（Cu-Sn）4件、铜（Cu）3件、铜锡铅（Cu-Sn-Pb）2件、铜铅（Cu-Pb）2件、铜锡砷

（Cu-Sn-As）1 件、铜砷（Cu-As）含铁（Fe）1 件、铜锡铅砷（Cu-Sn-Pb-As）1 件。这种现象究竟是铜器来源多样化的反映，还是其制作时原料来源不一所致，现在还很难给出判断，有待结合考古类型学的分析进行进一步的研究。

（二）对中国出土早期石范资料的初步认识

此外，李晓岑和杨瑞栋还系统收集了迄今为止中国境内出土的早期石范资料，并做了初步的整理和研究工作。据他们迄今为止的统计，中国各地出土的公元前 1500 年前的石范共计 29 扇，另出土石范芯 1 件。在早期阶段，石范主要在北方地区使用，共出土 25 扇，主要集中分布在新疆和山西两个地区；在南方的湖南和广西地区共出土石范 4 扇，石范芯 1 件。

就使用功能而言，石范主要用于铸造工具、武器和饰品。在一范一器型的铸范中，工具范包括：斧范 10 扇、似凿范 1 扇、斤范 1 扇；武器范包括：刀范 1 扇、矛范 1 合；饰品范包括：串珠范 1 合。一范两器型或一范多器型的铸范中包括，一范两器型镞范 1 扇；镞、斧、凿范 1 扇；刀、簪、锥范 1 合。

就石范的材质而言，北方地区出土的石范主要用片麻岩、千枚岩、石灰岩、砂岩和硅酸岩凿刻而成，其中又以片麻岩为最多；南方地区主要选用砂岩作为制范的主要石料。

三　讨论及初步认识

以上所报告的仅是“冶金术研究”子课题迄今为止所得到的主要研究结果，因相关研究工作仍在进行之中，未来还会有新的结果呈现。就本文所报告的结果来看，有很多值得重视的新发现和新成果，对我们认识中国文明的起源和早期发展具有重要的启示意义。下面将从西北地区的重要性、北方地区的贡献、中原地区的崛起这三个方面来展开讨论。

（一）西北地区的重要性

由本文所报告的主要研究结果，可以清楚地看出，西北地区在中国早期冶金发展史上占据着非常重要的地位。事实上，近年来，学者们对西北地区出土的早期铜器做了大量的研究，如孙淑云和韩汝玢有关甘肃早期铜器的科学分析工作[13]、李水城和水涛有关四坝文化铜器的研究[14]、潜伟和梅建军有关新疆天山北路墓地出土铜器的研究[15]，等等；还有一些学者力求从宏观上、从区域文化互动的角度，探索早期铜器和冶铜业发展的规律，如李水城、刘学堂和李文瑛等人的论著[16]。这些工作为揭示中国西北地区早期冶金的特点作出了基础性的贡献。从已有的发现和研究来看，西北地区出土的早期铜器不仅年代早、数量多、种类全、分布广，而且材质多样，包括红铜、砷铜、锡青铜和铅青铜；西北地区的早期铜器不仅显示出与欧亚草原青铜文化关系密切，而且与中原和北方地区也存在联系与互动；与此同时，西北地区还有一些自己独有的特征，如纹饰铜镜的流行，可能出自本区域内的技术创新[17]。

那么，以已有的研究作为参照背景，本文所报告的结果有哪些新的突破呢？归纳起来，至少有这样 4 项突破性的成果：

齐家文化砷铜器物的发现：本文报告的齐家文化铜器出自以下 3 处遗址，即青海同德宗日、贵南尕马台、甘肃临潭陈旗磨沟。如前所述，在这 3 处遗址出土的铜器中，均发现了砷铜的存在，尤其是宗日遗址所出的 3 件铜器均含有砷，可以肯定使用了砷铜。这一发现改变了过去“齐家文化无砷铜”的认识，说明必须通过更多的分析工作，重新认识齐家文化铜器的特征以及齐家文化与四坝文化之间的关系。

锡青铜在齐家文化铜器中所占的比重：由青海贵南尕马台和甘肃临潭陈旗磨沟遗址出土铜器的分析，可以看出，铜锡（Cu-Sn）合金和铜锡铅（Cu-Sn-Pb）合金占有相当大的比重。这是值得重视的新现象。这是否表明，这 2 处遗址的年代比其他出红铜的齐家文化遗址要晚一些呢？这一问题有待进一步研究予以澄清。

西北地区早期冶金遗址的首次发现：有 3 处遗址显示出与早期的冶金活动有关，即甘肃张掖黑水国南城、玉门古董滩和玉门砂锅梁。前者可能与炼铜有关，后两者可能与冶炼或熔炼砷铜有关。尽管现有的研究结果都是基于采集品得到的，尚无确切的考古背景，年代也难肯定。不过，这些地面采集物提示着早期冶金活动在河西走廊地区的存在，这应该是无疑的。这一发现仅仅是一个开始，但却是意义重大的开始，表明西北地区很早就有了自己的冶金实践活动。

小河墓地纯锡器和金银合金的发现：新疆塔里木盆地小河墓地的发现在很多方面都是惊人的，本文报告的结果表明，其在金属的使用上也不例外，纯锡和金银合金制作的耳环即是例证。就中国境内迄今所知的金属发现而言，小河墓地出土的锡和金银器都是年代最早的。纯锡器的发现表明，当时已经认识了金属锡并知道如何提取它。这对理解新疆青铜时代流行锡青铜具有重要的启示意义。

除以上提到的 4 项突破性的成果外，其他分析结果也同样很有意义，比如关于东灰山和火烧沟遗址出土铜器的研究，是对四坝文化铜器资料的重要补充；而关于青海阿哈特拉墓地出土铜器的研究，则是首批有关卡约文化铜器的分析资料。总之，已有越来越多的考古发现和科学分析的数据证明，西北地区在中国早期冶金发展的进程中，曾扮演过非常重要的角色。

（二）北方地区的贡献

相对西北地区而言，迄今为止，北方地区的早期铜器发现不仅年代晚，数量也少，主要见于夏家店下层文化和朱开沟文化的遗址。内蒙古敖汉旗大甸子墓地是夏家店下层文化铜器集中出土的一处遗存，其碳十四年代为公元前 1735 年至公元前 1460 年。李延祥等人对该墓地出土的 41 件铜器进行了检测分析，发现均为铜锡合金或铜锡铅三元合金制成，没有发现红铜；金相鉴定表明，耳环基本上都是热锻加工制成，而指环则为铸造制成，前者平均含锡量在 10% 左右，而后者平均含锡则在 18% 左右。这种在加工工艺、成分上的显著差别表明，制作这批铜器的工匠已能有意识地选择合适的青铜材料及其加工工艺[18]。朱开沟遗址位于内蒙古中南部鄂尔多斯市伊金霍洛旗，共分 5 段，第 1 至第 4 段相当于龙山晚期至夏代早、中、晚期，第五段相当于早商时期，铜器最早出自第3段，主要为工具和装饰品，如针、凿、臂钏、指环和耳环，共计14件；属于第4段的铜器有9件，包括耳环、指环、锥和镞[19]。李秀辉和韩汝玢对朱开沟遗址出土的13件铜器（凿、针、锥、镞、臂钏2件、指环2件、耳环5件）进行了检测分析，发现锥、2件指环和2件臂钏为红铜制成，其余铜器（凿、针、镞、耳环5件）则为铜锡合金或铜锡铅三元合金制成，锡含量多在8%～10%之间，铅含量均不超过3%；对11件铜器的金相鉴定则表明，凿、锥、臂钏和镞为铸造制成，而针、指环和5件耳环则经热加工或热、冷加工[20]。

与已有的研究结果相比，可以看出，本文所报告25件夏家店下层文化（包括高台山文化）铜器的分析结果，一方面是对现有认识的补充，如铜器以锡青铜或铅锡青铜为主，少见红铜，而加工工艺既有铸造也有铸后冷加工；另一方面，也有新的发现，比如在大山前和三座店遗址出土铜器中均检测出了铜锡铅砷（Cu-Sn-Pb-As）四元合金，这在早期铜器中是较为罕见的，可能与当地矿产资源的特征有关，这就提出了新问题，有待更深入的研究。

值得注意的是，在大山前遗址出土了1件“喇叭状耳饰”，与以前报道的所谓“一端呈喇叭口造型的耳环”应是同类装饰品。这种耳环不仅在夏家店下层文化和朱开沟文化遗址中有发现，而且在西北地区的齐家和四坝文化遗址中均有发现，在更西边的欧亚草原青铜文化（安德罗诺沃文化）遗址中也有广泛分布，这充分说明了北方地区与西北以至欧亚草原地带均有密切的文化联系。而另一方面，林沄等人也注意到北方与中原之间也有密切的互动关系[21]。由此看来，北方地区作为区域文化互动中活跃的一环，在早期冶金术的传播方面肯定作出了重要的贡献。

（三）中原地区的崛起

从已经发表的考古资料看，中原地区出土的早期铜器分属于三个时期，即仰韶文化、龙山文化和二里头文化。仰韶文化时期的铜器有三例，即陕西临潼姜寨遗址出土的铜片和管状物各1件，以及陕西渭南北刘遗址出土的1件铜笄，经鉴定均为黄铜制成[22]。不过，因其年代可早至公元前第五或第四千纪，而材质特异，故也引起一些质疑[23]。

龙山文化时期的铜器也仅有数例，包括河南登封王城岗遗址出土的1件残铜片、杞县鹿台岗遗址出土的1件疑为小刀的残片，山西襄汾陶寺遗址出土的铜铃和齿轮形器等[24]；另外，还在河南淮阳平粮台、临汝煤山和郑州牛砦等遗址发现一些与冶铜有关的遗物，如铜渣、坩埚和炉壁等。这些铜器和冶铜遗物的年代多属于龙山文化晚期（公元前2190年至公元前1900年）。王城岗的铜片经分析检测为铅锡青铜，陶寺的铜铃为红铜，而齿轮形器则为砷铜[25]。总体上看，这一时期的铜器和冶铜遗物的发现不仅数量少，出土地点也很分散，说明铜器制作业尚处于初始阶段。

早期铜器数量的显著增加始自二里头文化时期。前已述及，仅河南偃师二里头遗址出土铜器的总数已近200件。不仅仅是数量的增加，更重要的是新的器物种类和冶铸遗物的出现，如镶嵌绿松石的铜牌，还有爵、斝、盉和鼎等礼制容器、陶范和坩埚等。这些实物证据表明，青铜冶铸技术在二里头文化时期出现了划时代的新发展，而这一发展构成了中原地区华夏文明崛起的最直接的物质基础。

二里头文化的分布中心在豫西和晋南，主要遗址包括偃师二里头、登封王城岗、洛阳东干沟、驻马店杨庄、密县新砦和山西夏县东下冯等。铜器和冶铜遗物主要出自偃师二里头遗址，其他遗址仅有少量的发现。李水城注意到二里头文化时期冶铜业存在明显的空间差异，如东下冯遗址仅出土少量的小件工具或武器，不见容器，而出土的石范也表明其与二里头的铸铜工艺存在显著差异，故推断在当时铸铜业或已被国家（王权）所垄断[26]。从时间上看，铜器的出现从早到晚，也呈现出一个演进的过程。白云翔指出，在二里头遗址，一期铜器少，仅见刀等小件工具；二期出现了铃和牌饰等；三期器类显著增加，如新出现了环首刀、锛、凿、锯、鱼钩、纺轮、镞、戈、钺和爵等；四期新出现了斝、鼎、盉等容器；在东下冯遗址，铜器是从二里头文化三期才开始出现的[27]。由此可见，二里头文化第三期是一个重大的转变时期，其间最值得注意的是范铸容器爵的出现，其铸造工艺明显粗糙，正显出范铸技术起始阶段的特征。

学术界对二里头遗址出土铜器给予了高度关注，已开展大量的研究工作，有的已经发表，有的尚未发表，尤其是《中华文明探源工程》第一阶段做出的大量结果还没有发表，故这里只能就已经发表的资料做初步地讨论。曲长芝和张日清采用 X 射线荧光分析对二里头遗址出土的 32 件铜器和 1 件铜渣样品进行了检测，结果表明：一期样品 2 件，铜刀为铜铅合金，铜渣为红铜渣；二期样品仅 1 件铜刀，为铜锡合金；三期样品 11 件，多为刀、锛一类的小件工具，其中有铅片 1 件（含少量铜、锡），红铜 1 件，类青铜 1 件，铜锡合金 1 件，铜铅合金 2 件，其中 1 件含铅达 41%，余下 5 件均为铜锡铅三元合金；四期样品 19 件，多为镞、刀、锥等小件兵器和工具，其中检出红铜 1 件，铜锡合金 3 件，铜铅合金 6 件，其中 2 件含铅在 30% 以上，余下 9 件均为铜铅锡三元合金，其中有 1 件刀含铅达 60%[28]。这一分析结果有一点值得特别注意，就是铜铅合金在一期已出现，在三期出现了铅片，而第三、第四期的铜器中，有的含铅量相当高，在 30% 以上，有 1 件甚至达到 60%，这说明从第三期开始，熔炼含铅的铜合金已渐成常规。金正耀对 13 件二里头文化的铜器做了成分分析，也有类似的发现：在属于第二期的 4 件铜器中，有 2 件锡青铜、1 件红铜和 1 件砷铜；属于第三期的铜器有 2 件，1 件锡青铜，1 件类青铜；属于第四期的铜器有 7 件，1 件红铜，1 件类青铜，1 件锡青铜，余下 4 件均为铅锡青铜，且均为容器[29]。这一结果进一步表明，锡青铜和铅锡青铜的冶铸技术在二里头时期已相当成熟，尤其是高铅（20%）的铅锡青铜多用于铸造容器具有标示性的意义，可视为二里头青铜冶铸的一项重要的技术特征。

正如陈建立和刘煜已经指出的，本次对 36 件二里头遗址出土铜器和冶铸遗物标本的分析结果意义重大。与已发表的分析数据相比，新的研究结果有几点值得注意：一是铜器材质的多样性得到了肯定，尤其是检出了 2 件铜砷（Cu-As）合金、1 件铜锡砷（Cu-Sn-As）三元合金和 1 件铜锡铅砷（Cu-Sn-Pb-As）四元合金；二是炉渣分析证实了合金熔炼活动的存在，尤其是锡和铅是在熔炼过程中有意识配入的；三是铜器的合金配比尚不稳定，表现出一定的原始性。这一结果不仅增加了二里头青铜器的分析资料，而且也提出了新的问题。比如，检出砷铜证实了二里头遗址的确存在少量的砷铜器物，同时也提出了砷铜的来源问题；鉴于西北地区齐家和四坝文化均使用砷铜器物这一事实，中原与西北之间存在某种联系的可能性显然得到了加强。同样的，在夏家店下层文化大山前和三座店遗址中均有铜锡铅砷（Cu-Sn-Pb-As）四元合金铜器的存在，而本次分析在二里头遗址铜器中也检出了1件这种合金，它与北方地区的同类发现有关联吗？这也是值得进一步探究的问题。

从现有的考古证据，可以清楚地看到，组合范铸技术的出现与传播与中原地区文明的崛起几乎是同步的，这中间必有一个互动的过程。组合范铸技术所以出现在中原地区，也只在中原地区蓬勃发展起来，是与中原地区自新石器时代以来即已存在的礼制传统密切相关的，可以说，没有祭祀礼仪活动，就没有对青铜礼制容器的需要，更不会出现组合范铸技术的全面发展。而反过来，正因为有了青铜礼制容器，礼制及其所维护的王权才得到宣示和强化，而金属资源和冶铸技术本身也随之得到控制以至垄断，成为王权的物质基础，这一过程也必然伴随着冶铸技术的专门化发展。因此，对组合范铸技术的出现和演进过程，还需要做更深入、细致的研究，因为这一过程本身在相当程度上，也反映出社会的复杂化和中原文明崛起的进程。

总之，根据已有的考古发现和研究，关于中原地区的早期冶金术发展可以形成以下4点认识：1）龙山文化晚期（公元前21世纪至公元前19世纪）应是中原地区冶金术的发生时期，其间可能受到来自西北和北方的影响；尽管目前所发现的铜器数量不多，但从技术的角度看，已经展现出相当的复杂性，出现了包括砷铜在内的多种铜合金及冶铜遗物，尤其是陶寺铜铃的出现，或许可视为组合范铸技术的滥觞。2）二里头文化时期（公元前18世纪至公元前16世纪）始见早期铜器大量、集中地出现，铜容器及其组合陶范铸造工艺的出现，是具有划时代意义的技术演进，有着深刻的社会礼制文化背景。3）二里头遗址铜器和冶铸遗物的发现表明，中原地区已经形成当时中国的冶金技术中心。这种中心地位的形成，既有中原地区更早时期的发展所奠定的基础，也有来自西北和北方冶金技术的因素；肯定有一个演进的过程，而非突然出现，尽管相关的考古证据现在还不充足。4）就早期冶金术的传播而言，在中原与西北和北方之间，应是一种互动的关系，既存在西北和北方对中原的影响，中原对西北和北方的影响也同样存在。

四 结 语

由以上讨论，可以看出，在《中华文明探源工程》第二阶段的研究中，有关早期冶金术的认识取得了一系列新进展，极大地丰富了我们对中华文明起源阶段技术与经济形态的认识，可以归纳成以下4点：

① 就现有的考古证据而言，西北地区的早期铜器发现要远盛于中原和北方，表明该地区在中国早期冶金发展史上占据着极其重要的地位。在齐家文化铜器中发现砷铜，在河西走廊地区发现早期冶金遗迹，在新疆小河墓地发现最早的纯锡器和金银器，都是本子课题取得的重要研究成果。根据已有的研究，与欧亚草原早期青铜文化的密切联系，应是西北地区早期铜器兴盛背后的关键因素之一；另一个重要的但尚未得到充分重视的因素，则是基于西北本地社会文化需求的区域技术创新，它也构成了西北地区早期

铜器兴盛的基础。

② 中国北方是另一个早期冶金术获得显著发展的重要地区，与西北地区的早期冶金存在密切的关系。与此同时，有很多证据表明，北方地区与中原之间也存在文化联系与互动。因此，在中国早期冶金术的发展历程中，作为区域互动中非常活跃的一环，北方地区作出了重要的贡献。

③ 中原地区早期冶金术的发展是中华文明在中原崛起的技术和经济基础之一。青铜礼制容器和组合范铸技术在二里头遗址的出现，构成了中原地区冶金术划时代发展的核心内容，也使中原地区成为当时中国的冶金技术中心。这种中心地位的形成，既吸收了来自西北和北方技术因素，也有本地区自身技术演进的基础。中原、西北和北方之间文化互动的加强，是冶金术迅速传播并取得突破的基础和动因。不过，要真正揭示这种区域间文化互动的性质、内涵和演变，还有待更多的考古证据和更深入的研究。

④ 早期冶金技术演进的背后有着深刻的社会文化背景。生产和生活方式的差异、宗教和礼仪活动的不同，都可能影响并制约到早期冶金术的选择和发展。早期铜镜在西北地区的流行，或许与当时社会的某种宗教或礼仪习俗有关；而铜铃、镶嵌绿松石铜牌、礼仪性青铜容器和组合范铸技术在中原地区的兴起，也同样有着自身特定的社会文化背景，尤其是礼仪制度的传统[30]。因此，关于早期冶金术的研究仅仅着眼于技术层面显然是不够的，还必须结合当时的社会文化背景进行综合性探讨，这样的探讨迄今为止还不多见，期待着今后的研究能给予重视和加强。

执　笔　梅建军

附记：作为课题组的负责人，我愿借此机会感谢课题组的各位成员为完成本课题的工作任务所作出的巨大努力和贡献。这项课题能够顺利进行并取得一些重要成果，与各地文物考古研究所和相关研究人员的支持和帮助是分不开的。在此，我愿特别感谢王辉、毛瑞林、许新国、许宏、伊第利斯、李文瑛、苏生秀、陈洪海、钱耀鹏、曹玮、何努、胡兴军、水涛、赵志军和李水城等诸位先生。本课题的工作也得到了袁靖、王巍、赵辉等先生的指导、帮助和支持；陈坤龙和徐建炜两位同学在整理和汇编原始数据时，付出了大量的时间和辛勤的劳动，谨此一并致以衷心地感谢！

梅建军　谨　识

2009 年 3 月 31 日于剑桥

注　释

[1]　这里，西北地区主要指黄河上游的甘肃和青海两省，也包括新疆东部地区；中原地区主要指位于黄河中游的陕西东部、山西南部和河南西部；海岱地区指山东和河南东部；北方地区主要包括内蒙古中南部、燕山南北和辽宁西部。参见白云翔：《中国的早期铜器与青铜器的起源》，《东南文化》2002 年第 7 期。

[2]　方燕明：《早期夏文化研究中的几个问题》，《中原文物》2001 年第 4 期。

[3]　梁宏刚、孙淑云：《二里头遗址出土铜器研究综述》，《中原文物》2004 年第 1 期。

[4]　梁星彭、严志斌：《襄汾陶寺新石器时代遗址》，《中国考古学年鉴 · 2002 年》，文物出版社，2003 年。

[5] 陕西省考古研究所、榆林市文物保护研究所：《神木新华》，科学出版社，2005 年。
[6] 曹玮主编：《陕北出土青铜器》3，巴蜀书社，2009 年。
[7] 陈坤龙、梅建军、张鹏程：《陕西榆林出土龙山文化晚期铜刀金相及元素成分分析报告》，《陕北出土青铜器》5，巴蜀书社，2009 年。
[8] 徐建炜、梅建军、格桑木、陈洪海：《青海同德宗日遗址出土铜器的初步科学分析》，《西域研究》2010 年第 2 期。
[9] 徐建炜、梅建军、孙淑云、许新国：《青海贵南尕马台墓地出土铜器的初步科学分析》，《文物科技研究》第七辑，科学出版社，2010 年。
[10] 孙淑云：《东灰山遗址四坝文化铜器的鉴定及研究》，《民乐东灰山考古——四坝文化墓地的揭示与研究》，科学出版社，1998 年。
[11] 需要说明，便携式 XRF 无损分析是一种表面成分分析，且仪器因缺少标样，目前还无法准确计算标本中的砷元素含量，故所得结果只具有定性的意义。
[12] 陈坤龙、凌勇、梅建军、伊第利斯：《小河墓地出土三件铜片的初步分析》，《新疆文物》2007 年第 2 期。
[13] 孙淑云、韩汝玢：《甘肃早期铜器的发现与冶炼、制造技术的研究》，《文物》1997 年第 7 期。
[14] 李水城、水涛：《四坝文化铜器研究》，《文物》2000 年第 3 期。
[15] a. 北京科技大学冶金与材料史研究所：《新疆哈密天山北路墓地出土铜器的初步研究》，《文物》2001 年第 6 期。
b. 潜伟：《新疆哈密地区史前时期铜器及其与邻近地区文化的关系》，知识产权出版社，2006 年。
c. Jianjun Mei, Copper and Bronze Metallurgy in Late Prehistoric Xinjiang, BAR International Series 865, Oxford: Archaeopress, 2000. pp. 38 ~ 39.
[16] a. 李水城：《从考古发现看公元前二千纪东西方文化的碰撞与交流》，《新疆文物》1999 年第 1 期。
b. 李水城：《西北及中原早期冶铜业的区域特征及交互作用》《考古学报》2005 年第 3 期。
c. 刘学堂、李文瑛：《中国早期青铜文化的起源及其相关问题新探》，《藏学学刊》第 3 辑，四川大学出版社，2007 年。
[17] a. Jianjun Mei, Cultural Interaction between China and Central Asia during the Bronze Age, Proceedings of the British Academy, 121 (2003): 1 ~ 39.
b. Jianjun Mei, Qijia and Seima-Turbino: The Question of Early Contacts between Northwest China and the Eurasian Steppe, Bulletin of the Museum of Far Eastern Antiquities, 75 (2003): 31 ~ 54.
[18] 李延祥、贾海新、朱延平：《大甸子墓地出土铜器初步研究》，《文物》2003 年第 7 期。
[19] 内蒙古自治区文物考古研究所、鄂尔多斯博物馆：《朱开沟——青铜时代早期遗址发掘报告》，文物出版社，2000 年。
[20] 李秀辉、韩汝玢：《朱开沟遗址出土铜器的金相学研究》，《朱开沟——青铜时代早期遗址发掘报告》，文物出版社，2000 年。
[21] 林沄：《夏代的中国北方系青铜器》，《边疆考古研究》第 1 辑，科学出版社，2002 年。
[22] a. 韩汝玢、柯俊：《姜寨第一期文化出土黄铜制品的鉴定报告》，《姜寨》，文物出版社，1981 年。
b. 孙淑云、韩汝玢：《甘肃早期铜器的发现与冶炼、制造技术的研究》，《文物》1997 年 7 期。
[23] a. 安志敏：《中国早期铜器的几个问题》，《考古学报》1981 年第 3 期。
b. 安志敏：《试论中国的早期铜器》，《考古》1993 年第 12 期。

[24] a. 河南文物研究所、中国历史博物馆考古部：《登封王城岗与阳城》，文物出版社，1992 年。
b. 郑州大学考古专业、开封市文物工作队、杞县文物管理所：《河南杞县鹿台岗遗址发掘简报》，《考古》1994 年第 8 期。
c. 中国社会科学院考古研究所山西工作队、临汾地区文化局：《山西襄汾陶寺遗址首次发现铜器》，《考古》1984 年第 12 期。
d. 梁星彭、严志斌：《襄汾陶寺新石器时代遗址》，《中国考古学年鉴（2002）》，文物出版社，2003 年。

[25] a. 孙淑云：《登封王城岗龙山文化四期出土的铜器 WT196H617∶14 残片检验报告》，《登封王城岗与阳城》，文物出版社，1992 年。
b. 中国社会科学院考古研究所山西工作队、临汾地区文化局：《山西襄汾陶寺遗址首次发现铜器》，《考古》1984 年第 12 期。
c. 梁星彭、严志斌：《襄汾陶寺新石器时代遗址》，《中国考古学年鉴·2002 年》，文物出版社，2003 年。

[26] 李水城：《西北及中原早期冶铜业的区域特征及交互作用》，《考古学报》2005 年第 3 期。

[27] 白云翔：《中国的早期铜器与青铜器的起源》，《东南文化》2002 年第 7 期。

[28] 曲长芝、张日清：《二里头遗址出土铜器 X 射线荧光分析》，《偃师二里头》，中国大百科全书出版社，1999 年。

[29] 金正耀：《二里头青铜器的自然科学研究与夏文明探索》，《文物》2000 年第 1 期。这里所谓“类青铜”是指铅锡总含量在 2% 以上的铜合金。在本文中，取其宽泛的意义，把合金元素总含量在 2% 以上的铜合金均称作“类青铜”。

[30] Jianjun Mei, Early metallurgy and socio-cultural complexity: archaeological discoveries in Northwest China. In Bryan K. Hanks and Katheryn M. Linduff (eds.), Social Complexity in Prehistoric Eurasia: Monuments, Metals and Mobility, Cambridge: Cambridge University Press, 2009: 215 ~ 232.

中原地区史前陶器制作工艺的演变与社会复杂化进程初探

李新伟　朱君孝　蔡全法　郭　梦　鲁晓珂　贾　宾

内容提要： 本文根据对西坡、下魏洛、案板、古城寨、二里头和南洼等6处遗址的陶器制作工艺个案研究获得的成果，归纳了各遗址制陶工艺的特点，并在此基础上探讨了中原地区史前陶器制作工艺的演变与社会复杂化进程的关系。文章认为，纵观庙底沟至二里头时期的陶器制作工艺和生产专业化的发展，我们可以初步推测，陶器生产技术的发展与社会复杂化进程密切相关，但不一定随社会复杂化的发展而发展。而陶器生产的专业化程度则很可能基本与社会发展同步，呈现日益加强的趋势。

关键词： 陶器　制作工艺　专业化　社会复杂化

一

手工业生产专业化的程度和形式被认为是衡量社会复杂化程度或文明化进程的重要指标[1]。随着考古学界对社会复杂化研究的深入，如何以考古学的方法获取有关手工业生产专业化的信息，进而探讨专业化生产的形式、规模、特征及其与社会复杂化的互动关系日益受到学术界的关注[2]。陶器生产是史前时代最重要的手工业生产项目之一，陶器生产专业化出现和发达程度被学者们公认为衡量社会复杂化程度的重要标尺，因此，对陶器生产的研究一直是备受学者们关注的热点。

当代关于手工业生产专业化考古学研究的理论认为，生产系统的构成要素包括生产者、原料、生产技术、生产组织、产品、分配关系和消费者等[3]。对手工业生产专业化的研究需要从所有这些方面入手。对陶器生产的研究，自然也要从陶器的生产者、原料、生产技术、生产组织、产品、分配关系和消费者等方面展开，对陶器生产技术的研究是其中重要的一环。只有明了生产技术细节，我们才能对生产分工、劳动力消耗、对生产者技能的要求等问题作出推测。制作产品时的选材用料、操作步骤的数量，技术动

作者：李新伟 中国社会科学院考古研究所，北京，100710；朱君孝、贾宾 郑州大学历史学院，郑州，450001；蔡全法 河南省文物考古研究所，郑州，450000；郭梦 中国社会科学院研究生院，北京，100102；鲁晓珂 中国科学院上海硅酸盐研究所，上海，200050。

作控制等都可以作为产品需要生产技能高低的参考。一般认为，技术要求高的产品需要专业的工匠进行专业化生产才能完成[4]。

开展陶器生产技术研究的途径除了对标本的细致观察外，还有民族学类比、试验复制[5]和多种科技手段分析（如电镜扫描、切片分析）等。国内外学者运用各种手段，对史前陶器生产技术做过深入研究[6]，但总体上看，在中国考古学中陶器研究的重点在于工艺的复原[7]，如何通过对陶器制作技术的分析探讨陶器生产专业化的出现及其与社会复杂化进程的关系还处于探索阶段。

为此，"中华文明探源工程（二）"实施过程中，其"技术与经济"课题组特设立研究中原地区陶器制作工艺的子课题，目的是从陶器制作工艺的角度探讨陶器制作技术的发展和陶器生产专业化的出现与中原地区社会复杂化进程的关系。

课题工作步骤包括样品选择、观察、记录和统计分析。

课题选择的分析标本共1200余件，分别来自仰韶文化中期的河南灵宝西坡遗址，陕西龙山时代的陕西扶风下魏洛遗址和案板遗址，河南龙山时代的河南新密古城寨遗址和二里头文化的河南偃师二里头遗址和南洼遗址。这些遗址集中在黄河中下游的中原地区，涵盖了从仰韶文化中期、龙山时代和二里头时期这三个中原地区社会复杂化和文明化进程的关键时期，而且均采自各时期的中心性聚落，代表了各时期陶器制作水平。

具体采集样品时，依据的标准是尽量涵盖各种陶质、各种器类、不同的典型单位和同一遗址的不同时期。例如，采自西坡遗址的216件样品包括该遗址所有的典型器类，如盆、罐、瓶、碗、钵、碟、缸、灶、器盖、釜、鼎、瓮、杯等；也包括了夹砂、泥质等各种质地；还注意涵盖了绳纹、篮纹、戳印纹、附加堆纹和彩绘等各种纹饰。采自二里头遗址的312件标本不但包括爵、觚、鬶、盉、钵、甑、豆、瓮、盆、尊、鼎、器盖、圆腹罐、敛口罐、捏口罐、深腹罐、平底盆、三足盘、刻槽盆等各种器类，还涵盖了二里头遗址一期至四期的每一个时期。样品中既有复原的完整器，以便观察整个制作流程；也有保存了明显制作痕迹的陶器残片，以深入了解具体的工艺细节。这种系统的取样标准是为了尽量保证标本的代表性，为全面了解各遗址的陶器制作工艺提供有效保障。

绝大多数标本用肉眼观察即可以看到清晰明确的制作痕迹，如泥条盘筑痕迹、刮抹整型痕迹、慢轮修整痕迹、手指按压痕迹和快轮拉坯痕迹等。对于一些技术细节，如泥条叠压的方式等，则使用放大镜观察。观察的同时，对重要的制作技术数据，如泥条盘筑法制成陶器的泥条宽度，绳纹和篮纹的密度等，做了精细的测量。

记录的内容包括每件标本的编号、出土地层单位、质地和颜色等基本信息，还包括制作痕迹的细致描述和技术数据。对典型的样品还进行了细部照相。

在系统采样和详细观察、记录的基础上，对样品进行了统计和分析，获得了对各遗址陶器制作方法较全面的认识。

二

根据观察和分析结果，结合对各遗址陶器的成分分析研究，可以对各遗址陶器制作工艺概括如下（详细内容参见本辑中相关论文）。

（一）西坡遗址

仰韶文化中期西坡遗址陶器的原料主要包括塑性原料和脊性原料。前者指各类黏土，后者指羼合料和黏土中其他的非可塑性颗粒。此外还有红彩、黑彩、白彩彩绘颜料和红色、白色陶衣所用的原料。由于该遗址同时存在大量泥质红陶和个别泥质乳黄色陶，所以可以认为其所使用的黏土至少有两种：普通易熔黏土（红陶）和高镁质易熔黏土或高铝质耐火黏土（白陶），均不是普通黄土。夹砂陶所用的瘠性原料是杂色的砂粒，许多标本还同时羼杂金色云母屑。许多夹砂陶中所含砂粒密度很大，颗粒粗大，棱角分明，粒径大于等于0.2厘米。从以上特征来看，很可能将含有云母的岩石砸碎作为羼合料使用。白色陶衣的原料组成存在两种不同的类型，一种是高铝型，一种是高钙型，所用高铝型的原料应该就是高岭石，高钙型原料应该主要是石灰。而黑彩的化学组成中除三氧化二铁（Fe_2O_3）含量较高外，还含有较多量的氧化镁（MgO）和氧化锰（MnO），其原料是一种锰铁结核矿物。

坯体成型方法主要是手制法，基本都是泥条筑成法。泥条筑成法又分为泥圈叠筑法和泥条盘成法，前者是用泥条一圈圈垒叠而上，每圈泥条首尾相接，泥条缝隙大致呈水平状；后者的泥条呈盘旋状上升，泥条缝隙呈倾斜状。两种方法都有正筑、倒筑之别。西坡陶器的成型方法以正筑泥条盘筑法为主。从一些标本可以看出，用于盘筑的泥条宽度在1厘米~2厘米，盘筑可能是在轮盘上进行的，盘筑时将泥条从器壁内侧加上，多是沿顺时针方向延伸（即轮盘逆时针转动），推测大多数陶器应是由右利手制陶者制作的。很多器物难以一次成型，要先预制不同的部位，再拼合成器。例如：小口尖底瓶是先分制上下两段，上段正筑，下段倒筑，两段结合后再从肩部盘筑颈部和口沿；平底器一般先预制好器底，再从底向上盘筑器身；器物的鋬、足和耳等部件也是单独制作再以各种方式粘贴或嵌入器身；造型简单的小型器物，如小陶杯是直接以泥料捏制而成。

陶器坯体完成后要进行修整。西坡陶器的整型方式包括拍打、刮削和修抹。

用陶拍拍打器表可以起到弥合缝隙、整型、加强陶器致密度以及减薄器壁的效果。西坡陶器主要以素面陶拍拍打整型，一些器物上以肉眼观察和手摸可以发现没有被修整掉的拍打痕迹。刮削是利用木质、骨质等质地的硬薄工具将坯体刮削平整，同时也能弥合泥条缝隙，不过主要还是作为减薄器壁的手段。制作精细的盆、钵成型后要刮削内外壁以使其器身变得轻薄，西坡遗址许多盆、钵的壁厚只有不足0.4厘米，腹部内外壁还可见刮削留下的横向细纹。

修抹可以借助骨、木质工具，也可徒手进行，但无论是工具还是手通常都要沾水湿润，这样会从胎壁本身析出细泥浆，遮盖住泥条缝隙、小凹坑、粗糙面，使器表显得平整。主要是对口沿内外壁、腹部内壁进行修整，使口沿相对规整，表面变得光滑。西坡遗址大量的陶器口沿都相当浑圆规整，水平度非常高，口沿内外壁有平行的细密横纹，俯视器坯，细纹呈以口径中点为圆心的同心圆状排列。必须将器坯放置在缓速转动的轮盘上修整才能达到这样的效果。可以明确认定，当时的陶工已经熟练掌握了慢轮修整技术。

西坡陶器上的纹饰主要包括绳纹、篮纹、弦纹、附加堆纹和戳印纹等，或在滚压和拍打器身时形成，或在慢轮修整时形成，大多兼具加固器身的功能，不单纯是装饰。单纯的装饰包括施陶衣、绘彩。许多器物还经过磨光工序，即在坯胎达到特定湿度时，滚压胎体，使器表质地致密，黏土和矿物颜料的晶体有规则地排列，从器表产生光泽，图案光洁美观。磨光工序还包括将彩料压入器表，使之成为器表有机组成部分，不易脱落的功能。

西坡遗址红陶、褐陶占绝大多数，陶色均匀，少有斑驳不均者，说明主要是在氧化气氛下烧制陶器，而且对烧陶时氧化气氛掌握的技术也比较成熟，烧成温度在900摄氏度以上。

（二）下魏洛遗址

下魏洛遗址包含庙底沟二期文化和客省庄二期文化两类遗存。

庙底沟二期文化陶器的原料也属于易熔黏土，种类较复杂。脊性材料包括碎陶末或砂粒，砂粒以白色石英砂为主，也有少量石灰石等，有的颗粒存在明显的棱角，应是人工捣碎后故意羼入的。

主要的成型方法仍然是泥条圈筑法。泥条多从器壁内侧加上，但器壁较厚的缸中，有相当数量是上层泥条平压在下层之上的。泥条宽1厘米~2.5厘米不等，与器型大小成正比。大型器如瓶、深腹罐、缸等也要分段圈筑再接合起来。耳等附件通常直接贴附在器表。平底器都是在圆饼形或碟状底上直接筑成器壁，内壁腹底接缝处抹泥或附贴泥条加固。修整方式也同样包括拍打、刮削和修抹等。口沿等部位借助慢轮修整，可见细密的同心圆纹。篮纹和绳纹是最多的装饰主题，是与拍打或滚压的整型方式相结合的。也使用施陶衣和磨光的装饰工艺。灰陶增多，烧制时兼用氧化和还原两种气氛。烧成温度830℃~1050℃。

下魏洛遗址属于客省庄二期文化的标本反映的制陶技术与庙底沟二期文化时期相比没有明确的进展，原料制备、成型和修整工艺几乎完全相同，从脊性原料的选择、陶器的修整方面来看反而更显漫不经心和粗糙。最主要的区别是纯正的红陶数量急剧减少，灰陶最多，褐陶的比例也高于庙底沟二期文化时期，反映出以还原气氛为主烧制陶器。

（三）案板遗址

案板遗址陶器原料也是易溶性黏土。1件瓶口沿标本有青色光亮涂层。从实验结果可以看出，青色涂层中含有较多量的钾和磷，与桔梗和稻草燃烧后的草木灰中含有高含量的钾和磷相似。所以，这种青色涂层极有可能使用了草木灰一类的东西，这可能是迄今使用草木灰制备陶衣原料的最早例证。陶器成型和修整工艺与下魏洛遗址几乎完全相同，灰陶为主，有个别褐陶，反映出以还原气氛为主烧制陶器。

（四）古城寨遗址

古城寨遗址包含仰韶晚期和龙山时代2个时期的遗存。

陶器成分分析结果表明，2个时期的陶器原料都属于易熔黏土，并且随着时间的演化没有太大的变化，所用原料相对比较稳定。通过对陶器原料和所选土样的统计分析表明所用原料不是遗址中普通的黄土。古城寨及其周围可用于制陶的泥土，大体分为5种：第三纪红色黏土，更新世湖象沉积之黑色黏土、褐黑色古土壤钙积层黏土、马兰黄土和河道沉积泥。据此推测，一般的陶器制坯选料可能是用褐色黏土，为防止干裂，并加入部分黄土的可能性较大。坯胎较细的选料大概是选用河道沉积泥，经过晾晒后直接使用，或许是用褐色黏土经淘洗后使用。仰韶时期部分陶器上有红、黑彩色装饰，呈色的主要元素分别是铁和锰。古城寨遗址陶器的烧成温度多在850～1000℃之间，个别陶器达到1050℃。仰韶晚期多红陶，烧制时以氧化气氛为主；龙山时期以灰黑陶为主，烧制时以还原气氛为主。

陶器制作技术分析表明，仰韶文化晚期的陶器主要是采用手制、坯体用泥条圈筑成型、慢轮修整、零部件分制与黏附等工艺。如罐形鼎是先用夹砂陶泥以手制方法做成罐形腹体，鼎之三足另用手分制，然后分别黏附于鼎下。又如折肩罐，亦为手制，再经慢轮修整。

龙山时代的制陶技术出现了跨越式的进步。首先是出现了快轮拉坯成型技术。传统的泥条盘筑法仍然流行，工艺与仰韶时期基本相同。但快轮制作器物的比例超过50%，已经形成主流。快轮制作的器物不仅包括精细的、器型较小的泥质陶，如钵、碗、豆等，还包括大型夹砂陶器，如斝、甗、盆等。大量夹砂袋足器的袋足均为快轮拉坯制成，型式规整。其次，分体成型组装工艺更加流行。很多大型器物采取了轮制和泥条盘筑分别制作不同部位，再结合的方式。结合时多以泥条加固，方式多样。灰陶为主，烧制时主要使用还原气氛。出现黑陶，掌握了渗碳技术。

（五）二里头遗址

二里头文化时期都邑性聚落二里头遗址陶器的标本采集涵盖了一般日用陶器和白陶、印纹硬陶和原始瓷等特殊高等级陶器。成分分析结果表明，日用陶器的胎料属于易熔黏土类型，而特殊陶器的胎料属于瓷石类型。二里头遗址白陶所用原料相对比较分散，具有很大的不稳定性，可见当时对白陶器这种稀有产品的制作还处于摸索阶段。大部分原始瓷和印纹硬陶胎料组成与我国其他地区原始瓷胎料组成相近，都属于南方瓷石的高硅低铝特征，但也有少部分原始瓷与二里头遗址泛灰色的白陶关系密切。原始瓷釉存在富铁釉和富钙釉两种类型，釉层成分均匀性较差，显微结构实验表明原始瓷胎和釉之间没有形成发育良好的中间层，符合早期原始瓷的一般特征，反映了当时施釉和烧制技术的原始性。原始瓷的烧成温度在1100℃以上。其他陶器的烧成温度为900～1000℃。

成型技术与龙山时期相比不但没有进步，反倒有衰退，以泥条筑成法为主，其次为模制法和个别捏塑法，仅有少量器物采用快轮拉坯成型。在已观察的标本中，爵、觚、簋、圈足盘多为泥条盘筑法；甑、刻槽盆、捏口罐、敛口罐、大口尊、鼎多用圈筑法；豆、三足盘、平地盆、盆、圆腹罐、深腹罐、瓮、缸、器盖对盘筑和圈筑都有采用。只有个别碗、豆柄、觚为快轮拉坯制作。整型方法为拍打、滚压、刮削、抹平、慢轮修整等，一些器物磨光。纹饰除一般的绳纹、方格纹和附件堆纹外，出现了主要起装饰作用的用凸纹印模拍印或戳印的云纹、雷纹、同心圆纹、回纹、螺旋纹和刻划纹样等。

（六）南洼遗址

二里头文化中心性聚落南洼遗址因出土大量白陶引人关注。选取的陶器标本包括一般陶器和白陶两类。成分分析结果显示，一般陶器原料都属于易熔黏土，其中一些同时使用泥质和砂质两种原料。白陶原料与一般陶器不同，也不是遗址附近的灰白色黏土。一般陶器烧成温度普遍不高，大部分都低于 900 摄氏度。白陶烧成温度可达到 1000 摄氏度。

泥条盘筑和圈筑是最主要的成型方法。使用轮制法制成的陶器所占比例较小，从早期到晚期始终都不占主要地位，多集中在食器和酒水器。早期轮制陶器约占 5% 。中期和晚期略多。修整还是使用传统的滚压、拍打、慢轮修整、湿手抹平、磨光等工艺。纹饰除绳纹、篮纹、附加堆纹和方格纹外，有少量云雷纹。

三

通过对上述 6 处典型遗址陶器样品反映的制作工艺的观察和分析，可以对中原地区史前陶器制作工艺的演变和社会复杂化的关系做一些初步推测。

西坡遗址是仰韶文化中期即庙底沟时期的重要中心性聚落。2000 年至今进行了 6 次发掘。2001 年和 2004 年的发掘在其中心位置发现了特大型半地穴房址[8][9]；2005 年和 2006 年对墓地的发掘中又发现结构复杂并随葬包括玉器等特殊用品的高等级墓葬[10]。同时，对于西坡遗址所在的铸鼎塬地区的考古调查表明，在庙底沟时期，该地区的区域聚落形态出现了明显的等级分化现象[11][12]。这些重要发现显示，庙底沟时期的社会复杂化程度达到了崭新的高度，是中原这一中华文明核心地区文明化进程的最重要起点。

在社会复杂化进程加速的同时，陶器制作技术也有所发展。泥条筑成法这一中国史前制陶的主要工艺已经发展得相当成熟，可以针对各种需要制作出多种器型。各种整型技术也已经基本完备，其中慢轮修整技术的普遍使用，提高了陶器的成型水平，是最重要的技术发展。由于技术的发展，出现了高水平陶器，一些优质泥质陶器胎体轻薄，不足 5 毫米厚，口沿规范，彩绘流畅，这都需要熟练的技术才能完成。1000 度左右的烧成温度也需要设计合理的陶窑。这些现象表明，当时很可能已经出现了熟练掌握制陶技能的制陶工匠。他们很可能从事半专业化的陶器生产，才能在大量实践中锤炼成高超的技艺。

没有直接证据表明在复杂化加剧的社会中，这些熟练工匠和高质量陶器的生产活动是否社会上层控制。但在西坡墓地发掘的 34 座墓葬中，只有 2 座规模最大的墓葬随葬彩陶，显示彩陶在仪式活动中的重要性和与社会上层的密切关联。对西坡遗址彩陶的成分分析显示，施彩需要采集多种特殊原料。而对特种原料的控制正是复杂社会中的领导阶层最常用的领导策略（leadership strategy）之一[13]。因此，有理由推测，庙底沟时期的社会上层很可能通过对制作彩陶原料的控制，对精美彩陶的成品产生影响。

精美绚丽的彩陶是庙底沟类型的标志。庙底沟风格的彩陶在当时广泛传播，遍及黄河、长江、西辽河和珠江流域，成为时代的文化符号[14]。彩陶的广泛传播恐怕不能仅用当时存在共同的审美取向来解释。很多学者的研究表明，建立社会上层间交流网是复杂社会领导阶层的另一项重要领导策略[15][16]。在这一交流网中流通的不是一般生活用品，而是身份的特殊物品和神秘知识。彩陶的传播，特别是其中一些典型纹样的传播，是彩陶在社会上层生活中独特重要性的反映。可以推测，社会上层很可能对这一重要产品的生产进行掌控。

简言之，对西坡遗址陶器制作工艺的分析显示，庙底沟时期，随着社会复杂化的加剧，很可能出现了受社会上层某种程度掌控的重要陶器的半专业化生产。

中原地区经历了庙底沟时期的共同加速发展和繁荣后，在龙山时期进入了动荡重组时期[17]。各地的文化发展状况有很大不同。在下魏洛遗址和案板遗址所在的关中地区，龙山时期的遗址数量大量减少，只相当于仰韶时期遗址的 58%，最大遗址规模也不及仰韶时期。与社会复杂化进程减缓的趋势对应，关中龙山时期的陶器制作工艺也处于基本停滞的阶段。

下魏洛为该时期中心性聚落[18]，但陶器制作在成型、修整和装饰技术上均无明确进步。案板遗址同属中心性聚落[19]，除使用草木灰制备陶衣原料外，陶器成型和修整工艺与下魏洛遗址几乎完全相同。

与关中地区的停滞状态形成鲜明对比的是，古城寨遗址所在的豫东地区的社会复杂化进程在动荡中明显加剧，一个突出表现就是出现大量以城址为中心的聚落群。古城寨遗址就是古城寨聚落群的中心城址[20]。与社会复杂化进程加剧的趋势相应，古城寨制陶技术也出现了飞跃性发展，最突出的证明就是快轮制陶术的出现。该聚落中，不论是精制的泥质陶，还是大型的夹砂陶，均已经使用快轮拉坯技术，大量标本型制规整，胎体厚度均匀，显示了拉坯技术纯熟和高超。这些器物的制作只有熟练掌握拉坯技艺的特殊工匠才能完成。复杂陶器各部位分别成型，再联体组装工艺也有发展，许多陶器有分工制作的各部件组合完成。这说明当时已经形成更复杂的制陶工艺流程，需要对整个工序更有效的组织管理，很可能出现了陶器的专业化程度很高的陶器生产。这种情况也出现在山东龙山文化。对山东日照两城镇地区龙山文化陶器制作工艺的研究发现，“由于生产工序复杂，加工操作要求严格，所以龙山陶器的制作技术要由专门的人学习继承。陶匠可能来自稳定的手工专业化家庭，有些生产无疑是有计划的，而且是有专门分工的”[21]。

种种考古学证据显示，龙山时代是一个人口增长，物质和精神生活丰富的时代，对陶器的需求可能会日益增长。专业化的陶器生产在此背景下产生并不断发展，大大提高了陶器生产效率和产量，以满足各种需求。在陶器生产专业化过程中，社会上层占据着原料获取和人员组织的优势，应该发挥了主导作用。正如对世界很多地区陶器生产研究的成果所显示，龙山时代陶器专业化生产的发展很可能已经成为社会上层获取经济和政治利益的重要手段[22]。简言之，中原地区龙山时代的社会复杂化进程基本与陶器生产专业化的发展同步。

二里头文化时期，中原地区的社会发展进程进入崭新阶段。二里头遗址成为雄踞周围各中心性聚落之上的都邑性聚落，多数学者认为它很可能就是夏王朝的都邑[23][24]。值得关注的是，依据现有的资料，二里头时期的陶器成型工艺没有随着早期国家政体的出现而发展到一个新的高度，反倒总体上呈现出衰退的迹象。在作为王朝都邑的二里头遗址，陶器成型以泥条筑成法为主，在已观察的标本中，只有个别碗、豆柄和觚为快轮拉坯制作。在地方性中心聚落南洼遗址，同样也只有极少量的快轮陶器。很明显，制陶技术里程碑式飞跃的代表、龙山时代广泛流行的快轮制陶法在二里头时期虽然没有失传，但至少失去了在陶器生产中的重要作用。这种陶器成型技术的衰退是否反映整个制陶业的衰退和陶器生产专业化程度的衰退呢？从目前的资料看，答案很可能是否定的。

首先，工艺的衰退并不一定表明专业化生产的削弱，高度专业化的生产也不一定有利于技术革新和推广。国外学者的相关研究表明，最利于陶器制作技术革新的机制是多个专业化生产组织的激烈竞争，在受社会上层高度控制、统一规划的陶器专业化生产体系中，陶器生产者之间因为缺乏竞争，反倒阻碍了技术的发展。二里头时期陶器成型工艺的衰退，有可能就是在夏王朝这一早期国家政体内，陶器生产受到统一管理，缺乏竞争的结果。对南洼和二里头遗址陶器标本的成分分析表明，大部分二里头遗址陶器中氧化镁（MgO）和氧化钾（K_2O）含量要高于南洼遗址陶器，这就说明同属二里头文化时期，并且地理位置相近的2个遗址，其制陶原料存在一些地域性差异。也就是说，2个遗址的陶器是分别生产的。推测在当时的社会体制下，一般日用陶器应该在小的地方行政单位内自给自足，不存在大规模生产和大规模再分配，也不存在各地陶器制作者争夺销售市场的状况。因此，各地的陶器制作者缺乏竞争的动力，不需要加强技术革新。

其次，陶器专业化生产加强的表现有很多种，不一定只表现为成型技术上的进步。具体而言，二里头时期的陶器生产专业化可能更多地表现在白陶、印纹硬陶和原始瓷等特殊高等级陶器的生产上。这些高等级陶器有一个共同的特点，就是原料在生产中占有特别重要的地位。一般日用陶器可以用较容易获得的易熔黏土制作，但高等级陶器则需要特殊材料。二里头遗址白陶和部分原始瓷使用一种尚待深入分析的特殊材料；大部分原始瓷和印纹硬陶胎料组成与我国其他地区原始瓷胎料组成相近，具有南方瓷石的高硅低铝特征。原始瓷釉存在富铁釉和富钙釉两种类型。要控制这些高等级陶器生产，不一定要发明并控制先进的制作技术，只要掌控特殊资源即可。推测二里头时期的社会上层已经可以通过控制生产资料实现高等级陶器的高度专业化生产。由于高等级陶器主要是应用于各种仪式的礼器，不需要大规模生产，不会有市场流通，有特别的分配程序，因此，也就缺乏竞争和发展技术的动力，不会激励技术的进步。

第三，以铜礼器为代表的新礼器的出现可能也是造成陶器技术发展停滞重要原因。二里头时期，铜礼器、绿松石镶嵌器等新礼器逐渐成为社会上层最重要的礼器，在此情况下，对精美陶器的需求必然减弱。控制此类新礼器的生产成为比控制陶器的专业化生产更重要的维持经济和社会地位的手段，刺激制陶技术发展的重要因素消失，直接导致陶器生产技术发展的停滞。

简言之，二里头文化时期的制陶技术虽然出现了停滞，但陶器生产的专业化很可能与社会复杂化的发展基本同步得到加强。

纵观庙底沟至二里头时期的陶器制作工艺和生产专业化的发展，我们可以初步推测，陶器生产技术的发展与社会复杂化进程密切相关，但不一定随社会复杂化的发展而发展。而陶器生产的专业化程度则很可能基本与社会发展同步，呈现日益加强的趋势。

四

本课题具有相当程度的探索性，还存在一些问题，并在很多方面有待扩展、充实和完善。

首先，在今后的研究中应该加强多种技术手段的应用，以获取更多关于制作陶器工艺的信息。本课题对于陶器成型和整型方法的认识基本停留在捏制法、泥条筑成法和轮制法这种大类的划分。这样粗疏的分类只能满足对长时间的大的发展演变的描述，不能提供某一时期内陶器生产专业化的更多细节。在对山东两城镇陶器的研究中，使用了X光照射成像的方法，可以观察到陶片内部泥条盘筑及快轮拉坯的细节和脊性材料的形状、大小，为认识陶器制法提供了更丰富的信息。国外对陶器生产专业化的研究中，常设定细密的标准对陶器的各部位进行精细测量，以认定陶器的“标准化”程度，并进而推测陶器生产专业化的程度[25]。这些都是值得我们借鉴的方法。只有了解这些制作工艺的细节，才能深入探讨陶器生产专业化的诸多问题。

其次，应以更强的课题意识设计更加周密的取样方案，有效保证对样品观察分析结果可以充分说明与陶器生产专业化相关的问题。具体而言，在选择同一聚落内的标本时，应选择遗物丰富、共存关系明确的典型聚落或墓地中的同一单位和不同单位的标本；还应该配合区域聚落调查项目，选择重点地区，系统采集特定区域内不同等级聚落标本。这样才能为深入研究提供可靠的背景材料，从单个聚落和区域的角度分析陶器生产专业化的发展。

注　释

[1] Wailes, Bernard (editor) . 1996. Craft Specialization and Social Evolution: In Memory of V. Gordon Childe, Philadelphia: Museum of Archaeology and Anthropology, University of Pennsylvania

[2] Costin, Cathy L. and Rita P. Wright (editors) . 1998. Craft and Social Identity, American Anthropological Association, Arlington, VA

[3] Costin, Cathy L. 2001. “Craft Production System”, in Archaeology at the Millennium: A Sourcebook. Edited by T. D. Price, New York, Kluwer Academic/Plenum Publisher

[4] Longacre, William A. (edit) 1991, Ceramic Ethnoarchaeology, The University of Arizona Press, Tucson.

[5] 钟华南：《大汶口—龙山文化黑陶高柄杯的模拟试验》，《考古学文化论集》2，文物出版社，1989年。

[6] Sinopoli, Carla M. (edit) 1991, Approaches to Archaeological Ceramics, New York and London, Plenum Press.

[7] 李文杰：《中国古代制陶工艺研究》，科学出版社，1996年。

[8] 河南省文物考古研究所、中国社会科学院考古研究所河南一队、三门峡市文物考古研究所、灵宝市文物保护管理所、荆山皇帝陵管理所：《河南灵宝市西坡遗址2001年春发掘简报》，《华夏考古》2002年第2期。

[9] 中国社会科学院考古研究所河南一队、河南省文物考古研究所、三门峡市文物考古研究所、灵宝市文物保护管理所、荆山皇帝陵管理所：《河南灵宝市西坡遗址发现一座仰韶文化中期特大房址》，《考古》2005 年第 3 期。

[10] 河南省文物考古研究所、中国社会科学院考古研究所河南一队、三门峡市文物考古研究所、灵宝市文物保护管理所、荆山皇帝陵管理所：《河南灵市宝西坡遗址墓地 2005 年发掘简报》，《考古》2008 年第 1 期。

[11] 中国社会科学院考古研究所河南第一工作队、河南省文物考古研究所、三门峡市文物工作队、灵宝市文物保护管理所：《河南灵宝市北阳平遗址调查》，《考古》1999 年第 12 期。

[12] 河南省文物考古研究所、中国社会科学院考古研究所河南一队、三门峡市文物工作队、灵宝市文物管理委员会：《河南灵宝铸鼎塬及其周围考古调查报告》，《华夏考古》1999 年第 3 期。

[13] Earle, Timothy K. 1997. How Chiefs Come to Power: The Political Economy in Prehistory. Stanford University Press, Stanford, CA

[14] 严文明：《论半坡类型和庙底沟类型》，《仰韶文化研究》，文物出版社，1989 年。

[15] Kardulias, P. N. 1999. Leadership, Production, and Exchange: World Systems Theory in Practice. Rowman and Littlefield, Colorado.

[16] Helms, M. W. 1979, Ancient Panama: Chiefs in Search of Power. University of Texas Press, Austin.

[17] 刘莉：《中国新石器时代——迈向早期国家之路》第七章，文物出版社，2007 年。

[18] 西北大学文化遗产与考古学研究中心、陕西省考古研究所、旬邑县博物馆：《陕西旬邑下魏洛遗址发掘简报》，《文物》2006 年第 1 期。

[19] 宝鸡市考古工作队：《陕西扶风案板遗址（下河区）发掘简报》，《考古与文物》2003 年第 5 期。

[20] 河南省文物考古研究所：《河南新密市古城寨龙山文化城址发掘简报》，《华夏考古》2002 年第 2 期。

[21] 范黛华、栾丰实、方辉、于海广、蔡凤书、文德安：《山东日照市两城镇龙山文化陶器的初步研究》，《考古》2005 年第 8 期。

[22] Costin, Cathy L. and Melissa B. Hagstrum. 1995. Standardization, Labor Investment, Skill, and the Organization of Ceramic Production in Late Prehispanic Highland Peru. American Antiquity 60 (4): 619 ~ 639.

[23] 许宏、陈国梁、赵海涛：《二里头遗址聚落形态的初步考察》，《考古》2004 年第 11 期。

[24] 李志鹏：《二里头文化墓葬研究》，《中国早期青铜文化——二里头文化专题研究》，科学出版社，2008 年。

[25] Arnold, Dean E. 2000. "Does the Standardization of Ceramic Pastes Really Mean Specialization". Journal of Archaeological Method and Theory 7 (4): 333 ~ 375.

陶器理化测试分析与社会复杂化进程探索

宋　建

内容提要：文明探源就要分析那些促进社会向复杂化方向发展的考古学内涵，其中能够利用陶瓷测试技术进行分析的是，阶层分化、等级制度及其所反映的社会关系复杂化和聚落分化、聚落构成及其所反映的社会结构复杂化。在复杂社会的形成过程中，发生人群的分化、迁徙与重组，社会出现动荡，这在同人群有着密切关系的陶瓷器上应该有所反映。

贵重陶器是贵族身份的象征，通过测试分析可以了解其原料来源和制作技术，间接了解其产地，进而分析贵重陶器的生产方式和获得方式，并推论当时的社会关系。白陶鬶是贵重陶器，测试结果表明其原料不同于其他陶器，其制作采用当时最先进的技术获得高温；在桐林和两城镇2个遗址之间，白陶鬶的获得不存在分配、授受、馈赠和交换等方式。

聚落分化是社会复杂化的重要内容。桐林与两城镇是层级相近的大型聚落，从白陶鬶的获得方式推测这是两个相互独立的政治实体，二者之间不存在特定的隶属关系。对于以土垣围绕为特征的聚落，一般认为土垣内外的居住者分属于不同的阶层，具有不同的生活方式，古城寨土垣内外所出陶器样品的测试结果表明存在这样的可能性。

良渚文化衰退过程中，不同来源的外来人群进入环太湖地区，并形成广富林文化，陶器的测试分析为此提供了更多的证据，并且提出，在广富林遗址，两个文化的陶器生产方式不同，可能社群凝聚力存在差异。

关键词：社会复杂化　陶瓷测试　白陶鬶　两城镇　桐林　广富林文化

探索社会复杂化进程有不同的途径，但是都离不开考古学。通过考古手段获取的实物资料很多，至关重要的是分析那些促进社会向复杂化方向发展的考古学内涵。当前借助于各种科学技术分析考古发掘所得实物材料的方法也很多，陶瓷器的理化测试与分析是其中一种。

从结果看，目前陶瓷的测试手段可分两类，一类是得到陶瓷的物理性能和物相组成，如烧结程度、密度、吸水率、是否出现莫来石晶相等，以及与之相关的烧成温度和气氛；另一类是得到陶瓷主次量和微痕量的元素组成，在作适当的统计分析后，可以分辨出不同来源的陶瓷原料。从这两类分析结果可以得到哪些与社会复杂化进程相关的信

作者：宋健　上海博物馆，上海，200003。

息，或者说怎样从陶瓷的生产、获得和使用中直接或间接地观察社会，这是从陶瓷测试分析探索社会复杂化进程时面临的首要问题。

陶瓷的两类测试手段可以直接提供陶瓷质量和烧制技术，也可以根据化学组成将陶瓷分类。它们能帮助我们了解陶器特别是贵重陶器的生产方式和获得方式。贵重陶器是指那些原料获得不易、烧制技术要求较高、为社会上层人士使用和掌控的陶器，如黄河中下游地区与淮河流域北部龙山文化的白陶、良渚文化的细刻纹陶器等。高质量的贵重陶器是否选用特殊原料，从哪里获得原料？贵重陶器是否采用高端技术烧制，是怎样的技术？回答了这些基础问题后，还可以根据原料来源间接了解贵重陶器的产地，进而分析贵重陶器的生产方式和获得方式，并推论当时的社会结构。普通陶器是人们必需的生活用具和墓葬随葬品。从普通陶器的化学组成可以分辨其原料的差异并寻找来源。如果原料来源不同，那么是否有不同的生产者及其机构，机构的规模有多大？考古遗迹有不同规模的房址、房址群、村落遗址和墓区、墓地，从这些遗迹出土的陶器同原料来源、生产规模的大小有关联吗？如果有关联则可推论生产陶器机构的层级，是各家庭、家族各自取得原料生产陶器，还是整个村落。这时就能有一定根据地讨论普通陶器的生产方式，是否有专业的陶瓷生产者？陶瓷制造是否独立于其他生业或产业？另外，陶器有不同的质地，如夹粗砂、夹细砂、泥质、附加陶衣等，又根据其用途分为不同的器类，如炊器、盛储器和食器等。可以尝试测试不同陶质或器类的化学组成来分析是否存在以陶质或器类来组织生产单位的情况。

考古类型学方法经过长期研究的结晶是从陶器的形态和装饰提炼出各地区陶器在某一特定时段的基本特征。如果新发现一类与当地陶器基本特征不符的陶器或器物群，就要思索它们的来源。这些陶器可能是当地的仿制品，也可能是外来的输入品。陶器元素组成的测试可以分辨出原料来源是否相同。如果原料来源与当地陶器相同，那就是本地的仿制品。如果原料来源与当地陶器不同，就要根据考古学家判断出的来源地，挑选那里的陶器样品测试，或者与数据库资料对比，从而确定哪里是输入地。在分辨出输入品和仿制品后可以进一步探讨其社会动因。

同社会复杂化相关的有6项考古学内涵，其中能够比较直接地利用陶器测试技术分析相关问题的有2项。1项是阶层分化和等级制度及其所反映的社会关系复杂化，另1项是聚落分化和聚落构成及其所反映的社会结构复杂化。这两种分化的最终结果是设立凌驾于社会之上的合法公共权力，形成复杂形式的社会。在复杂社会的形成过程中，社会发生不同程度和形式的动荡，各种形式的群体分化与迁徙，或者重新组合。这种变化在同人群有着密切关系的陶瓷器上应该有所反映。本文将从以上三个方面对从陶瓷测试分析在探索社会复杂化进程方面的作用和可能的局限作一探讨，以期对今后的研究有所裨益。

一　白陶器的生产与获得方式

龙山时代黄河流域的白陶器是一类比较特殊的器物，从考古发现看白陶具有相当高的社会地位。山东龙山文化社会阶层等级的分化十分明显，应该已经形成了严格的等级制度。临朐朱封的2座墓葬是目前发现社会地位最高的，墓坑面积超过20平方米，有比较复杂的棺椁结构，随葬彩绘器物箱、玉钺和蛋壳陶器等[1]。随葬陶器器类完整，有严格的组合关系。其中，M202 随葬 4 件陶鬶，复原 3 件都是夹砂红陶，表面施白衣。M203 随葬 5 件陶鬶，发表的 2 件也是夹砂红陶，表面施白衣。诸城呈子墓地有 4 座墓葬各随葬 1 件陶鬶，其中 3 座有木椁，只有 1 座用木椁的墓（M72）随葬了白陶鬶[2]。山东龙山文化由墓葬所体现的等级制度已经相当完善和严密，随葬品的使用严格规范，陶鬶，尤其是白陶鬶是贵族墓葬必备的随葬品，其中包括最高或高等级贵族，也就是说，白陶鬶是山东龙山文化贵族身份的象征，是贵重陶器。

龙山时代的聚落分布已经形成以一个大型甚至超大型的聚落为中心的多层级网络结构，桐林与两城镇就是分布在不同区域的两个超大型的中心聚落。活动在中心聚落的一部分人社会地位很高，属于贵族阶层，其中少数是这个区域的地位最高者。因此除了大型墓，中心聚落是出土陶鬶尤其是白陶鬶最多的地方。

山东龙山文化的陶鬶有三种不同的胎体或外观：白陶、非白陶，其中大部分都是红陶、非白陶胎体但表面为白色涂层。白陶几乎只用来制作陶鬶，因此白陶同鬶有特殊的内在联系。既然陶鬶，特别是白陶鬶有这样高的社会地位，研究者就特别关心它们与普通陶器有什么不同？在哪里制作？是否有一个统一的产地？贵族们怎样获得白陶鬶？

中国科学院上海硅酸盐研究所（下文简称硅所）测试的陶器样品选自桐林与两城镇。桐林的样品包括上述三种胎体与外观，器形都是鬶。两城镇的样品除了 1 件红陶鬶把手和 1 件白陶陶篦，其余都是白陶鬶。测试结果表明这 2 个遗址白陶鬶与当地其他陶器的原料完全不同。白陶中含有较多的铝与硅，其他陶器则含有较多的钠、镁等，白陶器与非白陶器的原料取自不同的区域。

还有烧制技术也不一样，白陶鬶的烧成温度多数超过 1000 摄氏度，主晶相中出现了高温下才能生成的莫来石和 β-石英，而其他陶器的烧成温度一般在 800 摄氏度至 1000 摄氏度之间，极少数超过 1000 摄氏度。这表明白陶有特殊的烧制方法，采用当时最先进的技术。先进技术所生产的尖端产品为社会地位最高者或较高者使用。

根据对白陶鬶主次量元素测试结果，硅所认为桐林和两城镇白陶鬶的制作原料有所区别，因为“两城镇遗址出土陶鬶的化学组成比桐林遗址出土的陶鬶化学组成更向氧化铝（Al_2O_3）变量点方向移动，即氧化铝（Al_2O_3）含量更高”。而且从硅所测定的桐林带有白色表层的红陶鬶胎体看，其化学组成同陶鬶以外的当地其他陶器相似，而白色表层的化学组成则同当地白陶鬶相似，证明了桐林的陶鬶为当地生产。这样就可否定白陶鬶为其他某个地点统一生产的推测。

桐林和两城镇白陶鬶的微量、痕量元素所表现的差异比主次量元素更加明显，在因子分析三维散点图上清晰分布在不同区域。桐林与两城镇 2 个遗址的白陶鬶没有共同的产地，其中桐林的白陶鬶是当地生产、贵族在当地获得白陶鬶的证据更多一些。在桐林和两城镇 2 个遗址之间，白陶鬶的获得不存在分配、授受、馈赠和交换等方式[3]。

然而，问题似乎并不那么简单。我注意到，测试结果还表明在桐林和两城镇这 2 个遗址内，各自的白陶鬶中氧化铝（Al_2O_3）的含量差别也很大，如桐林鬶把手的氧化铝含量为 30.44，鬶的氧化铝含量最高为 27.28，最低为 15.77；两城镇鬶的氧化铝含量最高为 34.52，最低为 18.46。另外桐林白陶鬶的主次量化学组成中其他元素在不同样品中也比较分散，如氧化钙含量最高的 2 件分别为 14.54 和 7.09，而含量最低的 2 件分别为 0.62 和 0.63。对此，硅所指出，“从（桐林）遗址中发现的白色的岩石矿物来看，有含铁较低而含铝量高的高岭石和含铁量同样低而钙高的煅烧方解石”。另外，当地普通黄土中的钙含量也比较高。由此看来，就是在桐林一地，白陶原料的获得就不那么单一，这样就增加了白陶断源的变量和复杂性。还有测试过程的复杂性，即使同一样品，在不同的实验室作出的结果也有可能有些差异。上海博物馆实验室的熊樱菲告诉我，对于同一样品，测试点选择及其污染情况的不同会使测试结果产生差异。另外，样品的数量还应该再多一点，这样统计学方法更有用武之地。

二里头文化时期白陶器仍然是较高社会地位的指示器，几乎所有白陶都用来制作酒器，常见的酒器形制有鬶、爵、尊、盉等。商人好酒，青铜酒器使用的数量是反映等级高低的重要方面。二里头文化应该也是这样。

二里头遗址的二里头文化 62 件各类陶器样品经过测试，其微量、痕量元素组成被聚类分析后分为三组，A 组 49 件，其中只有很少几件酒器；B 组 12 件中除 1 件硬陶片，均为酒器；C 组仅 1 件爵。这 62 件样品的主因子分析结果与聚类分析完全相同。三组中的 B 组最重要，11 件酒器中有 7 件白陶，4 件夹细砂灰陶，后者的“胎土很可能与白陶属同一系统”[4]。为什么白陶与灰陶是同一系统，其聚类分析和主因子分析都在同一组？广富林文化有 2 件从形态上看显然是外来的陶器：白陶鬶和竖条纹灰陶杯。经硅所和复旦大学现代物理研究所（下文简称复旦）的主次量元素分析，2 件器物的铝含量都很高，但铁含量差别很大，灰陶杯的铁含量高达 6% 以上，如果铁含量高又在还原气氛下烧成，颜色就会泛灰[5]。二里头 4 件夹细砂灰陶的主次量元素未作测试，而广富林的 2 件陶器未作微、痕量元素测试，这 2 个遗址的测试结果可互作参考（表 1）。

表 1　　广富林陶鬶、竖条纹杯的化学组成

测试单位	器形	重量（wt）%								μg/g
		Na_2O	MgO	Al_2O_3	SiO_2	K_2O	CaO	TiO_2	Fe_2O_3	
复旦	鬶	1.50	1.71	25.7	66.3	1.46	0.42	0.87	2.02	100
硅所	鬶	0.77	1.02	26.18	65.78	1.38	0.55	0.67	2.66	230
复旦	竖条纹杯	1.50	3.62	24.3	58.8	3.30	0.54	1.34	6.34	2000
硅所	竖条纹杯	1.15	3.79	23.26	59.37	3.72	0.63	0.90	6.19	800

二里头文化的白陶器中还有形制特殊的斗笠形器，出自 1 座贵族墓。3 件斗笠形器呈品字形分布放置在墓主头骨上方，发掘者推测为头饰或冠饰的组件[6]。同墓还出长 64.5 厘米的绿松石龙形器，显示该贵族的尊贵地位。据硅所测试，斗笠形器的化学组成为高铝、低硅、低铁，明显不同于其他白陶酒器。斗笠形器与其他白陶器皿的原料取自于不同地点，可以推测二者的生产地点也不相同[7]。作为高端饰件，甚至是贵族身份标志物的斗笠形器和以酒器为主的器皿，可能由两个不同的生产机构制作。

在烧制技术方面，硅所测定了二里头 5 件白陶样品的烧成温度，其中 2 件为 1000 摄氏度，3 件低于 1000 摄氏度。烧成温度与龙山时期的桐林和两城镇相近或略低。如果将白陶器形与烧成温度结合起来看，二里头文化的白陶同山东地区的龙山白陶应该没有传承关系。

在生产地点方面，南洼遗址和二里头遗址白陶器的微量、痕量元素在因子分析三维散点图上分布于不同区域[8]，表明它们不是在同一个地点取原料，南洼的白陶原料产地可能就在遗址附近[9]。原料来源不同，烧制地点应该也不在一起。同山东龙山文化的两城镇与桐林一样，二里头与南洼二遗址也是各自独自生产白陶器。

二　聚落的分化与分布

在社会复杂化进程中聚落发生分化，出现不同规模的聚落，根据聚落的规模区分不同的层级。目前比较流行的确定聚落规模的方法是根据遗址的分布范围。这种方法要求对遗址有相当程度的了解，如比较准确的分布范围、遗址的延续性和时间段、在不同文化和不同时间段的遗址分布情况。20 世纪 50 年代以来考古调查所得到的遗址分布范围，绝大多数不能作为确定不同时段遗址分布范围的可靠资料。为了达到这一目标必须设计专门的调查方法。山东日照地区的小区域调查进行了有益的尝试，将该地区龙山文化的聚落区分为“核心聚落群”和“小聚落群”，各聚落群内的遗址分化非常明显，各分为 2 个 ~4 个层级，核心聚落群位于区域中心，遗址的层级最多[10]。将来要回答的问题是核心聚落群和小聚落群的关系，小聚落群之间的关系和各聚落群内聚落之间的关系，等等。

目前在海岱地区发现了以土垣环绕为标志的核心聚落，东部有两城镇和丹土，西部有景阳岗与教场铺，中部有桐林等。核心聚落的分布范围一般都很大。核心聚落尤其是土垣环绕的核心聚落是否为独立的社会政治中心，它们之间的相互关系，以及各核心聚落在海岱地区龙山文化整体聚落层级结构中的地位，还都不清楚。海岱地区的龙山文化可以划分为若干类型。那些以各个核心聚落为中心的大小聚落群所构成的特定地区同文化类型的关系也是一个必须深入探讨的问题。

在环太湖地区，现有资料似乎难以从遗址范围的角度看出聚落规模的层级区分。但是可以用“控制玉器能力”来区分聚落的等级。重要玉器为不同等级的贵族控制，等级越高的贵族所在聚落的层级就越高，一般来说聚落规模就越大。如果再同遗址分布的变量相结合，结论就比较可信。以“控制玉器能力”为依据，将良渚文化的聚落划分为五级。应该进一步关注同层级和不同层级聚落之间的关系。

根据第一节对桐林与两城镇白陶鬶原料来源的分析可以提出下列假说：作为贵重陶器的白陶鬶在山东龙山文化并没有单一的生产地，桐林与两城镇两地的白陶鬶是当地生产，当地使用，基本不存在分配、授受、馈赠和交换等产品交流方式。因此，桐林与两城镇是两个相互独立的政治实体，二者之间不存在特定的隶属关系。如果再进一步，山东龙山文化大型或超大型、一般以土垣环绕为特征的中心聚落相互独立，同一时期存在多个政治实体，社会结构是多中心的。

根据二里头与南洼 2 个遗址所出白陶的原料来源不同，判断它们也是各自独立生产白陶器。那么是否可以提出如同山东龙山文化一样的假说呢？判断两个或若干聚落之间的关系，贵重陶器的生产与获得方式只是一方面，要证明上述假说还需要更多证据。有更重要的证据表明二里头与南洼作为同一层级政治实体的可能性微乎其微，在遗址规模、聚落结构和人的身份等级等方面，2 个遗址相差太大。同理，如认为南洼与二里头之间存在隶属关系，也需要有相关依据。

以土垣环绕的城址和以城址为中心的城外的居住区域共同组成聚落，如果城垣外的居住区域比较分散，就是聚落群。据调查，单土城垣的面积大约 25 万平方米，而城垣内外的遗址总面积达 130.7 万平方米[11]。河南的古城寨城垣面积约 16 万平方米，新石器时代的遗址总面积约 270 万平方米[12]。城垣内外的关系是值得关注的，古城寨城内东北部发现大规模的夯土建筑基址群，显然不是一般的建筑。一般认为城垣内外的居住者分属于不同的阶层，具有不同的生活方式。

如果城内外居住者的生活方式不同，那么这两群人所使用的器具也应该有所区别。人人都要使用的生活器皿是一起制作还是分别制作。带着这个问题测试了古城寨城内与城外的普通陶器。

古城寨遗址延续时间很长，从仰韶文化开始，经历了龙山、二里头、商代、战国、汉代等多个时期，测试样品则从仰韶晚期经龙山早期一直延续到龙山晚期。根据硅所对样品的主次量化学组成分析，硅和铝等元素的含量变化不大，从统计分析图看，各时期的陶器样品之间没有明显的界线，大部分都混在一起。这表明长时期以来，制陶原料的来源没有明显变化，先民们过着长期而稳定的定居生活。

硅所测试的古城寨样品比较少（城内 27 个 、城外 12 个），就主次量元素，没有看出城内与城外的区别。而中子分析的样品比较多（城内 48 个、城外 52 个），均为泥质陶，所测微量与痕量元素的因子分析表明，城内样品与城外样品在三维散点图的分布区域除少量有重叠外，大部分分布于不同的区域，表明古城寨城垣内外泥质陶的微量元素与痕量元素组成基本上是不同的。城内与城外居住者使用的普通泥质陶器的原料来自于不同的区域，它们的成型、烧制也应该是分别进行的[13]。

三　广富林文化多元性与良渚文明的衰变

中国新石器时代的红山文化、凌家滩文化、良渚文化、石家河文化、大汶口-龙山文化等都曾发生过早期文明，其中有的还发展到相当高的程度。但是最终只有中原地区完成了文明化进程，率先进入国家社会阶段，而其他早期文明都失去自身，或先或后走向衰退，有的消亡，有的被融化后以全新面貌跨入文明。文明的衰退也是文明化进程中的一个阶段，在关注中原文明不断发展时，也不应该遗忘其他早期文明的失落过程和原因。这些失落文明中特别使人关注的就是曾高度发展的良渚文明，它在历经千年后发生衰变，最终为广富林文化所取代。

广富林遗址经历了崧泽—良渚过渡段、良渚文化前期、后期、末期（钱山漾期）和广富林文化的完整过程。从陶器观察，从良渚末期开始，良渚文化发生变异，出现外来文化因素，直至一支全新文化——广富林文化出现。测试良渚文化和广富林文化的陶器就是为了弄清二者的差异，了解广富林文化陶器的来源，进而探讨外来族群在环太湖地区文明化进程中的作用。

测试样品均出自广富林，硅所和复旦分别在各自实验室作陶器化学组成的主次量和微痕量元素测试并作分析[14]。硅所的“二维对应分析图”显示广富林文化和良渚文化的陶器主次量元素含量一部分可以区分。复旦的“因子散点三维图”则显示二者可以完全区分（图1）。从复旦的分析图看，尽管显示了区分，但是广富林文化陶器的一部分散点非常靠近良渚文化的散点区，也就是说二者的元素含量很相似。因此，我认为硅所的分析比较接近于事实。两个文化的陶器中一部分有不同的来源。

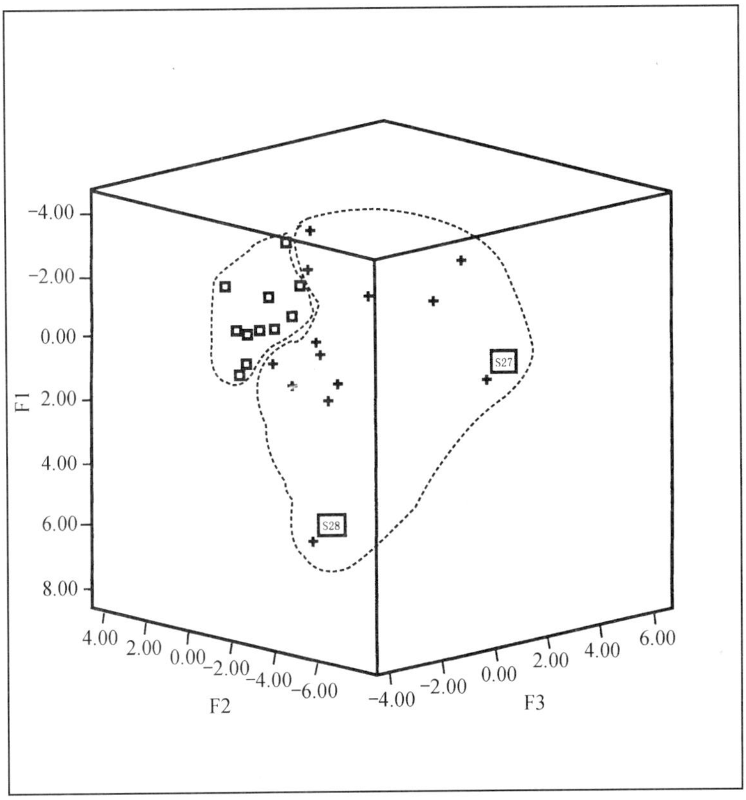

图1　广富林遗址和良渚文化与广富林文化陶片 PIXE 测试结果因子散点图
（引自尾注10图3：1）

在硅所的“二维对应分析图”上，良渚文化和广富林文化明显独立于散点聚集区以外的陶片有：

标本36，良渚文化T字形鼎足；

标本56，良渚文化圈足壶；

标本10，广富林文化陶罐片；

标本37，广富林文化灰陶罐腹片；

标本51，广富林文化竖条纹杯；

标本52，广富林文化白陶鬶。

在复旦的“因子散点三维图”上，有2个标本（广富林文化白陶鬶和竖条纹杯）分布在广富林文化散点区的边缘区域。

上述6个样品，白陶鬶和竖条纹杯是来自于王油坊类型的制品；标本56良渚文化圈足壶出自1座水井，共存陶器有垂腹鼎，鼎足残缺，从残留痕迹看为鱼鳍形足，良渚文化末期。这件圈足壶从器形看，不是当地传统，应该也是外来的制品。标本10和标本37均为陶罐残片，外来的可能性很大。标本36，T字形鼎足是良渚文化的典型器，独立于散点聚集区以外，对此还没有合理的解释。

硅所测试的标本30灰陶封口盉是1件孤立的残器，从器形看显然非本地传统，极有可能是外来输入品。但是在硅所的分析图上，灰陶封口盉同印纹陶样品混在一起，似乎是用同一种原料生产。灰陶封口盉的主次量元素含量同印纹陶究竟有没有区别。我提出这个问题后，请熊樱菲再作分析。她用硅所测到的9种元素含量，氧化钠（Na_2O）、氧化镁（MgO）、氧化铝（Al_2O_3）、二氧化硅（SiO_2）、氧化钾（K_2O）、氧化钙（CaO）、二氧化钛（TiO_2）、三氧化二铁（Fe_2O_3）、二氧化锰（MnO_2）作为变量，做出印纹陶和标本30灰陶盉胎体主次量元素的三维对应分析图（因子贡献率70%），灰陶盉不再混杂在印纹陶中（图2）。再从化学组成看，灰陶盉与印纹陶元素含量的主要区别是，灰陶盉的三氧化二铁（Fe_2O_3）含量很低（2.65%），氧化铝（Al_2O_3）/二氧化硅（SiO_2）比值也相对较低。由此我们可以相信，尽管灰陶盉同印纹陶的主次量元素含量接近，但仍然不是同源，这样就同对陶器形态的认识一致了。如果将来有条件再作微痕量元素就更好了。

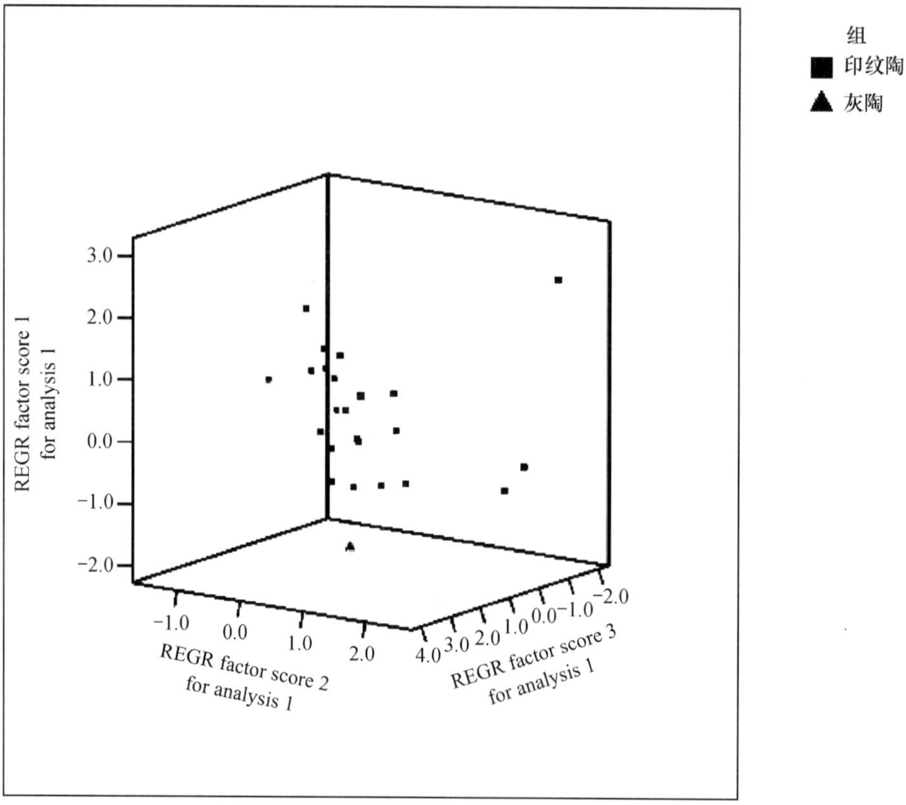

图2 广富林遗址的印纹陶和标本30灰陶盉胎体主次量元素的三维对应分析图

硅所和复旦的分析图有一个共同点，即良渚文化标本的散点除个别外，绝大多数比较集中，广富林文化标本的散点很分散。良渚文化散点比较集中表明其陶器原料的来源比较单一，提示陶器的生产方式比较集中，规模相对比较大。1955 年在良渚遗址群长坟地点，当地村民在水塘中集中发现大量陶器和木炭，随后文物部门发掘 16 平方米，共获得陶器超过 200 件，器形以双鼻壶、三鼻簋和竹节豆为主，有不少相同或相似器形[15]。1988 和 1990 年发掘的上海亭林墓地，以双鼻壶为随葬品之大宗，M16 等级最高，随葬品中有 27 件双鼻壶[16]。陶器如此丰富与集中，也提示应该有相当规模的陶器生产方式。广富林文化陶器原料的来源，从硅所的图 3 和图 4 可以看出，只有印纹陶的来源比较单一，其余则比较复杂，呈现出多源性。广富林文化陶器可能只有小部分是直接来自他地的产品，其中白陶鬶和竖条纹杯的器形特征最明显，与王油坊类型的同类器最为接近。广富林文化的大部分陶器是取自当地不同区域的原料，其中有些与良渚文化的取料地相同。这种现象应该提示分散获取原料、陶器制作是小规模分散形的生产方式。它们同社会单元组成的方式、规模有怎样的关系，是应该认真思索的问题。印纹陶原料来源比较单一，表明陶工们在使用原料方面有比较明确的目的，可供选择的原料很少。因为印纹陶对原料有特殊要求，获得原料不太容易，所以很可能是集中取料、集中生产。

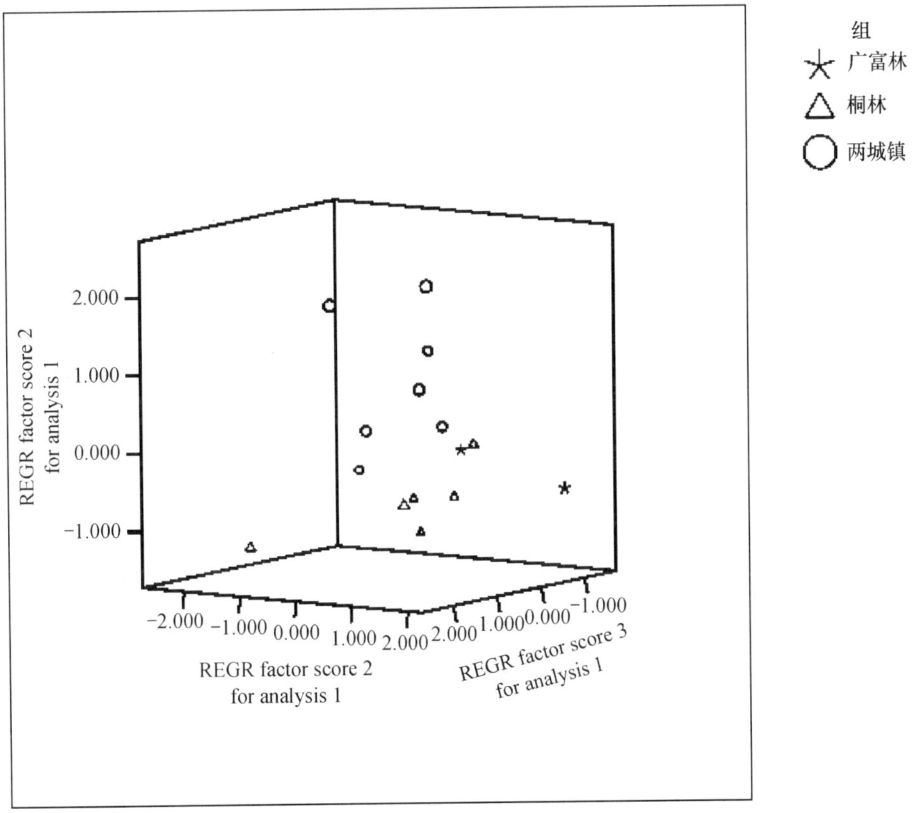

图 3　广富林、桐林和两城镇所出白陶鬶主次量元素的三维对应分析图

广富林竖条纹杯的铝含量明显高于广富林、桐林、两城镇的泥质灰陶和黑陶，而同白陶相近。竖条纹杯和白陶鬶来自于王油坊类型只是从形态特征判断，应该还有更多证据才有说服力。这次测试龙山文化白陶只有出自两城镇、桐林2个遗址的。广富林的白陶鬶和竖条纹杯的磷（P）含量复旦测得数据分别为100和2000μg/g，硅所数据为230和800μg/g。两城镇陶器中，磷的平均含量为9894μg/g，白陶器中磷的平均含量为7800μg/g。而两城镇文化层和生土层中的磷含量都未超过2500μg/g。硅所认为，两城镇陶工可能在原料中添加草木灰之类含磷高的原料，因此陶器的磷含量非常高。这样看来，广富林的白陶鬶和竖条纹杯的来源是两城镇的可能性不大。另外，广富林的竖条纹杯和白陶鬶，前者铁含量明显高，硅含量明显低，因此二者也不同源。

再比较广富林、桐林和两城镇白陶鬶的主次量化学组成（表2）。从熊樱菲所作分析图看，广富林白陶鬶复旦所测数据独立于桐林和两城镇的集中分布区域之外，进一步表明其来源为两城镇的可能性很小，来源为桐林的可能性也不大；硅所测得数据在桐林和两城镇之间，似与桐林接近一些（图3）。从数据看，广富林与桐林最大的差异是氧化钾（K_2O）的含量，后者的所有数据均比前者高；与两城镇最大差异是五氧化二磷（P_2O_5），如前述。

表2　　广富林、桐林、两城镇白陶鬶的化学组成

测试单位	编号	所属遗址	重量（wt）%								μg/g
			Na_2O	MgO	Al_2O_3	SiO_2	K_2O	CaO	TiO_2	Fe_2O_3	P_2O_5
复旦		广富林	1.50	1.71	25.7	66.3	1.46	0.42	0.87	2.02	100
硅所		广富林	0.77	1.02	26.18	65.78	1.38	0.55	0.67	2.66	230
51	TL-65	桐林	0.07	0.87	15.77	62	2.35	14.54	0.41	2.99	1440
52	TL-66	桐林	0.56	1.19	30.44	59.6	3.11	0.76	0.88	2.46	60
53	TL-67	桐林	0.21	0.99	23.96	66.26	2.69	2.38	0.65	1.84	220
54	TL-68	桐林	0.7	1.2	23.93	59.66	3.05	7.09	0.68	2.7	400
55	TL-69	桐林	0.45	1.31	27.28	63.19	3.21	0.84	0.65	2.07	200
56	TL-70	桐林	0.39	1.02	20.57	71.04	2.89	0.63	0.5	1.95	460
129	lcz-60	两城镇	0.27	0.59	23.83	67.28	2.38	1.99	0.77	1.9	15490
130	lcz-61	两城镇	0.07	0.48	18.46	76.53	0.39	0.69	0.44	1.95	6040
131	lcz-63	两城镇	0.17	0.67	32.63	59.99	1.52	0.9	0.75	2.37	2180
132	lcz-64	两城镇	0.76	0.48	25.31	67.55	0.98	0.74	0.7	2.48	460
133	lcz-65	两城镇	0.48	0.48	34.52	56.66	0.49	1.08	1.07	4.21	3050
134	lcz-66	两城镇	0.07	0.29	26.51	67.39	0.56	0.62	1.2	2.36	1460
135	lcz-67	两城镇	0.07	0.62	31.9	58.44	1.1	1.51	0.77	4.59	14740

从良渚文化到广富林文化，环太湖地区的社会结构发生了很大变动。从以上分析可以看到在陶器生产方式方面可能发生的变化。如果陶器原料来源比较单一反映了制陶作

坊比较集中，就可以进一步推论良渚文化制陶业可能已经是规模比较大的专门化生产。如果陶器原料取自于多个地点反映了制陶作坊比较分散，也就可以进一步推论广富林文化制陶业由多个小规模的制陶作坊组成，很可能以家庭为单位。从广富林遗址的墓葬材料看，良渚文化的头向统一朝向西南，广富林文化则有几种不同的头向。制陶分散作业和墓葬多种头向表明广富林文化的凝聚力比较弱，而与之相反的良渚文化具有较强的社群凝聚力。

从以上三个方面可以看出，用陶瓷测试分析结果解释社会复杂化的一些问题是可以有所作为的，今后可以继续尝试。

通过这次工作，我有几点想法。

①应该将陶瓷测试分析放在社会复杂化的大背景下，在设计课题时考古研究者和专事陶瓷测试分析的研究人员应该认真讨论研究目标和达到目标的可行性及其方法技术。

②根据研究目的，测试需要有根据不同标准分类、组合的陶器标本，如若干房址（群）或墓葬（区）所出陶器群；同一类陶器如良渚文化的双鼻壶、山东龙山文化的蛋壳陶杯等。按照考古发掘以往的通行做法，修复陶器会将所有陶片都用上，以至于需要测试时没有陶片标本。今后修复应该留下若干陶片，以备测试之用。

③对陶瓷测试方法技术的局限性应有充分认识。任何测试、检查技术都有其局限，因此需要相互补充验证和不断完善。对测试结果既不要全盘接受，也不要一概否定，应该在综合多种证据的基础上认真分析，加以取舍。

④要认真做好测试数据的分析。化学组成因子对应分析图的结果，既取决于所选择的因子，也取决于所选择的陶器标本群，不同因子和陶器标本群经过计算，会得到有所不同的结果。考古研究者应该参与测试数据的分析，以得出最佳结果。

附记：本文在写作过程中多次向上海博物馆实验室熊樱菲女士请教有关陶瓷测试分析方面的问题，本文的图2、图3为熊樱菲女士根据测试数据制作的分析图。对这些帮助谨表感谢！

注　释

[1]　中国社会科学院考古研究所山东工作队：《山东临朐龙山文化墓葬》，《考古》1990年第7期。

[2]　山东昌潍地区文物管理组、诸城县博物馆：《山东诸城呈子遗址发掘报告》，《考古学报》1980年第3期。

[3]　a. 王海圣、李伟东、邓泽群、鲁晓珂、罗宏杰、高明奎：《桐林遗址出土龙山时期陶器的研究》，《09古陶瓷科学技术国际研讨会论文集（7）》，上海科学技术文献出版社，2009年。

b. 王海圣、李伟东、罗宏杰、邓泽群、鲁晓珂、栾丰实、高明奎：《山东龙山文化陶器的科技研究》，《科技考古》第三辑，科学出版社，2011年。

[4]　王增林、许宏：《二里头遗址陶器样品中子活化分析与研究》，《科技考古》第二辑，科学出版社，2007年。

[5]　鲁晓珂、李伟东、罗宏杰、吴隽、王海圣、宋建、翟杨：《上海广富林遗址陶器的科技研究》，《科技考古》第三辑，科学出版社，2011年。

[6]　中国社会科学院考古研究所二里头工作队：《河南偃师市二里头遗址中心区的考古新发现》，《考古》2005年第7期。

[7]　鲁晓珂、李伟东、罗宏杰、许宏、赵海涛：《河南偃师二里头遗址特殊陶器的科技研究》，

《科技考古》第三辑，科学出版社，2011 年。

[8] 王增林、李新伟、栾丰实、宋建、蔡全法、朱君孝、陈洪海：《中华文明形成时期多个遗址陶器的中子活化分析与研究》，《科技考古》第三辑，科学出版社，2011 年。

[9] 韩国河、赵维娟、张继华、朱君孝：《用中子活化分析研究南洼白陶的原料产地》，《中原文物》2007 年第 6 期。

[10] 中美两城地区联合考古队：《山东日照地区系统区域调查的新收获》，《考古》2002 年第 5 期。

[11] 栾丰实：《日照地区大汶口、龙山文化聚落形态之研究》，《中国考古学跨世纪的回顾和前瞻(1999 年西陵国际学术研讨会文集)》，科学出版社，2000 年。

[12] 河南省文物考古研究所、新密市炎黄历史文化研究会：《河南新密市古城寨龙山文化城址发掘简报》，《华夏考古》2002 年第 2 期。

[13] a. 王增林、李新伟、栾丰实、宋建、蔡全法、朱君孝、陈洪海：《中华文明形成时期多个遗址陶器的中子活化分析与研究》，《科技考古》第三辑，科学出版社，2011 年。

b. 鲁晓珂、李伟东、赵静、罗宏杰、邓泽群、蔡全法：《新密古城寨龙山文化遗址陶器的研究》，《09 古陶瓷科学技术国际讨论会论文集（7）》，上海科学技术文献出版社，2009 年。

[14] a. 凌嘉炜：《PIXE 在古陶瓷产地和制造工艺中的研究》，复旦大学硕士学位论文。2007 年。

b. 鲁晓珂 李伟东 罗宏杰 吴隽 王海圣 宋建 翟杨：《上海广富林遗址陶器的科技研究》，《科技考古》第三辑，科学出版社，2011 年。

c. 王海圣、李伟东、罗宏杰、邓泽群、鲁晓珂、宋健、翟杨：《中华文明形成时期长江下游地区陶器的科技研究》，《科技考古》第三辑，科学出版社，2011 年。

[15] 浙江省文物考古研究所：《良渚遗址群》，文物出版社，2005 年。

[16] 上海博物馆考古研究部：《上海金山区亭林遗址 1988、1990 年良渚文化墓葬的发掘》，《考古》2002 年第 10 期。

中华文明形成时期多个遗址陶器的中子活化分析与研究

王增林　李新伟　栾丰实　宋　建　蔡全法　朱君孝　陈洪海

内容提要：我们在黄河中、下游地区的陕西案板遗址、陕西下魏洛遗址、河南古城寨遗址、河南西坡遗址、河南南洼遗址、山东两城镇遗址、山东桐林遗址和长江下游地区的上海崧泽遗址、上海马桥遗址等9个遗址中共采集陶器样品312件进行中子活化分析，并采用因子分析方法对陶器中的微量元素和痕量元素数据进行分析和研究，试图了解同一地区的不同遗址出土泥质陶器的相互关系。

关键词：泥质陶器　中子活化分析　因子分析

前　　言

古代陶器原材料产地的研究越来越多地受到人们的关注，科学技术与古代陶器产地的研究结合的越来越紧密。多种科学技术和方法被应用在古代陶器产地的研究方面，以求获得更多的古代陶器制作原材料产地的信息，我们在本课题中采用了中子活化分析技术来研究古代陶器中的微量元素和痕量元素，这些元素在陶器的制作过程中不会被人为的扰动，故能揭示陶器的原材料产地的一些信息，从而确定古代陶器的产地，以此研究古代文化的交流和人类的文明、进步。

陶器的中子活化分析就是利用具有一定能量和流强的中子去轰击待分析的陶器样品，使陶器样品中的核素产生核反应，生成具有放射性的核素，然后测定陶器样品中放射性核素衰变时放出的瞬发辐射或缓发辐射，对陶器中的元素作定性、定量分析，从而确定被测陶器样品中各种元素的含量。

一　陶器样品的采集

在中华文明探源工程第二阶段古代陶器的研究项目中，我们在黄河中、下游地区的

作者：王增林、李新伟　中国社会科学院考古研究所，北京，100710；栾丰实 山东大学东方考古研究中心，济南，250100；宋健 上海博物馆，上海，200003；蔡全法 河南省文物考古研究所，郑州，450000；朱君孝 郑州大学历史学院，郑州，450001；陈洪海 西北大学文化遗产学院，陕西，710069。

陕西案板遗址、陕西下魏洛遗址、河南西坡遗址、河南古城寨遗址、河南南洼遗址、山东两城镇遗址、山东桐林遗址和长江下游地区的上海崧泽遗址、上海马桥遗址等9个遗址中共采集陶器样品312件，其中泥质陶器293件、硬陶2件、白陶17件。这些陶器样品的文化分期有案板一期、案板二期、案板三期、庙底沟二期、客省庄二期、仰韶文化、龙山文化、二里头文化、崧泽文化和马桥文化等。

二 样品制备、测量分析

将采集的312件陶器样品的表面清理干净，研磨成粉末，分别将每个粉末样品装进一个塑料样品袋中封装好，然后将封装好的古代陶器的粉末样品送到中国原子能科学研究院，在那里进行反应堆中子照射和元素测量，每个陶器样品测量了20种微量元素和痕量元素，这些元素分别是As（砷）Ba（钡）Ge（锗）Co（钴）Cs（铯）Eu（铕）Hf（铪）La（镧）Lu（镥）Nb（铌）Rb（铷）Sb（锑）Sc（钪）Sm（钐）Ta（钽）Tb（铽）Th（钍）U（铀）Yb（镱）Zn（锌）。

三 数据处理及讨论

本课题中采集的陶器样品中有17件白陶（南洼遗址3件二里头文化时期的白陶、两城镇遗址8件龙山文化时期的白陶、桐林遗址6件龙山文化时期的白陶），为了弄清楚这17件白陶样品与本研究项目中其他295件非白陶样品的制作原材料的关系，我们首先将312件陶器样品中的微量元素和痕量元素进行因子分析，得到了本项研究中全部312件陶器样品的因子分析三维散点图（图1）。

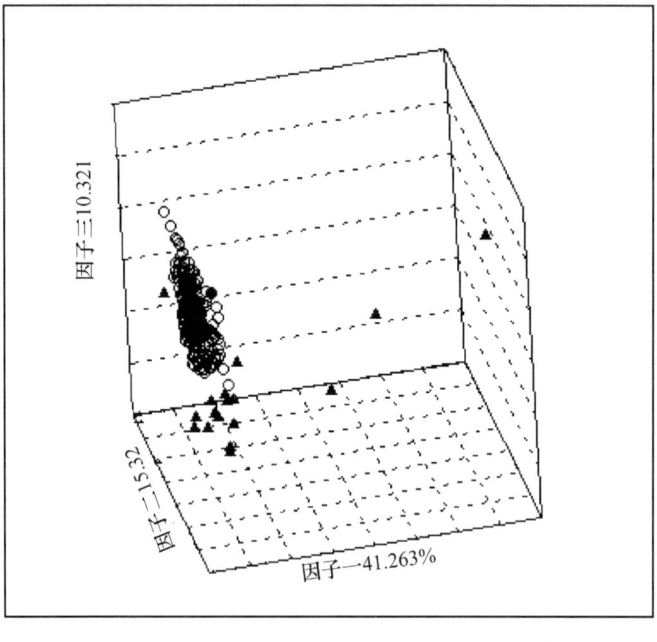

图1 9个遗址采集312件陶器因子分析三维散点图

在图 1 中我们看到 17 件白陶样品在图中的分布特点非常明显，与其他 295 件泥质陶器、硬陶的分布区域存在明显的差异，说明这 17 件白陶样品的制作原材料与其他 295 件泥质陶器、硬陶的制作原材料是不同的。另外还有 1 件马桥遗址出土的硬陶（实验室编号为 MQ9）在图中的分布与其他泥质陶器有明显的差别，说明这件硬陶的原材料或配方有其自身的特点。

为了弄清楚同一地区、同一时期、不同遗址之间的文化交流情况，我们将在下面的讨论中分别分析同一地区、相同文化时期的不同遗址出土陶器的微量元素和痕量元素组成，通过因子分析来研究同一地区、同一文化时期、不同遗址出土陶器制作原材料之间的关系，进而研究古代同一地区、同一文化时期不同遗址之间的文化交流等。

1. 黄河中、下游地区

（1）陕西案板遗址、下魏洛遗址

案板遗址位于陕西省扶风县城东约 4 公里处。是关中西部重要的新石器时代遗存之一，面积大约 70 万平方米，文化堆积较厚，内涵丰富。在案板遗址采集了泥质陶器样品 16 件，这些泥质陶器样品的文化分期为案板一期 7 件、案板二期 1 件和案板三期 8 件。其中案板一期文化、案板二期文化与仰韶文化属于同一时期，案板三期文化与庙底沟二期文化同时期。

下魏洛遗址位于陕西省旬邑县赤道乡下魏洛村南的黄土台上。发掘清理出了龙山文化时期的房址、陶窑和灰坑等重要遗迹，出土了大量陶器、石器、骨质器物。在下魏洛遗址采集了 15 件泥质陶器样品，这些泥质陶器样品分别属于庙底沟二期文化的 8 件和客省庄二期文化的 7 件。2 个遗址出土的泥质陶器样品采集清单见表 1。我们将 2 个遗址出土泥质陶器中的微量元素和痕量元素分别进行因子分析，得到了案板遗址出土的 16 件泥质陶器的因子分析三维散点图（图 2a）和下魏洛遗址出土的 15 件泥质陶器的因子分析三维散点图（图 2b）。

表 1　　陕西案板遗址、下魏洛遗址出土泥质陶器样品清单

实验室编号	遗址	原编号	器物名称	样品描述	时期	备注
NC: 1	案板	GBH56: 6	双耳罐	泥质灰褐	案板三期	口沿残片
NC: 2	案板	GBH20: 59	瓶	泥质褐陶	案板三期	腹部残片
NC: 3	案板	GBH26: 55	刻槽盆	泥质褐陶	案板三期	口沿残片
NC: 5	下魏洛	H76	瓶	泥质红陶	庙底沟二期	口沿残片
NC: 6	下魏洛	H44	瓶	泥质灰陶	庙底沟二期	口沿残片
NC: 7	下魏洛	H57: 28	折腹罐	泥质灰陶	庙底沟二期	腹底残片
NC: 8	下魏洛	H76: 15	折腹罐	泥质灰陶	庙底沟二期	口沿及腹部残片
NC: 9	下魏洛	H61: 23	豆	泥质灰褐	庙底沟二期	豆盘残片
NC: 10	下魏洛	H57: 19	豆	泥质灰陶	庙底沟二期	豆柄残片
NC: 11	下魏洛	H20①	盆	泥质灰陶	庙底沟二期	口沿残片

续表 1

实验室编号	遗址	原编号	器物名称	样品描述	时期	备注
NC: 21	下魏洛	H20: 77	筒形罐	泥质红陶	庙底沟二期	口沿残片、下腹部残片
NC: 28	下魏洛	H64: 123	折腹罐	泥质红陶	客省庄二期	颈部、腹部残片
NC: 29	下魏洛	H53⑪: 3	折腹罐	泥质灰陶	客省庄二期	口沿、腹部残片
NC: 32	下魏洛	H64: 91	盆	泥质灰陶	客省庄二期	口沿残片
NC: 33	下魏洛	H54②: 13	豆	泥质灰陶	客省庄二期	豆盘残片
NC: 35	下魏洛	H64: 74	深腹罐	泥质灰陶	客省庄二期	口沿残片
NC: 36	下魏洛	H74: 9	瓶	泥质灰陶	客省庄二期	腹底残片
NC: 40	下魏洛	H74: 7	鬶	泥质灰陶	客省庄二期	袋足残片
NC: 41	案板	GBH7	瓶	泥质灰陶	案板三期	腹部残片
NC: 43	案板	GBH7	深腹盆	泥质灰陶	案板三期	口沿残片
NC: 44	案板	GBH7	深腹盆	泥质黑皮褐陶	案板三期	口沿残片
NC: 46	案板	GBH7	双耳罐	泥质灰陶	案板三期	口沿及耳部残片
NC: 48	案板	GBH49: 7	器盖	泥质褐陶	案板三期	残片
NC: 54	案板	GNZH56	尖底瓶	泥质红陶	案板二期	口沿
NC: 56	案板	GNH56	彩陶盆	泥质红陶	案板一期	口沿残片
NC: 58	案板	GNH74	尖底瓶	泥质红陶	案板一期	口沿残片
NC: 59	案板	GNH75	钵	泥质红陶	案板一期	口沿残片
NC: 60	案板	GNH75	钵	泥质灰陶	案板一期	口沿残片
NC: 61	案板	GNH56	叠唇盆	泥质红陶	案板一期	口沿残片
NC: 62	案板	GNH56	叠唇缸	泥质灰陶	案板一期	口沿残片
NC: 63	案板	GNH66	钵	泥质红陶	案板一期	口沿残片

图 2a 是案板遗址出土的 16 件泥质陶器因子分析的三维散点图，从图中明显看到案板一期出土的泥制陶器在图中的分布相对集中，而案板三期出土的泥制陶器在图中的分布比较分散，表明案板一期泥制陶器的制作原材料采集相对集中和制陶工艺比较单一，到了案板文化三期原材料的采集可能比较分散或是制陶工艺出现了多样性。

图 2b 是下魏洛遗址出土的 15 件泥制陶器的因子分析三维散点图，从图中明显看到庙底沟二期出土的 8 件泥质陶器和客省庄二期出土的 7 件泥制陶器在图中的分布范围是有区别的，表明在这两个文化时期泥制陶器的制作原材料或陶器的制作工艺可能存在着一定的差异。

陕西案板遗址和下魏洛遗址相距不是太遥远，案板三期文化相当于下魏洛遗址的庙底沟文化时期，那么在这个文化时期 2 个遗址之间是否存在泥质陶器的交流呢？为了弄

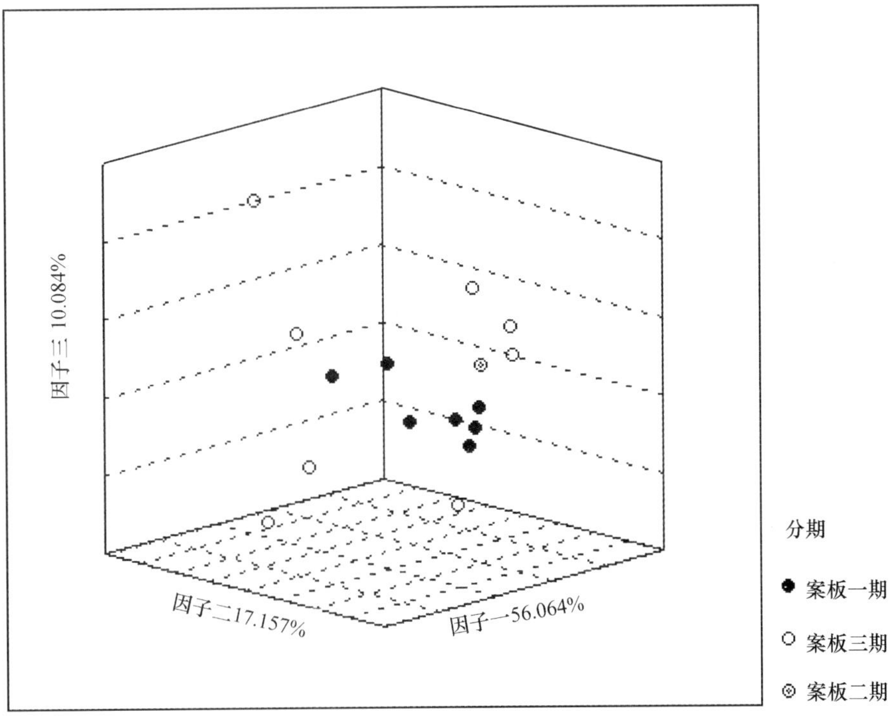

图 2a　案板遗址出土泥质陶器因子分析三维散点图

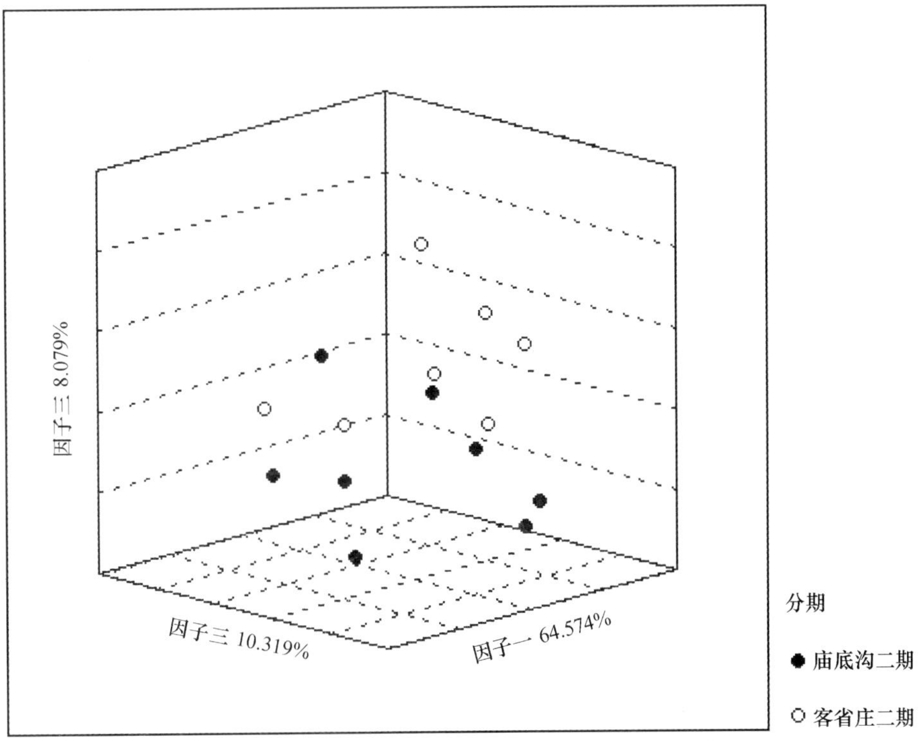

图 2b　下魏洛遗址出土泥制陶器因子分析三维散点图

清这个问题，我们将案板遗址出土的案板三期的 8 件泥质陶器残片和下魏洛遗址出土的庙底沟二期的 8 件泥质陶器残片中的微量元素和痕量元素进行因子分析，得到因子分析三维散点图（图 2c）。

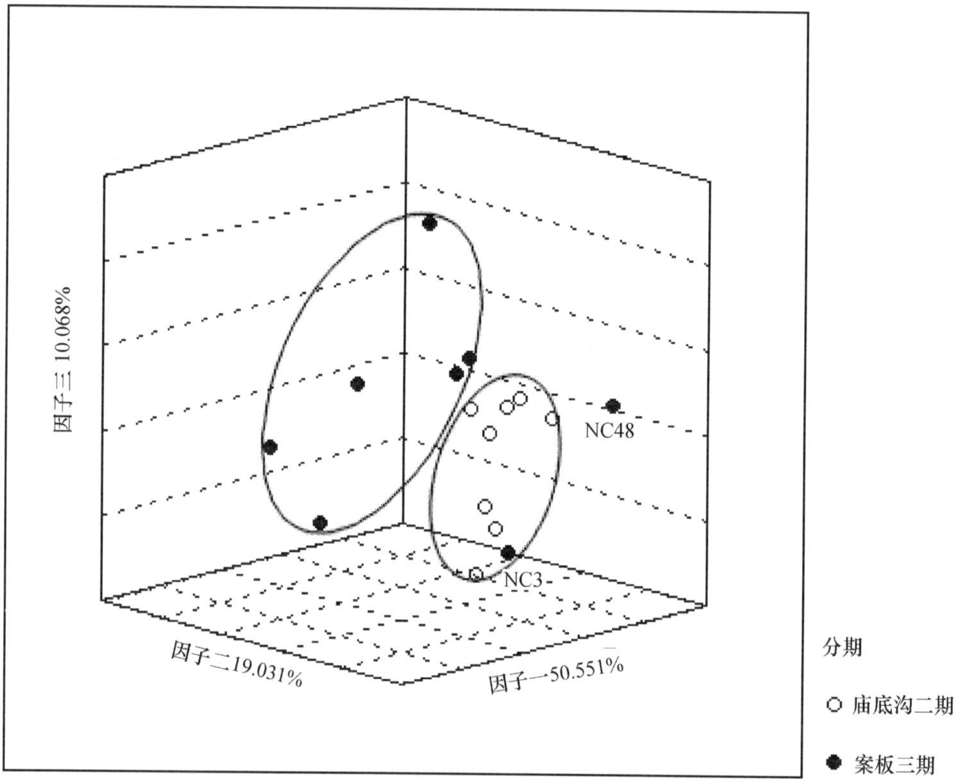

图 2c　案板三期、庙底沟二期泥质陶器因子分析三维散点图

由图 2c 看到，案板遗址出土的案板三期文化的 8 件泥质陶器中有 6 件相对集中，另外 2 件相对分散，其中 1 件实验室编号为 NC3 原编号为 GBH26∶55 的泥质褐陶刻槽盆在图中的分布与下魏洛遗址出土的 8 件泥质陶器比较接近，表明这件泥质陶器的制作原材料可能与下魏洛遗址出土的庙底沟二期的 8 件泥质陶器的制作原材料相似，不排除在这个文化时期 2 个遗址之间有泥质陶器交流的可能。至于另 1 件实验室编号为 NC48 原编号为 GBH49∶7 的泥质褐陶器盖，在图中的分布既远离了案板遗址出土的案板三期的大部分泥质陶器，又与下魏洛遗址出土的庙底沟文化二期的泥质陶器有区别，说明其原材料可能另有出处或是陶器的制作工艺与案板三期的泥质陶器不同。

（2）河南西坡遗址

仰韶文化最早发现于河南省渑池县仰韶村，是中国黄河中游地区的新石器时代文化。其分布以渭、汾、洛诸黄河支流汇聚的中原地区为中心，北到长城沿线及河套地区，南达鄂西北，东至豫东一带，西到甘、青接壤地带。年代约为公元前 5000 年至公元前 3000 年。仰韶文化以其分布广泛，延续之长久，内涵之丰富，影响之深远，而成为中国诸新石器文化中的一支主干，它展现了中国母系氏族制繁荣至衰落时期的社会结构和文化成就[1]。

河南灵宝西坡遗址是一处重要的仰韶文化时期的遗址，为了研究该遗址出土泥质陶器的产地和与其他遗址出土同时期泥质陶器之间的文化交流，我们在该遗址采集了泥质陶器44件，在河南新密古城寨遗址城内采集了仰韶文化时期的泥质陶器4件，在黄河中游地区的2个遗址中总共采集了48件仰韶文化的泥质陶器一起进行研究，本次研究仰韶文化时期的泥质陶器样品采集清单请见表2。48件泥质陶器样品中的微量元素和痕量元素的因子分析三维散点图见图3所示。

表2　西坡遗址、古城寨遗址出土仰韶文化泥质陶器样品采集清单

实验室编号	遗址	考古编号	器物名称	样本描述	时期
XP1	西坡	2000HLXH3	瓶	泥质红陶，细纹	仰韶文化
XP3	西坡	2000HLXH3	盆	泥质褐陶	仰韶文化
XP6	西坡	2000HLXT201④	盆	泥质红陶，黑彩	仰韶文化
XP7	西坡	2000HLXT201④	盆	泥质红陶	仰韶文化
XP8	西坡	2000HLXT201④		泥质褐陶	仰韶文化
XP9	西坡	2000HLXT201④	钵	泥质褐陶	仰韶文化
XP10	西坡	2000HLXT201④	罐	泥质灰陶	仰韶文化
XP11	西坡	2000HLXT201④	尖底瓶	泥质红陶	仰韶文化
XP12	西坡	2000HLXT204H11	瓶	泥质红陶，细绳纹	仰韶文化
XP14	西坡	2000HLXT204H11	盆	泥质褐陶	仰韶文化
XP15	西坡	2000HLXT204H11	尖底瓶	泥质红陶，细绳纹	仰韶文化
XP17	西坡	2001HLXH107	尖底瓶	泥质红陶，细绳纹	仰韶文化
XP18	西坡	2001HLXH107	罐底	泥质红陶	仰韶文化
XP19	西坡	2001HLXH107	盆	泥质红陶	仰韶文化
XP20	西坡	2001HLXH107		泥质褐陶	仰韶文化
XP21	西坡	2001HLXH107	钵	泥质红陶	仰韶文化
XP22	西坡	2001HLXH107	尖底瓶	泥质褐陶	仰韶文化
XP23	西坡	2001HLXH33④	盆	泥质红陶，黑彩	仰韶文化
XP24	西坡	2001HLXH33④	盆	泥质红陶	仰韶文化
XP26	西坡	2001HLXH33④	尖底瓶耳	泥质灰陶，细绳纹	仰韶文化
XP27	西坡	2001HLXH33④	盆	泥质灰黑陶	仰韶文化
XP28	西坡	2001HLXH33④	尖底瓶耳	泥质灰陶	仰韶文化
XP30	西坡	2004HLXⅢT0702H3⑥	盆	泥质红陶	仰韶文化
XP31	西坡	2004HLXⅢT0702H3⑥	缸口沿	泥质褐陶	仰韶文化

续表2

实验室编号	遗址	考古编号	器物名称	样本描述	时期
XP32	西坡	2004HLXⅢT0702H3⑥	盆或罐	泥质黑皮褐陶	仰韶文化
XP33	西坡	2004HLXⅢT0702H3⑥	尖底瓶	泥质红陶	仰韶文化
XP35	西坡	2004HLXⅣT0801H6⑤	盆	泥质红陶，黑彩	仰韶文化
XP36	西坡	2004HLXⅣT0801H6⑤	钵或盆	泥质红陶，黑白彩	仰韶文化
XP37	西坡	2004HLXⅣT0801H6⑤	盆底	泥质红陶	仰韶文化
XP38	西坡	2004HLXⅣT0801H6⑤	盆	泥质褐陶	仰韶文化
XP39	西坡	2004HLXⅣT0801H6⑤	盆	泥质红陶	仰韶文化
XP41	西坡	2004HLXT0801④	盆	泥质红陶	仰韶文化
XP42	西坡	2004HLXT0801④	盆	泥质褐陶	仰韶文化
XP43	西坡	2004HLXT0801④	盆	泥质红陶	仰韶文化
XP44	西坡	2004HLXT0801④	尖底瓶	泥质红陶	仰韶文化
XP46	西坡	2004HLXT0801④	盆	泥质红陶	仰韶文化
XP47	西坡	2004HLXT0302④	盆	泥质红陶	仰韶文化
XP48	西坡	2004HLXT0302④	尖底瓶	泥质红陶，弦纹	仰韶文化
XP49	西坡	2004HLXT0302④	盆	泥质褐陶	仰韶文化
XP52	西坡	2004HLXT0302④	盆	泥质红陶	仰韶文化
XP53	西坡	2004HLXT27H122	罐底	泥质红陶	仰韶文化
XP54	西坡	2004HLXT27H122	罐	泥质褐陶	仰韶文化
XP55	西坡	2004HLXT27H122	盆	泥质红陶	仰韶文化
XP56	西坡	2004HLXT27H122		泥质灰陶	仰韶文化
GN2	古城寨内	XGⅢT1F1∶3	罐	泥质红陶	仰韶文化晚期
GN3	古城寨内	XGⅢT1F1∶11	碗	泥质红陶	仰韶文化晚期
GN6	古城寨内	XGⅢT1F1∶14	罐	泥质灰陶	仰韶文化晚期
GN7	古城寨内	XGⅢT1F1∶15	钵	泥质灰陶	仰韶文化晚期

由图3看到，古城寨遗址城内出土的4件仰韶文化时期的泥质陶器在图中的分布比较分散，不同于西坡遗址出土的44件泥质陶器，表明这2个遗址出土的泥质陶器的制作原材料是不同的，就目前分析的泥质陶器数据来看，这2个遗址不存在泥质陶器的交流。另外西坡遗址出土的44件泥质陶器中，有43件泥质陶器样品在图中的分布比较集

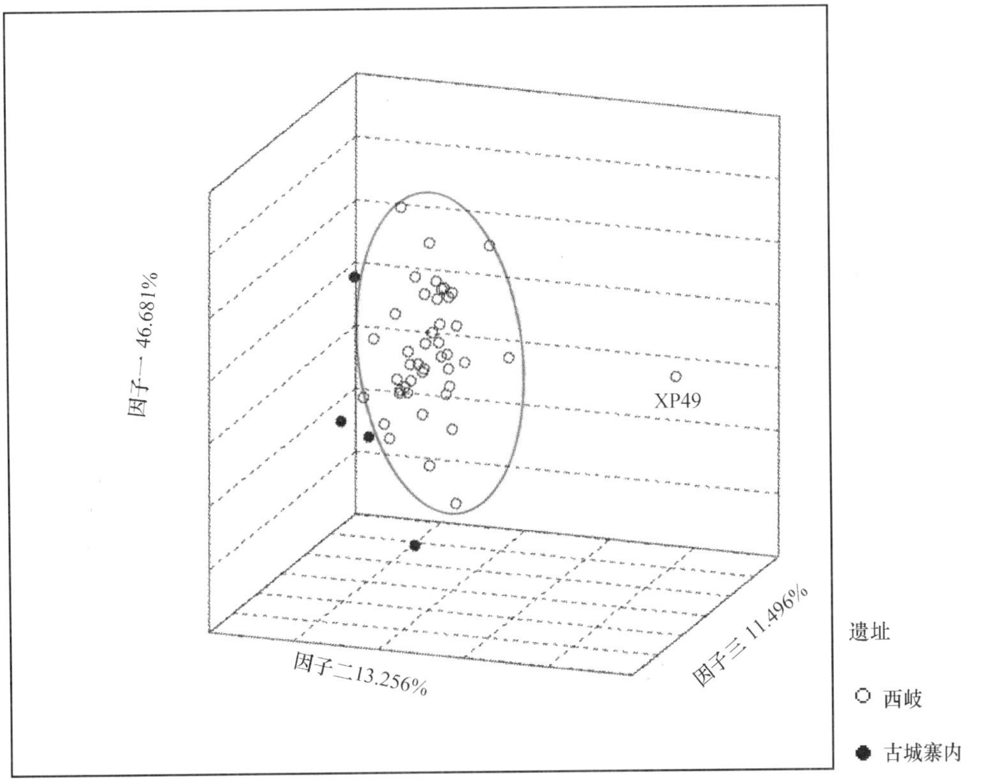

图 3　西坡、古城寨遗址出土仰韶文化泥质陶器因子分析三维散点图

中，表明这 43 件泥质陶器的制作原材料应该是相同的，有 1 件泥质陶器在图中的分布比较分散，它是实验室编号为 XP49 原编号为 2004HLXT0302④的泥质褐陶盆，表明这 1 件泥质陶器的制作原材料或制作工艺与其余 43 件泥质陶器的制作原材料或制作工艺不同。如果我们假设西坡遗址出土的 43 件在图中比较集中的泥质陶器是在当地制作的，那么另外 1 件在图中分布有明显差别的实验室编号为 XP49 的泥质陶器由文化的交流从外面带进该遗址的可能性比较大。

（3）河南古城寨遗址

古城寨遗址位于河南省新密市与新郑市交界处，在新密市东南 35 公里的曲梁乡大樊庄村古城寨村民组周围。遗址规模较大，地面仍保留有较高的三面城墙，气势雄伟。据目前所知，城内外新石器时代遗址达 48 万余平方米。古城寨城址，南北仅有二个城门，显示了它的封闭性和所具有的军事色彩。再加之城内的大型宫殿与廊庑建筑基址方向与城墙十分一致，夯层与夯窝又非常统一，足见作为防御设施城堡的修筑，是经过统一规划、精心设计和严格监督施工的。该遗址的发现，不仅为探索夏文化，同时为研究我国文明起源与国家形成提供了重要的且不可多得的资料[2]。从历史的角度分析，修筑这一工程巨大的城址，只有社会发展和出现了权力集中的统治集团才能够完成。城址中生产工具较少见，说明城中居住的不可能是一般劳动者，城址该是有别的用途[3]。为了弄清楚古城寨遗址城内、城外出土的泥质陶器之间的同异性，我们采用中子活化分析方法对古城寨遗址城内、城外出土的泥质陶器测量微量元素和痕量元素并对微量元素和痕量元素进行因子分析，从而来研究古城寨遗址城内外出土泥质陶器之间的关系，以有利于城内、城外遗址性质与关系的深入研究。

我们在古城寨遗址城内采集泥质陶器残片样品48件，其中仰韶文化晚期4件、龙山文化早期8件、龙山文化二期前段13件、龙山文化二期后段9件、龙山文化三期6件、龙山文化四期8件，器物类型有罐、碗、钵、瓮、镂孔圈足、盆、斝、壶、杯等。在古城寨遗址城外采集泥质陶器残片样品52件，其中龙山文化二期前段9件、龙山文化二期后段17件、龙山文化三期13件、龙山文化四期13件，器物类型有器盖、瓮、罐、盆、斝、圈足盆、缸、圈足豆、壶、钵、刻槽盆、折腹盆等，样品采集清单见表3所示。

表3　古城寨遗址出土泥质陶器样品采集清单

实验室编号	原编号	器形	样本描述	遗址	时期
GCZN-02	XGⅢT1F1:3	罐	泥质红陶	古城寨遗址（城内）	仰韶文化晚期
GCZN-03	XGⅢT1F1:11	碗	泥质红陶	古城寨遗址（城内）	仰韶文化晚期
GCZN-06	XGⅢT1F1:14	罐	泥质灰陶	古城寨遗址（城内）	仰韶文化晚期
GCZN-07	XGⅢT1F1:15	钵	泥质灰陶	古城寨遗址（城内）	仰韶文化晚期
GCZN-08	XGⅢT1H4:81	瓮	泥质灰陶	古城寨遗址（城内）	龙山文化早期
GCZN-09	XGⅢT1H4:82	镂孔圈足	泥质灰陶	古城寨遗址（城内）	龙山文化早期
GCZN-12	XGⅢT1H4:84	罐	泥质红陶	古城寨遗址（城内）	龙山文化早期
GCZN-13	XGⅢT1H4:85	罐	泥质红陶	古城寨遗址（城内）	龙山文化早期
GCZN-15	XGⅢT1H2:31	罐	泥质灰陶	古城寨遗址（城内）	龙山文化早期
GCZN-16	XGⅢT1H2:32	罐	泥质红陶	古城寨遗址（城内）	龙山文化早期
GCZN-17	XGⅢT1H2:33	罐	泥质红陶	古城寨遗址（城内）	龙山文化早期
GCZN-18	XGⅢT1H2:34	罐	泥质灰陶	古城寨遗址（城内）	龙山文化早期
GCZN-19	XGⅣT81⑥:211	瓮	泥质灰陶	古城寨遗址（城内）	龙山文化二期前段
GCZN-20	XGⅣT81⑥:108	瓮	泥质褐陶	古城寨遗址（城内）	龙山文化二期前段
GCZN-21	XGⅣT81⑥:114	瓮	泥质黑皮陶	古城寨遗址（城内）	龙山文化二期前段
GCZN-22	XGⅣT81⑥:76	盆	泥质灰陶	古城寨遗址（城内）	龙山文化二期前段
GCZN-23	XGⅣT97H14:3	斝	泥质灰陶	古城寨遗址（城内）	龙山文化二期前段
GCZN-27	XGⅢT1⑩C2:213	罐	泥质红陶	古城寨遗址（城内）	龙山文化二期前段
GCZN-28	XGⅢT1⑩C2:214	瓮	泥质灰陶	古城寨遗址（城内）	龙山文化二期前段
GCZN-29	XGⅢT1⑩C2:82	瓮	泥质灰陶	古城寨遗址（城内）	龙山文化二期前段
GCZN-30	XGⅣT282⑪:51	瓮	泥质灰陶	古城寨遗址（城内）	龙山文化二期前段

续表3

实验室编号	原编号	器形	样本描述	遗址	时期
GCZN-31	XGⅣT282⑪: 52	瓮	泥质灰陶	古城寨遗址（城内）	龙山文化二期前段
GCZN-32	XGⅣT282⑪: 53	瓮	泥质灰陶	古城寨遗址（城内）	龙山文化二期前段
GCZN-33	XGⅣT282⑪: 54	瓮	泥质灰陶	古城寨遗址（城内）	龙山文化二期前段
GCZN-34	XGⅢT1⑩C2: 8	罐	泥质褐陶	古城寨遗址（城内）	龙山文化二期前段
GCZN-36	XGⅣT81H5: 26	钵	泥质褐陶	古城寨遗址（城内）	龙山文化二期后段
GCZN-37	XGⅣT81H4: 27	壶	泥质灰陶	古城寨遗址（城内）	龙山文化二期后段
GCZN-38	XGⅣT81H12: 78	罐	泥质灰陶	古城寨遗址（城内）	龙山文化二期后段
GCZN-39	XGⅣT81H4: 90	罐	泥质灰陶	古城寨遗址（城内）	龙山文化二期后段
GCZN-40	XGⅣT81H5: 137	罐	泥质灰陶	古城寨遗址（城内）	龙山文化二期后段
GCZN-41	XGⅣT97H12: 56	罐	泥质灰陶	古城寨遗址（城内）	龙山文化二期后段
GCZN-42	XGⅣT97H12: 67	瓮	泥质灰陶	古城寨遗址（城内）	龙山文化二期后段
GCZN-43	XGⅣT97H12: 75	瓮	泥质灰陶	古城寨遗址（城内）	龙山文化二期后段
GCZN-44	XGⅣT97H12: 55	瓮	泥质灰陶	古城寨遗址（城内）	龙山文化二期后段
GCZN-45	XGⅣT20H156: 11	瓮	泥质灰陶	古城寨遗址（城内）	龙山文化三期
GCZN-46	XGⅣT20H156: 200	瓮	泥质灰陶	古城寨遗址（城内）	龙山文化三期
GCZN-47	XGⅣT81⑤: 19	瓮	泥质灰陶	古城寨遗址（城内）	龙山文化三期
GCZN-48	XGⅣT81⑤: 181	瓮	泥质褐陶	古城寨遗址（城内）	龙山文化三期
GCZN-49	XGⅣT81⑤: 30	瓮	泥质褐陶	古城寨遗址（城内）	龙山文化三期
GCZN-52	XGⅣT20H156: 203	瓮	泥质灰陶	古城寨遗址（城内）	龙山文化三期
GCZN-54	XGⅣT103H99: 9	瓮	泥质黑皮陶	古城寨遗址（城内）	龙山文化四期
GCZN-55	XGⅣT103H99: 3	瓮	泥质灰陶	古城寨遗址（城内）	龙山文化四期
GCZN-56	XGⅣT103H99: 16	瓮	泥质灰陶	古城寨遗址（城内）	龙山文化四期
GCZN-57	XGⅣT103H99: 14	瓮	泥质灰陶	古城寨遗址（城内）	龙山文化四期
GCZN-58	XGⅣT103H99: 125	瓮	泥质褐陶	古城寨遗址（城内）	龙山文化四期
GCZN-59	XGⅢT200⑧: 14	瓮	泥质褐陶	古城寨遗址（城内）	龙山文化四期
GCZN-63	XGⅢT200⑧: 8	斝	泥质灰陶	古城寨遗址（城内）	龙山文化四期
GCZN-64	XGⅢT200⑧: 4	杯	泥质红陶	古城寨遗址（城内）	龙山文化四期
GCZW-01	T1059H6: 222	器盖	泥质灰陶	古城寨遗址（城外）	龙山文化二期前段
GCZW-02	T1059H6: 173	瓮	泥质灰陶	古城寨遗址（城外）	龙山文化二期前段
GCZW-03	T1059H6: 184	瓮	泥质灰陶	古城寨遗址（城外）	龙山文化二期前段

续表 3

实验室编号	原编号	器形	样本描述	遗址	时期
GCZW-04	T1059H6:88	罐	泥质灰陶	古城寨遗址（城外）	龙山文化二期前段
GCZW-06	T1059H6:180	瓮	泥质灰陶	古城寨遗址（城外）	龙山文化二期前段
GCZW-14	T773H11:379	罐	泥质灰陶	古城寨遗址（城外）	龙山文化二期前段
GCZW-15	T773H11:268	罐	泥质灰陶	古城寨遗址（城外）	龙山文化二期前段
GCZW-16	T773H11:251	瓮	泥质灰陶	古城寨遗址（城外）	龙山文化二期前段
GCZW-17	T773H11:270	罐	泥质灰陶	古城寨遗址（城外）	龙山文化二期前段
GCZW-18	T773H17:241	瓮	泥质灰陶	古城寨遗址（城外）	龙山文化二期后段
GCZW-19	T773H18:201	瓮	泥质褐陶	古城寨遗址（城外）	龙山文化二期后段
GCZW-20	T773H19:38	瓮	泥质灰陶	古城寨遗址（城外）	龙山文化二期后段
GCZW-21	T773H20:359	瓮	泥质灰陶	古城寨遗址（城外）	龙山文化二期后段
GCZW-23	T773H22:321	盆	泥质灰陶	古城寨遗址（城外）	龙山文化二期后段
GCZW-24	T1 上层:117	瓮	泥质灰陶	古城寨遗址（城外）	龙山文化二期后段
GCZW-25	T1 上层:131	瓮	泥质灰陶	古城寨遗址（城外）	龙山文化二期后段
GCZW-26	T1 上层:106	瓮	泥质灰陶	古城寨遗址（城外）	龙山文化二期后段
GCZW-27	T1 上层:128	罐	泥质灰陶	古城寨遗址（城外）	龙山文化二期后段
GCZW-28	T1 上层:116	罐	泥质灰陶	古城寨遗址（城外）	龙山文化二期后段
GCZW-29	T1242H30:34	罐	泥质红陶	古城寨遗址（城外）	龙山文化二期后段
GCZW-30	T1242H30:72	罐	泥质灰陶	古城寨遗址（城外）	龙山文化二期后段
GCZW-31	T1242H30:108	斝	泥质灰陶	古城寨遗址（城外）	龙山文化二期后段
GCZW-32	T1242H30:105	圈足盆	泥质灰陶	古城寨遗址（城外）	龙山文化二期后段
GCZW-34	T1242H30:41	瓮	泥质灰陶	古城寨遗址（城外）	龙山文化二期后段
GCZW-35	T773H17:374	缸	泥质红陶	古城寨遗址（城外）	龙山文化二期后段
GCZW-36	T773H17:337	缸	泥质红陶	古城寨遗址（城外）	龙山文化二期后段
GCZW-37	断崖四层:32	瓮	泥质灰陶	古城寨遗址（城外）	龙山文化三期
GCZW-38	断崖四层:29	瓮	泥质褐陶	古城寨遗址（城外）	龙山文化三期
GCZW-39	断崖四层:39	瓮	泥质灰陶	古城寨遗址（城外）	龙山文化三期
GCZW-40	断崖四层:23	圈足豆	泥质灰陶	古城寨遗址（城外）	龙山文化三期
GCZW-41	T1019H42:37	壶	泥质灰陶	古城寨遗址（城外）	龙山文化三期
GCZW-42	T1019H42:24	斝	泥质灰陶	古城寨遗址（城外）	龙山文化三期
GCZW-43	T1019H42:122	罐	泥质灰陶	古城寨遗址（城外）	龙山文化三期

续表 3

实验室编号	原编号	器形	样本描述	遗址	时期
GCZW-44	T1019H42: 133	瓮	泥质灰陶	古城寨遗址（城外）	龙山文化三期
GCZW-45	T1019H42: 125	瓮	泥质灰陶	古城寨遗址（城外）	龙山文化三期
GCZW-46	T1019H42: 101	钵	泥质灰陶	古城寨遗址（城外）	龙山文化三期
GCZW-47	T730H13: 107	盆	泥质灰陶	古城寨遗址（城外）	龙山文化三期
GCZW-50	T730H13: 64	瓮	泥质灰陶	古城寨遗址（城外）	龙山文化三期
GCZW-51	T730H13: 128	钵	泥质灰陶	古城寨遗址（城外）	龙山文化三期
GCZW-52	T1183G1: 38	瓮	泥质灰陶	古城寨遗址（城外）	龙山文化四期
GCZW-53	T1183G1: 39	瓮	泥质灰陶	古城寨遗址（城外）	龙山文化四期
GCZW-54	T1183G1: 67	刻槽盆	泥质灰陶	古城寨遗址（城外）	龙山文化四期
GCZW-55	T1183G1: 58	盆	泥质灰陶	古城寨遗址（城外）	龙山文化四期
GCZW-56	断崖三层: 55	折腹盆	泥质灰陶	古城寨遗址（城外）	龙山文化四期
GCZW-58	断崖三层: 187	瓮	泥质灰陶	古城寨遗址（城外）	龙山文化四期
GCZW-61	T730H15: 48	刻槽盆	泥质灰陶	古城寨遗址（城外）	龙山文化四期
GCZW-62	T730H15: 44	钵	泥质灰陶	古城寨遗址（城外）	龙山文化四期
GCZW-63	T730H15: 40	罐	泥质灰陶	古城寨遗址（城外）	龙山文化四期
GCZW-64	T730H15: 73	钵	泥质灰陶	古城寨遗址（城外）	龙山文化四期
GCZW-65	T730H15: 22	折腹盆	泥质灰陶	古城寨遗址（城外）	龙山文化四期
GCZW-69	T1242H35: 63	盆	泥质灰陶	古城寨遗址（城外）	龙山文化四期
GCZW-70	T1242H35: 61	盆	泥质灰陶	古城寨遗址（城外）	龙山文化四期

利用因子分析对古城寨遗址城内出土的 48 件泥质陶器和古城寨遗址城外出土的 52 件泥质陶器中的微量元素和痕量元素进行分析，得到了因子分析三维散点图（图 4）。

由图 4 看到，古城寨遗址城内和城外出土的泥质陶器在图中的分布区域存在着明显的差别，也就是说城内和城外出土的泥质陶器中微量元素和痕量元素组成是不同的，从而揭示出古城寨遗址城内和城外各自有自己的陶器制作场所或是原材料采集点。该遗址城内城外出土的泥质陶器存在着“城乡差别”。

另外图中有 3 件古城寨遗址城外出土的泥质陶器远离了城外出土的泥质陶器的分布区域，实验室编号为 GCZW65 的古城寨遗址城外出土的泥质陶器在图中的分布远离了所有泥质陶器，表明这件陶器的原材料或是制作工艺有一定的特殊性，实验室编号为 GCZW32 和 GCZW43 的 2 件古城寨遗址城外出土陶器在图中的分布范围与城内出土的泥质陶器相近，尤其是实验室编号为 GCZW43 的原编号为 T1019H42: 122 的泥质灰陶罐在图中的分布落在了城内出土泥质陶器的中间，表明这件泥质陶器的制作原材料应该与城内出土的泥质陶器的制作原材料相同，至于实验室编号为 GCZW32 的原编号为 T1242H30: 105 的泥质灰陶圈

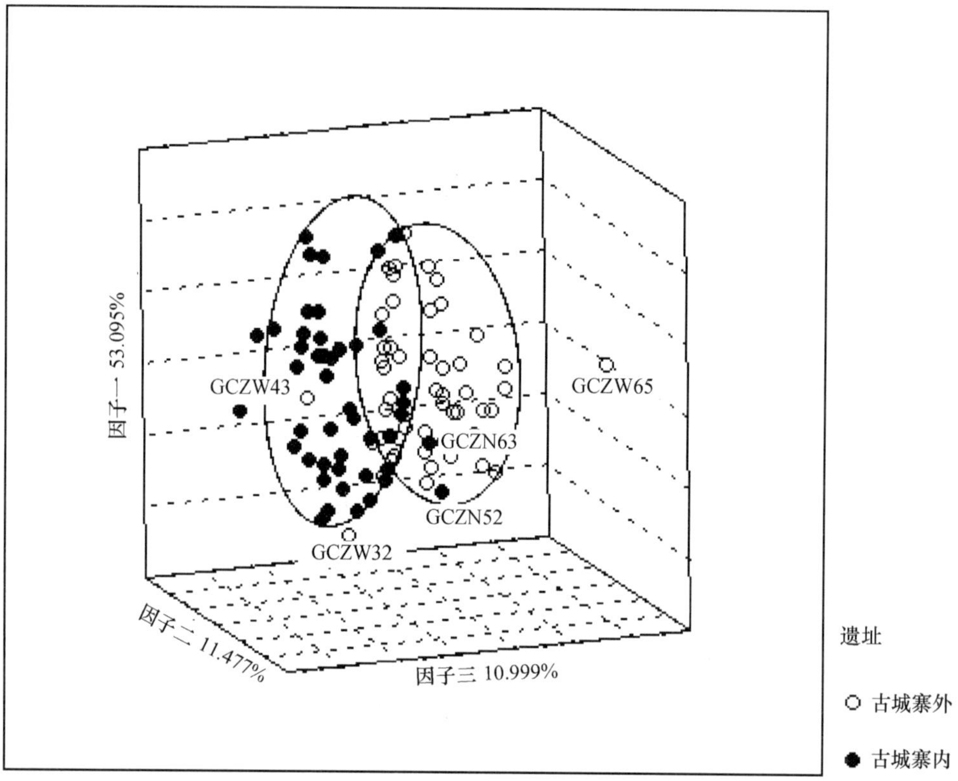

图 4 古城寨遗址出土泥质陶器因子分析三维散点图

足盆在图中落在了边缘区域，故其制作原材料不能肯定与城内出土的泥质陶器的原材料相同。

图 4 中，实验室编号为 GCZN52 和 GCZN63 的 2 件古城寨遗址城内出土的泥质陶器在图中的分布区域与城外出土的泥质陶器相近，其中实验室编号为 GCZN63 的原编号为 XGⅢT200⑧:8 的泥质灰陶斝分布在城外出土泥质陶器分布范围内，这件泥质陶器的制作原材料应该与城外出土的泥质陶器的制作原材料相同，另 1 件实验室编号为 GCZN52 的原编号为 XGⅣT20H156:203 的泥质灰陶瓮在图中落在了边缘区域，故不能肯定其制作原材料与城外出土的泥质陶器的制作原材料相同。

（4）河南南洼遗址*

南洼遗址位于河南省登封市君召乡南洼村，面积约 30 万平方米。2004 年至 2006 年，郑州大学历史学院考古学系和郑州文物考古研究所联合对该遗址进行了调查、试掘和正式发掘。通过发掘发现，南洼遗址包含有二里头文化、殷墟文化、东周乃至唐宋等诸时期的遗存，尤以二里头文化遗存最为丰富，发现了环濠、墓葬、陶窑、房址等遗迹和陶器、石器、铜器等大批文化遗物，其中最引人注目的是一批白陶遗存，具有数量多、种类全、出土单位多样等特征。多种迹象表明，这里很可能是二里头时期的一处白

* 这部分研究得到了郑州大学校内培育基金的资助。

陶产地[4]。由于其地处二里头文化分布的中心区域，对该遗址陶器进行产地分析，有助于了解当时不同聚落之间的相互关系，对于探索中华文明的起源、形成及其早期发展具有重要意义。

我们在南洼遗址采集了陶器残片样品41件，其中泥质陶器残片样品38件、白陶残片样品3件。泥质陶器的器物类型有盆、圆腹罐、深腹罐、捏口罐、高领罐、缸、尊、甑、豆、盘、器盖等器物，泥质陶器残片样品均为二里头文化三期，颜色有灰陶、褐陶、灰黑陶、红陶等。3件白陶均为陶鬶，二里头文化时期。样品采集清单见表4。

表4 南洼遗址出土陶器残片样品采集清单

实验室编号	原编号	器物名称	分期	陶系
NW-04	05DNIH47	盆	二里头文化三期	泥质褐陶，篮纹
NW-05	05DNIH47	圆腹罐	二里头文化三期	泥质灰陶，篮纹
NW-06	05DNIH47	深腹罐	二里头文化三期	泥质灰陶，细绳纹
NW-07	05DNIH47	圆腹罐	二里头文化三期	泥质灰陶，细绳纹
NW-12	05DNIH47	捏口罐	二里头文化三期	泥质灰陶，绳纹
NW-13	05DNIH47	高领罐	二里头文化三期	泥质灰陶
NW-14	05DNIH47	深腹盆	二里头文化三期	泥质灰陶，绳纹
NW-15	05DNIH47	深腹罐	二里头文化三期	泥质灰陶，篮纹
NW-16	05DNIH134	盆	二里头文化三期	泥质灰陶
NW-17	05DNIH134	深腹罐	二里头文化三期	泥质灰陶，粗绳纹
NW-18	05DNIH134	盆或甑	二里头文化三期	泥质灰陶，绳纹
NW-19	05DNIH134	深腹罐	二里头文化三期	泥质灰陶，绳纹
NW-20	05DNIH134	圆腹罐	二里头文化三期	泥质灰陶，篮纹
NW-21	05DNIH134	盆	二里头文化三期	泥质褐陶，绳纹
NW-23	05DNIH134		二里头文化三期	泥质灰陶
NW-29	05DNIH134	圆腹罐	二里头文化三期	泥质灰黑陶，篮纹
NW-30	05DNIH134	刻槽盆	二里头文化三期	泥质灰黑陶，篮纹
NW-32	05DNIH15	盆	二里头文化三期	泥质褐陶，细绳纹
NW-33	05DNIH15	深腹罐	二里头文化三期	泥质灰陶，粗绳纹
NW-34	05DNIH15	深腹罐	二里头文化三期	泥质灰陶，绳纹
NW-35	05DNIH15	深腹罐	二里头文化三期	泥质陶，褐色，篮纹
NW-39	05DNIH15	深腹罐	二里头文化三期	泥质灰陶，绳纹
NW-40	05DNIH15	圆腹罐	二里头文化三期	泥质灰陶，篮纹
NW-42	05DNIH15	盆或甑	二里头文化三期	泥质灰陶，细绳纹

续表 4

实验室编号	原编号	器物名称	分期	陶系
NW-43	05DNIH15	盆或甑	二里头文化三期	泥质褐陶，篮纹
NW-44	05DNIH15	高领罐或尊	二里头文化三期	泥质灰陶
NW-45	05DNIH15	盆	二里头文化三期	泥质灰陶，绳纹
NW-46	05DNIH15	圆腹罐	二里头文化三期	泥质褐陶，绳纹
NW-48	05DNIH90	缸或尊	二里头文化三期	泥质灰陶，绳纹
NW-49	05DNIH90	深腹罐	二里头文化三期	泥质灰陶，篮纹
NW-50	05DNIH90	高领罐	二里头文化三期	泥质红陶
NW-52	05DNIH90	豆或盘	二里头文化三期	泥质灰黑陶
NW-53	05DNIH90	尊	二里头文化三期	泥质灰陶，篮纹
NW-55	05DNIH90	器盖	二里头文化三期	泥质黑皮褐胎，弦纹
NW-56	05DNIH90	器盖	二里头文化三期	泥质黑陶，弦纹
NW-57	05DNIH90	器盖或高领尊	二里头文化三期	泥质黑陶，弦纹
NW-58	05DNIH90	盆或高领罐	二里头文化三期	泥质红陶
NW-59	05DNIH90	盆或甑	二里头文化三期	泥质褐陶，绳纹
NW-62	05DNIT7341H32	鬶	二里头文化	白陶
NW-63	05DNIT7842③	鬶	二里头文化	白陶
NW-64	05DNIT7741④	鬶	二里头文化	白陶

采用因子分析的方法对南洼遗址出土的 41 件陶器残片样品中的微量元素和痕量元素进行分析，得到了 41 件陶器样品的因子分析三维散点图（图 5a）。

从图 5a 中明显地看到 3 件白陶残片样品和 38 件泥质陶器残片样品在图中的分布差异，表明 3 件白陶残片样品和 38 件泥质陶器残片样品中微量元素和痕量元素组成是不同的，制造泥质陶器和白陶的原材料是完全不同的。

图 5b 是南洼遗址出土的 38 件泥质陶器残片样品和笔者数据库[5]中的二里头遗址出土的泥质陶器残片样品中微量元素和痕量元素的因子分析三维散点图，从图 5b 中可以看到，二里头遗址出土的泥质陶器残片样品与南洼遗址出土的泥质陶器残片样品在图中的分布区域存在明显差别，表明这 2 个遗址出土的泥质陶器的原材料是不同的，由此推断两个遗址泥质陶器的制作是各自独立的。另外，二里头遗址出土的 1 件硬陶片与 2 个遗址出土的泥质陶器的分布区域均不同，显示这件硬陶片的制作原材料或是制作工艺完全不同于这 2 个遗址出土的普通泥质陶器。

图 5c 是南洼遗址出土白陶残片样品和笔者数据库中的二里头遗址出土白陶残片样品中微量元素和痕量元素的因子分析三维散点图，图 5c 显示，2 个遗址出土的白陶在图中的分布区域存在明显差异，表明 2 个遗址出土的白陶的原材料不同。我们已经分析

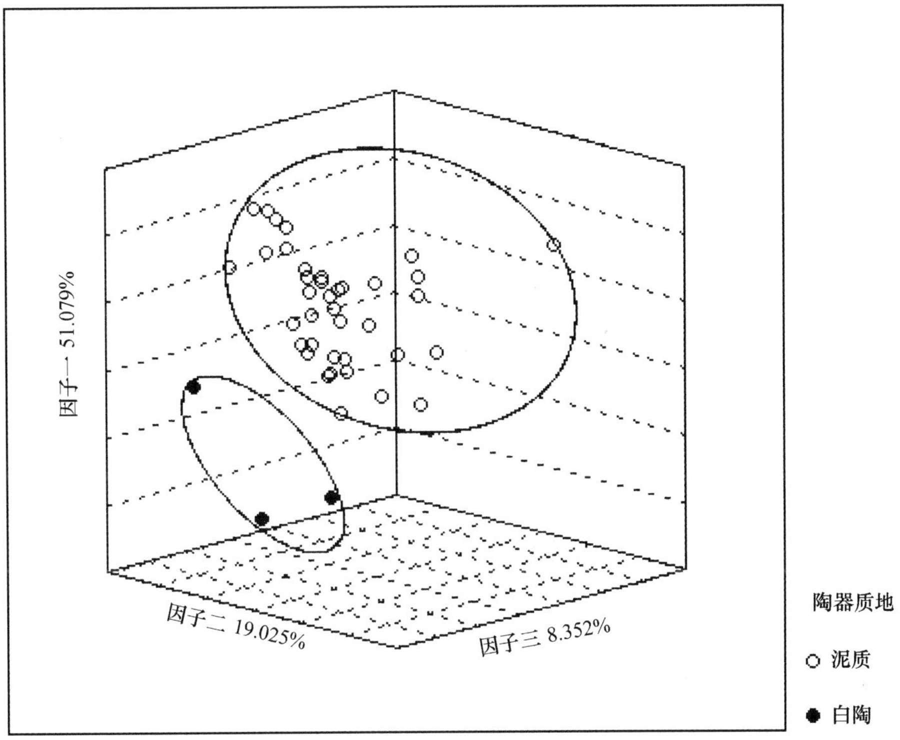

图 5a 南洼遗址陶器因子分析三维散点图

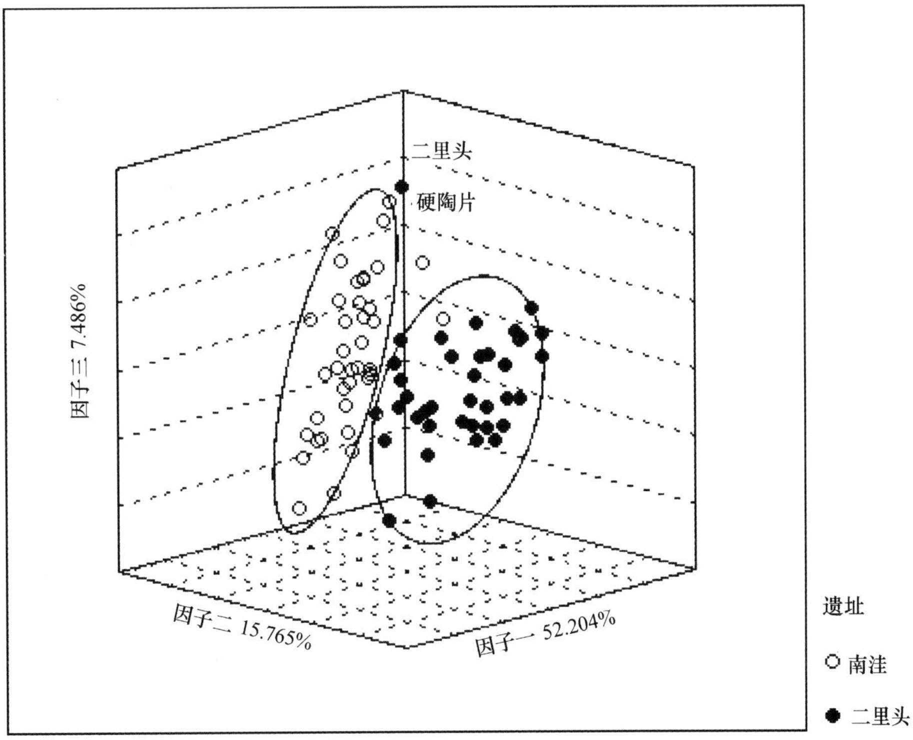

图 5b 二里头遗址、南洼遗址出土泥质陶器因子分析三维散点图

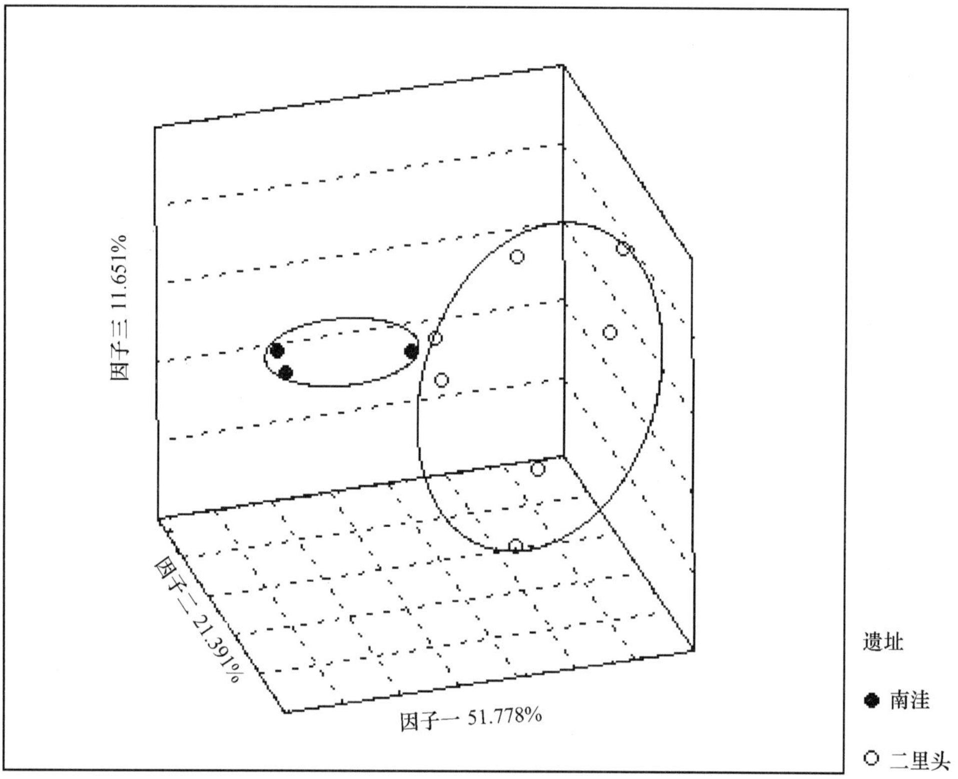

图 5c 二里头遗址、南洼遗址出土白陶因子分析三维散点图

的二里头遗址出土的 7 件白陶与南洼遗址出土的 3 件白陶无关，至于南洼聚落是否为二里头聚落白陶产地，还须做更多的分析。

（5）山东两城镇遗址、桐林遗址

山东龙山文化是黄河下游地区新石器时代晚期的文化遗存。因发现于山东章丘龙山镇而得名，距今约 4600 年至 4000 年。大汶口文化中晚期开始出现的快轮制陶技术在这一时期得到普遍采用，磨光黑陶数量更多，质量更精，制作出薄如蛋壳、光亮如漆的器物，达到了中国制陶史上的巅峰。

两城镇遗址是黄河下游著名的龙山文化遗址。位于山东省日照市东港区东北的两城镇西北。遗址面积约百万平方米。1934 年发现，1936 年由中央研究院历史语言研究所的刘燿和祁延霈先生主持发掘。1954 年以来，山东省文物管理处、山东大学等做过多次调查。遗址上层有少量的周、汉代遗存，下层为丰富的龙山文化遗存。两城镇是中华人民共和国成立前发掘的最丰富的一处龙山文化遗址。

桐林遗址位于山东省淄博市临淄区齐国故城西 10 公里的桐林、田旺二村之间，是一处新石器时代晚期龙山文化遗址。以桐林城址为中心，周围分布着众多中小型遗址。桐林遗址中心为一台地，总面积约 31 万平方米，遗址中间地势高达 7 米。桐林遗址是龙山时代淄河流域的一处中心遗址，对于研究中国文明的起源和早期城市的起源具有重要的学术价值。

我们在两城镇遗址采集了泥质陶器 21 件、白陶 8 件，在桐林遗址采集了泥质陶器 25 件、白陶 6 件，样品采集清单见表 5。

表 5　　黄河下游龙山文化遗址出土泥质陶器样品采集清单

实验室编号	遗址	原编号	器物名称	样品描述	时期
lcz-01	两城镇	T2448#5846:1	盖	泥质黑陶	
lcz-02	两城镇	T2448#5838:1	盆的底部	泥质黑陶	
lcz-03	两城镇	T2448#5856:1	匜	泥质黑陶	
lcz-04	两城镇	T2448#5839	桶形杯	泥质黑陶	
lcz-05	两城镇	T2449#5922:1	大口平底盆	泥质黑陶	
lcz-06	两城镇	T2449#5922:2	罐	泥质黑陶	
lcz-07	两城镇	T2449#5922:3	盆	泥质黑陶	
lcz-08	两城镇	T2449#5922:4	杯的把手	泥质黑陶	
lcz-09	两城镇	T2396#705:3	鼎	泥质黑陶	
lcz-10	两城镇	T2396#707:1	盆底	泥质黑陶	
lcz-11	两城镇	T2396#707:2	盆	泥质黑陶	
lcz-12	两城镇	T2396#707:3		泥质黑陶	
lcz-13	两城镇	T2396#704:1	罐	泥质灰陶	
lcz-14	两城镇	T2396#704:2	罐	泥质灰陶	
lcz-15	两城镇	T2397H89:1	罐	泥质灰陶	
lcz-16	两城镇	T2396⑦C:1	大口盆	泥质灰陶	
lcz-17	两城镇	T2449#5922:5	罐	泥质灰陶	
lcz-18	两城镇	T007G7:3	罐	泥质灰陶	
lcz-19	两城镇	T007G7:13	杯底	泥质灰陶	
lcz-20	两城镇	T2396#705:1	小罐	泥质陶，一面为灰，一面为红色	
lcz-21	两城镇	T2396#705:2	盆	泥质灰陶	
lcz-22	两城镇	T007G7:5		泥质红陶	
lcz-60	两城镇	T007G7:6	鬶	白陶	
lcz-61	两城镇	T007G7:7	鬶	白陶	
lcz-62	两城镇	T007G7:8	篚	白陶	
lcz-63	两城镇	T007G7:9	鬶	白陶	
lcz-64	两城镇	T007G7:10	鬶	白陶	

续表 5

实验室编号	遗址	原编号	器物名称	样品描述	时期
lcz-65	两城镇	T007G7: 11	鬶	白陶	
lcz-66	两城镇	T007G7: 12	鬶	白陶	
lcz-67	两城镇	T0750#213: 3	鬶	白陶	
tl-01	桐林	H418①: 1	壶形杯	泥质黑陶，较薄	
tl-02	桐林	H418①: 2	杯?	泥质黑陶，较薄	
tl-05	桐林	05LTH161④: 1	杯	泥质黑陶	
tl-06	桐林	05LTH161④: 2	瓮	泥质黑陶	
tl-07	桐林	05LTH161②: 1	罐	泥质黑陶	
tl-08	桐林	05LTH161②: 2	罐?	泥质黑陶	
tl-09	桐林	05LTH161②: 3	筒形杯	泥质黑陶	
tl-10	桐林	05LTH161②: 4	罐	泥质黑陶	
tl-11	桐林	05LTH161②: 5	瓮或罐	泥质黑陶	
tl-12	桐林	05LTH161②: 6	盆	泥质黑陶	
tl-13	桐林	05H403②: 6	平底盆	泥质黑陶	
tl-14	桐林	05H403②: 52	罐	泥质黑陶	
tl-15	桐林	05H403②: 57	杯?	泥质黑陶	
tl-18	桐林	05H334①: 53	盆	泥质黑陶	
tl-19	桐林	05H334①: 78	平底盆	泥质黑陶	
tl-20	桐林	H493①: 2	壶或杯	泥质黑陶	
tl-21	桐林	H418①: 3	盆?	泥质灰陶	
tl-23	桐林	H355A②: 1	器盖	泥质灰陶	
tl-24	桐林	H355A②: 2	筒形杯	泥质灰陶	
tl-65	桐林	05LTH161②: 15	鬶	白陶	
tl-66	桐林	05H403②: 168	鬶把手	白陶	
tl-67	桐林	TS23E12H413②: 7	鬶	白陶	
tl-68	桐林	H355A②: 5	鬶	白陶	
tl-69	桐林	TG1WG1⑩B	鬶	白陶	
tl-70	桐林	TS23E12H413②: 8	鬶	白陶	

将 2 个遗址采集的泥质陶器和白陶中的微量元素和痕量元素进行因子分析，得到因子分析三维散点图（图 6a）。

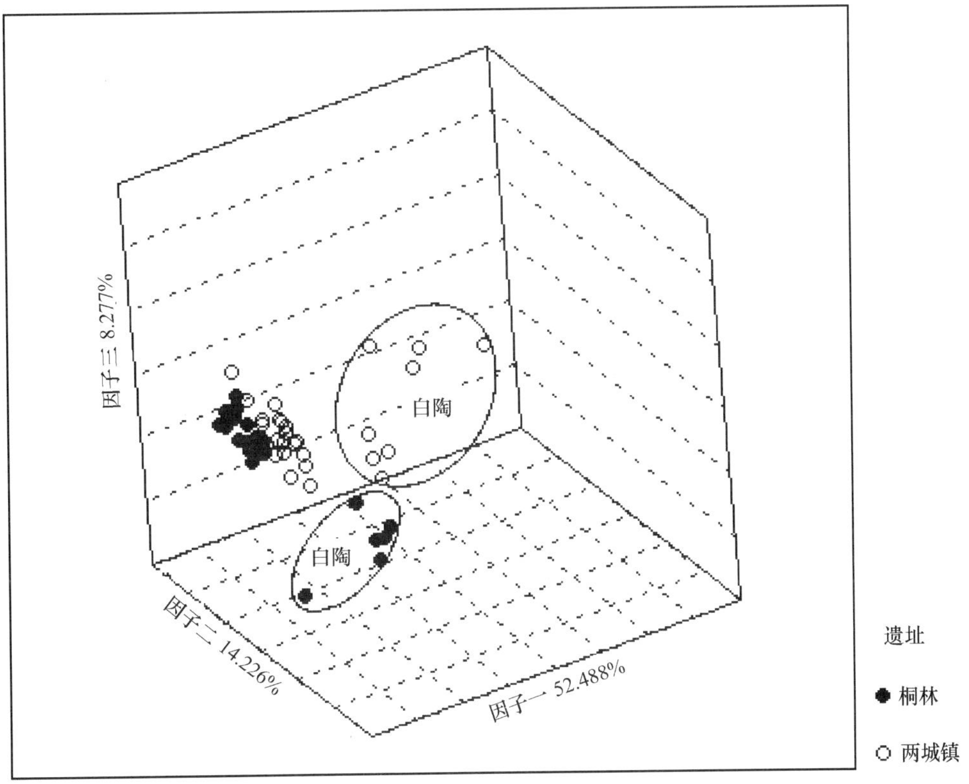

图 6a 两城镇遗址桐林遗址出土泥质陶器、白陶因子分析三维散点图

图 6a 显示，2 个遗址出土的白陶在图中的分布存在明显的差别，说明 2 个遗址出土的白陶的制作原材料不同。由于白陶中微量元素和痕量元素组成差别较大，使得 2 个遗址出土的泥质陶器在图中难以分辨清楚，我们将 2 个遗址出土的泥质陶器单独进行因子分析，得到 2 个遗址出土泥质陶器的因子分析三维散点图（图 6b）。

两城镇遗址和桐林遗址出土的泥质陶器在图 6b 中的分布存在明显差异，说明 2 个遗址出土的泥质陶器的制作原材料不同。

2. 长江下游地区

崧泽遗址是一处新石器时代至春秋时期的遗址。按地层可分为上、中、下三层，其中下层的文化遗存是遗址中最具意义的部分，后被命名为“崧泽文化”。

崧泽遗址是崧泽文化的命名地，它的发现为研究太湖地区原始文化和上海史前历史提供了重要的实物资料。

马桥遗址，位于上海市闵行区马桥俞塘村，坐落在一道被称为“竹冈”的贝沙堤之上，呈南北长，东西窄的宽带形状。距今 5500 年，马桥遗址已经形成陆地。

我们在崧泽遗址采集了崧泽文化泥质陶器 14 件，在马桥遗址采集了马桥文化泥质陶器 19 件、硬陶 2 件，2 个遗址的样品采集清单见表 6。分别对 2 个遗址出土泥质陶器中的微量元素和痕量元素进行因子分析，得到了崧泽遗址出土泥质陶器因子分析三维散点图（图 7a）和马桥遗址出土泥质陶器因子分析三维散点图（图 7b）。

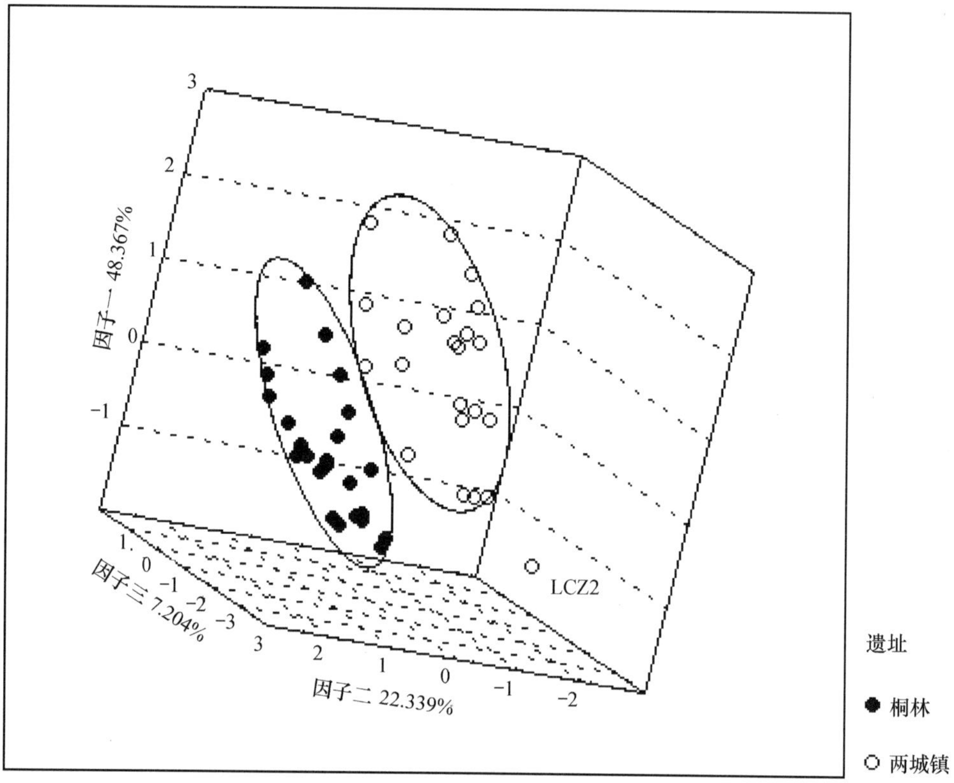

图 6b 两城镇遗址、桐林遗址出土泥质陶器因子分析三维散点图

表 6　　长江下游两个遗址出土泥质陶器样品采集清单

实验室编号	遗址	出土单位	器物名称	时期
sz-01	崧泽	04QSM164: 10	泥黑豆盘	崧泽文化
sz-02	崧泽	04QSM164: 1	泥黑豆圈足	崧泽文化
sz-05	崧泽	04QST4③	泥灰豆口	崧泽文化
sz-08	崧泽	04QST1④	泥灰豆柄	崧泽文化
sz-09	崧泽	04QST1④	泥红罐腹	崧泽文化
sz-11	崧泽	04QST1④	泥灰罐腹	崧泽文化
sz-12	崧泽	04QST1⑤	泥灰豆柄	崧泽文化
sz-13	崧泽	04QST1⑤	泥黑豆盘	崧泽文化
sz-17	崧泽	04QST4⑫	泥黑豆柄	崧泽文化
sz-20	崧泽	04QST4⑧	泥灰豆盘	崧泽文化
sz-22	崧泽	04QST4⑧	泥灰罐腹	崧泽文化
sz-24	崧泽	04QST4⑫	泥黑皮盆	崧泽文化

续表 6

实验室编号	遗址	出土单位	器物名称	时期
sz-26	崧泽	04QST4⑫	泥黑豆柄	崧泽文化
sz-27	崧泽	04QST4⑧	泥灰豆盘	崧泽文化
mq-01	马桥	05MMT3③	泥灰豆柄	马桥文化
mq-02	马桥	05MMT3③	泥灰盆口	马桥文化
mq-04	马桥	05MMT12⑤	泥红褐罐口	马桥文化
mq-05	马桥	05MMT12⑤	泥红褐罐口	马桥文化
mq-06	马桥	05MMT12⑤	泥红罐口	马桥文化
mq-07	马桥	05MMT12⑤	泥红器盖	马桥文化
mq-09	马桥	05MMT11⑤	紫褐硬陶豆口	马桥文化
mq-10	马桥	05MMT11⑤	硬陶罐底	马桥文化
mq-11	马桥	05MMT11⑤	泥灰盆口	马桥文化
mq-12	马桥	05MMT11⑤	泥灰器盖	马桥文化
mq-13	马桥	05MMT3⑤	泥黑圈足盘柄	马桥文化
mq-14	马桥	05MMT3⑤	泥红罐底	马桥文化
mq-16	马桥	05MMT11⑤	泥灰钵	马桥文化
mq-20	马桥	05MMT11④	泥红罐口	马桥文化
mq-21	马桥	05MMT12⑥	泥红罐底	马桥文化
mq-22	马桥	05MMT2④	泥灰觯口	马桥文化
mq-23	马桥	05MMT11④	泥灰豆柄	马桥文化
mq-24	马桥	05MMT12⑥	泥红罐口	马桥文化
mq-26	马桥	05MMT12⑥	泥灰盆口	马桥文化
mq-28	马桥	05MMT12⑥	泥红罐腹	马桥文化
mq-29	马桥	05MMT11④	泥红罐口	马桥文化

图 7a 是崧泽遗址出土泥质陶器因子分析三维散点图，图中看到有 13 件泥质陶器样品在图中的分布相对集中，只有 1 件实验室编号为 SZ-01 原编号为 04QSM164:10 的泥质黑陶豆盘残片样品在图中的分布有些特殊，表明该样品的制作原材料或是制作工艺可能与其他 13 件泥质陶器有所不同。

由图 7b 我们看到实验室编号为 MQ9 原编号为 05MMT11⑤的紫褐硬陶豆口残片样品在图中的分布非常特殊，表明这件硬陶的制作原材料与众不同。实验室编号为 MQ10 原编号为 05MMT11⑤的硬陶罐底残片样品在图中的分布与该遗址出土的泥质陶器残片样品相近，说明这件硬陶的原材料有可能与该遗址出土的泥质陶器相同。

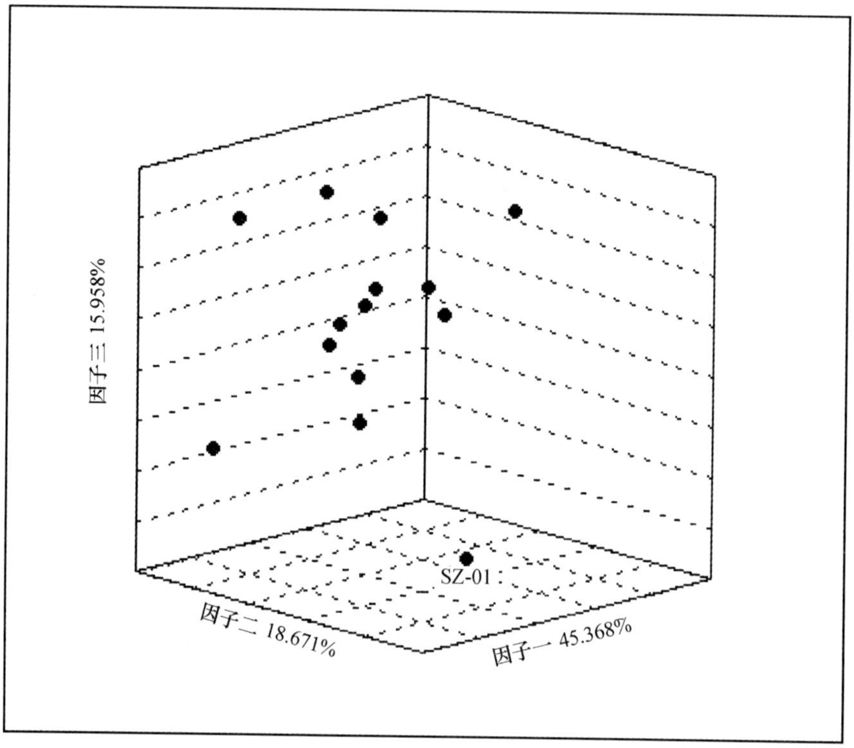

图 7a 崧泽遗址出土泥质陶器因子分析三维散点图

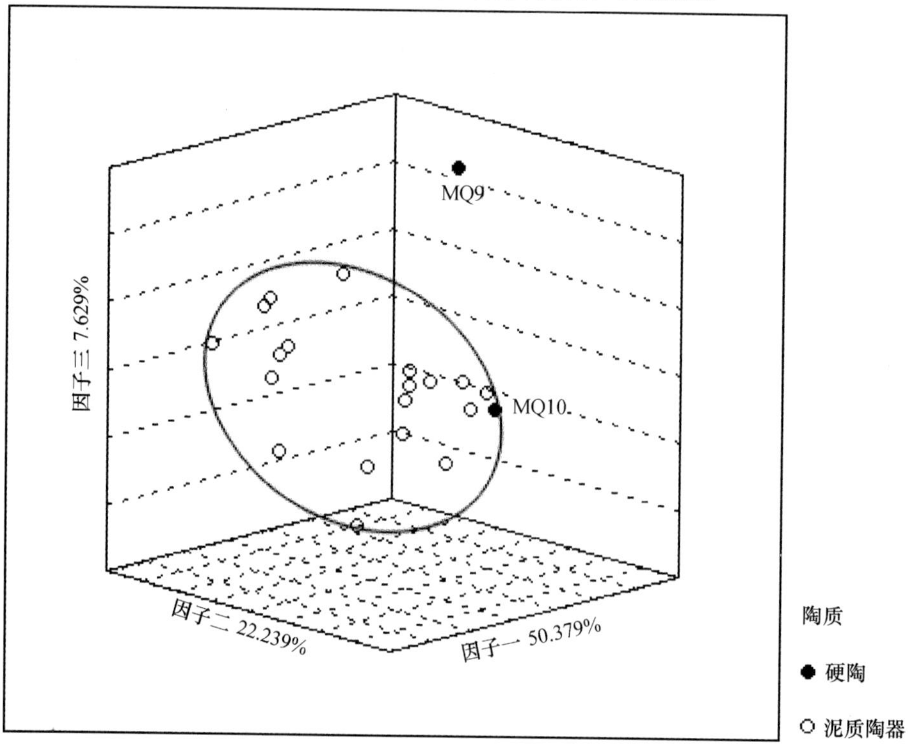

图 7b 马桥遗址出土泥质陶器因子分析三维散点图

四 结 论

通过中华文化探源工程第二阶段陶器的分析与研究，我们得到如下认识：

陕西案板遗址出土的案板一期泥制陶器的原材料的采集相对集中、制陶工艺单一，到了案板文化三期原材料的采集可能比较分散或是制陶工艺出现了多元化。下魏洛遗址出土庙底沟二期和客省庄二期的泥制陶器的制作原材料或陶器的制作工艺存在着一定的差异。陕西案板遗址出土的 1 件案板三期实验室编号为 NC3 原编号为 GBH26: 55 案板三期的泥质褐陶刻槽盆的制作原材料可能与下魏洛遗址出土的庙底沟二期文化的泥质陶器相同，在这个时期，2 个遗址之间可能存在泥质陶器的交流。

河南西坡遗址出土的仰韶文化时期的泥质陶器中有 1 件实验室编号为 XP49 原编号为 2004HLXT0302④的泥质褐陶盆的制作原材料或是制作工艺与众不同，有其自身的特点，不排除这件陶器样品由其他遗址而来的可能。该遗址出土的泥质陶器与古城寨遗址出土的仰韶文化时期的泥质陶器之间没有发现关联迹象。

河南龙山文化时期的古城寨遗址出土的泥质陶器中的微量元素和痕量元素组成存在城内和城外的差别，说明该遗址城内、城外出土的泥质陶器的制作场所或是原材料的采集点是不同的，表现出了明显的差异性，该遗址城内出土的泥质陶器和城外出土的泥质陶器存在着“城乡差别”，只有个别泥质陶器存在城内、城外交换的迹象。

河南南洼遗址出土的泥质陶器与白陶中的微量元素和痕量元素组成不同，表明两者的制作原材料是不同的。南洼遗址出土的泥质陶器与二里头遗址出土的泥质陶器的微量元素和痕量元素组成不同，说明在二里头文化时期，这 2 个遗址各自有独立的制陶业。南洼遗址出土的高级别的礼器——白陶鬶和二里头遗址出土的白陶中的微量元素和痕量元素组成不同，说明 2 个遗址出土的白陶所用的原材料不尽相同，因而其白陶器可能产自不同地点。作为二级聚落的南洼遗址出土的白陶鬶并不是作为一级聚落的二里头遗址所赏赐而来的，南洼聚落也还不能被证明为二里头遗址出土白陶的产地。换句话说，二里头时期可能存在着不止一处白陶制作场所。

山东两城镇遗址、桐林遗址出土的泥质陶器和白陶中的微量元素和痕量元素组成不同，说明这 2 个山东龙山文化的中心遗址出土的陶器是采用不同的原材料制作的，换言之，它们很可能是由各自所在的区域独立生产、流通和使用的。

长江下游的崧泽遗址出土的 1 件实验室编号为 SZ-01 的泥质黑陶豆盘残片样品的制作原材料或是制作工艺可能与崧泽出土的其他 13 件泥质陶器不同。马桥遗址出土的 2 件硬陶中，有 1 件实验室编号为 MQ9 的硬陶制作原材料或制作工艺与该遗址出土泥质陶器的制作原材料或制作工艺存在着明显的不同。另 1 件实验室编号为 MQ10 的硬陶有可能与该遗址出土的泥质陶器的原材料相同。

附记：在本项研究中，中国社会科学院考古研究所的袁靖研究员、李新伟博士提出了很好的见解，在此表示感谢。另对中国原子能科学研究院在陶器的中子活化分析过程中给予的合作表示感谢。

注 释

[1] 石兴邦:《中国大百科全书·考古学卷》,中国大百科全书出版社,1986 年。
[2] 蔡全发:《河南新密市古城寨龙山文化城址发掘简报》,《华夏考古》,2002 年第 2 期。
[3] 蔡全发:《河南省新密市发现龙山时代重要城址》,《中原文物》,2000 年第 5 期。
[4] 韩国河、赵维娟、张继华、朱君孝:《用中子活化分析研究南洼白陶的原材料产地》,《中原文物》,2007 年第 6 期。
[5] 王增林、许宏:《二里头遗址陶器样品中子活化分析与研究》,《科技考古》第二辑,科学出版社,2007 年。

河南灵宝西坡遗址陶器的科技研究

鲁晓珂　李伟东　罗宏杰　赵　静　李新伟　马萧林　杨海青

内容提要： 河南省灵宝市西坡遗址以其丰富的仰韶文化遗存被确定为“中华文明探源工程”的首选遗址之一。本研究通过对西坡遗址出土陶器残片的一系列物理化学性能的测试，反映了西坡遗址仰韶文化时期的制陶工艺。结果表明，西坡遗址大部分陶器所用原料并不是遗址中普通的黄土；陶器的烧成温度普遍较高；彩陶中黑彩的着色元素主要是铁和锰，而白色陶衣的着色原料分为高岭石和石灰石两种；1 件特殊的彩陶标本可能是外来产品。

关键词： 陶器　原料　能量色散 X 射线荧光分析　X 射线衍射分析　扫描电子显微镜

西坡遗址位于河南省灵宝市阳平镇西坡村西北，地处铸鼎原中部偏东，南依秦岭，北望铸鼎原头的黄帝陵。该遗址坐落于黄土高原上（图 1），北距黄河约 6 公里，东西两侧有河流汇入黄河一级小支流沙河，自然环境优越。从 1999 年开始，由中国社会科学院考古研究所和河南省文物考古研究所牵头组建的四级联合考古队，已经对西坡遗址进行多次调查和发掘，出土器物所反映的文化面貌与庙底沟类型相同，基本为仰韶文化中期遗存。出土陶器分泥质和夹砂两类，陶色有红、灰、黑、褐色，其中泥质红陶最多，另外还有一定比例的彩陶[1]。

仰韶文化庙底沟类型势力强盛。已故著名考古学家苏秉琦先生认为：“庙底沟类型遗存的分布中心在华山附近，这正和传说中华族发生及其最初形成阶段的活动和分布情形相像。所以，仰韶文化庙底沟类型可能就是形成华族核心的人类的遗存。”灵宝庙底沟类型的核心地带，西坡遗址是保存状况较好的大型中心性遗址之一，对该遗址的发掘因此成为“中华文明探源工程”的重要内容。为配合“中华文明探源工程”的实施，本研究利用能量色散 X 荧光分析（EDXRF）、X 射线衍射分析（XRD）、扫描电子显微镜（SEM）以及热膨胀分析等方法对西坡遗址出土部分庙底沟类型陶器残片进行了一系列物理化学性能的测试，进而对其制陶原料、工艺等进行了分析和讨论。

作者：鲁晓珂、李伟东、罗宏杰、赵静　中国科学院上海硅酸盐研究所，上海，200050；李新伟　中国社会科学院考古研究所，北京，100710；马萧林　河南省文物考古研究所，郑州，450000；杨海青　三门峡市文物考古研究所，三门峡，472000。

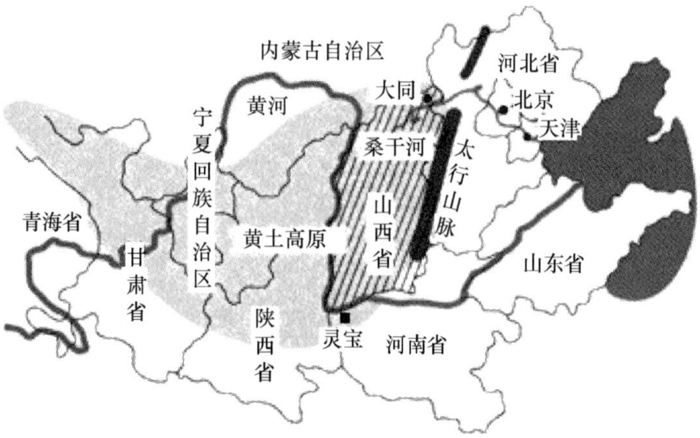

图1 灵宝市地理位置示意图

一 样本的选取

实验采集陶器标本61个，品种有泥质红陶、夹砂褐陶、泥质灰陶、夹砂灰陶、泥质黑陶和夹砂红陶等，器型包括盆、罐、瓶、钵、杯等，编号依次为XP01-XP61。另取遗址生土样（即马兰黄土）6个，编号依次为XPT01-XPT06。

二 实 验

（一）化学组成

采用美国EDAX公司生产的EAGLE-III型能量色散X射线荧光分析仪（energy dispersive X-ray fluorescence spectrometer）对陶器样品和遗址土样的主次量和微量元素成分进行了测定。能量色散X射线荧光分析具有无破坏、分析速度快、多元素同步分析等优点。由于夹砂陶组成非常不均匀，测试过程中，移动样品使X射线束单独激发样品测试面的砂粒或泥质胎体，以达到砂粒和泥质胎体的分离分析。样品的主次量元素组成测试结果见表1，表中所列都是泥质胎体的组成数据，不包括砂粒，其中熔剂元素氧化物总量（R_xO_y）/氧化铝（Al_2O_3）和二氧化硅（SiO_2）/氧化铝（Al_2O_3）均为摩尔比。

表1 灵宝西坡遗址陶器胎体和土样的主次量元素组成测试结果 〔重量（wt）%〕

编号	氧化钠（Na_2O）	氧化镁（MgO）	氧化铝（Al_2O_3）	二氧化硅（SiO_2）	氧化钾（K_2O）	氧化钙（CaO）	二氧化钛（TiO_2）	三氧化二铁（Fe_2O_3）	熔剂元素氧化物总量（R_xO_y）/氧化铝（Al_2O_3）	二氧化硅（SiO_2）/氧化铝（Al_2O_3）
XP01	2.07	2.66	17.65	65.93	2.67	1.19	0.63	6.19	1.01	5.73
XP02	2.00	4.08	16.34	61.62	2.07	3.13	0.82	8.94	1.54	5.78

续表 1

编号	氧化钠（Na_2O）	氧化镁（MgO）	氧化铝（Al_2O_3）	二氧化硅（SiO_2）	氧化钾（K_2O）	氧化钙（CaO）	二氧化钛（TiO_2）	三氧化二铁（Fe_2O_3）	熔剂元素氧化物总量（R_xO_y）/氧化铝（Al_2O_3）	二氧化硅（SiO_2）/氧化铝（Al_2O_3）
XP03	1.50	2.57	16.75	67.11	2.24	2.48	0.39	5.96	1.08	6.14
XP04	0.82	2.72	17.05	65.19	2.21	2.32	0.57	8.12	1.09	5.86
XP05	1.05	2.43	16.80	67.41	2.21	1.72	0.52	6.86	0.98	6.15
XP06	1.78	2.63	17.22	66.99	2.51	1.37	0.47	6.03	1.00	5.97
XP07	1.13	2.61	16.99	67.82	2.55	1.26	0.59	6.07	0.95	6.12
XP08	1.67	2.50	16.46	67.83	2.20	2.05	0.41	5.87	1.06	6.32
XP09	1.00	2.54	17.01	67.48	2.55	1.55	0.53	6.35	0.96	6.08
XP10	2.21	2.94	17.44	65.57	2.87	1.42	0.47	6.07	1.09	5.76
XP11	1.85	2.39	16.58	67.11	2.54	2.21	0.48	5.83	1.09	6.21
XP12	2.45	2.70	16.61	66.14	3.05	1.15	0.53	6.37	1.13	6.10
XP13	0.62	2.28	15.94	68.85	2.52	2.25	0.49	6.04	1.01	6.62
XP14	0.47	2.72	16.44	68.11	3.08	1.84	0.54	5.82	1.02	6.35
XP15	1.82	2.81	16.95	66.50	3.27	1.29	0.51	5.84	1.07	6.02
XP16	0.26	2.29	16.89	68.68	2.65	1.98	0.46	5.80	0.90	6.24
XP17	0.94	2.33	16.94	67.53	2.79	1.50	0.54	6.42	0.95	6.11
XP18	2.09	3.42	15.41	66.95	3.31	1.65	0.54	5.64	1.33	6.66
XP19	1.06	2.87	15.96	68.15	2.90	1.50	0.55	6.01	1.08	6.55
XP20	0.24	2.51	17.05	68.87	2.59	1.36	0.54	5.85	0.86	6.19
XP21	0.65	3.07	15.95	64.71	3.17	5.42	0.59	5.43	1.48	6.22
XP22	2.33	2.85	16.89	66.13	2.55	1.51	0.52	6.22	1.12	6.00
XP23	2.12	3.33	16.01	67.14	3.00	0.95	0.60	5.84	1.19	6.43
XP24	2.02	3.11	17.03	65.62	2.77	1.52	0.51	6.42	1.14	5.91
XP25	0.88	2.46	18.09	64.18	2.20	2.44	0.53	8.22	1.01	5.44
XP26	1.02	3.28	16.66	67.10	3.51	0.81	0.54	6.09	1.06	6.18
XP27	0.50	2.64	17.85	66.87	2.73	1.81	0.50	6.11	0.91	5.75
XP28	2.05	3.68	16.21	66.40	3.19	0.84	0.62	6.01	1.23	6.28
XP29	0.56	2.45	18.26	64.44	2.64	2.32	0.44	7.87	0.97	5.41

续表 1

编号	氧化钠 (Na_2O)	氧化镁 (MgO)	氧化铝 (Al_2O_3)	二氧化硅 (SiO_2)	氧化钾 (K_2O)	氧化钙 (CaO)	二氧化钛 (TiO_2)	三氧化二铁 (Fe_2O_3)	熔剂元素氧化物总量 (R_xO_y) / 氧化铝 (Al_2O_3)	二氧化硅 (SiO_2) / 氧化铝 (Al_2O_3)
XP30	0. 93	2. 09	17. 11	67. 72	2. 63	1. 54	0. 55	6. 41	0. 90	6. 07
XP31	0. 94	2. 34	17. 17	67. 90	2. 58	1. 38	0. 49	6. 20	0. 90	6. 06
XP32	1. 59	2. 62	17. 30	66. 60	2. 40	1. 53	0. 54	6. 42	1. 00	5. 90
XP33	0. 35	2. 76	17. 85	66. 81	2. 52	1. 59	0. 53	6. 59	0. 90	5. 74
XP34	1. 60	2. 78	16. 91	66. 57	2. 89	1. 83	0. 34	6. 08	1. 08	6. 04
XP35	1. 41	2. 83	16. 40	67. 18	2. 72	1. 80	0. 59	6. 08	1. 11	6. 28
XP36	2. 32	3. 02	16. 54	65. 76	2. 90	2. 06	0. 47	5. 93	1. 23	6. 10
XP37	1. 61	2. 68	16. 60	67. 42	2. 85	1. 48	0. 48	5. 87	1. 05	6. 23
XP38	1. 42	3. 07	16. 64	67. 61	2. 89	1. 14	0. 48	5. 74	1. 05	6. 23
XP39	1. 64	2. 76	16. 83	66. 91	2. 68	1. 33	0. 53	6. 32	1. 05	6. 10
XP40	0. 79	2. 39	16. 47	68. 70	2. 77	1. 34	0. 49	6. 03	0. 94	6. 40
XP41	1. 09	2. 38	16. 75	66. 79	3. 28	2. 10	0. 52	6. 09	1. 05	6. 11
XP42	0. 23	2. 43	16. 85	68. 57	2. 92	1. 26	0. 53	6. 21	0. 88	6. 24
XP43	0. 84	2. 76	16. 98	67. 91	3. 03	1. 14	0. 50	5. 84	0. 95	6. 13
XP44	1. 74	3. 06	17. 53	65. 58	3. 19	1. 30	0. 50	6. 10	1. 07	5. 73
XP45	0. 54	1. 68	17. 28	67. 95	2. 38	2. 52	0. 49	6. 14	0. 87	6. 03
XP46	1. 67	2. 70	16. 89	66. 92	2. 90	1. 21	0. 51	6. 19	1. 03	6. 07
XP47	1. 05	2. 75	17. 01	66. 82	2. 91	1. 32	0. 58	6. 55	1. 00	6. 02
XP48	0. 89	2. 47	16. 90	67. 71	2. 69	1. 32	0. 52	6. 50	0. 94	6. 14
XP49	0. 57	2. 61	16. 98	67. 43	2. 48	2. 16	0. 44	6. 34	0. 99	6. 09
XP50	1. 89	2. 60	17. 95	64. 22	2. 56	2. 37	0. 76	6. 65	1. 09	5. 49
XP51	0. 70	2. 20	17. 09	67. 93	2. 34	2. 19	0. 48	6. 09	0. 93	6. 10
XP52	1. 53	2. 94	17. 18	66. 91	2. 68	1. 24	0. 44	6. 09	1. 02	5. 97
XP53	2. 14	3. 24	15. 89	66. 54	3. 26	1. 31	0. 57	6. 05	1. 25	6. 42
XP54	2. 06	2. 81	17. 06	66. 01	2. 79	1. 74	0. 58	5. 97	1. 11	5. 93
XP55	0. 96	2. 52	17. 41	66. 75	2. 89	1. 69	0. 47	6. 30	0. 97	5. 88
XP56	0. 84	2. 31	17. 55	66. 86	2. 39	2. 05	0. 52	6. 48	0. 93	5. 84

续表 1

编号	氧化钠 (Na_2O)	氧化镁 (MgO)	氧化铝 (Al_2O_3)	二氧化硅 (SiO_2)	氧化钾 (K_2O)	氧化钙 (CaO)	二氧化钛 (TiO_2)	三氧化二铁 (Fe_2O_3)	熔剂元素氧化物总量 (R_xO_y) / 氧化铝 (Al_2O_3)	二氧化硅 (SiO_2) / 氧化铝 (Al_2O_3)
XP57	0. 81	3. 27	15. 79	65. 85	2. 18	3. 42	0. 50	7. 18	1. 33	6. 39
XP58	1. 78	2. 84	16. 51	66. 22	2. 57	2. 31	0. 55	6. 23	1. 18	6. 15
XP59	1. 17	4. 99	16. 02	57. 37	3. 15	11. 05	0. 33	4. 92	2. 34	5. 49
XP60	0. 86	1. 57	15. 04	68. 10	4. 12	1. 86	0. 72	6. 74	1. 09	6. 94
XP61	1. 41	1. 88	14. 96	68. 41	3. 18	2. 18	0. 57	6. 39	1. 15	7. 01
XPT01	2. 01	3. 35	13. 40	63. 06	2. 89	10. 12	0. 34	3. 82	2. 43	7. 22
XPT02	1. 88	2. 97	13. 53	62. 03	2. 86	11. 17	0. 41	4. 15	2. 47	7. 03
XPT03	1. 50	3. 10	13. 15	64. 59	2. 79	9. 78	0. 32	3. 77	2. 32	7. 53
XPT04	1. 72	2. 76	13. 21	63. 47	2. 82	11. 00	0. 31	3. 71	2. 43	7. 37
XPT05	2. 00	3. 22	13. 56	62. 63	3. 45	10. 09	0. 29	3. 76	2. 41	7. 08
XPT06	1. 91	2. 99	14. 21	63. 88	3. 05	8. 69	0. 37	3. 89	2. 07	6. 89

（二）陶器性能

采用德国耐驰（Netzsch）公司生产的热膨胀仪对部分陶器样品的烧成温度进行了测试，另外还测试了它们相应的体积密度、吸水率和气孔率，结果见表 2。

表 2　　灵宝西坡遗址部分陶器样品的烧成温度和其他性能

编号	器形	体积密度 (g/cm^3)	吸水率 (%)	显气孔率 (%)	烧成温度 (℃)
XP12	瓶	1. 87	16. 6	31	1005 ± 20
XP17	尖底瓶	1. 87	16. 4	31	975 ± 20
XP23	盆	1. 85	16. 9	31	940 ± 20
XP29	罐	1. 92	14. 9	29	915 ± 20
XP38	盆	1. 86	15. 9	30	960 ± 20
XP41	盆	1. 82	17. 8	32	950 ± 20
XP47	盆	1. 81	17. 9	32	940 ± 20
XP53	罐	1. 89	15. 8	30	1000 ± 20
XP54	罐	1. 89	15. 0	29	905 ± 20
XP59	彩陶盆	1. 78	19. 4	35	1105 ± 20

三 分析与讨论

（一）灵宝西坡遗址陶器的原料组成特点

从表1的测试结果中可以看出，西坡遗址陶器原料都属于易熔黏土，胎体组成中熔剂元素氧化物（R_xO_y）〔氧化钾（K_2O）、氧化钠（Na_2O）、氧化钙（CaO）、氧化镁（MgO）、二氧化钛（TiO_2）、三氧化二铁（Fe_2O_3）〕含量较多，其中三氧化二铁（Fe_2O_3）的含量最高，大约在5%～9%之间变化。根据样品化学组成的胎式（即氧化物组成的分子摩尔比），可以发现西坡遗址陶器样品的熔剂元素氧化物总量（R_xO_y）/氧化铝（Al_2O_3）平均值约为1.08，二氧化硅（SiO_2）/氧化铝（Al_2O_3）平均值为6.07；而遗址土样的熔剂元素氧化物总量（R_xO_y）/氧化铝（Al_2O_3）平均值约为2.36，二氧化硅（SiO_2）/氧化铝（Al_2O_3）平均值为7.19，可见土样中熔剂元素含量更高，这与陶器的化学组成胎式差别较大。用表1中样品的8种主次量元素含量作为变量，做出样品的二维对应分析图，因子方差累积93.9%，因子载荷图如图2所示。

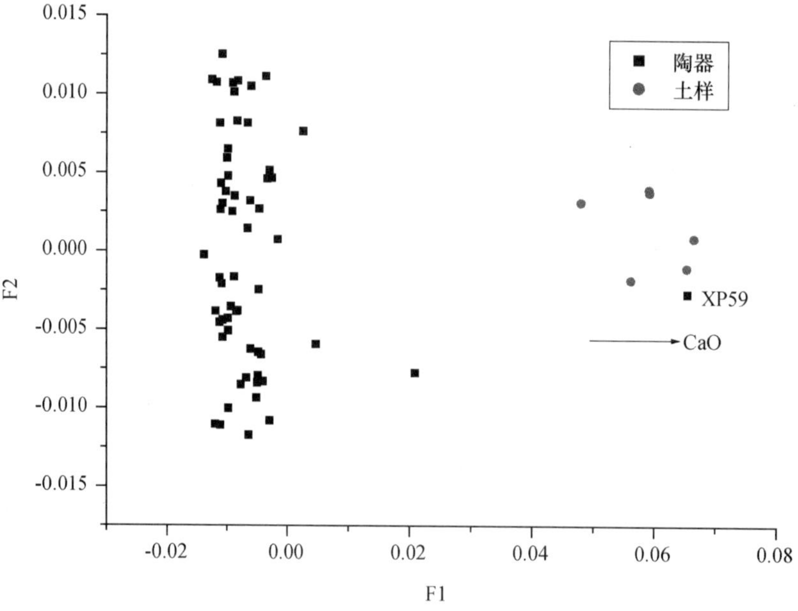

图2 西坡遗址陶器样品和遗址土样的主次量元素含量二维对应分析图

从图2中可以看出，西坡遗址陶器样品在氧化钙（CaO）含量变化方向上分散性较大，并且遗址土样中氧化钙（CaO）的含量明显高于陶器胎体中氧化钙（CaO）的含量。从地理位置上看，西坡遗址地处黄土高原，黄土是距今200多万年的第四纪时期形成的土状堆积物，其中富含钙质[2]，因而西坡遗址土样中钙含量比较高。以前研究者认为黄河流域红陶、灰陶和黑陶所用原料主要是红土、河谷中的沉积土以及黑土等[3]，从我们的分析中可以看出，西坡遗址绝大多数陶器原料也并非普通的黄土。另外，有1件特殊的陶器样品（XP59）胎的化学组成不同于其他大部分陶器胎的化学组成，经X射线衍射分析（如图3所示）发现造成其钙含量偏高的原因是其胎中含有大量的辉石［Augite-Ca（MgFeAl）$(SiAl)_2O_6$］，这也与其他陶器胎的晶相组成差别较大，所以可以推断这件陶器所用原料区别于绝大多数陶器所用原料。

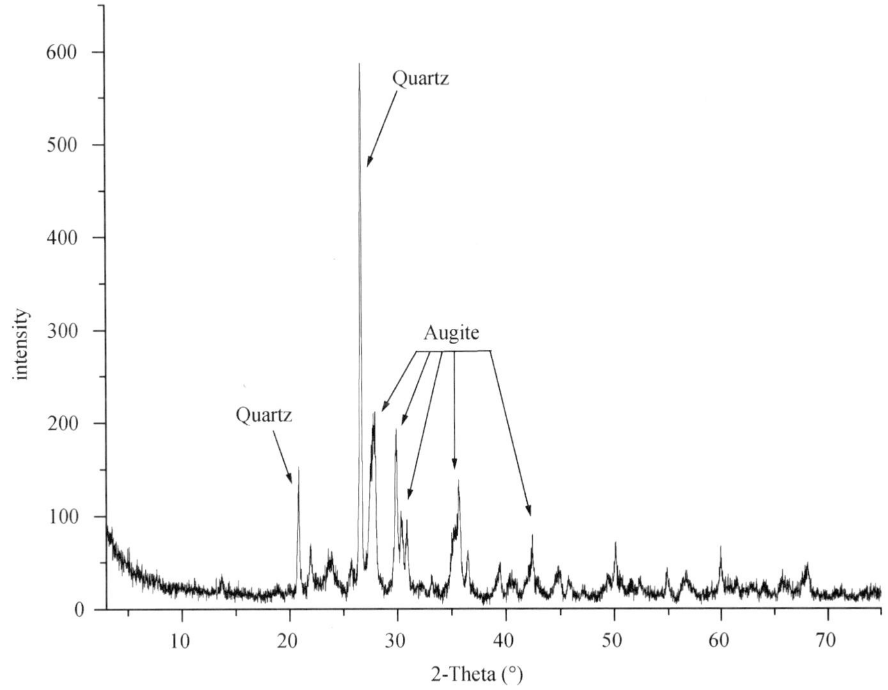

图3　XP59陶器胎的XRD图谱

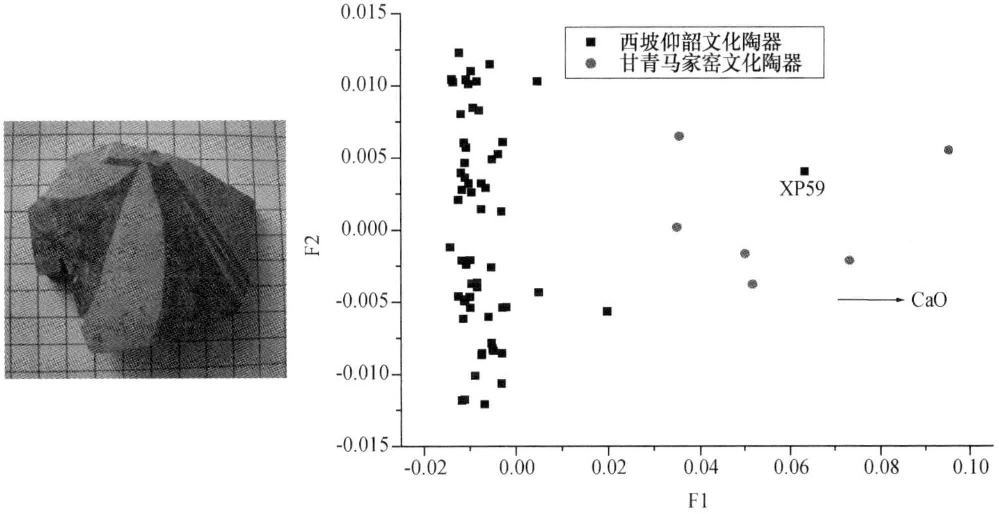

图4　XP59外观形貌以及西坡仰韶文化陶器和甘青马家窑文化陶器主次量元素二维对应分析图

从表2中可以看出，XP59的烧成温度非常高，达到1105摄氏度，这比其他标本的烧成温度高出许多；其外观颜色为橙黄色，与大多数陶器的红色也有着明显区别，这与马家窑文化陶器多呈橙黄色相似。为了探寻其来源，选择了部分甘、青马家窑文化的陶器样品胎的化学组成数据[4]与其作对比分析，所得二维因子分析图如图4所示。可以看出甘、青马家窑文化的陶器样品普遍有着高钙的特征，而XP59与它们组成特征相近，样品点落在它们的范围之内，推测其可能为外来产品。

（二）灵宝西坡遗址出土彩陶的工艺研究

西坡遗址出土的彩陶大多是在红色胎体上直接绘黑彩，还有少量为先涂一层白色陶衣再绘黑彩，利用EDXRF无损分析对白色陶衣和黑彩的成分测量结果见表3。

表3　EDXRF测量部分彩陶表面彩料的主次量化学组成　〔重量（wt）%〕

编号	名称	氧化钠（Na_2O）	氧化镁（MgO）	氧化铝（Al_2O_3）	二氧化硅（SiO_2）	氧化钾（K_2O）	氧化钙（CaO）	二氧化钛（TiO_2）	三氧化二铁（Fe_2O_3）	氧化锰（MnO）
XP36	白色陶衣	0.67	2.41	27.41	59.68	1.68	1.98	1.09	4.08	—
XP61	白色陶衣	0.33	1.65	11.87	57.54	2.24	21.03	0.35	4.00	—
XP36	黑彩	0.97	1.65	15.06	46.54	1.16	2.57	0.96	19.65	10.42
XP23	黑 彩	0.08	1.20	12.07	52.45	1.99	3.98	0.49	14.92	11.84

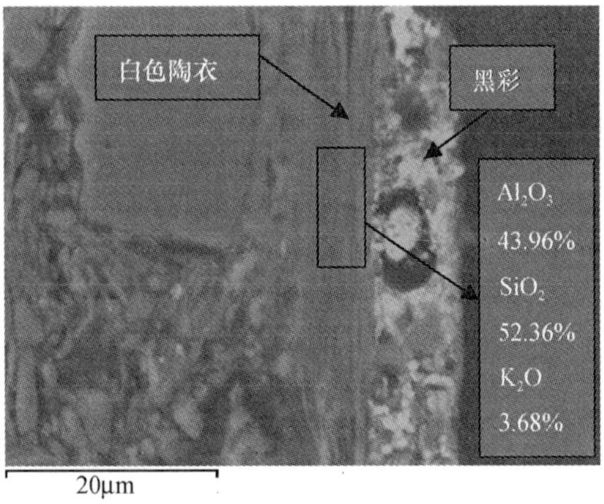

图5　XP36断面显微结构

从表3可以看出，白色陶衣的原料组成存在两种不同的类型，一种是高铝型（XP36），一种是高钙型（XP61），而黑彩的化学组成中除三氧化二铁（Fe_2O_3）含量较高外，还含有较多量的氧化锰（MnO），它们是黑彩的主要着色元素。由于陶衣的厚度很薄，EDXRF分析中的X射线有一定的穿透深度（几十微米），为了反映白色陶衣的真实组成，利用扫描电子显微镜对XP36的断面进行了显微结构分析，如图5所示。从图中可以看出白色陶衣和黑彩的厚度都大约为10μm，白色陶衣呈层状解理结构，黑彩中呈亮白色的部分则是锰铁矿物相。利用扫描电镜的能谱系统对白色陶衣做微区分析，得到其组成元素的百分比（$Al_2O_3$43.96%，$SiO_2$52.36%，K_2O3.68%），这与理想高岭石的组成（$AL_2O_3\cdot 2SiO_2$，$Al_2O_3$47.66%，$SiO_2$52.34%）很接近。由于自然界中的高岭石是钾长石的风化产物，因而高岭石中会含有少量的钾，所以XP36这件彩陶的白色陶衣所用高铝型的原料应该就是高岭石。

由于样品本身的原因，没有对XP61作显微结构分析，但对其表面白色陶衣的晶相分析中发现了较多量的钙铝黄长石（Gehlenite-$2CaO\cdot Al_2O_3\cdot SiO_2$）和一定量的方解石

(Calcite-$CaCO_3$)，如图6所示。钙铝黄长石常在石灰与黏土高温相互作用时形成，所以这种高钙质白色陶衣的呈色原料应该主要是石灰。该样品白色陶衣的厚度较厚，为了验证EDXRF的测量结果，从其表面白色陶衣部分轻微刮下少量白色粉末，利用能谱仪分析其组成，结果如表4所示。

表4　电子探针能谱仪测量XP61白色陶衣的组成〔重量（wt）%〕

编号	名称	氧化钠（Na_2O）	氧化镁（MgO）	氧化铝（Al_2O_3）	二氧化硅（SiO_2）	氧化钾（K_2O）	氧化钙（CaO）	三氧化二铁（Fe_2O_3）
XP61	白色陶衣	1.35	2.76	14.49	51.68	2.05	23.36	4.32

可以看出，电子探针测量结果与EDXRF相近，说明其成分并不完全是氧化钙（CaO），结合晶相的分析结果，这种白色陶衣应该是石灰石混合了部分黏土，使得氧化钙（CaO）的丰度降低。众所周知，石灰石是自然界中比较常见的矿物，其成分主要是碳酸钙（$CaCO_3$），而碳酸钙（$CaCO_3$）的悬浮性很差，很难做成浆料均匀地涂刷在陶器表面，所以当时的古人可能为了改善石灰石的这种性质，利用黏土与其混合来增加白色浆料的悬浮性。彩陶在烧制过程中，由于窑炉的高温作用，白色陶衣中大部分的碳酸钙（$CaCO_3$）分解为氧化钙（CaO），并且在950摄氏度左右与黏土中的硅、铝作用形成了钙铝黄长石[5]，而少部分没有分解仍然以碳酸钙（$CaCO_3$）的形式残留下来，这与XRD分析较为一致。

另外，对XP36彩陶的黑色彩料也做了表面X射线衍射分析（如图7所示），从中可以清晰地看出赤铁矿和含锰矿物的衍射峰，这进一步反映了黑彩的组成特征。

以上表明，仰韶文化时期西坡遗址的古人类为了制作彩陶，寻找到了外观为白色的矿物原料作为陶衣，一种是高岭石，一种是石灰石，虽然他们当时不明白这两种原料内在的区别，但是都可以达到他们所需要的白色效果，而黑色原料则是一种锰铁结核矿物。

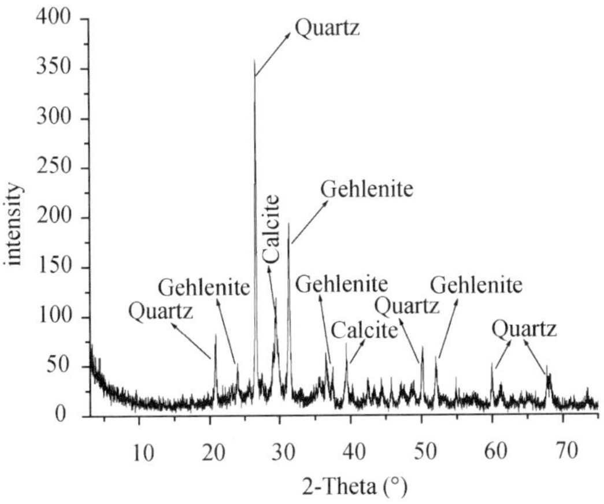

图6　XP61白色陶衣的XRD图谱

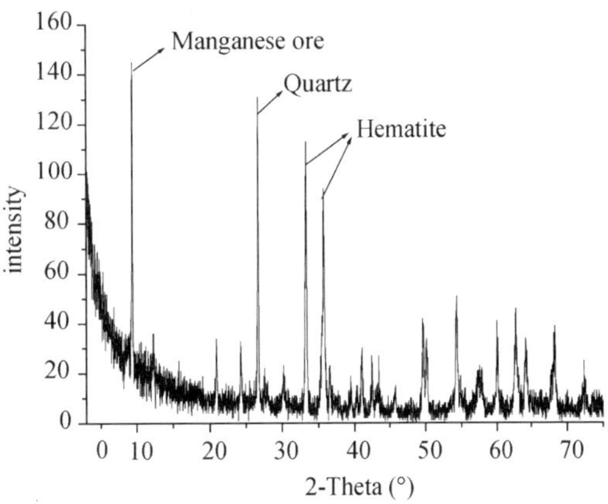

图7　XP36黑彩XRD图谱

四 结 论

（1）西坡遗址陶器所用原料都属于易熔黏土，胎体组成中氧化钾（K_2O）、氧化钠（Na_2O）、氧化钙（CaO）、氧化镁（MgO）、二氧化钛（TiO_2）、三氧化二铁（Fe_2O_3）等熔剂元素氧化物含量较高；与遗址土样成分相比，陶器胎体中氧化钙（CaO）的含量明显较低，表明大部分陶器原料并非普通的黄土。

（2）西坡遗址陶器的烧成温度都在900摄氏度以上，由于烧结程度不高，胎体的吸水率（15%）和气孔率（30%）还比较大。

（3）西坡遗址彩陶上黑色彩料的着色元素主要是铁和锰，而白色陶衣的原料则分为高岭石和石灰石两种。在使用石灰石的时候，用黏土与其混合，这可能也是古代制陶工艺中二元配方思维在早期的一种表现。

（4）西坡遗址出土的特殊彩陶标本（XP59）的外观、原料及各种物理化学性能与遗址中出土的其他标本差别较大，疑其为外来产品，有可能反映了当时豫西仰韶文化与甘、青一带的文化交流。

注 释

[1] 中国社会科学院考古研究所河南一队、河南省文物考古研究所、三门峡市文物工作队、灵宝市文物保护管理所、荆山黄帝陵管理所：《河南灵宝市西坡遗址试掘简报》，《考古》2001年第11期。

[2] 刘东生：《黄土的物质成分和结构》，科学出版社，1966年。

[3] 周仁、张福康、郑永圃：《我国黄河流域新石器时代和殷周时代制陶工艺的科学总结》，《考古学报》1964年第1期。

[4] 李家治：《中国科学技术史·陶瓷卷》，科学出版社，1998年。

[5] 钱觉时、纪宪坤、范英儒、王智：《粉煤灰中的含钙矿物及其影响》，《重庆建筑大学学报》2008年第30卷第5期。

河南偃师二里头遗址特殊陶器的科技研究

鲁晓珂　李伟东　罗宏杰　许　宏　赵海涛

内容提要： 选取二里头遗址出土的特殊陶器（白陶、印纹硬陶和原始瓷）作为研究对象，运用能量色散X射线荧光分析仪、热膨胀仪和X射线衍射分析仪分别测定了它们的化学组成、烧成温度以及晶相组成，用扫描电镜观察部分样品的显微结构，进而对这些特殊陶器的原料特征和烧制工艺进行了讨论。结果表明，二里头遗址特殊陶器的胎料组成属于瓷石类型，不同于日用陶器胎料的易熔黏土；白陶所用原料较为分散，其中三氧化二铁（Fe_2O_3）含量平均值随白陶颜色白、黄、红、灰的变化有依次增加的特征；白陶的烧成温度在900摄氏度至1000摄氏度之间，而原始瓷的烧成温度则超过1100摄氏度，不同颜色的白陶烧制气氛也不同；二里头遗址出土的少部分原始瓷胎料与泛灰色白陶接近，不同于其他原始瓷胎料的南方瓷石特征。

关键词： 二里头遗址　特殊陶器　原料　烧制工艺　多元统计分析

河南偃师二里头遗址以其在中国考古史上所占据的重要地位被誉为“华夏第一王都”。自1959年被发现以来，中国几代考古工作者对二里头遗址进行了持续不断的发掘，发现了大型宫殿基址和宫城、大型青铜冶铸作坊与制陶、制骨、制绿松石器作坊相关的遗迹等，出土了成组的青铜礼器、玉器和其他重要遗物，证明了它是一处具有都城规模的遗址[1]。二里头遗址时代上处于公元前18世纪至公元前16世纪，相当于中国历史上的夏、商时期，所以二里头遗址就成为公认的探索夏文化和夏商王朝分界的关键性遗址。

二里头遗址出土了大量的陶器，其中日用陶器占大宗，但也发现了为数不多的特殊陶器，如白陶、印纹硬陶和原始瓷。尤为重要的是，二里头文化第二期遗存中出土的原始瓷也是目前所知考古资料中北方地区时代最早的原始瓷，这些特殊陶器的发现极大地丰富了二里头遗址陶器的研究，特别是对于探讨原始瓷的起源问题尤为关键。为配合“中华文明探源工程”的实施，在中国社会科学院考古研究所的大力支持下，我们对二里头遗址部分珍贵的特殊陶器残片进行了化学组成、烧成温度、晶相组成和显微结构实验，得到了一些较为有意义的结果。

作者：鲁晓珂、李伟东、罗宏杰　中国科学院上海硅酸盐研究所，上海，200050；许宏、赵海涛　中国社会科学院考古研究所，北京，100710。

一 样本的选取

实验共选取二里头遗址出土特殊陶器标本24件，品种有白陶、印纹硬陶和原始瓷，样品的详细信息见表1。

表1 二里头遗址出土特殊陶器标本信息列表

序号	编号	器形	名称	时期	备注
1	ELT-56	鬶	白陶	二里头文化一二期之交	黄色
2	ELT-57	鬶	白陶	二里头文化第二期	黄色
3	ELT-58	尊	白陶	二里头文化第二期	淡红色
4	ELT-60	盉	白陶	二里头文化第二期	黄色
5	ELT-61	爵	白陶	二里头文化第二期	灰色
6	ELT-62	尊	白陶	二里头文化第三期	淡红色
7	ELT-63	盉	白陶	二里头文化第四期	灰色
8	ELT-65	盉	白陶	二里头文化第二期	白色
9	ELT-66	尊	白陶	二里头文化第二期	淡红色
10	ELT-67	盉	白陶	二里头文化第三期	灰色
11	ELT-68	爵	白陶	二里头文化第三期	灰色
12	ELT-70	爵	白陶	二里头文化第四期	灰色
13	ELT-72	不详	原始瓷	二里头文化第二期	外表面青釉，有印纹，薄胎，灰色
14	ELT-73	爵	白陶	二里头文化第三期	灰色
15	ELT-74	尊	白陶	二里头文化第二期	淡红色
16	ELT-75	尊	白陶	二里头文化第二期	淡红色
17	ELT-76	盉	白陶	二里头文化第二期	白色
18	ELT-77	斗笠形器	白陶	二里头文化第二期	白色
19	ELT-78	盉	原始瓷	二里头文化第四期	外表面酱色釉，有印纹，薄胎，褐色
20	ELT-79	盉	原始瓷	二里头文化第二期	外表面酱色釉，厚胎
21	ELT-80	盉	白陶	二里头文化第二期	灰色
22	ELT-81	盉或壶	印纹硬陶	二里头文化第二期	薄胎，质灰，有印纹
23	ELT-82	盉	原始瓷	二里头文化第二期	外表面薄青釉，厚胎
24	ELT-83	尊	白陶	二里头文化第二期	白色，质硬

二 实 验

（一）化学组成

采用美国 EDAX 公司生产的 EAGLE-III 型能量色散 X 射线荧光分析仪对样品胎和釉的主次量和微量元素成分进行了测定。能量色散 X 荧光分析仪具有不破坏、高精度、测量元素范围广等优点，特别适合于珍贵标本的无损分析。测量结果见表 2 和表 3（注：表 2 不含第 18 号 ELT-77 斗笠形白陶样品胎的化学组成）。

表 2　二里头遗址出土特殊陶器样品胎的主次量化学组成　〔重量（wt）%〕

序号	代号	氧化钠 (Na_2O)	氧化镁 (MgO)	氧化铝 (Al_2O_3)	二氧化硅 (SiO_2)	氧化钾 (K_2O)	氧化钙 (CaO)	二氧化钛 (TiO_2)	三氧化二铁 (Fe_2O_3)
1	ELT-56-b	0. 59	1. 08	21. 25	66. 35	2. 71	4. 02	0. 52	2. 48
2	ELT-57-b	0. 30	0. 43	24. 66	68. 97	0. 90	0. 58	0. 86	2. 30
3	ELT-58-b	0. 27	0. 91	26. 68	63. 55	2. 53	0. 70	0. 72	3. 65
4	ELT-60-b	0. 33	0. 67	27. 86	63. 61	1. 71	0. 98	0. 71	3. 13
5	ELT-61-b	0. 40	0. 92	24. 33	65. 61	2. 82	0. 57	0. 59	3. 75
6	ELT-62-b	0. 61	1. 04	29. 16	60. 16	2. 02	1. 37	0. 70	3. 95
7	ELT-63-b	0. 77	0. 94	23. 62	64. 81	2. 72	0. 96	0. 71	4. 48
8	ELT-65-b	0. 49	0. 95	30. 11	60. 29	2. 27	2. 29	0. 62	1. 97
9	ELT-66-b	0. 21	1. 08	24. 35	65. 93	2. 69	1. 03	0. 56	3. 14
10	ELT-67-b	0. 18	1. 02	21. 92	68. 85	2. 39	0. 84	0. 52	3. 28
11	ELT-68-b	0. 26	1. 22	20. 78	67. 07	2. 65	0. 95	0. 56	5. 52
12	ELT-70-b	0. 07	0. 95	21. 80	70. 27	1. 81	1. 10	0. 53	2. 48
13	ELT-72-b	0. 21	2. 13	16. 38	75. 32	1. 64	0. 27	0. 60	2. 45
14	ELT-73-b	0. 26	1. 24	20. 77	67. 42	2. 46	1. 08	0. 58	5. 20
15	ELT-74-b	0. 37	1. 17	25. 21	65. 09	2. 95	0. 87	0. 63	2. 71
16	ELT-75-b	0. 23	0. 94	29. 91	59. 89	2. 17	1. 19	0. 76	3. 91
17	ELT-76-b	0. 07	1. 09	23. 74	67. 65	2. 48	0. 72	0. 51	2. 73
19	ELT-78-b	0. 74	0. 82	17. 69	72. 53	2. 12	0. 22	0. 61	4. 28
20	ELT-79-b	0. 07	1. 36	22. 04	67. 92	2. 76	0. 68	0. 65	3. 52
21	ELT-80-b	0. 27	0. 76	24. 52	64. 88	2. 70	1. 17	0. 59	4. 11
22	ELT-81-b	0. 46	1. 21	18. 59	72. 50	2. 04	0. 36	0. 89	2. 95
23	ELT-82-b	0. 22	1. 17	22. 30	67. 93	2. 40	0. 19	0. 78	4. 03
24	ELT-83-b	0. 31	1. 18	26. 06	65. 20	2. 54	0. 47	0. 61	2. 62

表 3　　二里头遗址出土原始瓷釉的主次量化学组成　　〔重量（wt）%〕

代号	氧化钠 (Na_2O)	氧化镁 (MgO)	氧化铝 (Al_2O_3)	二氧化硅 (SiO_2)	氧化钾 (K_2O)	氧化钙 (CaO)	二氧化钛 (TiO_2)	三氧化二铁 (Fe_2O_3)	氧化锰 (MnO)	五氧化二磷 (P_2O_5)
ELT-72-g	0. 34	3. 63	12. 32	66. 87	2. 98	9. 26	0. 48	3. 11	0. 40	0. 25
ELT-78-g	0. 31	2. 16	15. 48	66. 30	3. 75	5. 17	0. 56	5. 28	0. 77	0. 22
ELT-79-g	0. 68	2. 74	17. 18	62. 40	5. 18	6. 65	0. 41	3. 22	0. 13	0. 21
ELT-82-g	0. 51	2. 48	14. 98	64. 29	3. 27	8. 65	0. 47	4. 36	0. 14	0. 99

（二）烧成温度

采用热膨胀仪对部分白陶样品的烧成温度进行了测试，结果见表 4。

表 4　　二里头遗址部分白陶样品的烧成温度和重烧前后颜色的变化

	ELT-56	ELT-57	ELT-58	ELT-61	ELT-63
烧前颜色	黄色	黄色	淡红色	灰色	灰色
烧后颜色	黄色	黄色	淡红色	黄色	褐色
烧成温度	980℃ ±20℃	1000℃ ±20℃	925℃ ±20℃	950℃ ±20℃	1000℃ ±20℃

从表 4 中可以看出二里头遗址出土白陶的烧成温度在 900 摄氏度至 1000 摄氏度之间，红色基质的白陶烧成温度相对较低。从无保护气氛下重烧前后颜色的变化可以看出，黄色和红色的白陶颜色没有改变，而灰色的白陶则被氧化成黄色或褐色，所以可以推断，泛灰色的白陶是在还原气氛下烧制，而泛黄色和泛红色的白陶则是在氧化气氛下烧制。

（三）晶相组成

采用 D/max 2550V 型 X 射线仪分析了部分样品的晶相组成。图 1 是 ELT-62 淡红色白陶样品的 XRD 的图谱，图 2 是 ELT-72 原始瓷样品胎的 XRD 的图谱。

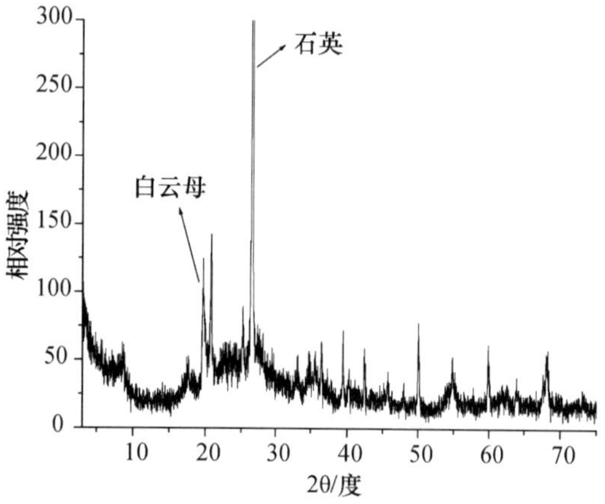

图 1　ELT-62 胎 XRD 图谱

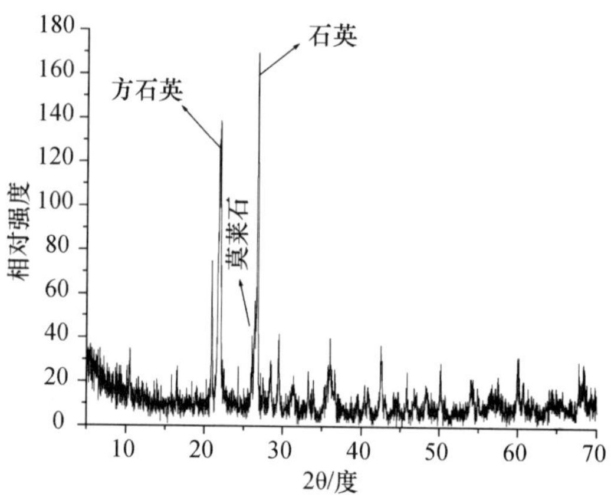

图 2　ELT-72 胎 XRD 图谱

从图中可以看出 ELT-72 原始瓷胎的晶相中除 α-石英外，还存在有高温方石英，并且还生成了莫莱石，具备了一般瓷器胎的主要特征。因为受样品尺寸限制，这件原始瓷的烧成温度无法测试，但从其晶相中存在方石英和莫莱石来看，其烧成温度必定大于 1100 摄氏度。

三　分析与讨论

（一）二里头遗址特殊陶器胎的化学组成特征

利用多元统计分析，将表 2 中实验所得的 8 种主次量化学组成作对应分析，同时为了更清楚的显示特殊陶器的胎料特征，分析的时候加入了一批二里头遗址日用陶器标本的数据[2]。图 3 是样品主次量化学组成的二维对应分析图，因子方差累计 80.5%。

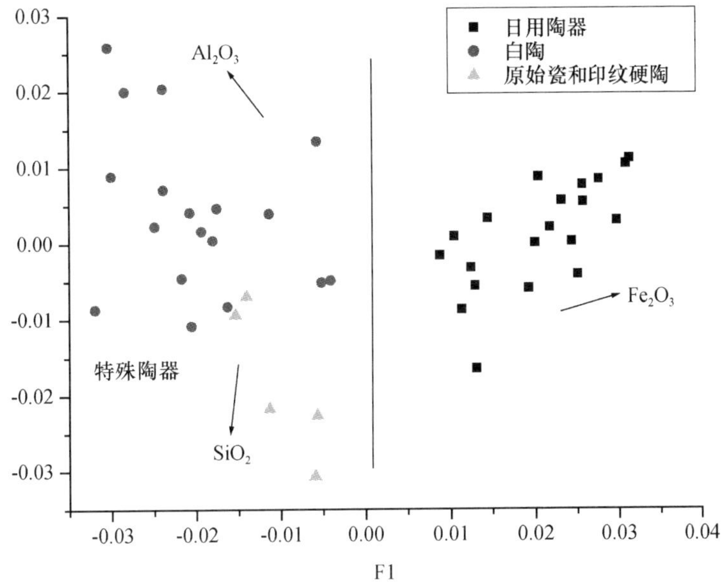

图 3　二里头遗址陶器胎的主次量化学组成二维对应分析图

从图 3 中可以看出，二里头遗址特殊陶器（白陶、印纹硬陶和原始瓷）的胎料组成明显区别于日用陶器的胎料组成，特殊陶器的胎料属于瓷石类型，而日用陶器的胎料则属于易熔黏土类型。二里头遗址白陶所用原料相对比较分散，从表 2 的数据可以看出，其氧化铝（Al_2O_3）含量波动范围为 20%～30%，三氧化二铁（Fe_2O_3）含量波动性也较大，具有很大的不稳定性，可见当时对白陶器这种稀有产品的制作还处于摸索阶段。二里头遗址白陶器颜色有白、黄、红、灰之分，根据它们的化学组成，发现其中三氧化二铁（Fe_2O_3）含量平均值随上述颜色变化有依次增加的特征（2.44%→2.63%→3.47%→4.12%）。

斗笠形白陶在二里头遗址属首次发现，同墓还出土了大型绿松石龙形器和非本地风格的玉器[3]，其墓主人身份很不一般。这种白陶质地非常细腻、光滑，并且外表面还有一层鲜红的颜料，如图4所示。能量色散X荧光分析仪对器物胎体和颜料的表面分析结果见表5。

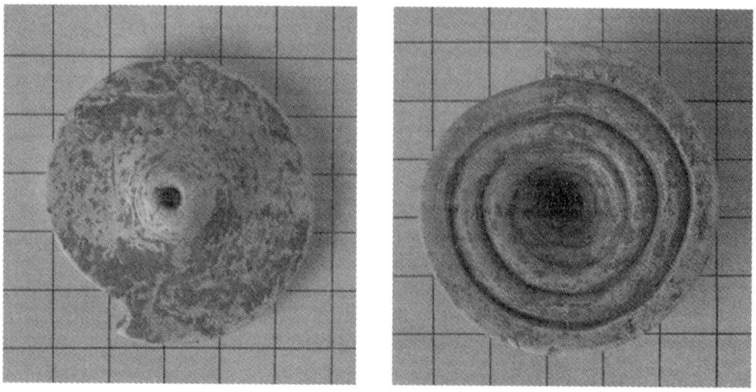

图4 斗笠形白陶

表5 斗笠形白陶样品胎体和颜料的组成 〔重量（wt）%〕

白色胎体	氧化铝（Al_2O_3）	二氧化硅（SiO_2）	三氧化硫（SO_3）	氧化钾（K_2O）	氧化钙（CaO）	三氧化二铁（Fe_2O_3）	氧化锶（SrO）
	41.57	37.69	15.87	3.15	0.48	0.65	0.59
红色颜料	Al%	Si%	S%	K%	Ca%	Fe%	Hg%
	2.93	8.23	9.15	1.04	0.51	1.28	76.77

从表5中可以看出，斗笠形白陶表面红色颜料的主要成分为朱砂（HgS），朱砂在古代是一种非常重要的矿物，这是目前国内发现时代最早的在白陶表面使用朱砂涂红作为装饰。另外，斗笠形白陶胎体组成中含有硫，由于测试的是胎体表面成分，因而这部分硫应该来自于朱砂颜料。除去硫的影响，斗笠形白陶胎体的成分则比较接近高岭土（$AL_2O_3-2SiO_2$）的组成，其铝含量比普通白陶高很多，并且铁含量很低，白度相当高，所以这种白陶有可能使用了略含杂质的高岭石。斗笠形白陶原料的精选和朱砂涂红的使用都应该是这个墓主人贵族身份和地位的体现。

（二）二里头遗址原始瓷和印纹硬陶的特点

从图3中可以看出，实验所测量的4件原始瓷和1件印纹硬陶胎的化学组成分为两类。第一类，ELT-79和ELT-82，这是两件厚胎的原始瓷样品，外表面有很薄的釉层，它们的胎料组成与部分白陶较为接近，铝含量较高。第二类，ELT-72、ELT-78和ELT-81（印纹硬陶），这3件都是薄胎样品，并且有印纹，它们的组成特征则属于高硅型。目前，有学者认为北方出土的原始瓷和印纹硬陶的产地应该在南方，原因在于它们的原料特征与南方原始瓷和印纹硬陶相近，另外北方原始瓷都出土于墓葬和遗址，未见有窑址中出土原始瓷的报道，而南方则发现了很多烧制原始瓷的窑址[4]。那么，二里头遗址出土的迄今所知北方地区时代最早的原始瓷和印纹硬陶是本地所产还是来自南方，就成为考古学界关心的问题。为了求证于更多的信息，我们综合了多方面的研究资料，如图5和图6所示。

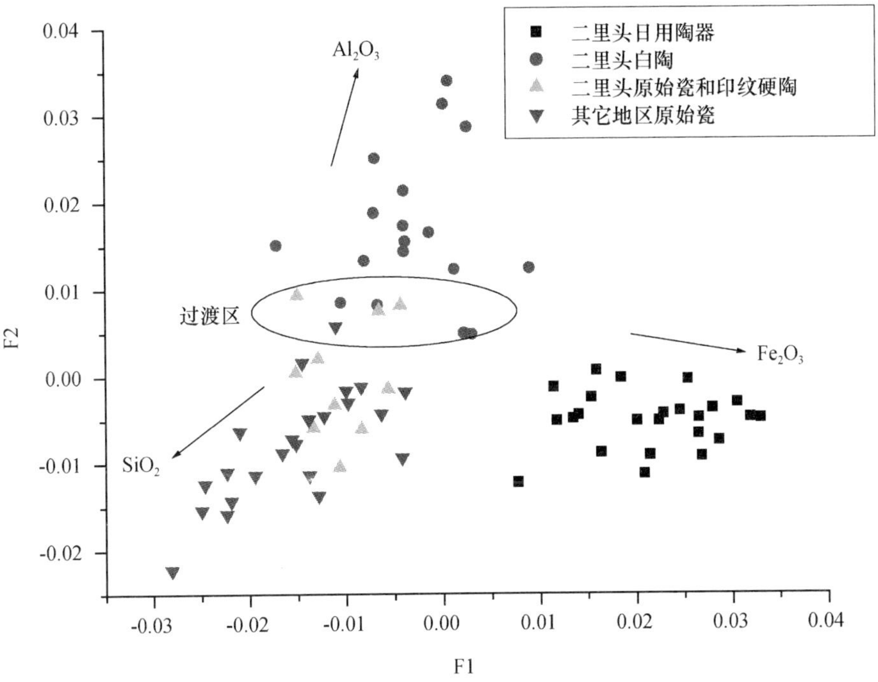

图5 二里头遗址陶器与其他地区原始瓷胎的主次量化学组成二维对应分析图

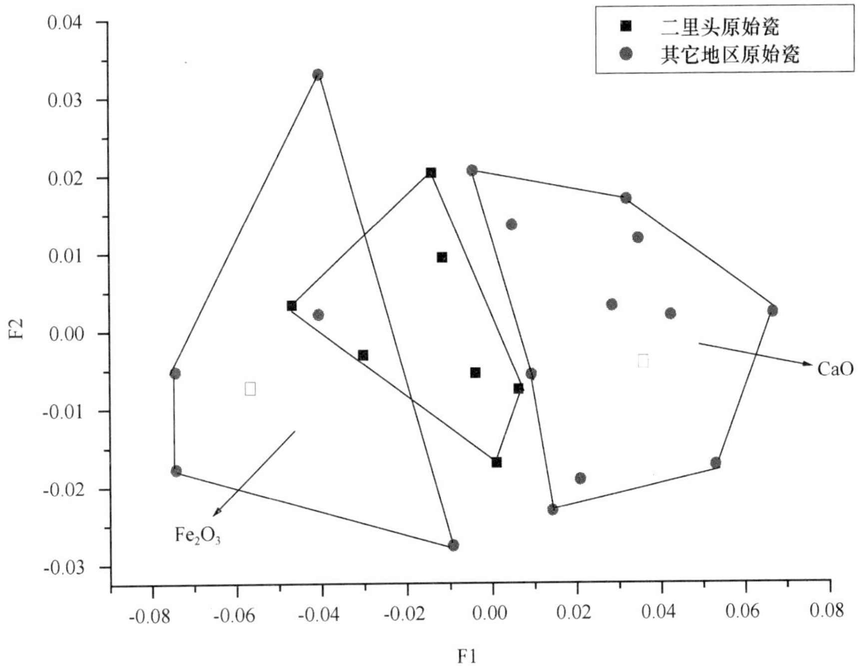

图6 二里头遗址原始瓷与其他地区原始瓷釉的主次量化学组成二维对应分析图

图5和图6中的部分二里头遗址原始瓷和印纹硬陶的数据来自于陈尧成等人的研究结果[5]，其他地区原始瓷的数据来自于文献[6]，包括山西垣曲（商代）、河南郑州（商代）、上海马桥（夏商）、清江吴城（商代）以及鹰潭角山（商代）等地方。从图5中胎样品的分布情况可以看出，大部分二里头遗址原始瓷和印纹硬陶样品和其他地区原始瓷样品混在一起，胎体所用原料属于具有南方瓷石特征的高硅型原料；而在白陶样品与原始瓷样品之间还存在一个过渡区域，包含了4个二里头遗址白陶样品、3个二里头遗址原始瓷样品和1个清江吴城原始瓷样品。这8个样品胎的主要特征为，氧化铝（Al_2O_3）含量低于大部分白陶样品而又高于大部分原始瓷样品，波动范围为20.5%~23%。需要指出的是，过渡区域中包含的4个二里头遗址白陶样品都是属于泛灰色的白陶样品，可见它们与另外3个原始瓷样品关系较为密切。

从图6中釉样品的分布情况来看，原始瓷釉存在两种类型，一种是富三氧化二铁（Fe_2O_3）釉（Ⅰ区），一种是富氧化钙（CaO）釉（Ⅱ区），二里头遗址出土的原始瓷釉基本上处于这两类原始瓷釉的过渡部分。二里头遗址原始瓷釉层成分极不均匀，特别是不同部位的氧化钙（CaO）含量差别很大，表3的数据为多点测试结果的平均值。从表3的数据可以看出，二里头遗址原始瓷釉中氧化钙（CaO）含量在5%~9%之间，这比大部分富钙釉中氧化钙（CaO）含量要低；酱色釉（ELT-78）样品中三氧化二铁（Fe_2O_3）含量较高（5.28%），属于富铁釉类型；釉中都含有一定量的氧化锰（MnO）和五氧化二磷（P_2O_5），也属于灰釉。另外，在ELT-78样品表面釉层下的回字纹凹陷处存在大量黑点，XRF成分分析表明这些黑点中氧化锰（MnO）含量明显高于其他地方，这可能是由于釉料的不均匀造成草木灰沉淀所形成。

用扫描电子显微镜对ELT-72原始瓷断面进行微观结构观察，如图7所示。从微观结构可以看出，其釉层厚度在100微米（μm）以上，釉层中有少量钙长石析晶，胎和釉之间没有发育良好的中间层，反映了当时施釉和烧制技术的原始性。

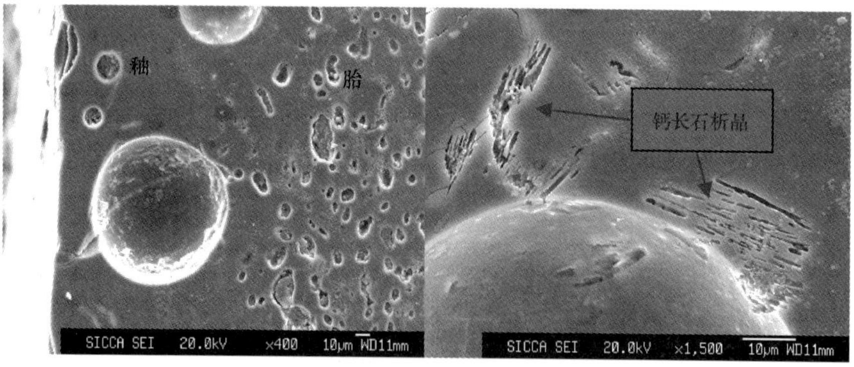

图7 ELT-72原始瓷微观形貌

四 结 论

（1）二里头遗址特殊陶器（白陶、印纹硬陶和原始瓷）的胎料组成明显区别于日用陶器，可见当时陶工对于特殊类型陶器的原料具有一定的选择性。白陶原料的波动性较大，并且其中三氧化二铁（Fe_2O_3）含量平均值随白陶颜色白、黄、红、灰的变化有依次增加的特征（2. 44% →2. 63% →3. 47% →4. 12% ）。贵族墓出土的斗笠形白陶表面采用了朱砂涂红的装饰技术。

（2）二里头遗址出土白陶的烧成温度在900摄氏度至1000摄氏度之间，红色基质的白陶烧成温度相对较低，不同颜色的白陶烧制气氛也不同。ELT-72原始瓷胎的晶相中存在有高温方石英，并且还生成了莫莱石，具备了一般瓷器胎的主要特征，其烧成温度应该在1100摄氏度之上。

（3）二里头遗址大部分原始瓷和印纹硬陶胎料组成与我国其他地区原始瓷胎料组成相近，都属于南方瓷石的高硅低铝特征，但也有少部分原始瓷与二里头遗址泛灰色的白陶关系密切。二里头遗址原始瓷釉存在富铁釉和富钙釉两种类型，并且釉中都含有一定量的锰和磷，釉层成分均匀性较差，显微结构实验表明原始瓷胎和釉之间没有形成发育良好的中间层，符合早期原始瓷的一般特征，反映了当时施釉和烧制技术的原始性。

注 释

[1] 许宏：《二里头遗址发掘和研究的回顾与思考》，《考古》2004年第11期。

[2] 吴瑞、吴隽、李家治、邓泽群、许宏：《河南偃师二里头遗址出土陶器的科技研究》，《科技考古》第二辑，科学出版社，2007年。

[3] a. 中国社会科学院考古研究所二里头工作队：《河南偃师二里头遗址中心区的考古新发现》，《考古》2005年第7期。

b. 许宏、陈国梁、赵海涛：《二里头遗址聚落形态的初步考察》，《考古》2004年第11期。

[4] 罗宏杰、李家治、高力明：《北方出土原始瓷烧造地区的研究》，《硅酸盐学报》1996年第24卷第3期。

[5] 陈尧成、张福康、张筱薇、郑光：《河南偃师二里头夏商陶器研究》，《02古陶瓷科学技术国际讨论会论文集》，上海科学技术文献出版社，2002年。

[6] 李家治：《中国科学技术史·陶瓷卷》，科学出版社，1998年。

山东龙山文化陶器的科技研究

王海圣　李伟东　罗宏杰　邓泽群　鲁晓珂
栾丰实　高明奎

内容提要：本文为探讨黄河下游山东地区龙山文化时期制陶工艺特点，选取临淄桐林（田旺）遗址和日照两城镇遗址出土的不同类型的陶片，用 EDXRF 仪、X-Ray 衍射仪、热膨胀仪等对这些陶片的化学组成、加热性状及物相组成等进行测试，结果表明：2 个遗址出土鼎、盆、杯、豆、盘、罐等器形的制陶原料主要来源于河道沉积土，极少数使用含钙（Ca）高的黏土制作陶器，而白陶鬶的制陶原料还有待进一步的测试研究以找到取料点。2 个遗址陶鬶的制陶原料还是有一定差异的，因为两城镇遗址氧化铝（Al_2O_3）含量明显较桐林遗址的要高，另外两城镇遗址也使用了镁（Mg）含量高的黏土。两城镇遗址出土陶器中含有较高含量的磷（P），而桐林遗址出土陶器磷（P）含量很低，同时两城镇遗址文化层中磷（P）的含量也较生土层的磷（P）含量要高。陶器的烧成温度一般在 800 摄氏度至 1000 摄氏度之间，陶鬶的温度基本上都超过 1000 摄氏度。两城镇遗址和桐林遗址陶器都为本地生产，但外观和器形等相似则可能是由于 2 个遗址之间出现了人员交往和交流。

关键词：龙山文化　桐林遗址　两城镇遗址　陶器

一　前　　言

中国古陶瓷是一部没有实验记录的；承载无数中华先民近万年发明创造的；记录着中国科技、经济、文化、贸易发展历程的；旷世难得的实物宝库，也是水火土相合的第一产物，是人类最早的创造性活动之一，其产生和发展使人类的早期生活发生了巨大的变化，成为人类日常生活和生产中不可缺少的用具。因此，对陶器的研究不仅可以了解先民们制陶工艺的水平，而且也可以了解隐藏在陶器背后先民们在生活和生产斗争中创造的灿烂辉煌的中华文化。

在我国东部沿海、黄河下游的山东地区自 8000 多年前的后李文化，经北辛文化、大汶口文化，至山东龙山文化时期已经逐渐形成一个相对独立、相对稳定、持续发展的地区，该

作者：王海圣、李伟东、罗宏杰、邓泽群、鲁晓珂　中国科学院上海硅酸盐研究所，上海，200050；栾丰实　山东大学东方考古研究中心，济南，250100；高明奎　山东省文物考古研究所，济南，250012。

地区以其优越的自然地理条件和悠久的古代文化，在中国古代文明的起源与发展中具有十分重要的地位。在此期间，陶器的生产形成了既继承又发展的连续不断的工艺过程。

为了对黄河下游山东龙山文化时期陶器的工艺及其发展过程有较全面的了解，在山东文物考古研究所高明奎先生及山东大学栾丰实先生的协助下，我们对临淄桐林（田旺）遗址和日照两城镇遗址出土的不同类型的陶片进行了化学组成、加热性状及物相组成等进行了测试，并分析和讨论了这2个遗址出土陶片的原料特点及制作工艺的发展过程。从而使我们有可能从陶器工艺技术角度来认识龙山文化时期桐林遗址对黄河流域文明发展所起的作用以及其制陶技术在中国古陶瓷史上所处的地位。

二 遗址简介

日照两城镇遗址是黄河下游地区新石器时代的山东龙山文化遗址。位于山东省日照市东港区，西南距日照市约20公里，东北距青岛市约80公里，东距黄海约6公里。坐落在一处南北延伸的低岭之上，主体部分位于东侧，并逐渐过渡到平缓的岭下和岭前，现存地表的海拔高度在6米~17米之间，东北紧邻两城河。遗址的文化堆积以龙山文化为主，上层有一定数量的周、汉代遗址。该遗址龙山文化遗存的年代在距今4600年至4000年，是山东龙山文化典型代表之一。早在20世纪30年代，历史语言研究所考古组就对遗址进行过科学发掘[1]。20世纪末至21世纪初，经国家文物局批准，山东大学和美国的部分考古学者组成了联合考古队，开始对两城地区进行了为其10余年的区域系统调查。同时，进行了三次规模较大的考古发掘，出土各类遗物十分丰富，尤其是在墓葬区和生活区内出土了大量精美的陶器。其中陶器的器形主要为鼎、盆、碗、杯、豆、盘、罐、器盖等[2]。并于2006年5月25日，作为新石器时代古遗址，被国务院批准列入第六批全国重点文物保护单位。

桐林（田旺）遗址，该遗址位于临淄区凤凰镇的田旺村和朱台镇的桐林村之间的台地上，分布范围可达200万平方米，文化层厚达3米~7米，各个历史年代的文化堆积不仅连续，而且十分丰富，包括从新石器时代到隋唐各时期的文化遗存，而以龙山文化堆积为主，距今4000年左右[3]。从20世纪70年代到21世纪初，国家各级考古部门对该遗址进行多次发掘，出土了大量的陶器。这些陶器包含泥质蛋壳陶、泥质黑陶、夹砂黑陶、红陶及白陶等，其中以黑陶和红陶为主，白陶的数量较少。主要器形为鼎、盆、碗、杯、豆、盘、罐，其中包含代表龙山文化制陶水平的蛋壳高柄杯，另外也具有桐林遗址文化本身的特殊性的大型夹沙红陶鬲和泥质磨光黑陶盆形鼎。

三 实验部分

实验所用陶片样本总数为124片，土样总数为15个。桐林遗址陶片样本为61片，土样为9个，陶片样品依次编为TL-n，其中TL表示桐林遗址，n表示编号（空缺的编号为器形不明陶样，没有对其进行测试），编号为TL-76的为泥质蛋壳黑陶其厚度为0.4毫米，土壤样品编号依次为TLTY-n。两城镇遗址陶片样本为63片，土样为6个，陶片样品依次编为 LCZ-n，其中 LCZ 表示两城镇遗址，n 表示编号（空缺的编号为器形不明陶样，没有对其进行测试），土壤样品编号依次为 LCTY-n。另外在两城镇遗址中取得一块红烧土块，编号为 LCZ-tk。所取样品详细情况如表 1 所示。

表 1　　**表 1　样本采集统计表**

所属遗址	泥质黑（灰）陶	夹砂黑（灰）陶	红陶	白陶	有白色层的陶	仿制品	红烧土块	土样
桐林遗址	20	13	17	6	4			9
两城镇遗址	26	21	7	8		1	1	6
总计	46	34	24	14	4	1	1	15

采用美国 EDAX 公司生产的 Eagle-3 型能量色散 X-荧光分析仪测定了陶片胎和表面层的化学组成；用 D/max 2550V 型全自动 X 射线衍射仪对部分陶片样品胎的物相组成进行了分析；用 NETZSCH 热膨胀仪对部分陶片样品进行了重烧实验，根据加热产生的膨胀收缩曲线的变化情况来确定其烧成温度；同时对陶器的吸水率、气孔率及体积密度等进行了测定。

四　实验结果

（一）成分分析

陶片样品成分分析采用取少量的块样，用蒸馏水超声清洗 2 次在 120 摄氏度烘干后，用 EDXRF 法测定其断面化学成分。部分有白色表层的陶片除测试其断面成分外，也对其白色表层的化学组成进行了分析。结果见表 2。

表 2　　**样本主次量化学组成及微量元素磷（P）含量表**

序号	编号	器形	描述	所属遗址	重量（wt）%								微克（μg）/g
					氧化钠（Na_2O）	氧化镁（MgO）	氧化铝（Al_2O_3）	二氧化硅（SiO_2）	氧化钾（K_2O）	氧化钙（CaO）	二氧化钛（TiO_2）	三氧化二铁（Fe_2O_3）	五氧化二磷（P_2O_5）
1	Tl-01	壶形杯	泥质黑陶，较薄	桐林遗址	1.41	3.25	15.13	60.31	3.1	9.6	0.45	5.74	1420
2	Tl-02	杯	泥质黑陶，较薄	桐林遗址	1.07	3.19	15.22	60.58	3.01	9.73	0.4	5.79	1510
3	Tl-05	杯	泥质黑陶	桐林遗址	1.74	3.01	16.24	66.84	3.27	1.94	0.45	5.52	1470
4	TL-15	杯	泥质黑陶	桐林遗址	0.85	2.59	15.82	67.69	3.49	2	0.44	6.12	1090

续表 2

序号	编号	器形	描述	所属遗址	重量（wt）%								微克（μg)/g
					氧化钠（Na_2O）	氧化镁（MgO）	氧化铝（Al_2O_3）	二氧化硅（SiO_2）	氧化钾（K_2O）	氧化钙（CaO）	二氧化钛（TiO_2）	三氧化二铁（Fe_2O_3）	五氧化二磷（P_2O_5）
5	TL-09	筒形杯	泥质黑陶	桐林遗址	1.92	2.7	16.18	66.33	3.23	2.34	0.4	5.88	1920
6	TL-24	筒形杯	泥质灰陶	桐林遗址	1.39	2.55	16.37	67.84	2.91	1.62	0.45	5.86	370
7	TL-20	杯	泥质黑陶	桐林遗址	0.66	2.71	15.87	67.95	3.48	2.02	0.48	5.84	1200
8	Tl-06	瓮	泥质黑陶	桐林遗址	0.8	2.44	15.8	69.73	3.33	1.52	0.43	4.94	770
9	TL-11	瓮	泥质黑陶	桐林遗址	1.74	2.41	15.51	68.98	3.31	1.79	0.54	4.71	1120
10	TL-07	罐	泥质黑陶	桐林遗址	0.94	2.13	15.86	66.89	3.37	3.49	0.44	5.89	1030
11	TL-08	罐	泥质黑陶	桐林遗址	1.13	2.4	16.06	67.81	3.4	2.02	0.45	5.73	960
12	TL-10	罐	泥质黑陶	桐林遗址	1.79	2.59	15.47	68.97	2.91	1.5	0.6	5.18	640
13	TL-14	罐	泥质黑陶	桐林遗址	1.83	2.83	15.83	67.02	2.74	1.96	0.48	6.32	1180
14	TL-12	盆	泥质黑陶	桐林遗址	1.8	2.79	15.87	68.06	3	1.46	0.55	5.45	560
15	TL-18	盆	泥质黑陶	桐林遗址	0.44	2.49	16.09	69.11	3.05	1.81	0.45	5.56	490
16	TL-21	盆	泥质灰陶	桐林遗址	0.78	2.62	15.88	69.01	3.11	1.59	0.46	5.55	360
17	TL-13	平底盆	泥质黑陶	桐林遗址	2.04	2.2	14.99	69.84	2.99	1.74	0.38	4.8	1330
18	TL-19	平底盆	泥质黑陶	桐林遗址	1.75	2.75	16.42	66	2.73	2.47	0.54	6.33	1170
19	TL-23	器盖	泥质灰陶	桐林遗址	1.72	2.64	15.34	68.03	2.98	1.74	0.34	6.21	70
20	TL-42	盆	灰陶	桐林遗址	1.21	2.32	14.6	70.57	3.05	1.73	0.39	5.14	20
21	TL-28	瓮	夹砂黑陶	桐林遗址	2.09	2.73	16.59	66.94	3.2	1.73	0.45	5.27	800
22	TL-30	瓮	夹砂黑陶	桐林遗址	0.86	2.42	16.5	68.16	3.14	1.87	0.51	5.53	970

续表2

序号	编号	器形	描述	所属遗址	重量（wt）%								微克（μg）/g
					氧化钠（Na_2O）	氧化镁（MgO）	氧化铝（Al_2O_3）	二氧化硅（SiO_2）	氧化钾（K_2O）	氧化钙（CaO）	二氧化钛（TiO_2）	三氧化二铁（Fe_2O_3）	五氧化二磷（P_2O_5）
23	TL-29	罐底	夹砂黑陶	桐林遗址	1.54	3.03	17.18	66.11	3.15	1.65	0.47	5.87	730
24	TL-31	罐	夹砂黑陶	桐林遗址	0.63	2.32	16.12	69.01	3.26	1.94	0.37	5.36	580
25	TL-32	罐	夹砂黑陶	桐林遗址	0.79	2.89	18.39	65.4	3.17	2.25	0.47	5.64	270
26	TL-37	罐	夹砂灰陶	桐林遗址	0.74	2.55	16.84	67.05	3.22	2.01	0.47	6.12	1240
27	TL-38	罐	夹砂灰陶	桐林遗址	1.38	2.15	15.38	69.34	3.11	1.53	0.46	5.64	440
28	TL-39	罐	夹砂灰陶	桐林遗址	1.3	2.13	16.93	66.93	3.3	1.97	0.42	6.02	490
29	TL-26	罐	夹砂黑陶	桐林遗址	0.87	3.05	17.59	64.62	3.94	1.88	0.51	6.55	1500
30	TL-34	罐	夹砂黑陶	桐林遗址	1.08	2.92	17.51	62.02	4.18	4.83	0.54	5.92	780
31	TL-35	罐	夹砂灰陶	桐林遗址	1.45	2.87	17.13	66.16	4.16	1.97	0.4	4.86	640
32	TL-33	鼎	夹砂黑陶	桐林遗址	1.6	2.39	15.88	68.9	2.54	2.31	0.42	4.95	800
33	TL-41	鼎	黑陶	桐林遗址	1.35	2.53	18.81	60.83	2.59	2.72	0.99	9.19	460
34	TL-43	甗	红灰陶	桐林遗址	0.92	1.53	18.18	69.15	2.78	1.18	0.33	4.94	170
35	TL-44	敛口盆	红灰陶	桐林遗址	0.99	2.47	17.46	66.87	3.07	1.79	0.47	5.88	500
36	TL-57	敛口盆	红陶	桐林遗址	0.88	1.95	19.35	65.83	3.32	1.82	0.37	5.49	500
37	TL-49	盆	红陶	桐林遗址	2.18	3.41	16.73	65.57	3.2	1.67	0.42	5.83	530
38	TL-45	器盖	红灰陶	桐林遗址	0.97	2.2	17.89	66.57	2.85	1.76	0.42	6.34	470
39	TL-62	器盖	红陶	桐林遗址	1.26	2.2	13.91	71.56	2.93	2.18	0.55	4.4	900
40	TL-56	罐底	红陶	桐林遗址	0.97	2.75	15.89	67.28	3.56	1.74	0.58	6.23	730

续表 2

序号	编号	器形	描述	所属遗址	重量（wt）%								微克（μg）/g
					氧化钠（Na_2O）	氧化镁（MgO）	氧化铝（Al_2O_3）	二氧化硅（SiO_2）	氧化钾（K_2O）	氧化钙（CaO）	二氧化钛（TiO_2）	三氧化二铁（Fe_2O_3）	五氧化二磷（P_2O_5）
41	TL-47	罐	红陶	桐林遗址	0. 72	2. 67	18. 42	65. 73	3. 11	2. 59	0. 35	5. 42	310
42	TL-48	敛口罐	红陶	桐林遗址	0. 19	2. 62	15. 45	69. 7	3. 26	1. 79	0. 47	5. 51	250
43	TL-61	鼎足	红陶	桐林遗址	0. 85	2. 12	15. 18	67. 03	2. 66	5. 68	0. 36	5. 14	860
44	TL-51	鬶	红陶	桐林遗址	2	2. 58	15. 55	67. 92	3. 13	1. 87	0. 83	5. 12	150
45	TL-54	鬶	红陶	桐林遗址	0. 95	1. 35	24. 4	61. 83	2. 71	3. 13	0. 63	4. 02	490
46	TL-58	鬶	红陶	桐林遗址	0. 41	1. 83	19. 98	66. 78	2. 18	2. 29	0. 3	5. 23	140
47	TL-59	鬶	红陶	桐林遗址	0. 84	1. 65	23. 16	64. 5	2. 63	1. 73	0. 5	3. 99	130
48	TL-60	鬶	红陶	桐林遗址	2. 21	3. 1	16. 19	66. 31	3. 72	1. 59	0. 39	5. 49	270
49	TL-63	鬶	红陶	桐林遗址	0. 26	1. 96	23. 25	62. 7	2. 92	3. 75	0. 53	3. 63	330
50	TL-64	鬶	红陶	桐林遗址	0. 48	3. 04	16. 56	63. 1	3. 53	5. 75	0. 41	6. 11	750
51	TL-65	鬶	白陶	桐林遗址	0. 07	0. 87	15. 77	62	2. 35	14. 54	0. 41	2. 99	1440
52	TL-66	鬶把手	白陶	桐林遗址	0. 56	1. 19	30. 44	59. 6	3. 11	0. 76	0. 88	2. 46	60
53	TL-67	鬶	白陶	桐林遗址	0. 21	0. 99	23. 96	66. 26	2. 69	2. 38	0. 65	1. 84	220
54	TL-68	鬶	白陶	桐林遗址	0. 7	1. 2	23. 93	59. 66	3. 05	7. 09	0. 68	2. 7	400
55	TL-69	鬶	白陶	桐林遗址	0. 45	1. 31	27. 28	63. 19	3. 21	0. 84	0. 65	2. 07	200
56	TL-70	鬶	白陶	桐林遗址	0. 39	1. 02	20. 57	71. 04	2. 89	0. 63	0. 5	1. 95	460
57	TL-72	鬶	灰陶，胎体	桐林遗址	0. 59	1. 96	21. 26	65. 21	2. 76	1. 8	0. 6	4. 82	430
58	TL-73	鬶	红陶，胎体	桐林遗址	1. 6	2. 02	15. 15	70. 64	2. 41	1. 58	0. 47	5. 14	270

续表2

序号	编号	器形	描述	所属遗址	重量（wt）%								微克（μg）/g
					氧化钠（Na_2O）	氧化镁（MgO）	氧化铝（Al_2O_3）	二氧化硅（SiO_2）	氧化钾（K_2O）	氧化钙（CaO）	二氧化钛（TiO_2）	三氧化二铁（Fe_2O_3）	五氧化二磷（P_2O_5）
59	TL-74	鬶	红陶，胎体	桐林遗址	0.98	2.27	16.96	68.24	3.16	1.58	0.45	5.36	630
60	TL-75	鬶	红陶，胎体	桐林遗址	1.98	2.93	16.92	65.77	3.22	1.56	0.55	6.06	370
61	TL-72	鬶	灰陶，白色表面层	桐林遗址	1.7	1.4	27.42	58.7	5.11	1.33	0.74	2.59	1310
62	TL-73	鬶	红陶，白色表面层	桐林遗址	0.53	1.84	22.29	59.16	4.68	6.49	0.47	3.53	1700
63	TL-74	鬶	红陶，白色表面层	桐林遗址	0.75	2.6	0.3	1.06	0.16	93.08	0.01	1.83	
64	TL-75	鬶	红陶，白色表面层	桐林遗址	0.86	1.42	21.8	66.46	3.45	1.71	0.49	2.82	1000
65	TL-76	杯	泥质陶壳黑陶	桐林遗址	0.23	3.4	16.83	63.07	4.36	4.25	0.55	6.3	1020
66	TLTY-01	东北台路沟北侧距地表1.5m		桐林遗址	2.34	2.97	15.42	69.26	3.27	1.03	0.51	4.19	870
67	TLTY-02	东北台路沟北侧距地表2.5m		桐林遗址	2.25	3.7	16.68	66.63	3.67	0.98	0.41	4.67	620
68	TLTY-03	古河道断崖生土层		桐林遗址	1.95	3.22	15.3	69	3.12	2.18	0.45	3.78	400

续表 2

序号	编号	器形	描述	所属遗址	重量（wt）%								微克（μg）/g
					氧化钠（Na_2O）	氧化镁（MgO）	氧化铝（Al_2O_3）	二氧化硅（SiO_2）	氧化钾（K_2O）	氧化钙（CaO）	二氧化钛（TiO_2）	三氧化二铁（Fe_2O_3）	五氧化二磷（P_2O_5）
69	TLTY-04	古河道断崖文化层		桐林遗址	1.81	2.4	13.15	64.08	2.81	11.77	0.28	2.7	860
70									2.99	5.96	0.3		2170
71	TLTY-06	西南台地生土层		桐林遗址	1.34	2.43	13.66	63.46	2.76	11.9			
	TLTY-05	东南台南路沟文化层		桐林遗址	2.29	2.92	13.43	67.67					
72	TLTY-07	田旺村乌河河道距地表 1.5m		桐林遗址	1.9	2.51	13.31	64.38	2.07	11.1	0.46	3.27	490
73	TLTY-08	田旺村乌河河道距地表 2.5m		桐林遗址	1.38	2.85	12.33	62.14	2.43	14.5	0.28	3.1	690
74	TLTY-09	山脚生土层		桐林遗址	1.76	2.79	14.5	67.15	2.2	6.55	0.43	3.62	440
75	LCZ-04	桶形杯	泥质黑陶	两城镇遗址	1.29	2.46	16.22	68.33	2.88	1.48	0.52	5.81	4190
76	LCZ-08	杯的把手	泥质黑陶	两城镇遗址	1.86	1.88	16.77	68.02	2.15	1.75	0.51	6.06	12520
77	LCZ-19	杯底	泥质灰陶	两城镇遗址	2.53	2.13	17.77	65.67	2.57	1.41	0.62	6.31	11470
78	LCZ-71	杯	泥质黑陶	两城镇遗址	1.18	1.19	16.06	67.72	2.35	2.3	0.62	7.59	7440
79	LCZ-01	盖	泥质黑陶	两城镇遗址	1.47	1.2	16.82	69.95	2.35	1.55	0.57	5.09	11570
80	LCZ-70	器盖	泥质黑陶	两城镇遗址	1.37	2.53	17.64	67.49	2.77	2.05	0.53	4.63	1710
81	LCZ-73	器盖	泥质黑陶	两城镇遗址	1.36	2.42	18.51	66.05	3.4	1.28	0.56	5.41	1580

续表 2

序号	编号	器形	描述	所属遗址	重量（wt）%								微克（μg）/g
					氧化钠（Na_2O）	氧化镁（MgO）	氧化铝（Al_2O_3）	二氧化硅（SiO_2）	氧化钾（K_2O）	氧化钙（CaO）	二氧化钛（TiO_2）	三氧化二铁（Fe_2O_3）	五氧化二磷（P_2O_5）
82	LCZ-69	豆	泥质黑陶	两城镇遗址	1. 38	2. 17	19	64	3. 16	2. 45	0. 67	6. 14	4360
83	LCZ-02	盆的底部	泥质黑陶	两城镇遗址	1. 54	1. 16	17. 46	69. 07	2. 28	1. 27	0. 56	5. 66	13080
84	LCZ-05	大口平底盆	泥质黑陶	两城镇遗址	1. 8	1. 31	18. 86	67. 92	2. 17	1. 35	0. 64	4. 95	14820
85	LCZ-07	盆	泥质黑陶	两城镇遗址	1. 11	1. 44	16. 23	71. 87	2. 06	1. 39	0. 54	4. 36	10750
86	LCZ-10	盆底	泥质黑陶	两城镇遗址	1. 46	1. 71	16. 97	66. 73	2. 38	2. 95	0. 54	6. 26	12830
87	LCZ-11	盆	泥质黑陶	两城镇遗址	1. 38	1. 92	16. 8	66. 5	2. 63	2. 14	0. 58	7. 04	15340
88	LCZ-16	大口盆	泥质灰陶	两城镇遗址	1. 29	1. 12	17. 86	69. 79	2. 3	1. 4	0. 59	4. 65	7110
89	LCZ-21	盆	泥质灰陶	两城镇遗址	2. 12	1. 73	17. 11	67. 03	2. 41	1. 73	0. 67	6. 21	13200
90	LCZ-68	盆	泥质黑陶	两城镇遗址	1. 12	2. 08	17. 33	67. 32	2. 88	1. 86	0. 65	5. 76	1960
91	LCZ-72	盆	泥质黑陶	两城镇遗址	0. 35	2. 19	19. 8	62. 24	2. 43	3. 95	0. 81	7. 24	8850
92	LCZ-03	匜	泥质黑陶	两城镇遗址	1. 04	1. 06	17. 21	69. 93	2. 52	1. 05	0. 66	5. 53	9830
93	LCZ-06	罐	泥质黑陶	两城镇遗址	1. 4	1. 41	17. 2	67. 42	2. 68	1. 96	0. 64	6. 29	17170
94	LCZ-13	罐	泥质灰陶	两城镇遗址	1. 38	1. 64	16. 62	68. 79	2. 53	1. 86	0. 56	5. 62	13040
95	LCZ-14	罐	泥质灰陶	两城镇遗址	0. 07	1. 42	16. 85	68. 85	2. 47	2. 47	0. 59	6. 29	11770
96	LCZ-15	罐	泥质灰陶	两城镇遗址	1. 34	1. 47	19. 13	65. 71	2. 44	1. 52	0. 62	6. 76	8830
97	LCZ-17	罐	泥质灰陶	两城镇遗址	1. 55	1. 21	17. 65	68. 67	2. 39	1. 73	0. 58	5. 21	13400
98	LCZ-18	罐	泥质灰陶	两城镇遗址	0. 48	1. 85	17. 43	66. 98	3. 14	1. 6	0. 57	6. 95	13130

续表 2

序号	编号	器形	描述	所属遗址	重量（wt）%								微克（μg）/g
					氧化钠（Na_2O）	氧化镁（MgO）	氧化铝（Al_2O_3）	二氧化硅（SiO_2）	氧化钾（K_2O）	氧化钙（CaO）	二氧化钛（TiO_2）	三氧化二铁（Fe_2O_3）	五氧化二磷（P_2O_5）
99	LCZ-20	小罐	泥质陶，一面为灰，一面为红色	两城镇遗址	1. 07	1. 33	19. 33	67. 71	2. 51	1. 35	0. 59	5. 1	8260
100	LCZ-09	鼎	泥质黑陶	两城镇遗址	1. 82	1. 48	17. 73	67. 93	2. 23	1. 75	0. 64	5. 41	8730
101	LCZ-30	器盖	夹砂黑陶	两城镇遗址	1. 16	1. 37	19. 13	66. 18	2. 66	1. 71	0. 64	6. 15	21320
102	LCZ-24	罐	夹砂黑陶	两城镇遗址	1. 32	1. 7	17. 47	67. 33	2. 46	1. 78	0. 59	6. 35	10080
103	LCZ-26	大罐	夹砂黑陶	两城镇遗址	1. 38	2. 03	18. 14	66. 04	2. 87	1. 72	0. 59	6. 23	11200
104	LCZ-27	罐	夹砂黑陶	两城镇遗址	0. 99	1. 99	18. 13	64. 55	2. 98	1. 56	0. 73	8. 07	16560
105	LCZ-28	罐	夹砂黑陶	两城镇遗址	1. 17	0. 83	18. 55	68. 37	2. 2	1. 57	0. 56	5. 75	17810
106	LCZ-38	罐	夹砂褐陶	两城镇遗址	1. 24	1. 93	17. 98	66. 61	2. 52	1. 18	0. 61	6. 94	3700
107	LCZ-40	罐	夹砂陶，一面灰色，一面白色	两城镇遗址	0. 92	1. 61	17. 85	67. 96	2. 39	1. 54	0. 48	6. 25	6550
108	LCZ-41	罐	夹砂灰陶	两城镇遗址	0. 69	1. 74	18. 95	64. 78	2. 81	1. 69	0. 65	7. 68	12650
109	LCZ-43	罐	夹砂灰陶	两城镇遗址	0. 98	1. 92	18. 27	67. 31	2. 4	1. 77	0. 52	5. 82	5690
110	LCZ-45	罐	夹砂灰陶	两城镇遗址	0. 97	1. 5	17. 32	68. 87	2. 47	1. 52	0. 57	5. 79	4310

续表 2

序号	编号	器形	描述	所属遗址	重量（wt）%								微克（μg）/g
					氧化钠（Na_2O）	氧化镁（MgO）	氧化铝（Al_2O_3）	二氧化硅（SiO_2）	氧化钾（K_2O）	氧化钙（CaO）	二氧化钛（TiO_2）	三氧化二铁（Fe_2O_3）	五氧化二磷（P_2O_5）
111	LCZ-47	罐的腹部	夹砂陶，一面灰色，一面白色	两城镇遗址	1.11	0.6	18.17	69.03	2.07	1.74	0.54	5.75	15540
112	LCZ-48	罐	夹砂灰陶	两城镇遗址	1.27	2.28	17.66	66.45	2.6	2.19	0.55	6.01	8990
113	LCZ-74	甗	夹砂黑陶（淡黑色）	两城镇遗址	1.28	4.94	16.94	64.42	2.69	2.64	0.5	5.59	5290
114	LCZ-25	鼎	夹砂黑陶	两城镇遗址	1.54	1.47	18.31	67.19	2.22	1.82	0.61	5.84	18030
115	LCZ-32	鼎	夹砂黑陶	两城镇遗址	0.85	1.93	17.99	66.09	2.75	1.93	0.61	6.84	10380
116	LCZ-33	鼎	夹砂黑陶	两城镇遗址	1.2	1.22	17.22	68.88	2.11	2.01	0.52	5.83	13560
117	LCZ-34	鼎	夹砂黑陶	两城镇遗址	1.19	1.42	17.08	68.23	2.64	1.78	0.53	6.13	17610
118	LCZ-36	鼎	夹砂褐陶	两城镇遗址	0.6	1.8	18.65	66.04	2.51	1.89	0.6	6.9	11020
119	LCZ-37	鼎	夹砂陶，一面褐色，一面白色	两城镇遗址	1.02	1.36	18.4	66.86	2.23	1.65	0.65	6.83	7620
120	LCZ-44	鼎的底部	夹砂陶，一面灰色，一面黄白色	两城镇遗址	1.27	1.21	18.62	68.68	2.27	1.36	0.64	4.94	4960

续表2

序号	编号	器形	描述	所属遗址	重量（wt)%								微克（μg)/g
					氧化钠（Na_2O)	氧化镁（MgO)	氧化铝（Al_2O_3)	二氧化硅（SiO_2)	氧化钾（K_2O)	氧化钙（CaO)	二氧化钛（TiO_2)	三氧化二铁（Fe_2O_3)	五氧化二磷（P_2O_5)
121	LCZ-49	鼎	夹砂陶，一面灰色，一面红色	两城镇遗址	1.4	0.93	16.45	69.73	2.1	1.92	0.54	5.93	15720
122	LCZ-50	鼎的口沿	夹砂红陶	两城镇遗址	1.16	1.61	16.88	70.13	3.23	1.21	0.44	4.33	3110
123	LCZ-53	罐	夹砂红陶	两城镇遗址	1.24	1.12	17.98	68.07	2.78	1.13	0.65	6.03	7630
124	LCZ-56	大罐	红陶	两城镇遗址	1.46	1.62	18.06	66.43	3.02	2.1	0.45	5.85	12530
125	LCZ-58	罐	红陶	两城镇遗址	0.7	2.08	18.02	65.84	3.22	1.81	0.65	6.68	9170
126	LCZ-46	匜	夹砂灰陶	两城镇遗址	1.02	1.39	18.36	67.23	2.03	1.15	1.51	6.32	7620
127	LCZ-75	器盖	夹砂红陶	两城镇遗址	1.14	1.57	16.1	68.14	2.57	1.34	0.5	7.64	3290
128	LCZ-52	鬶的把手	夹砂红陶	两城镇遗址	1.05	6.85	16.94	63.32	2.24	1.58	0.56	6.46	12160
129	LCZ-60	鬶	白陶	两城镇遗址	0.27	0.59	23.83	67.28	2.38	1.99	0.77	1.9	15490
130	LCZ-61	鬶	白陶	两城镇遗址	0.07	0.48	18.46	76.53	0.39	0.69	0.44	1.95	6040
131	LCZ-63	鬶	白陶	两城镇遗址	0.17	0.67	32.63	59.99	1.52	0.9	0.75	2.37	2180
132	LCZ-64	鬶	白陶	两城镇遗址	0.76	0.48	25.31	67.55	0.98	0.74	0.7	2.48	460
133	LCZ-65	鬶	白陶	两城镇遗址	0.48	0.48	34.52	56.66	0.49	1.08	1.07	4.21	3050
134	LCZ-66	鬶	白陶	两城镇遗址	0.07	0.29	26.51	67.39	0.56	0.62	1.2	2.36	1460
135	LCZ-67	鬶	白陶	两城镇遗址	0.07	0.62	31.9	58.44	1.1	1.51	0.77	4.59	14740
136	LCZ-62	篦	白陶	两城镇遗址	0.36	0.55	26.98	60.79	2.32	5.48	0.71	1.81	18980

续表2

序号	编号	器形	描述	所属遗址	重量（wt）%								微克（μg）/g
					氧化钠（Na_2O）	氧化镁（MgO）	氧化铝（Al_2O_3）	二氧化硅（SiO_2）	氧化钾（K_2O）	氧化钙（CaO）	二氧化钛（TiO_2）	三氧化二铁（Fe_2O_3）	五氧化二磷（P_2O_5）
137	LCZ-fz	现代仿制品		两城镇遗址	1.24	1.31	24.42	63.18	2.3	1.51	0.55	4.49	70
138	LCZ-tk	红烧土块		两城镇遗址	1.09	1.9	17.54	68.76	2.54	1.24	0.63	5.3	8180
139	LCTY-1	两城河生土		两城镇遗址	1.55	1.69	16.17	70.44	2.59	0.85	0.55	5.14	1020
140	LCTY-2	遗址西北角生土		两城镇遗址	0.86	2.09	18.61	67.54	2.88	0.94	0.52	5.55	270
141	LCTY-3	西边生土		两城镇遗址	1.29	2.14	18.9	66.53	2.72	1.3	0.56	5.56	320
142	LCTY-4	遗址西北角文化层，在lcty-2取土点对面		两城镇遗址	2.17	1.25	12.57	75.8	2.44	1.41	0.37	2.98	2290
143	LCTY-5	遗址东面文化层		两城镇遗址	1.76	1.22	14.07	74.26	2.88	1.42	0.36	3.04	2390
144	LCTY-6	现代制陶原料		两城镇遗址	1.08	2.03	17.37	69.76	2.37	1.23	0.46	4.7	250

（二）样品的物相组成和相关物理性能

为充分了解样品的原料、成型和烧制工艺等的特点，对部分样品进行了X-Ray物相分析、烧成温度及体积密度、吸水率和气孔率等分析和测试，其结果见表3。

表3　　桐林遗址和两城镇遗址出土陶片的物理化学性能表

编号	器形	描述	所属遗址	晶相组成	烧成温度（℃）	体积密度（g/cm^3）	吸水率（%）	显气孔率（%）
TL-01	壶形杯	泥质黑陶	桐林遗址	大量α-石英，较多的方解石和白云母，一定量的钠长石和透长石	780±20	2.02	13.98	28.4
TL-06	瓮	泥质黑陶	桐林遗址	大量α-石英，较多的白云母，一定量的钠长石和钙长石，少量的透长石和微斜长石		1.856	16.42	30.4
TL-11	瓮	泥质黑陶	桐林遗址	大量α-石英，较多的白云母，一定量的钠长石和钙长石，少量的透长石和微斜长石	898±20	1.83	16.8	30.6

续表3

编号	器形	描述	所属遗址	晶相组成	烧成温度（℃）	体积密度（g/cm³）	吸水率（%）	显气孔率（%）
TL-13	平底盆	泥质黑陶	桐林遗址	大量α-石英，较多的白云母，一定量的钠长石和钙长石，少量的透长石和微斜长石	927±20	1.88	15.72	29.6
TL-42	盆	灰陶	桐林遗址	大量α-石英，一定量的白云母、钠长石和钙长石，少量的微斜长石和方解石	895±20			
TL-29	罐底	夹砂黑陶	桐林遗址	大量α-石英，较多的白云母、钠长石和钙长石，一定量方解石，少量的透长石和微斜长石	947±20	1.9	15.52	29
TL-37	罐	夹砂灰陶	桐林遗址	大量α-石英，较多的白云母，一定量的钠长石和透长石，少量的方解石	888±20	1.94	12.94	25
TL-56	罐底	红陶	桐林遗址	大量α-石英，较多的白云母，一定量的钠长石和钙长石	912±20	1.94	14.56	27.6
TL-61	鼎足	红陶	桐林遗址	大量α-石英，一定量的白云母和钙长石，少量的方解石	1076±20			
TL-58	鬶	红陶	桐林遗址	大量α-石英，较多的白云母，一定量的钙长石，少量的方解石	862±20			
TL-59	鬶	红陶	桐林遗址	大量α-石英，少量的白云母、钠长石和方解石	997±20	1.89	15.22	29
TL-63	鬶	灰白陶	桐林遗址	大量α-石英，少量的莫来石、β-石英、白云母和方解石		1.828	14.34	26.2
TL-66	鬶把手	白陶	桐林遗址	大量α-石英，少量的莫来石、β-石英和长石		1.836	16.7	31
TL-69	鬶	白陶	桐林遗址	大量α-石英，少量的莫来石、β-石英和长石	1053±20	1.922	14.02	27
TL-73	鬶	有白色层红陶	桐林遗址		1057±20			
TL-74	鬶	有白色层红陶	桐林遗址		935±20			
TL-71	罐	有白色层黑陶	桐林遗址		853±20			

续表 3

编号	器形	描述	所属遗址	晶相组成	烧成温度（℃）	体积密度（g/cm^3）	吸水率（%）	显气孔率（%）
LCZ-03	匜	泥质黑陶	两城镇遗址	大量α-石英，一定量钠长石，少量钙长石、珍珠云母和微斜长石	920±20	1.84	15.7	29
LCZ-04	桶形杯	泥质黑陶	两城镇遗址	大量α-石英，一定量钠长石，少量钙长石、珍珠云母和微斜长石	953±20	1.86	17.5	33
LCZ-08	杯的把手	泥质黑陶	两城镇遗址	大量α-石英，一定量钠长石，少量透长石、白云母、金云母和微斜长石	971±20	1.99	12.9	26
LCZ-15	罐	泥质灰陶	两城镇遗址	大量α-石英，一定量钠长石，少量钙长石、透长石和白云母	955±20	1.84	17.8	33
LCZ-16	大口盆	泥质灰陶	两城镇遗址		956±20			
LCZ-17	罐	泥质灰陶	两城镇遗址		932±20	1.88	16.6	31
LCZ-20	小罐	泥质陶，一面为灰，一面为红色	两城镇遗址	大量α-石英，一定量钠长石，少量钙长石和微斜长石	961±20	1.7	20.1	34
LCZ-21	盆	泥质灰陶	两城镇遗址	大量α-石英，一定量钠长石，少量钙长石、珍珠云母和透长石	970±20			
LCZ-24	罐	夹砂黑陶	两城镇遗址	大量α-石英，一定量钠长石，少量钙长石、透长石和微斜长石	959±20	1.88	15.1	29
LCZ-25	鼎	夹砂黑陶	两城镇遗址		957±20			

续表 3

编号	器形	描述	所属遗址	晶相组成	烧成温度（℃）	体积密度（g/cm^3）	吸水率（%）	显气孔率（%）
LCZ-33	鼎	夹砂黑陶	两城镇遗址		1032 ± 20			
LCZ-34	鼎	夹砂黑陶	两城镇遗址	大量α-石英，一定量钠长石、钙长石和透长石，少量珍珠云母、白云母和微斜长石	936 ± 20	1.96	15.5	30
LCZ-37	鼎	夹砂陶，一面褐色，一面白色	两城镇遗址		1021 ± 20			
LCZ-41	罐	夹砂灰陶	两城镇遗址		960 ± 20			
LCZ-45	罐	夹砂灰陶	两城镇遗址		995 ± 20			
LCZ-47	罐的腹部	夹砂陶，一面灰色，一面白色	两城镇遗址	大量α-石英，一定量钠长石和微斜长石，少量正长石、钙长石、透长石和白云母	1006 ± 20	1.94	14.9	29
LCZ-50	鼎的口沿	夹砂红陶	两城镇遗址	大量α-石英，一定量钠长石、钙长石和微斜长石，少量白云母和透长石	967 ± 20	1.89	13.9	26
LCZ-56	罐	红陶	两城镇遗址		962 ± 20			
LCZ-58	罐	红陶	两城镇遗址	大量α-石英，一定量钠长石和透长石，少量钙长石、白云母和微斜长石	920 ± 20	1.94	13.7	27
LCZ-61	鬶	白陶	两城镇遗址	大量α-石英，一定量钠长石，少量钙长石、透长石、白云母和微斜长石	907 ± 20	1.87	17.1	32

续表 3

编号	器形	描述	所属遗址	晶相组成	烧成温度（℃）	体积密度（g/cm³）	吸水率（%）	显气孔率（%）
LCZ-62	篦	白陶	两城镇遗址		908±20	1.63	24.3	40
LCZ-63	鬶	白陶	两城镇遗址		1032±20			

五　分析讨论

（一）黄河下游山东地区龙山文化时期化学组成分析

陶器是将黏土经水湿润后，塑造成一定的形状，干燥后，用火加热到一定的温度，使之烧结成为致密坚硬、具有一定物理力学性能的制品。因此黏土原料的选择和使用对陶器质量有着很大的影响。黏土是自然界产出的多种矿物混合体，其化学组成非常复杂，主要包含氧化锰（MnO）和五氧化二磷（P_2O_5）、氧化钠（Na_2O）、氧化镁（MgO）、氧化铝（Al_2O_3）、二氧化硅（SiO_2）、氧化钾（K_2O）、氧化钙（CaO）、二氧化钛（TiO_2）、三氧化二铁（Fe_2O_3）等多种氧化物。而用黏土制作的陶器制品其化学组成也十分复杂，若以每一种氧化物为坐标画图时，每一个陶器的化学组成则对应于多个氧化物所构成的多维空间中的一个点。一般，陶器化学组成中的氧化物种类远大于2，因而若不经其他方法处理时．则很难用大家熟悉的二维或三维平面图来比较不同陶器化学组成之间的异同点，这为人们比较不同陶器化学组成增加了相当大的难度。多元统计分析则是处理多因素、多指标特征问题的实用统计方法之一。其应用十分广泛，而在我国古代陶瓷研究中常用的则是对应分析、判别分析和聚类分析等[4]。本文运用多元统计中的对应分析对表 2 中数据进行处理，当因子的方差累计贡献大于 85%，选取！2 个因子 F1 和 F2，对应的因子载荷图见图 1。

从图 1 中，我们可以发现，黄河下游山东地区龙山文化时期桐林遗址及两城镇遗址出土的陶器随不同的器形其化学组成具有明显的特征性：第一，2 个遗址出土鼎、盆、杯、豆、盘、罐等器形（图 1 中称为“其他器形”）的陶器化学组成与白陶鬶的化学组成之间有明显的分界线，并且相对陶鬶的化学组成来说，“其他器形”的陶器化学组成更集中，更向左下角聚集，即二氧化硅（SiO_2）和氧化镁（MgO）变量点方向聚集，而陶鬶的化学组成则更向左上角方向移动，即图 1 中氧化铝（Al_2O_3）变量点方向，这说明“其他器形”的陶器制陶原料与陶鬶的制陶原料不一样，即龙山文化时期的古代遗民在制陶原料上有明显的选择性。第二，两城镇遗址出土陶鬶的化学组成比桐林遗址出土的陶鬶化学组成更向氧化铝（Al_2O_3）变量点方向移动，即氧化铝（Al_2O_3）含量更

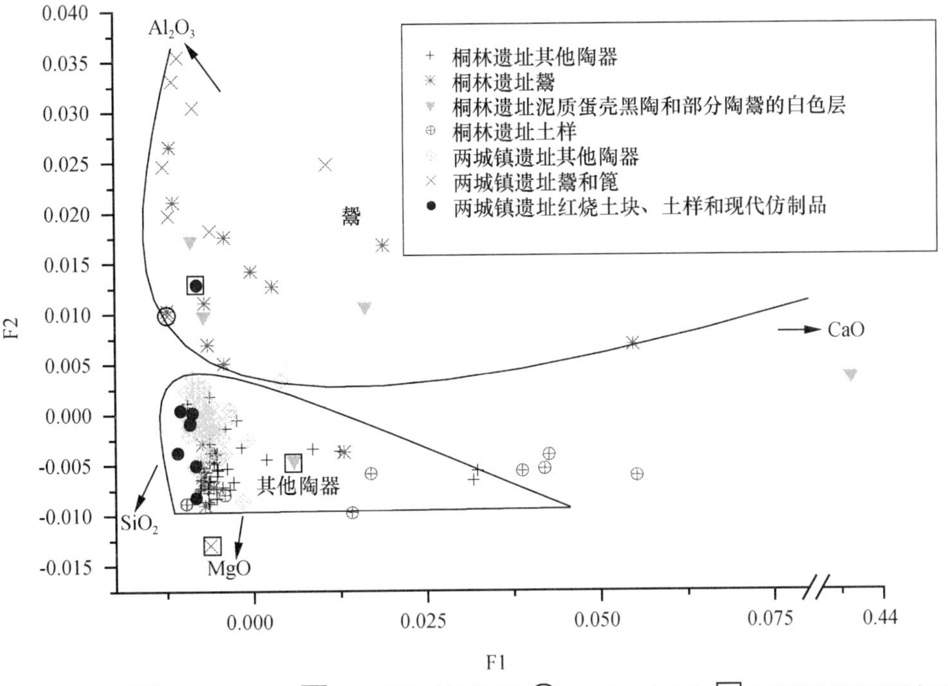

(注：图中 ⊡ 为现代仿制品；☒ 为两城镇遗址红陶鬶；⊗ 为两城镇遗址篦；▽ 为桐林遗址泥质蛋壳黑陶)

图 1　桐林遗址及两城镇遗址出土陶器、土样、红烧土块及现代仿制陶器的主次量成分载荷因子图

高，因此从某种意义上来讲，尽管同属于山东地区龙山文化，但 2 个遗址之间陶鬶的制作原料还是有区别的。另外两城镇遗址中发现了 1 片含氧化镁（MgO）较高的陶鬶，同时在桐林遗址中发现 1 片含氧化钙（CaO）较高的陶鬶。第三，在桐林遗址附近所取的黏土中，编号为 TLTY-03 古河道断崖生土层黏土的化学组成与其他陶器的化学组成十分相近，这表明桐林遗址的古人在烧制鼎、盆、杯、豆、盘、罐等陶器时所使用的黏土可能主要来源于距遗址附近不远的河道中所取的沉积土，但也有极少数陶器使用了含钙量较高的普通黄土，如编号为 TL-01 和 TL-02 的陶杯其组成中钙的含量很高，分别为 9.60% 和 9.73%，这一现象与 20 世纪 80 年代初期周仁等[5]分析黄河流域仰韶文化、龙山文化、马家窑文化和齐家文化及殷周时期的制陶原料时对黄河流域一带土样测试分析认为黄河流域一带最适合制造陶器的原料是红土、沉积土、黑土和其他黏土，而普通黄土和农耕土（含钙较高）偶尔采用，但终属极少数的观点相一致。第四，日照两城镇遗址生土层的黏土及在遗址所在一处现代作坊目前使用的原料的化学组成都落在鼎、盆、杯、豆、盘、罐等其他陶器的范围内，因此可以认为日照两城镇遗址的生土层的黏土都适合制作一般鼎、盆、杯、豆、盘、罐等陶器，其原因可能是因为遗址处于近海区域，由于水运沉积的作用而形成化学组成相似的黏土。第五，从我们对桐林遗址 4 片带有白色层的陶鬶胎体和表面白色层的化学组成分析，其胎的化学组成几乎都与“其他器形”陶器的化学组成相似，但这 4 片陶器白色层的化学组成则几乎全部落在鬶的区域，只有一个例外，从表 2 数据中发现为编号 TL-74（其钙的含量十分高，疑为锻烧过的方

解石涂敷在表面)，可能是为了达到与白陶鬶外观相似的美观效果，使用与白陶鬶组成相似的原料涂溥在表面。

在对这些样品微量元素的分析中，如表2，我们发现桐林遗址出土陶器及所取土样中磷（P）含量都低于2500微克（μg）/g，而两城镇遗址出土的大部分陶器与现代仿制品及土样相比其磷（P）的含量都要高，从所测试结果来看，最高的达21320微克（μg）/g，平均为9894微克（μg）/g，如图2。另外从图2中两城镇遗址中磷（P）含量中可以发现，遗址附近所取生土层土样及文化层土样，其磷（P）的含量都没有超过2500微克（μg）/g，其中最高的为图中69（编号为LCTY-5），取土点为遗址东面文化层土，其磷（P）的含量为2390微克（μg）/g，同时也可以发现遗址文化层土样的磷（P）含量比生土层土样的要高，但是现代作坊的制陶原料及作坊中现代仿制品的磷（P）含量更低，分别为250微克（μg）/g和70微克（μg）/g。导致山东龙山文化时期两城镇陶器中如此高的磷（P）的原因，可能在制陶黏土中添加了含磷（P）高的原料，如草木灰，但从磷（P）含量的差异可以很明显地对2个遗址的陶器进行区分。

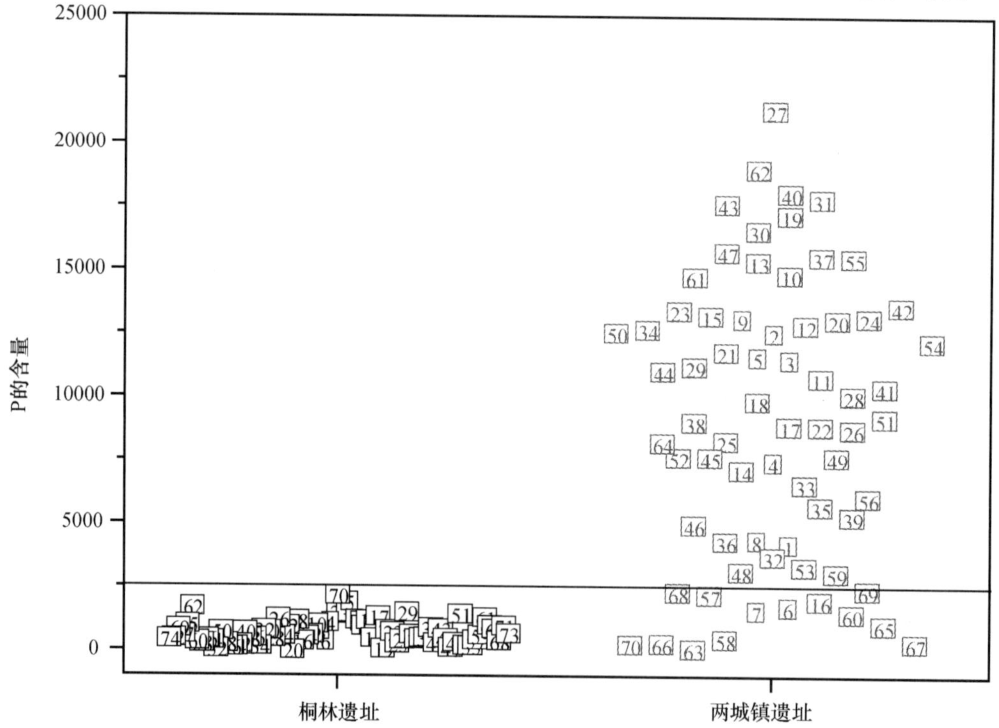

图2　桐林遗址及两城镇遗址出土陶器、土样、红烧土块及现代仿制陶器的磷（P）含量

（二）黄河下游山东地区龙山文化时期陶器工艺性能的研究

黄河下游山东地区龙山文化时期陶器的成型主要采用轮制成型技术。从桐林遗址及两城镇遗址所取的陶片来看，桐林遗址中有1片陶片比较匀薄，其器壁厚度只有0.4毫米，编号为TL-76的陶杯碎片，被称为“泥质蛋壳陶”，能制作出如此薄的器皿，可见

当时轮制成型技术在桐林遗址运用得已经十分熟练。这些“泥质蛋壳陶”在遗址中出土的数量较少，其化学组成与其他陶器的化学组成相似，见图1，可见其制作的工艺技术是十分难的，同时也说明制造此类陶器的人具有十分高超的技术。

从表3中2个遗址陶器的烧成温度上我们可以看出，遗址的鼎、盆、杯、豆、盘、罐等陶器的烧成温度一般在800摄氏度至1000摄氏度之间，极少数超过1000摄氏度，而白陶鬶的烧成温度则相对来说较高一些，一般超过1000摄氏度。在这一温度范围内，大多陶器黏土原料中的矿物没有完全分解，从对陶器化学组成及晶相测试发现，尽管2个遗址出土陶器化学组成相似，但所用黏土的矿物相有一定差别：桐林遗址的鼎、盆、杯、豆、盘、罐等陶器和红陶鬶主晶相为α-石英、白云母、钠长石和钙长石等，有的还含有少量的透长石和微斜长石，大部分白陶鬶及涂有表色层的陶鬶的主晶相中出现了少量莫来石、β-石英，不过从表3中烧成温度发现这些陶器烧成温度较高几乎都超过1000摄氏度；而两城镇遗址出土的鼎、盆、杯、豆、盘、罐等陶器主晶相为α-石英和钠长石，部分含有钙长石、透长石和微斜长石等，另外有的还含有少量的白云母和珍珠云母等，没有出现在高温下生成的莫来石和β-石英等晶相。其原因可能是尽管都使用的是沉积土，但是两城镇遗址处于近海区域，由水运沉积的作用而形成的黏土不同于河流中水运沉积的作用而形成的黏土。同时我们也可以看出，山东龙山文化时期陶器的烧成其窑炉最高温度已超过1000摄氏度，一般温度在800摄氏度至1000摄氏度之间。根据文献[6]可知，新石器时期我国古代陶器烧成经过无窑（氧化气氛，约800摄氏度以下）到有窑（主要为横穴窑和竖穴窑，氧化气氛，约1000摄氏度以下）烧成，而表3中所测陶片烧成温度都超过800摄氏度，因而可以认定该时期的陶器采用有窑烧成。另外对2个遗址出土陶器体积密度、吸水率及显气孔率等的分析表明，鼎、盆、杯、豆、盘、罐等陶器的体积密度比较相似，在1.7克~2.02克/立方厘米之间，但两城镇遗址鼎、盆、杯、豆、盘、罐等陶器的吸水率和显气孔率却较桐林遗址出土的对应陶器要高一点，前者基本上大于16%和30%，最大值分别为20.1%和34%，而后者基本上小于16%和30%，最小值为12.94%和25%。这也可以说明桐林遗址烧制的陶器在质量上比两城镇遗址的要好一点。

（三）桐林遗址及两城镇遗址之间的文化关系

桐林遗址和两城镇遗址同属于黄河下游地区的山东龙山文化遗址，文化底蕴有着明显的相似之处，而作为能反映当时人们生活和生产的活动的媒介之一——陶器，在制陶工艺技术也同样有相似的地方。从这2个遗址出土陶器上就可以发现，在2个遗址陶器成型中轮制成型技术已广泛的运用，并且当时的人对其技术掌握的十分熟练，从而制作出反映此时最高技术的“泥质蛋壳黑陶”。另外2个遗址陶器的类型及陶器外观也都十分相似，主要器形为鼎、盆、杯、豆、盘、罐等，陶器大多通体墨黑，外表大多漆黑发亮。但从前面对陶器成分和工艺性能等的分析后，发现这2个遗址之间陶器成分及工艺上有一点差异。首先，在成分上两城镇遗址出土陶器中磷（P）含量远高于桐林遗址出土的陶器，其次，工艺性能上，两城镇遗址出土陶器的烧成温度基本上在900摄氏度至1000摄氏度之间，而桐林遗址陶器的烧成温度波动较大，最小的低于800摄氏度，最高的接近1100摄氏度，另外，2个遗址陶器的主晶相及吸水率和气孔率也有细微的区别。这一现象可以说明2个遗址之间的陶器没有交流的现象，即没有出现陶器的贸易。但如何说明2个遗址之间文化的相似之处呢？我们认为导致这一现象的原因主要是因为2个遗址同属山东地区龙山文化，都是由大汶口文化继承和延续而来，尽管没有出现陶器之间的贸易，但是出现了人员之间的流动，而人员的流动导致制陶技术的交流，但由于制陶原料一般为就地取土，因而出现了2个遗址之间原料中微量元素磷（P）的含量有较大差异，同时黏土原料是影响陶器烧成质量比较关键的原因之一，因而也就出现了2个遗址陶器的吸水率和气孔率也有细微区别。

六　结　　论

（1）制陶原料具有明显的选择性。2个遗址出土鼎、盆、杯、豆、盘、罐等器形的制陶原料与白陶鬶的制陶原料不一样，前者主要来源于河道沉积土，极少数使用含钙（Ca）高的黏土制作陶器，而白陶鬶的制陶原料还有待进一步的测试研究以找到取料点。同时可以肯定2个遗址陶鬶的制陶原料还是有一定的差异，因为两城镇遗址氧化铝（Al_2O_3）含量明显较桐林遗址要高，另外两城镇遗址也使用了镁（Mg）含量高的黏土。

（2）磷（P）含量是区别两城镇遗址和桐林遗址出土陶器的特征元素。两城镇遗址出土陶器中含有较高含量的磷（P），而桐林遗址出土陶器磷（P）含很低，同时两城镇遗址文化层中磷（P）的含量也较生土层的磷（P）含量要高。

（3）轮制成型技术及窑炉烧制在两城镇遗址和桐林遗址中十分普遍。陶器的烧成温度一般在800摄氏度至1000摄氏度之间，陶鬶的温度基本上都超过1000摄氏度，尤其是白陶。

（4）陶器自产自销，技术和人员交流开始盛行。两城镇遗址和桐林遗址陶器都为本地生产，但外观和器形等相似则可能是由于2个遗址之间出现了人员的交往和交流。

注　释

[1] 南京博物院：《日照两城镇陶器》，文物出版社，1985年。

[2] 中美两城地区联合考古队：《山东日照市两城镇遗址1998～2001年发掘简报》，《考古》2004年第9期。

[3] 魏成敏：《桐林田旺遗址简介》，《管子学刊》1987年第1期。

[4] 罗宏杰：《中国古陶瓷与多元统计分析》，科学出版社，1997年。

[5] 周仁、张福康、郑永圃：《我国黄河流域新石器时代和殷周时代制陶工艺的科学总结》，《中国古陶瓷论文集》，文物出版社，1982年。

[6] 刘振群：《窑炉的改进和我国古陶瓷发展的关系》，《中国古陶瓷论文集》，文物出版社，1982年。

中华文明形成时期长江下游地区陶器的科技研究

王海圣　李伟东　罗宏杰　邓泽群　鲁晓珂　宋　健　翟　杨

内容提要：本研究选择崧泽文化、广富林文化及马桥文化出土陶器为研究对象，利用现代测试手段，对所选样品进行了化学组成、烧成温度、晶相组成等实验，从科技角度反映了长江下游地区公元前3500年至公元前1500年陶器制作工艺与发展。结果表明：第一，广富林遗址出土的印纹硬陶制陶原料一个明显的特征是氧化铝的含量普遍高于其他类型的样品，而泥质陶、夹砂陶样本组成则具有明显的发散性。第二，崧泽遗址陶器样本的熔剂元素含量比马桥遗址陶器样本的高，尤其是镁（Mg）、钙（Ca）和磷（P）等，而铝（Al）和硅（Si）含量较马桥遗址陶器的要低。第三，马桥遗址出土的1片硬陶豆口，其烧成温度已接近1250摄氏度，其体积密度超过了2克/立方厘米，吸水率低于1%，显气孔率为1%，这已经属于瓷器系列，此时该地区已经具备了制备原始瓷的技术水平。

关键词：文明起源　陶器　制作工艺　科学技术

前　言

作为中华民族的摇篮之一的长江流域与黄河流域一样拥有灿烂文明的历史文化积淀。早在远古时期，我们的祖先就在这片流域里繁衍生息，成为华夏民族的发祥地之一。长江下游地区作为长江流域的入海点，地势低平坦荡，河网如织，湖泊众多，其水系包括长江河口水系、太湖水系、运河水系、钱塘江水系和甬江水系，构成特有的水乡泽国的三角洲水系。在各水系湖泊周围分布着众多古代文化遗址，考古学家和自然科学专家分别从人文和社会科学角度对区域的众多古代文明遗址的自然环境、地质地貌及所出土文物遗迹进行了相关的研究。而在出土文物遗迹中作为比较重要的研究对象之一的古陶器，也有许多相关陶器科技研究论文，如上山文化（公元前8000年左右）遗址陶器的研究[1]、跨湖桥文化（公元前6000年左右）遗址陶器的研究[2]、河姆渡文化（公元前5000年左右）遗址[3]陶器的研究、崧泽文化（公元前3500年左右）遗址[4]陶器

作者：王海圣、李伟东、罗宏杰、邓泽群、鲁晓珂　中国科学院上海硅酸盐研究所，上海，200050；宋健、翟杨　上海博物馆，上海，200003。

的研究、广富林文化（公元前2000年左右）遗址[5]陶器的研究及商周时期的马桥文化(公元前1500年左右)[6, 7]陶器的研究等。

本文为探寻公元前3500年至公元前1500年先辈们在长江下游地区生活和生产方式及陶器的制作工艺对中华文明的影响，在上海博物馆考古部宋健及翟杨先生的帮助下，选择崧泽遗址、广富林遗址及马桥遗址出土的陶器，并在前人工作的基础上对这批陶器进行深入研究，从陶器的原料、制作和烧成等工艺过程中剖析陶器制作工艺对长江流域及中华文明的影响。

一　古遗址时空分布

图1中所示为3个遗址方位分布情况，从图中可以看出，3个遗址相距不远，并都靠近长江入海口，离海岸线也比较近。

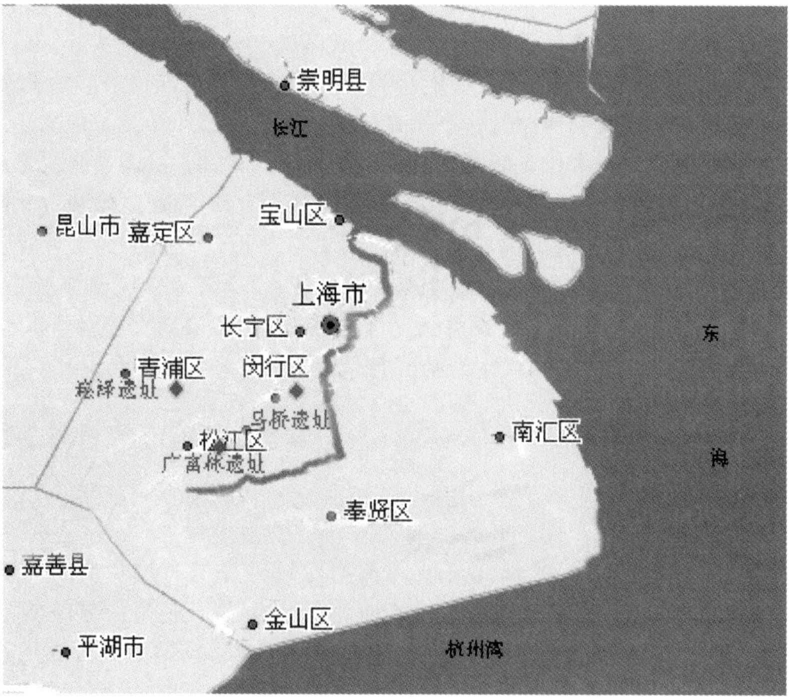

图1　崧泽遗址、广富林遗址及马桥遗址方位图

二　实验部分

实验所用陶片样本总数为109片。其中崧泽遗址陶片样本为27片，陶片样品依次编为sz-n，其中sz表示崧泽遗址，n表示编号；广富林遗址陶片样本为53片，陶片样品依次编为Gn，其中G表示广富林遗址，n表示编号（空缺的编号没有对其进行测试）；马桥遗址陶片样本为29片，陶片样品依次编为mq-n，其中mq表示马桥遗址，n

表示编号。

采用美国EDAX公司生产的Eagle-3型能量色散X-荧光分析仪测定陶片胎的化学组成；用D/max 2550V型全自动X射线衍射仪对部分陶片样品胎的物相组成进行分析；用NETZSCH热膨胀仪对部分陶片样品进行重烧实验，根据加热产生的膨胀收缩曲线的变化情况来确定其烧成温度；同时对陶器的吸水率、气孔率及体积密度等进行了测定。

三 实验结果

（一）成分分析

陶片样品成分分析采用取少量块样，用蒸馏水超声清洗2次再120摄氏度烘干后，用EDXRF法测定其断面化学成分得出结果（表1）。

表1　样本主次量化学组成表

序号	编号	器物名称	出土单位	所属遗址	重量（wt）%								
					氧化钠（Na_2O）	氧化镁（MgO）	氧化铝（Al_2O_3）	二氧化硅（SiO_2）	氧化钾（K_2O）	氧化钙（CaO）	二氧化钛（TiO_2）	三氧化二铁（Fe_2O_3）	五氧化二磷（P_2O_5）
1	sz-01	泥黑豆盘	04QSM164:10	崧泽	1.15	1.29	17.44	69.49	2.01	2.31	0.52	4.80	1.106
2	sz-02	泥黑豆圈足	04QSM164:1	崧泽	1.47	2.64	19.53	64.15	3.26	1.88	0.63	5.44	0.918
3	sz-03	砂红鼎口	04QSM164	崧泽	0.44	0.55	17.96	67.92	3.01	1.59	0.88	6.64	0.135
4	sz-04	砂红鼎足	04QST4③	崧泽	0.76	1.58	20.24	64.76	2.13	3.55	0.57	5.42	0.331
5	sz-05	泥灰豆口	04QST4③	崧泽	0.74	2.18	19.41	64.31	3.28	1.10	0.66	7.31	0.057
6	sz-06	砂红鼎口	04QST4③	崧泽	0.55	0.93	15.63	70.76	2.58	3.31	0.54	4.70	0.456
7	sz-07	砂红鼎腹	04QST4③	崧泽	2.07	2.93	18.42	64.59	3.14	1.64	0.76	5.46	0.137
8	sz-08	泥灰豆柄	04QST1④	崧泽	0.81	2.74	18.71	65.05	3.54	1.13	0.62	6.39	0.185
9	sz-09	泥红罐腹	04QST1④	崧泽	0.59	3.04	19.10	62.51	3.67	2.08	0.57	7.44	0.783
10	sz-10	砂红罐腹	04QST1④	崧泽	0.98	1.56	17.99	68.86	2.52	2.26	0.61	4.22	0.965
11	sz-11	泥灰罐腹	04QST1④	崧泽	1.03	2.59	18.18	65.00	3.62	1.28	0.59	6.70	0.358

续表 1

序号	编号	器物名称	出土单位	所属遗址	重量（wt）%								
					氧化钠（Na_2O）	氧化镁（MgO）	氧化铝（Al_2O_3）	二氧化硅（SiO_2）	氧化钾（K_2O）	氧化钙（CaO）	二氧化钛（TiO_2）	三氧化二铁（Fe_2O_3）	五氧化二磷（P_2O_5）
12	sz-12	泥灰豆柄	04QST1⑤	崧泽	0.52	2.63	18.74	65.66	3.67	0.72	0.64	6.42	0.092
13	sz-13	泥黑豆盘	04QST1⑤	崧泽	0.44	2.06	18.67	65.61	3.48	2.32	0.58	5.84	0.913
14	sz-14	砂红鼎口	04QST1⑤	崧泽	1.54	1.55	15.89	65.65	2.19	3.03	0.49	8.66	0.669
15	sz-15	砂红罐(鼎)口	04QST1⑤	崧泽	1.00	1.75	17.40	67.02	2.00	1.41	0.55	7.87	0.088
16	sz-16	砂红鼎足	04QST4⑫	崧泽	1.34	1.30	17.79	63.33	2.88	4.80	0.58	6.98	1.843
17	sz-17	泥黑豆柄	04QST4⑫	崧泽	0.68	2.45	17.37	65.67	3.37	1.99	0.66	6.81	0.512
18	sz-18	砂红Correo钵	04QST4⑧	崧泽	1.54	2.39	18.02	65.07	2.96	1.87	0.60	6.54	0.684
19	sz-19	砂黑鼎口	04QST4⑫	崧泽	0.91	0.99	17.77	68.15	2.32	3.71	0.62	4.52	1.216
20	sz-20	泥灰豆盘	04QST4⑧	崧泽	1.55	2.55	18.95	63.98	3.52	1.74	0.59	6.12	0.769
21	sz-21	砂红鼎足	04QST4⑧	崧泽	1.22	1.82	16.84	67.24	3.15	1.58	0.59	6.55	0.322
22	sz-22	泥灰罐腹	04QST4⑧	崧泽	1.95	2.82	17.82	65.98	3.32	1.01	0.63	5.47	0.076
23	sz-23	砂红鼎足	04QST4⑧	崧泽	0.77	1.65	20.25	60.23	2.64	4.71	0.66	8.09	0.933
24	sz-24	泥黑皮盆	04QST4⑫	崧泽	0.72	1.89	20.63	66.76	2.89	1.79	0.67	3.63	0.457
25	sz-25	砂黑豆盘	04QST4⑫	崧泽	0.67	1.26	16.72	69.67	2.24	3.00	0.55	4.89	1.292
26	sz-26	泥黑豆柄	04QST4⑫	崧泽	0.82	2.61	17.99	65.09	3.49	1.66	0.63	6.71	0.374
27	sz-27	泥灰豆盘	04QST4⑧	崧泽	1.34	2.25	18.25	65.21	3.42	1.69	0.57	6.27	0.801
28	G1	印纹陶罐口沿	03SGⅠT1338④	广富林	0.51	1.54	26.74	61.98	2.89	0.36	0.68	4.30	0.088

续表1

序号	编号	器物名称	出土单位	所属遗址	重量（wt）%								
					氧化钠（Na_2O）	氧化镁（MgO）	氧化铝（Al_2O_3）	二氧化硅（SiO_2）	氧化钾（K_2O）	氧化钙（CaO）	二氧化钛（TiO_2）	三氧化二铁（Fe_2O_3）	五氧化二磷（P_2O_5）
29	G2	印纹陶凹底罐底	03SGⅠT1338④	广富林	0.65	1.51	22.75	66.52	2.03	0.44	0.70	4.41	0.027
30	G3	印纹陶罐腹片	03SGⅠT1338④	广富林	0.87	1.82	28.61	59.65	2.79	0.27	0.76	4.23	0.043
31	G5	印纹陶罐腹片	03SGⅠT1338⑤	广富林	0.80	1.58	23.39	64.84	2.62	0.45	0.66	4.66	0.096
32	G6	印纹陶残片	03SGⅠT1338⑤	广富林	0.68	1.78	25.70	62.59	2.50	0.33	0.68	4.74	0.046
33	G8	印纹陶残片	03SGⅠT1338⑤	广富林	0.46	2.07	26.09	63.05	2.74	0.28	0.70	3.60	0.04
34	G9	印纹陶罐口沿	03SGⅠT1338⑥	广富林	0.83	1.40	25.76	62.22	3.38	1.07	0.65	3.68	0.028
35	G10	陶罐残片	03SGⅠT1239④	广富林	0.34	3.44	21.31	62.38	3.86	0.67	0.83	6.18	0.068
36	G11	印纹陶残片	03SGⅠT1239④	广富林	1.12	1.59	20.33	69.02	2.47	0.55	0.60	3.32	0.018
37	G12	印纹陶残片	03SGⅠT1239④	广富林	0.78	1.51	22.19	65.89	2.47	0.55	0.62	5.00	0.024
38	G13	印纹陶凹底罐底	03SGTD9	广富林	0.59	1.62	25.82	63.54	2.25	0.26	0.71	4.21	0.054

续表 1

序号	编号	器物名称	出土单位	所属遗址	重量（wt）%								
					氧化钠（Na_2O）	氧化镁（MgO）	氧化铝（Al_2O_3）	二氧化硅（SiO_2）	氧化钾（K_2O）	氧化钙（CaO）	二氧化钛（TiO_2）	三氧化二铁（Fe_2O_3）	五氧化二磷（P_2O_5）
39	G14	印纹陶残片	03SGH135	广富林	0.37	1.06	21.61	67.28	2.50	0.20	0.61	5.36	0.015
40	G15	印纹陶残片	03SGTD9	广富林	0.47	1.66	24.23	63.21	2.30	0.25	0.70	6.18	0.03
41	G16	印纹陶残片	03SGTD9	广富林	0.75	1.86	22.21	65.72	1.72	0.38	0.82	5.54	0.052
42	G17	印纹陶残片	03SGTD9	广富林	0.41	1.55	24.33	63.60	2.44	0.38	0.59	5.72	0.026
43	G18	印纹陶残片	03SGH185	广富林	0.60	1.08	18.99	68.43	1.97	0.43	0.64	6.86	0.026
44	G19	灰陶罐口沿	03SG Ⅰ T1239④	广富林	0.54	1.08	21.44	66.18	2.06	0.63	0.70	6.37	0.036
45	G20	灰陶圈足罐底	03SG Ⅰ T1239④	广富林	0.29	1.31	17.49	65.49	3.01	3.27	0.61	7.53	2.444
46	G21	灰陶鬶裆	03SG Ⅰ T1239⑧	广富林	1.04	0.82	18.24	70.51	2.04	1.81	0.61	3.93	1.002
47	G22	灰陶豆柄	03SG Ⅰ T1239⑩	广富林	0.73	1.51	20.90	69.44	2.93	0.93	0.62	1.94	0.208
48	G23	灰陶豆盘	03SG Ⅰ T1239⑬	广富林	1.35	2.14	15.92	68.44	3.20	1.04	0.50	6.40	0.066
49	G24	灰陶豆柄	03SG Ⅰ T1239⑬	广富林	0.66	1.63	20.43	65.65	3.41	2.10	0.71	4.40	0.856
50	G25	黄白陶鬶	03SG Ⅰ T1239⑬	广富林	0.57	1.60	20.07	69.62	2.64	0.86	0.70	2.94	0.103
51	G26	灰陶罐口沿	03SGTD9	广富林	0.50	1.24	18.87	64.53	2.81	2.80	0.62	7.64	2.419

续表 1

序号	编号	器物名称	出土单位	所属遗址	重量（wt）%								
					氧化钠（Na_2O）	氧化镁（MgO）	氧化铝（Al_2O_3）	二氧化硅（SiO_2）	氧化钾（K_2O）	氧化钙（CaO）	二氧化钛（TiO_2）	三氧化二铁（Fe_2O_3）	五氧化二磷（P_2O_5）
52	G29	灰陶罐口沿	03SGTD9	广富林	1.03	0.91	18.44	67.25	2.13	2.69	0.65	5.90	2.357
53	G30	灰陶封口盉	03SGTD9	广富林	0.85	1.30	17.06	73.77	2.07	0.69	0.62	2.65	0.077
54	G31	鱼鳍鼎足	03SGⅠT1239⑬	广富林	0.84	1.07	19.18	67.61	2.65	1.00	0.54	6.09	0.514
55	G32	鱼鳍鼎足	03SGⅠT1239㉛	广富林	1.09	0.90	18.73	71.07	2.73	1.13	0.35	2.99	0.391
56	G33	灰陶罐底	03SGⅠT1239⑧	广富林	0.56	0.76	17.07	72.12	2.06	1.75	0.58	4.10	1.001
57	G34	红陶缸腹片	03SGⅠT1239⑧	广富林	1.08	1.33	17.67	68.70	2.48	1.97	0.49	5.27	1.201
58	G35	鱼鳍鼎足	03SGⅠT1239⑧	广富林	0.99	2.05	17.40	67.29	2.63	1.84	0.50	6.30	0.603
59	G36	T字鼎足	03SGⅠT1239⑧	广富林	0.07	17.12	10.96	59.56	1.40	5.31	0.31	4.26	1.021
60	G37	灰陶罐腹片	03SGⅠT1239④	广富林	0.76	1.22	17.60	59.60	2.20	1.93	0.60	15.09	1.205
61	G38	红陶罐腹片	03SGⅠT1239④	广富林	0.90	1.18	18.14	69.00	2.36	1.59	0.65	5.18	0.739
62	G39	灰陶鱼鳍鼎足	03SGⅠT1239④	广富林	0.86	2.00	19.34	66.95	3.33	1.59	0.54	4.39	0.927
63	G40	夹砂钵口	03SGTD9	广富林	0.65	1.40	18.02	65.48	2.09	2.24	0.62	8.50	0.749
64	G41	灰陶罐腹片	03SGTD9	广富林	1.20	0.92	18.97	67.62	1.91	1.96	0.65	5.77	1.415

续表 1

序号	编号	器物名称	出土单位	所属遗址	重量（wt）%								
					氧化钠（Na_2O）	氧化镁（MgO）	氧化铝（Al_2O_3）	二氧化硅（SiO_2）	氧化钾（K_2O）	氧化钙（CaO）	二氧化钛（TiO_2）	三氧化二铁（Fe_2O_3）	五氧化二磷（P_2O_5）
65	G42	灰黑罐口	03SGTD9	广富林	0. 73	1. 10	18. 13	70. 60	2. 04	1. 81	0. 60	3. 99	1. 124
66	G44	灰陶瓮口沿	03SGTD9	广富林	1. 43	3. 13	18. 90	62. 54	3. 63	1. 99	0. 59	6. 80	1. 213
67	G45	灰陶豆柄	03SGTD9	广富林	0. 40	2. 79	17. 57	66. 04	3. 10	2. 01	0. 63	6. 46	0. 976
68	G46	灰陶鼎足	03SGTD9	广富林	1. 12	1. 81	16. 44	70. 64	2. 81	0. 50	0. 51	5. 17	0. 056
69	G47	鱼鳍鼎足	03SGTD9	广富林	0. 07	1. 09	21. 05	66. 61	2. 62	2. 01	0. 60	4. 95	1. 469
70	G48	印纹陶罐残片	03SG Ⅰ T1338⑥	广富林	0. 84	1. 68	20. 02	65. 56	2. 23	1. 12	0. 62	6. 93	0. 64
71	G49	印纹陶罐底片	03SG Ⅰ T1239④	广富林	0. 07	1. 41	21. 70	65. 82	2. 80	0. 55	0. 61	6. 05	0. 03
72	G50	印纹“硬”陶罐口	03SG Ⅰ T1338⑥	广富林	0. 20	0. 92	19. 94	70. 29	2. 23	0. 34	0. 63	4. 46	0. 049
73	G51	竖条纹杯	99SG Ⅰ T0546	广富林	1. 15	3. 79	23. 26	59. 37	3. 72	0. 63	0. 90	6. 19	0. 08
74	G52	白陶鬶	99SGH42	广富林	0. 77	1. 02	26. 18	65. 78	1. 38	0. 55	0. 67	2. 66	0. 023
75	G53	乳丁足壶	02SGH74［15］	广富林	0. 80	1. 98	19. 44	70. 54	2. 29	1. 11	0. 55	2. 29	0. 221
76	G54	乳丁足壶	02SGH74［15］	广富林	0. 54	2. 92	19. 21	62. 85	4. 67	1. 47	0. 81	6. 54	0. 081
77	G55	印纹陶罐	02SGH74②	广富林	0. 61	1. 10	22. 14	61. 38	2. 53	0. 54	0. 93	9. 78	0. 075

续表1

序号	编号	器物名称	出土单位	所属遗址	重量（wt）%								
					氧化钠（Na_2O）	氧化镁（MgO）	氧化铝（Al_2O_3）	二氧化硅（SiO_2）	氧化钾（K_2O）	氧化钙（CaO）	二氧化钛（TiO_2）	三氧化二铁（Fe_2O_3）	五氧化二磷（P_2O_5）
78	G56	圈足壶	02SGH74［15］	广富林	0.75	2.62	20.32	66.15	4.01	0.82	0.75	3.58	0.092
79	G57	平底鬶	03SGTD8:1	广富林	0.91	1.41	19.56	64.27	2.76	2.82	0.66	6.61	1.647
80	G58	红陶罐口沿	03SGⅠT0544⑨	广富林	0.92	2.76	20.31	62.94	3.66	1.11	0.71	6.59	0.4443
81	mq-01	泥灰豆柄	05MMT3③	马桥	1.35	0.96	19.85	67.03	1.69	2.00	0.69	5.42	1.376
82	mq-02	泥灰盆口	05MMT3③	马桥	1.57	2.30	20.09	63.84	2.32	1.35	0.73	6.80	0.539
83	mq-03	砂红甗鼎足	05MMT3③	马桥	1.29	2.07	19.05	65.76	2.31	1.26	0.58	6.69	0.155
84	mq-04	泥红褐罐口	05MMT12⑤	马桥	0.50	2.00	19.18	65.84	3.25	1.02	0.65	6.56	0.156
85	mq-05	泥红褐罐口	05MMT12⑤	马桥	1.68	2.56	18.06	65.52	3.16	1.67	0.63	5.70	0.328
86	mq-06	泥红罐口	05MMT12⑤	马桥	1.07	1.04	17.86	70.94	2.14	1.93	0.60	3.42	0.392
87	mq-07	泥红器盖	05MMT12⑤	马桥	1.49	2.74	17.89	64.21	3.36	1.71	0.60	7.01	0.325
88	mq-08	砂红褐鼎足	05MMT11⑤	马桥	0.86	1.54	18.58	67.88	2.09	1.90	0.56	5.58	0.207
89	mq-09	紫褐硬陶豆口	05MMT11⑤	马桥	2.78	1.73	19.09	65.69	2.68	0.80	0.57	5.66	0.01
90	mq-10	硬陶罐底	05MMT11⑤	马桥	1.01	0.94	16.67	68.67	1.98	0.65	0.64	8.45	0.043
91	mq-11	泥灰盆口	05MMT11⑤	马桥	0.80	1.01	18.47	70.93	2.22	1.01	0.66	3.90	0.186

续表 1

序号	编号	器物名称	出土单位	所属遗址	重量（wt）%								
					氧化钠（Na_2O）	氧化镁（MgO）	氧化铝（Al_2O_3）	二氧化硅（SiO_2）	氧化钾（K_2O）	氧化钙（CaO）	二氧化钛（TiO_2）	三氧化二铁（Fe_2O_3）	五氧化二磷（P_2O_5）
92	mq-12	泥灰器盖	05MM T11⑤	马桥	0.79	2.96	18.03	66.75	3.18	1.13	0.59	5.56	0.076
93	mq-13	泥黑圈足盘柄	05MM T3⑤	马桥	1.01	0.98	17.04	70.61	1.98	2.46	0.59	4.34	0.515
94	mq-14	泥红罐底	05MM T3⑤	马桥	1.34	1.69	17.75	69.35	3.04	0.53	0.65	4.65	0.014
95	mq-15	砂灰褐鼎足	05MM T11⑤	马桥	1.09	1.37	19.74	66.44	2.50	2.67	0.55	4.64	0.746
96	mq-16	泥灰钵	05MM T11⑤	马桥	2.07	2.55	17.00	66.81	3.23	0.80	0.69	5.84	0.064
97	mq-17	砂灰褐甗口	05MM T11⑤	马桥	1.07	1.01	21.32	66.70	2.05	2.57	0.47	3.82	0.525
98	mq-18	砂灰褐甗口	05MM T11⑤	马桥	1.07	0.97	19.58	68.89	2.17	2.31	0.53	3.47	0.532
99	mq-19	砂灰褐甗口	05MM T11⑤	马桥	1.85	1.32	21.52	65.51	2.61	2.28	0.49	3.42	0.316
100	mq-20	泥红罐口	05MM T11④	马桥	1.37	1.26	19.18	69.08	2.43	0.88	0.67	4.13	0.101
101	mq-21	泥红罐底	05MM T12⑥	马桥	1.64	1.41	19.70	68.16	2.50	1.07	0.63	3.89	0.078
102	mq-22	泥灰觯口	05MM T2④	马桥	1.23	0.95	17.07	70.52	1.95	0.78	0.78	5.71	0.036
103	mq-23	泥灰豆柄	05MM T11④	马桥	0.58	1.76	16.42	70.04	2.70	1.29	0.62	5.59	0.336
104	mq-24	泥红罐口	05MM T12⑥	马桥	0.79	1.32	19.84	68.56	2.65	0.58	0.58	4.70	0.022
105	mq-25	砂红甗口	05MM T2④	马桥	0.51	0.83	21.70	68.68	2.41	0.68	0.71	3.48	0.029
106	mq-26	泥灰盆口	05MM T12⑥	马桥	1.32	2.18	16.73	68.01	3.24	0.98	0.66	5.89	0.028

续表 1

序号	编号	器物名称	出土单位	所属遗址	重量（wt）%								
					氧化钠（Na_2O）	氧化镁（MgO）	氧化铝（Al_2O_3）	二氧化硅（SiO_2）	氧化钾（K_2O）	氧化钙（CaO）	二氧化钛（TiO_2）	三氧化二铁（Fe_2O_3）	五氧化二磷（P_2O_5）
107	mq-27	砂红罐口	05MM T12⑥	马桥	1.14	2.15	17.31	65.48	3.24	2.56	0.56	6.57	0.609
108	mq-28	泥红罐腹	05MM T12⑥	马桥	1.05	1.13	17.06	69.96	2.11	0.65	0.70	6.34	0.039
109	mq-29	泥红罐口	05MM T11④	马桥	1.23	1.37	18.89	69.58	2.34	0.71	0.65	4.22	0.046

（二）样品的物相组成和相关物理性能

为充分了解样品的原料、成型和烧制工艺等的特点，对部分样品进行了 X-Ray 物相分析、烧成温度及体积密度、吸水率和气孔率等分析和测试（表 2）。

表 2　部分陶片的物理化学性能表

编号	器物名称	出土单位	所属遗址	体积密度（g/cm^3）	吸水率（%）	显气孔率（%）	烧成温度（±20℃）	物相组成
sz-03	砂红鼎口	04QSM164	崧泽	1.52	28.4	43	771	大量 α-石英，少量云母、钙长石和钠长石
sz-09	泥红罐腹	04QST1④	崧泽	1.88	16.7	31	863	大量 α-石英，少量白云母和钠长石
sz-10	砂红罐腹	04QST1④	崧泽	1.32	38.3	50	888	大量 α-石英，少量白云母和钠长石
sz-12	泥灰豆柄	04QST1⑤	崧泽	1.9	13.8	26	986	大量 α-石英，少量钠长石
sz-15	砂红罐（鼎）口	04QST1⑤	崧泽	1.5	29.4	44	863	大量 α-石英，少量方解石、白云母和钠长石
sz-17	泥黑豆柄	04QST4⑫	崧泽	1.81	18.2	33	902	大量 α-石英，少量白云母和钠长石
sz-18	砂红擂钵	04QST4⑧	崧泽	1.85	17.2	32	871	大量 α-石英，少量白云母和钠长石
sz-19	砂黑鼎口	04QST4⑫	崧泽	1.78	17.6	31	892	大量 α-石英，一定量的方解石，少量白云母和钠长石
sz-21	砂红鼎足	04QST4⑧	崧泽	1.73	20	35	923	大量 α-石英，一定量的方解石，少量白云母和钠长石

续表 2

编号	器物名称	出土单位	所属遗址	体积密度（g/cm³）	吸水率（%）	显气孔率（%）	烧成温度（±20℃）	物相组成
sz-22	泥灰罐腹	04QST4⑧	崧泽	1.7	20.3	34	982	大量 α-石英，少量钠长石
sz-24	泥黑皮盆	04QST4⑫	崧泽	1.92	13	25	886	大量 α-石英，少量白云母和钠长石
sz-26	泥黑豆柄	04QST4⑫	崧泽	1.78	19	34	899	大量 α-石英，少量白云母和钠长石
G31	鱼鳍鼎足	03SGIT1239⑬	广富林	1.82	16.9	30	980	大量的 α-石英，少量钠长石
G32	鱼鳍鼎足	03SGIT1239⑬	广富林	1.76	18.8	33	980	大量的 α-石英，少量钠长石和白云母
G33	灰陶罐底	03SGIT1239⑧	广富林	1.87	14.5	27	940	大量的 α-石英，少量钠长石和白云母
G34	红陶缸腹片	03SGIT1239⑧	广富林					大量的 α-石英，少量钠长石和白云母
G37	灰陶罐腹片	03SGIT1239④	广富林	1.99	11.7	23	930	大量的 α-石英，少量钠长石和白云母
G38	红陶罐腹片	03SGIT1239④	广富林	1.84	15.5	28	970	大量的 α-石英，少量钠长石和白云母
G39	灰陶鱼鳍鼎足	03SGIT1239④	广富林	1.76	18.8	33	940	大量的 α-石英，少量钠长石和白云母
G42	灰黑罐口	03SGTD9	广富林	1.97	12.5	24	960	大量的 α-石英，少量钠长石和白云母
G43	灰陶鼎足	03SGTD9	广富林					大量的 α-石英，少量钠长石和白云母
G44	灰陶瓮口沿	03SGTD9	广富林					大量的 α-石英，少量钠长石和白云母
G45	灰陶豆柄	03SGTD9	广富林	1.86	16.7	31	1010	大量的 α-石英，少量钠长石和白云母
G46	灰陶鼎足	03SGTD9	广富林	1.94	13.4	26	1030	大量的 α-石英，少量钠长石
G48	印纹陶罐残片	03SGIT1338⑥	广富林	1.83	15.8	29	1030	大量的 α-石英，少量钠长石和白云母
G49	印纹陶罐底片	03SGIT1239④	广富林	2.38	2	5		大量的 α-石英，少量莫来石
G50	印纹“硬”陶罐口	03SGIT1338⑥	广富林	2.22	3.3	7	1190	大量的 α-石英，少量莫来石，少量玻璃相
mq-02	泥灰盆口	05MMT3③	马桥	1.59	25.8	41	920	大量 α-石英，少量钠长石

续表2

编号	器物名称	出土单位	所属遗址	体积密度（g/cm³）	吸水率（%）	显气孔率（%）	烧成温度（±20℃）	物相组成
mq-05	泥红褐罐口	05MMT12⑤	马桥	1.85	16.7	31	873	大量α-石英，少量白云母和钠长石
mq-07	泥红器盖	05MMT12⑤	马桥	1.8	19.6	35	838	大量α-石英，少量白云母和钠长石
mq-08	砂红褐鼎足	05MMT11⑤	马桥	2.02	12.1	24	929	大量α-石英，少量白云母和钠长石
mq-09	紫褐硬陶豆口	05MMT11⑤	马桥	2.33	0.4	1	1250	大量α-石英和莫来石，一定量β-石英，少量玻璃相
mq-10	硬陶罐底	05MMT11⑤	马桥	2.2	7.9	17	1120	大量α-石英，少量钠长石
mq-11	泥灰盆口	05MMT11⑤	马桥	1.72	19.6	34	1038	大量α-石英，少量白云母和钠长石
mq-13	泥黑圈足盘柄	05MMT3⑤	马桥	1.98	10	20	933	大量α-石英，少量白云母和钠长石
mq-15	砂灰褐鼎足	05MMT11⑤	马桥	1.97	11.9	23	903	大量α-石英，少量白云母、正长石、钠长石和微斜长石
mq-16	泥灰钵	05MMT11⑤	马桥	1.71	20.4	35	1001	大量α-石英，少量钠长石和微斜长石
mq-17	砂灰褐甗口	05MMT11⑤	马桥	1.99	10.3	21	800	大量α-石英，少量白云母、正长石、钠长石和微斜长石
mq-19	砂灰褐甗口	05MMT11⑤	马桥	1.96	10.6	21	894	大量α-石英，少量白云母、钠长石和微斜长石
mq-20	泥红罐口	05MMT11④	马桥	1.82	16.5	30	951	大量α-石英，少量钠长石和微斜长石
mq-21	泥红罐底	05MMT12⑥	马桥	1.9	14.1	27	849	大量α-石英，少量白云母和钠长石
mq-26	泥灰盆口	05MMT12⑥	马桥	1.67	22.4	37	1003	大量α-石英，少量白云母、钠长石和微斜长石
mq-27	砂红罐口	05MMT12⑥	马桥	1.67	21.8	36	871	大量α-石英，少量白云母、钠长石和微斜长石
mq-28	泥红罐腹	05MMT12⑥	马桥	1.81	17.2	31	995	大量α-石英，少量钠长石和微斜长石

四　分析与讨论

（一）化学组成特征

本文采用了对应分析方法进行数据处理。在多元统计分析中，对应分析是主因子分析方法上的继承和发展，除了尽可能用最少的几个综合因子 F1、F2、F3 等（Fi = x1iA + x2iB + …，A，B，…是元素含量 x1i，x2i，…是通过相应程序计算得到的正负加权因子）去提取研究对象的绝大部分信息外，它不仅可反映样品点间的关系，即邻近样品点具有相似的性质而属同一类，而且可反映出变量（元素）和样品间的关系，即同类型的样品点将被邻近的变量所表征[8]。

图 2 中为公元前 3500 年至公元前 1500 年长江下游地区崧泽遗址、广富林遗址及马桥遗址出土陶片的胎体的对应分析图，方差累积因子大于 60%。从图中可以看出：第一，广富林遗址出土陶器的化学组成比较分散，但印纹硬陶的化学组成相对比较集中，基本上都聚集在这个较小的区域内，一个明显的特征是氧化铝的含量普遍高于其他类型的样品，同时也可以发现马桥遗址出土的 2 个硬陶（89 和 90）2 个样本也靠近这一区域，而泥质陶、夹砂陶样本组成则具有明显的发散性，说明原料的随意性较大。第二，崧泽遗址陶器样本的主次量化学组成不同于马桥遗址陶器样本的主次量化学组成，主要差异表现在，马桥遗址陶器的铝（Al）和硅（Si）含量高于崧泽遗址陶器的，而熔剂的含量却较崧泽遗址陶器的低，如镁（Mg）、钙（Ca）和磷（P）等。

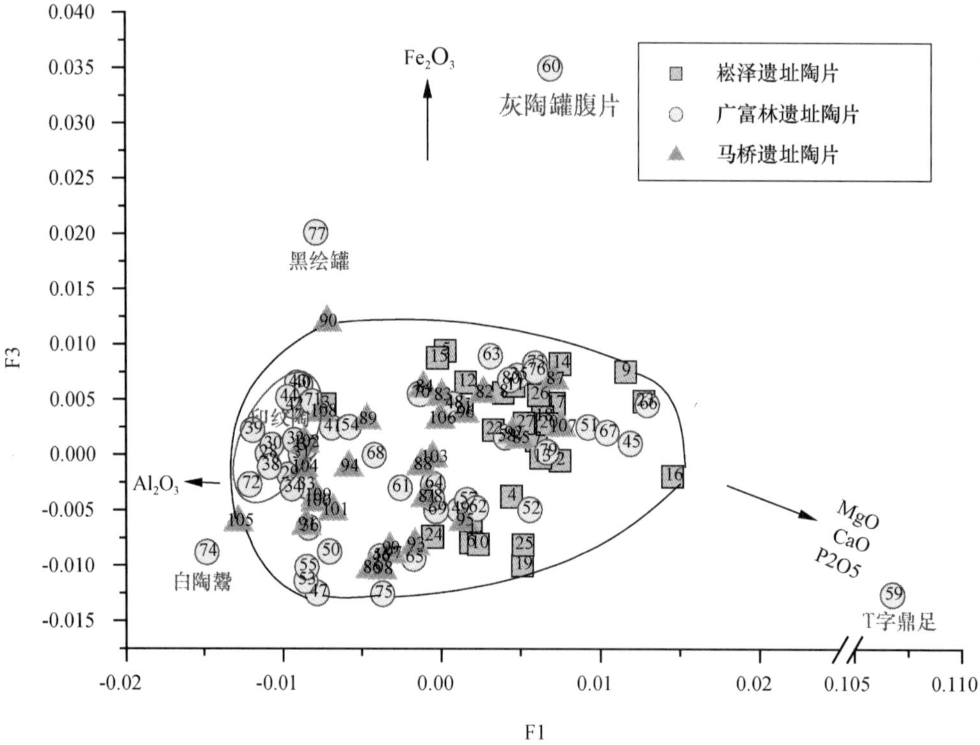

图 2　崧泽遗址、广富林遗址及马桥遗址陶片样品主次量化学组成因子图

（二）工艺性能研究

公元前3500年至公元前1500年长江下游地区陶器样本的胎体中的主要矿物相为石英、长石和云母（表3），由于大部分陶器的烧成温度低于1000摄氏度，因而烧制前后，原始矿物相没有发生大的变化。同时在对广富林遗址出土的印纹陶样本的分析中发现，有少量样本，其烧成温度已经超过1100摄氏度（表2），烧结程度较高，物相分析中出现了莫来石相和少量玻璃相，而且体积密度大于2克/立方厘米，吸水率小于5%，达到了我们以前通常所分析过的印纹硬陶的相应指标，实际上这类陶器在制作上已经不同于其他类型的泥质陶和夹砂陶，不仅原料组成相对比较稳定（图2），而且烧成温度也有明显提高。在马桥遗址出土陶器中则有1片硬陶豆口，图2中89号，其原料组成也靠近广富林遗址印纹陶的化学组成，烧成温度较高为1250摄氏度，物相分析中出现了大量的莫来石晶相、还有一定量的β-石英及少量玻璃相，其体积密度超过了2克/立方厘米，吸水率低于1%，显气孔率为1%，这已达到了瓷器的相应指标，此时已达到制瓷的技术水平，为马桥夏商时期原始瓷烧制打下基础[9]。

另外图3中反映各遗址陶器烧成温度、体积密度、吸水率及显气孔率的最大值与最小值随时间变化的情况。从图中我们可以发现，随时间的变化，遗址的最低烧成温度则先高后低，反映在陶器烧成质量上则是最小体积密度也是先高后低，而与之对应的最大

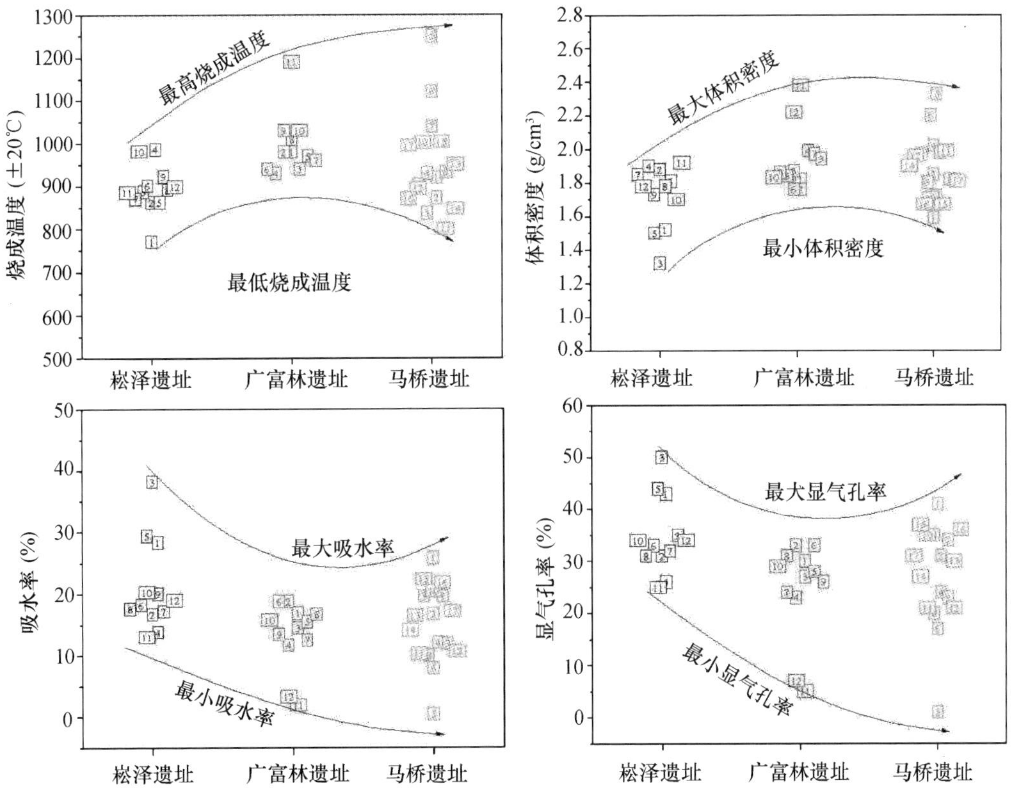

图3　崧泽遗址、广富林遗址及马桥遗址陶片烧成温度、体积密度、吸水率和显气孔率的分布图

吸水率及最大显气孔率则相反。另外各遗址所能达到的最高烧成温度则是随着时间的推移不断的提高，而与之相应的最大体积密度、最小吸水率和最小显气孔率变化的规律不是很明显，但烧制陶器的窑炉温度的不断提高，为早期的原始瓷的出现打下了坚实的基础。

五 结 论

1. 在长江下游地区公元前3500年至公元前1500年这段时期，广富林遗址出土的印纹硬陶制陶原料较为集中，一个明显的特征是氧化铝的含量普遍高于其他类型的样品，而泥质陶、夹砂陶样本组成则具有明显的发散性，说明原料的随意性较大。

2. 崧泽遗址陶器样本的熔剂元素含量比马桥遗址陶器样本的高，尤其是镁（Mg）、钙（Ca）和磷（P）等，而铝（Al）和硅（Si）含量较马桥遗址陶器的要低。

3. 广富林遗址出土的部分印纹陶样品的烧成温度（大于1100摄氏度）、物理性能（体积密度大于2克/立方厘米，吸水率小于5%）等方面已达到了硬陶的水平，这些陶器已经属于印纹硬陶系列，而马桥遗址出土的1片硬陶豆口，其烧成温度已接近1250摄氏度，其体积密度超过了2克/立方厘米，吸水率低于1%，显气孔率为1%，这已经属于瓷器系列，此时该地区已经具备了制备原始瓷的技术水平。

注 释

[1] 王海圣、李伟东、蒋乐平、邓泽群、鲁晓珂、罗宏杰：《上山文化遗址出土陶器的科技研究》，《09古陶瓷科学技术国际讨论会论文集》，上海科学技术文献出版社，2009年。

[2] 邓泽群、吴隽、吴瑞、李家治：《跨湖桥遗址陶器的研究》，《05古陶瓷科学技术国际讨论会论文集》，上海科学技术文献出版社，2005年。

[3] 李家治、陈显求、邓泽群、谷祖俊：《河姆渡遗址陶器的研究》，《硅酸盐学报》1979年第7卷第2期。

[4] 陈显求、陈士萍、罗宏杰、李家治：《崧泽遗址古陶的化学组成、痕量元素和显微结构》，《92古陶瓷科学技术国际讨论会论文集》，上海科学技术文献出版社，1992年。

[5] 吴隽、王海圣、吴瑞、李家治、吴军明、李其江、黄耀元：《广富林遗址出土陶器的初步研究》，《09古陶瓷科学技术国际讨论会论文集》，上海科学技术文献出版社，2009年。

[6] 陈尧成、张筱薇、宋建、何继英、廉海萍：《上海马桥夏商陶器研究》，《陶瓷学报》1999年第20卷第3期。

[7] 陈尧成、张筱薇、宋建、何继英、廉海萍：《上海马桥夏商原始瓷的制作工艺研究》，《陶瓷学报》1996年第17卷第3期。

[8] 罗宏杰：《中国古陶瓷与多元统计分析》，中国轻工业出版社，1997年。

[9] 陈尧成、张筱薇、宋建、何继英、廉海萍：《上海马桥夏商原始瓷的制作工艺研究》，《陶瓷学报》1996年第17卷第3期。

上海广富林遗址陶器的科技研究

鲁晓珂　李伟东　罗宏杰　吴　隽　王海圣　宋　建　翟　杨

内容提要：通过对上海松江广富林遗址出土陶器化学组成数据的多元统计分析，结果表明遗址出土属于广富林文化的印纹陶、白陶鬶、灰陶盉、竖条纹杯具有特异性，它们的组成特征不同于遗址中其他陶器，其中外观为黄白色、黄色或橘黄色的印纹陶与广富林文化的其他陶器相比其组成特征是高铝低铁，这与闽北浦城和闽侯昙石山陶器的化学组成特征比较接近，可能为印纹陶的来源提供了一种参考。

关键词：广富林遗址　陶器　化学组成　多元统计分析

上海松江广富林遗址发现于1959年，1961年首次发掘。自1999年冬，上海博物馆开始进行有计划的全面勘探发掘，发现了一类新的文化遗存，暂称广富林遗存。以后又在广富林多次发掘，发掘材料更为丰富，文化面貌越发清楚。在太湖周围的浙江湖州钱山漾、江苏宜兴骆驼墩和昆山绰墩等遗址也发现了同类遗存，考古界于2006年正式提出了“广富林文化”的命名。

广富林是经过发掘的包含广富林文化内涵最丰富的遗址，主要遗迹有水井、灰坑和陶片堆等。遗物以陶器最多，也有石器和骨角器，以陶器为重要组成部分的遗迹、遗物反映了广富林文化的基本特征。陶器按陶质分为夹砂和泥质两大类，泥质陶中包含少量印纹陶，印纹陶中极个别紫褐色者烧制火候较高，胎质较硬。陶器纹饰的制作技法主要有压印、刻划、堆贴和拍印，压印纹饰中绳纹最常见，刻划纹的种类比较多，拍印纹主要是各种几何形纹饰。广富林文化中有几件特殊器物的残片，它们是白陶鬶、竖条纹杯和封口盉，都是孤器，虽然并不能反映广富林文化的基本特征，但对理解文化的源流关系具有非常重要的意义[1]。

为了从科学技术角度反映广富林文化内涵的特殊性，本文利用多元统计分析[2]的方法对广富林遗址出土陶器的化学组成数据进行了全面细致的分析，得到了一些有益的结果。

一　标本选取

所有分析标本均为上海博物馆提供，样品的具体信息见表1。

作者：鲁晓珂、李伟东、罗宏杰、吴隽、王海圣　中国科学院上海硅酸盐研究所，上海，200050；宋健、翟杨　上海博物馆，上海，200003。

表 1　　广富林遗址标本信息列表

序号	名称	考古编号	时代	纹饰
1	印纹陶罐口沿	03SGⅠT1338④	广富林文化	席纹
2	印纹陶凹底罐底	03SGⅠT1338④	广富林文化	水波纹
3	印纹陶罐腹片	03SGⅠT1338④	广富林文化	席纹
4	印纹陶罐腹片	03SGⅠT1338④	广富林文化	小方格纹
5	印纹陶罐腹片	03SGⅠT1338⑤	广富林文化	席纹?
6	印纹陶残片	03SGⅠT1338⑤	广富林文化	小方格纹
7	印纹陶残片	03SGⅠT1338⑤	广富林文化	篮纹
8	印纹陶残片	03SGⅠT1338⑤	广富林文化	篮纹
9	印纹陶罐口沿	03SGⅠT1338⑥	广富林文化	网格纹
10	陶罐残片	03SGⅠT1239④	广富林文化	篮纹
11	印纹陶残片	03SGⅠT1239④	广富林文化	叶脉纹
12	印纹陶残片	03SGⅠT1239④	广富林文化	斜方格纹
13	印纹陶凹底罐底	03SGTD9	广富林文化	方格纹
14	印纹陶残片	03SGH135	广富林文化	斜方格纹
15	印纹陶残片	03SGTD9	广富林文化	斜方格纹
16	印纹陶残片	03SGTD9	广富林文化	水波纹
17	印纹陶残片	03SGTD9	广富林文化	小方格纹
18-1	印纹陶残片	03SGH185	广富林文化	云雷纹
18-2	印纹陶残片	03SGH185	广富林文化	云雷纹
18-3	印纹陶残片	03SGH185	广富林文化	云雷纹
19	灰陶罐口沿	03SGⅠT1239④	广富林文化	弦纹加复线菱格纹
20	灰陶圈足罐底	03SGⅠT1239④	广富林文化	
21	灰陶鬶裆	03SGⅠT1239⑧	良渚文化	
22	灰陶豆柄	03SGⅠT1239⑩	良渚文化	圆形加三角形镂孔
23	灰陶豆盘	03SGⅠT1239⑬	良渚文化	
24	灰陶豆柄	03SGⅠT1239⑬	良渚文化	圆形加圆形镂孔
25	黄白陶鬶	03SGⅠT1239⑬	良渚文化	
26	灰陶罐口沿	03SGTD9	广富林文化	复线三角纹
27	灰陶罐口沿	03SGTD9	广富林文化	
28	灰陶罐口沿	03SGTD9	广富林文化	单线菱格纹

续表 1

序号	名称	考古编号	时代	纹饰
29	灰陶罐口沿	03SGTD9	广富林文化	弦纹加复线菱格纹
30	灰陶封口盉	03SGTD9	广富林文化	戳点纹
31	鱼鳍鼎足	03SG Ⅰ T1239⑬	良渚文化	划纹
32	鱼鳍鼎足	03SG Ⅰ T1239⑬	良渚文化	划纹
33	灰陶罐底	03SG Ⅰ T1239⑧	良渚文化	
34	红陶缸腹片	03SG Ⅰ T1239⑧	良渚文化	
35	鱼鳍鼎足	03SG Ⅰ T1239⑧	良渚文化	划纹
36	T 字鼎足	03SG Ⅰ T1239⑧	良渚文化	划纹
37	灰陶罐腹片	03SG Ⅰ T1239④	广富林文化	方格纹
38	红陶罐腹片	03SG Ⅰ T1239④	广富林文化	方格纹
39	灰陶鱼鳍鼎足	03SG Ⅰ T1239④	广富林文化	划纹
40	夹砂钵口	03SGTD9	广富林文化	凹弦纹
41	灰陶罐腹片	03SGTD9	广富林文化	附堆加绳纹
42	灰黑罐口	03SGTD9	广富林文化	戳点纹
43	灰陶鼎足	03SGTD9	广富林文化	划纹
44	灰陶瓮口沿	03SGTD9	广富林文化	附堆加绳纹
45	灰陶豆柄	03SGTD9	广富林文化	
46	灰陶鼎足	03SGTD9	广富林文化	
47	鱼鳍鼎足	03SGTD9	广富林文化	划纹
48	印纹陶罐残片	03SG Ⅰ T1338⑥	广富林文化	方格纹
49	印纹陶罐底片	03SG Ⅰ T1239④	广富林文化	小方格纹
50	印纹“硬”陶罐	03SG Ⅰ T1338⑥	广富林文化	水波纹?
51	竖条纹杯	99SG Ⅰ T0546	广富林文化	竖条纹
52	白陶鬶	99SGH42	广富林文化	
53	乳丁足壶	02SGH74⑮	良渚文化	
54	乳丁足壶	02SGH74⑮	良渚文化	
55	印纹陶罐	02SGH74②	良渚文化	绳纹，表面有黑色彩绘
56	圈足壶	02SGH74⑮	良渚文化	
57	平底鬶	03SGTD8:1	广富林文化	
58	红陶罐口沿	03SG Ⅰ T0544⑨	广富林文化	

二 实验分析

陶器化学组成的测试采用美国 EDAX 公司生产的 Eagle-Ⅲ型能量色散 X 荧光分析仪（EDXRF）。用实验所得化学组成数据中 8 种元素氧化物含量［氧化钠（Na_2O）、氧化镁（MgO）、氧化铝（Al_2O_3）、二氧化硅（SiO_2）、氧化钾（K_2O）、氧化钙（CaO）、二氧化钛（TiO_2）、三氧化二铁（Fe_2O_3）］作为变量，以广富林文化和良渚文化为分类标志，做出所取标本胎体主次量元素的二维对应分析图（因子贡献率 76.8%），如图 1 所示。

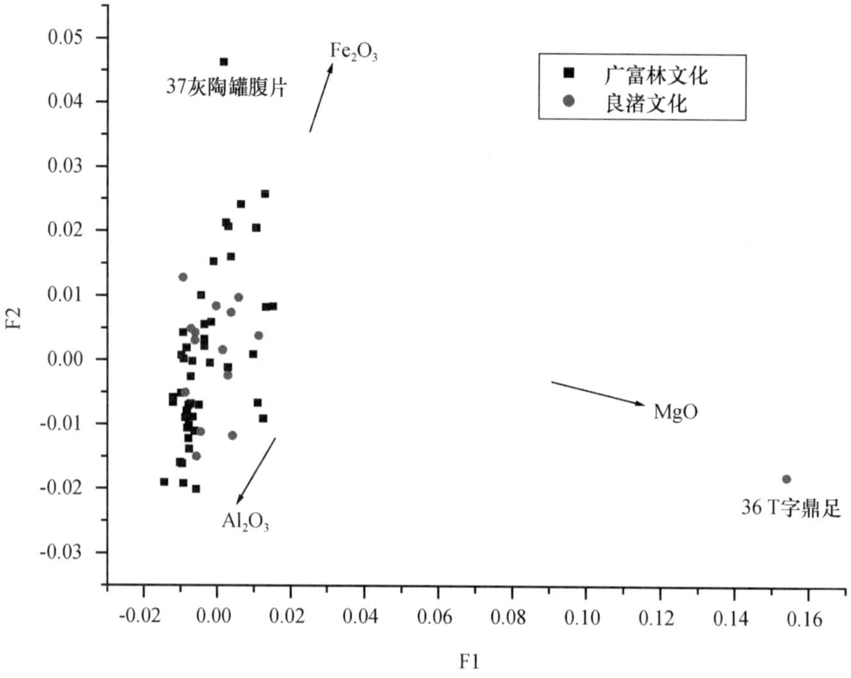

图 1 广富林遗址广富林文化和良渚文化陶器主次量元素二维对应分析图

从图 1 可以看出，有 2 件标本的化学组成与大部分标本有明显区别，其一，广富林文化的 1 件灰陶罐腹片（37 号），其铁含量高达 15%。其二，良渚文化的 1 件 T 字鼎足（36 号），其镁含量高达 17%，具有明显的特异性。需要说明的是 37 号灰陶罐腹片是一种“夹心陶”，从断面可以看出，其内外表层颜色较浅，中间颜色较深，成分分析表明颜色较浅的表层铁含量只有 5.8%，与中间层 15% 的铁含量相比差别很大，说明此件标本的“夹心”并非由气氛原因造成，而是其制作过程中刻意采用了表面涂敷的装饰技法，可能是为了某种美观的需要。

把图 1 中有明显特异性的 2 个标本（灰陶罐腹片和 T 字鼎足）除去，将剩余样品点的位置放大，以氧化铝（Al_2O_3）、三氧化二铁（Fe_2O_3）、氧化镁（MgO）含量变化方向为界，将剩余样品分为三个层次，如图 2 所示。最上方全部为广富林文化，样品铁含量很高；最下方大部分为广富林文化，还有少部分良渚文化样品，它们的特点是铝含量较高；中间部分是广富林文化和良渚文化的混合区。

在图2中椭圆形区域内的3个良渚文化陶器分别是22号（灰陶豆柄）、25号（黄白陶鬶）、32号（鱼鳍鼎足）。最下方部分的椭圆形区域外部3个样品则是广富林文化的10号（陶罐残片）、51号（竖条纹杯）和良渚文化的56号（圈足壶），它们因为镁含量稍高而远离了椭圆形区域。

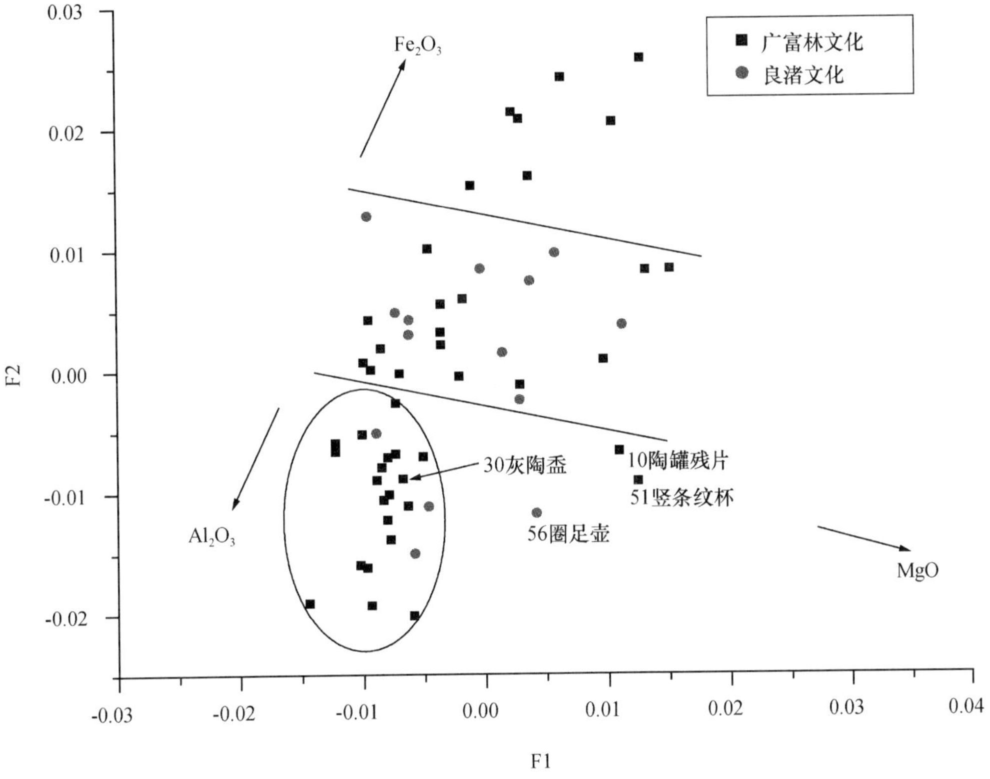

图2 广富林遗址广富林文化和良渚文化陶器主次量元素二维对应分析图

为了更清楚地反映广富林文化样品的分类关系，将图2中良渚文化的样品点除去，并以印纹陶、白陶以及其他类陶器（灰陶、红陶等）为分类标志得到图3。从图3中可以看出，椭圆形区域内是广富林文化的大部分印纹陶，它们具有高铝低铁的特征，与白陶鬶样品组成特征较为接近，只是铁含量（平均值4.5%）比白陶（2.66%）稍高。从这些印纹陶的外观看基本上为黄白色、黄色或橘黄色，化学组成分析结果表明它们的组成特征较为一致，并且样品点分布较为集中，区别于广富林文化的其他类陶器。另外有3件用云雷纹装饰的印纹陶标本（18-1号、18-2号、18-3号）与大部分印纹陶的化学组成不太一样，从图3中可以看出，它们与大部分印纹陶的区别在于铝含量稍低而铁含量稍高，样品点混在了其他类陶器当中。48号印纹陶罐虽然铝含量也比较高（20.02%），但由于铁含量比其他印纹陶更高（6.93%），所以也混在了其他类陶器中。10号陶罐残片由于镁含量稍高而远离了椭圆形区域。另外，椭圆形区域内还有1件灰陶盉标本（30号），因其铁含量很低（2.65%），但其铝含量并不高（17%），也混到了大部分印纹陶样品点中。

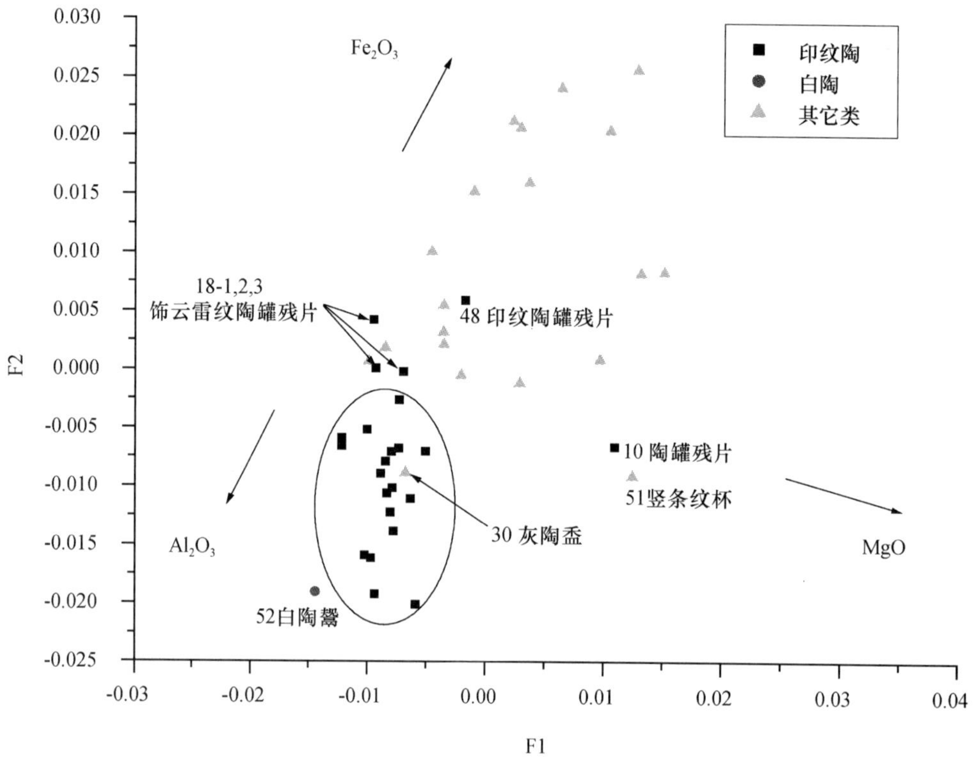

图 3 广富林文化陶器主次量元素二维对应分析图

主次量元素含量分析表明，广富林文化陶器中外观为黄白色、黄色或橘黄色的绝大多数印纹陶的化学组成具有明显的特异性，不同于其他类陶器产品，它们原料特征与白陶相近，由于铁含量稍高，其白度没有达到白陶的标准。另外，实验结果还表明，所测量样品中氧化锰（MnO）和五氧化二磷（P_2O_5）的含量波动性很大（10^2 ~ 10^4ppm 百万分之），所以有必要对这两种元素氧化物含量再加以分析。用这两种元素氧化物含量做出广富林文化样品的二维散布图，如图 4 所示。

从图 4 可以看出，白陶鬶和绝大多数的印纹陶的氧化锰（MnO）和五氧化二磷（P_2O_5）的含量极低，明显不同于其余大部分陶器。但有 1 件印纹陶（48 号），它的磷含量明显偏高，在图 2 和图 3 中可以看出，它也并不在最下部分和椭圆形区域内。当然，其他类陶器中也有个别几个样品锰、磷含量比较低，它们是 30 号（灰陶盉）、51 号（竖条纹杯）等，但这 2 个样品在图 2 中同样是处在最下部分，它们也具有特异性。把图 2、图 3、图 4 结合起来，不难发现，广富林文化陶器中印纹陶（48 号除外）、白陶鬶、灰陶盉、竖条纹杯的组成特征与遗址中其他大多数陶器是不同的。

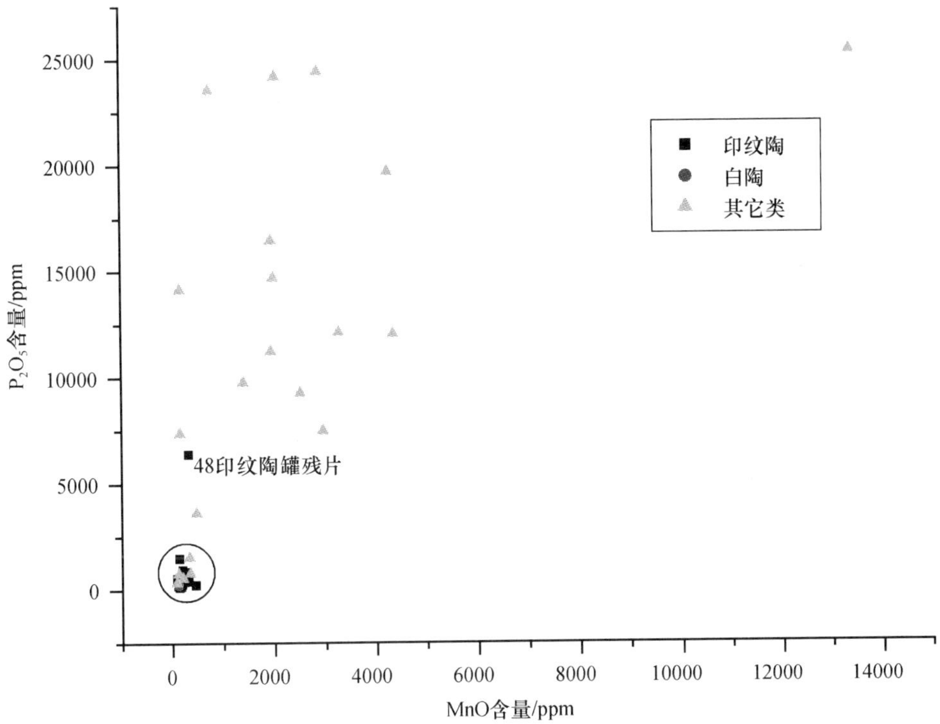

图4　广富林文化陶器氧化锰（MnO）和五氧化二磷（P_2O_5）含量散布图

三　讨论与思考

多数考古学家认为广富林文化来源主体是以王油坊类型为主导的中原龙山文化，本地传统文化和浙南闽北以印纹陶为代表的文化因素在其发展中也起了重要的作用，但这种影响力相对较弱[2]。

综合以上分析，主次量元素与微量元素含量的实验结果共同表明，属于广富林文化的印纹陶、白陶鬶、灰陶盉、竖条纹杯具有特异性，它们不同于遗址中的其他陶器。广富林文化陶器中外观为黄白色、黄色或橘黄色的印纹陶，考古学家追溯其文化渊源可能是在浙南闽北地区，测试结果表明，与广富林文化的其他陶器相比其组成特征是高铝低铁，这与新石器时代北方大多数陶器组成特征也不一样，而与闽北浦城［氧化铝（Al_2O_3）25%，三氧化二铁（Fe_2O_3）3.5%］和闽侯县石山［氧化铝（Al_2O_3）22%，三氧化二铁（Fe_2O_3）4%］陶器的测试结果[3]比较接近，这可能为印纹陶的来源提供了一种参考。用云雷纹装饰的3件标本外观虽然有红黑之分，但它们的组成特征是比较一致的，与大多数的印纹陶还是稍微有些差别。48号印纹陶的化学组成与其他印纹陶有区别，特别是磷含量的差别，如果大多数印纹陶是外来的，那么这件标本能否理解为当地仿制的，还值得思考。另外，属于广富林文化的灰陶罐腹片（37号）和属于良渚文化的T字鼎足（36号）所用原料与广富林遗址其他陶器相差甚远，是由于当时制陶取料的随意性，还是另有其他原因，目前还不是很清楚。

四 结 语

结合考古资料，我们不难发现化学组成的分析结果与考古发掘中样品的类别关系基本吻合，诸如遗址中出土的印纹陶具有浙南闽北的风格以及白陶鬶、竖条纹杯和封口盉都是孤器等，这也说明了化学组成测试结合多元统计分析在古陶瓷原料来源与分类研究中的优势。另外，上述主次量元素的多元统计分析包含了［氧化钠（Na_2O）、氧化镁（MgO）、氧化铝（Al_2O_3）、二氧化硅（SiO_2）、氧化钾（K_2O）、氧化钙（CaO）、二氧化钛（TiO_2）、三氧化二铁（Fe_2O_3）］8 种氧化物将近 80% 的信息量，毕竟不是全部，所以分析中可能会有些不足，但对主体的分析应该影响不大。

注 释

[1] 宋建：《环太湖地区新石器时代末期考古学研究的新进展》，《南方文物》，2006 年第 3 期。
[2] 罗宏杰：《中国古陶瓷与多元统计分析》，中国轻工业出版社，1997 年。
[3] 李家治：《中国科学技术史·陶瓷卷》，科学出版社，1998 年。

中华文明形成时期黄河流域生产工具的考古学研究

王小庆　钱益汇　蔡　明

内容提要：本论文对黄河流域公元前3500至公元前1500年的生产工具的发展脉络进行了系统的梳理，对不同地区、不同时间段生产工具的演变、特征进行了归纳和总结。以黄河下游的资料为中心对石器的标准化生产作了统计分析。对黄河上、中、下游不同时间段的器类组合进行了类比分析，对当时的社会经济的内容、特征和不同时期的发展状况进行了探讨。由此可以看出，在探索中国古代文明的起源和早期发展的研究中，器物种类、形制变化不明显的石器同样能提供给我们丰富的信息，对我们更为深入的认识中国古代文明的起源和早期发展的机制提供帮助。

关键词：黄河流域　石器　器类组合　标准化生产　文明起源与早期发展

公元前3500年至公元前1500年的考古资料目前有很多十分重要的发现，为我们探索中国古代文明的起源与早期发展提供许多丰富而翔实的资料，极大地推动了这一研究领域的进展，但是，在对中国古代文明的起源与早期发展的过程中起决定性作用的经济形态发展过程的研究中，生产工具的研究这一十分重要的研究领域却显得较为滞后。石器、骨角器、蚌器等作为史前人类的主要生产工具，它在人类文明发展史上所起作用是不言而喻的，但相对于陶器、青铜器等而言，在公元前3500年至公元前1500年这一中国史前文化发展变化十分显著的历史时期，其器物的种类、型制等变化缓慢，没有出现显著的飞跃性的变化，因此对在探索中国古代文明的起源和早期发展过程中生产工具的研究没有明显的切入点。2006年，我们以作为当时人类最为主要的生产工具的石器为分析对象，对公元前2500年至公元前1500年的黄河中游的豫西晋南地区龙山文化和二里头文化的生产工具进行了研究，我们发现与此前相比，用于农业生产的石器尽管器物的种类、型制无太大的变化，但各种工具在农业工具总量中所占的比重却是有明显变化的，这种变化反映出当时人类在农业生产的各个技术环节中劳动投入的变化，而这种变化正标志着农业经济水平的显著提高，它为这一时期黄河中游地区文明的出现和早期发展提供了坚实的经济基础[1]。通过这一研究我们发现在探索中国古代文明的起源和早期

作者：王小庆　中国社会科学院考古研究所，北京，100710；钱益汇　首都师范大学历史学院，北京，100048；蔡明　深圳博物馆古代艺术馆（老馆），广东，518027。

发展的研究中，器物种类、型制变化不明显的生产工具同样能提供给我们丰富的信息，对我们更为深入的认识中国古代文明的起源和早期发展的机制提供帮助。但是，由于时间、经费所限，我们的研究是十分初步和粗浅的。为此，在国家科技支撑计划项目“中华文明探源工程（二）”中，我们对黄河流域公元前3500年至公元前1500年史前文化的生产工具进行了全面、系统的分析，以期进一步究明生产工具在中国古代文明的起源和早期发展过程中的作用、意义及其与这一重大历史变革进程的互动依存关系。

一

据初步统计，至2008年6月为止，将全部资料系统、完整公开发表或出版的黄河流域公元前3500年至公元前1500年的考古资料共有115处遗址（指考古发掘报告专刊或发表于各大杂志的考古发掘报告，不包含考古发掘简报），其中，黄河上游地区23处，黄河中游地区71处，黄河下游地区21处。通过对这些资料的系统整理、分析，在黄河上游地区，我们以仰韶文化庙底沟期文化遗存、马家窑文化、齐家文化、四坝文化、卡约文化等。在黄河中游地区，以仰韶文化晚期、庙底沟二期文化、龙山文化期、二里头文化期等。在黄河下游地区，以大汶口文化期、龙山文化期、岳石文化期等为时空依据。对不同时间段、不同地域的生产工具的构成和特征进行归纳总结。

通过这些工作我们发现，石器、骨角器、蚌器等作为史前人类的主要生产工具，在公元前3500年至公元前1500年这一中国史前文化发展变化十分显著的历史时期，相对于陶器、青铜器等而言，其器物的种类、型制等变化缓慢，没有出现显著的飞跃性的变化，但在各个地区有早到晚，他们的器物种类、型制特征还是有所变化的。以黄河中游地区为例，在仰韶文化晚期和庙底沟二期文化时期，生产工具主要有斧、锛、凿、刀、镰、锥、锯、纺轮，网坠等，从质地上来看有石器、骨器、蚌器和陶器四大类。石器中虽仍有一定数量的打制石器存在，但磨制石器已成为主体。石斧、石铲、石刀、石锛等均为磨制，形制都非常规整，石斧横剖面多为椭圆形石斧、有孔石斧占一定的数量。有肩石铲和缺口石刀较具特征，长方形石铲已经出现孔部，石刀则从半月形缺口石刀变成长方形缺口石刀和长方形石刀，早期的弧背弧刃缺口石刀已不见。石锛的横剖面多为长方形，馒首形陶纺轮、陀螺形石网坠、橄榄形陶网坠等也极具特色

到龙山文化时期，生产工具的种类与质地与此前无太大变化。斧均为石质，多为梯形石斧或条形石斧，但与此前相比，器身既长又窄且扁，而横剖面多为圆角长方形，说明这一时期的石斧向扁平而长的方向发展，尤其是在刃部形态上的变化更为清晰，此前占主流的弧形刃正在减少，多是直刃或斜直刃。特别是在这一时期出现了一种曲体石斧，为窄斜顶，宽弧形刃，前侧斜而微曲，后侧弯成弧形，更表明斧体结构上的新变化，已接近金属斧体的形式结构了。铲有石铲、骨铲、蚌铲三种。石铲与此前相比在形制无大变化，仍以扁、薄的长方形为主，但有肩石铲占的比例较此前有所增加，出现了溜肩和折肩形石铲，这种肩部形制的变化更有利于在作为复合工具使用时的装柄，显示出了生产工具发展过程中的一种进步性。此外铲的长度也有减短的趋势。锛亦均为石质，形制多为梯形或条形，直刃。凿多为石质或骨质，长条形，直刃。农业生产中作为收获工具而使用的刀、镰数量增多，其质地有石、蚌、陶等，其中以石刀的数量最多。

石刀的形制此前相比无明显变化，但刃部的长度变大，一般在 13 厘米以上. 这种石刀刃部的长度的变化应与当时农业生产技术水平的增长与提高是同步的。镰以石镰和蚌镰为主，数量不多，均为条形，弧背，直刃或曲刃。纺轮以陶质和蚌质的为主，其形制以圆板状，算子形的为多，数量较此前有所减少。网坠多为石质或陶质，形制多为橄榄形或圆柱形，器身中部有凹槽。

至二里头文化时期，生产工具有石器、骨器、蚌器、陶器和铜器五大类。石器的种类有刀、铲、斧，镰、锛、凿等，基本以磨制为主，用于加工石器的石锤和部分石斧为琢制，极个别的表面残留有一些打制痕迹。磨制石器光滑平整，个别的可能还经过抛光。各类石器的形制与龙山文化晚期阶段相比变化不大，器种的组合也大体相似。在各类石器中以刀、铲的数量最多，斧，镰次之。石刀的数量仍很多，多为长方形或梯形，直刃或弧刃，器形规整，器身中部多有一个或两个钻孔，龙山文化晚期阶段仍有出现两侧带缺口的石刀在二里头文化时期已消失殆尽。石铲均扁平表面光平，磨制极精，主要是长方形和梯形，有的器身中部有钻孔。石斧形制较多，有梯形、圆柱形、方柱形、长条形等，器形工整，磨制精细，在薄体石斧上还多有钻孔。石镰的数量也较多亦均为磨制，长条形，弧背。石锛多为扁平的长方形，单面直刃。凿多为长条形。骨器主要有凿、铲、刀、锥、针等。蚌器主要有锛、凿、铲、刀、镰等，在蚌镰的尾部、蚌刀的侧边残留有明显的锯痕，磨制在蚌器中运用也较为广泛。陶质的生产工具主要为纺轮和网坠。二里头文化时期铜质生产工具开始出现，主要有锛、凿、刀、锥、锯、鱼钩和纺轮等。器形均较细小。铸造较粗，器表有范痕，整修较差，但有的刃部也十分锐利。另外，还发现有铸造铜器的坩埚残块、陶范和铜渣等。

在公元前 3500 年至公元前 1500 的黄河流域，石质生产工具始终是各类生产工具中的主体，对石器功能的研究，最早是通过对石器形态的认识，结合文献记载、民族学资料以及现有相似形态的生产工具的使用方式，判断其功能。这种研究方法在技术不成熟的条件下，对于认识石器功能是有积极作用的。但是因为缺乏直接的证据，这种方法显得有些主观，并不能完全说明石器的使用方式和加工对象。在现今技术和手段不断进步的情况下，通过微痕研究石器功能成为了可能。比起传统的研究方法，这种方法可以更加直观地揭示石器的使用方式和加工对象。为此，我们在陶寺遗址出土的石器中，我们以在这一时期大量存在，具有代表性，且可进行微痕观察分析的石刀、石斧、石铲、石锛、石凿为观察对象进行了微痕分析。观察结果显示，石刀均应该主要用于收割稻、粟类的禾本植物，有些存在一器多用的现象，可能用于刮削木材；石锛应该用于刮削木材；石斧应该用于砍断或刮削木材以及兽骨；石凿可能用刮削木材；石铲应该用于掘土。关于这些研究的具体内容，因篇幅所限，我们将另行专文介绍。

综合我们对公元前 3500 年至公元前 1500 的黄河上游、中游、下游各个地区在不同时段生产工具的种类构成和类型特征的归纳分析，可以看出在仰韶文化晚期这一历史阶段，各个地区的生产工具地域性特征还较为明显，如黄河上游地区的扁平有孔石斧、梯形斜弧刃石斧、关中地区的有孔石铲、陶刀，河南地区的剖面呈椭圆形石斧、有孔石斧、陀螺形石网坠等等。自仰韶文化晚期开始，纺轮的形式开始多样化，如在黄河中游地区开始出现的算子状纺轮，截锥体状纺轮，馒首形纺轮和轴头形纺轮等等，进入庙底沟二期以后，纺轮的数量也有了明显的增加。从相当于庙底沟二期文化时期开始，到龙山文化时期，蚌质生产工具的数量与此前有较大的增加，蚌刀、蚌铲越来越普遍。在黄河上游地区相当于龙山时代的这一时期，青铜小件生产工具开始出现，如铜刀、铜凿等。同时，各地区的生产工具的形制逐渐趋于标准化和规范化，如石斧的剖面多呈方形或长方形，石刀多为长方形有孔，孔多位于刃部上方较近处等。

二

石器生产专业化问题对我们认识当时的社会经济发展状况及社会组织结构都有很大的帮助，使用校正变量参数（The Corrected Coefficient of Variation 简称 corrected CV）的统计则可以定量生产专业化程度，它是标准偏差原始分布的平均百分比。与标准偏差不同的是，校正变量参数强调大的变化区间和变化趋势，它不是从标本的平均值来反映绝对的变化值，而是反映这种变化的幅度和比例；可以用来研究不同类型标本间的专业化程度的比较，也可研究同一类型相关标本的历时性变化程度[2]。

据算公式是：

CV =（标准偏差/标本平均值）×100

corrected CV = CV ×[1 +（1/4n）]（n 为标本总数量）

如果 corrected CV < 10%，则石器生产专业化程度高，基本实现了专业化生产；当 corrected CV > 10%，石器生产仍然非专业化。

另外我们参考美国学者 Todd L. Vanpool 和 Robert D. Leonard 关于生产专业化的研究方法，使用了变量参数和校正变量参数来衡量比较专业化程度的研究[3]。在此基础上，我们以黄河下游的兖州王因遗址、泗水尹家城遗址和日照两城镇遗址的资料为中心，对大汶口文化时期、龙山文化时期、岳石文化时期的石器生产专业化问题进行探讨。我们选择那些数量较多，有统计学意义的石器类型，统计了所有数据，并利用统计学原理计算出各组数据的平均值、标准偏差，以探讨其专业化生产的程度。

在大汶口文化时期，从王因遗址测量数据统计分析，我们可以看出，出土于墓葬中的石斧专业化程度最高，制作技术较高，磨制精细，都有钻孔；而出土于地层和灰坑中的石斧在长、宽、厚、刃部角等变量上都是最大值，说明其专业化程度最低。制作技术粗糙，很多石斧没有很好的磨制，是当时普通民众所使用的工具。比较分析表明，在大汶口文化时期，墓葬所反映的石器生产技术中存在专业化分工不同的差异，而且不同类型石斧在石料来源上和石料特性上都有明显的差异。以上说明，这一时期，石斧生产存在不同等级差异。石钺均出自墓葬，其长、宽和刃部角数值都小于 10，说明已经专业化，但是厚度变化差异较大。石铲 A 型主要出自墓葬，有孔。而 C 型无孔，多为扁薄状。根据形制大小和使用方式的不同分为不同亚型，CⅠ型主要是大型石铲，仅琢制，制作粗糙，为大型挖掘方式，而 CⅢ和 CⅣ型是小型石铲，通体磨制，刃部明显，属于精细农耕作业方式。C 型制作技术较差，出土于灰坑和地层中，属于普通农业生产工具。其无论长、宽和厚变量值都较大，尤其长更是达 44.02，说明 C 型标准化程度很低，如厚度分布较为分散，其变量值主要分布于 15 ~ 30 之间；与 A 型相比标准化程度更低。这也能说明墓葬所出土的 A 型石铲与 C 型技术水平不一样，在大汶口文化时期应当已经出现阶层差别。王因遗址出土砍砸器较多，但是制作粗糙，制作技术比较随意，如厚度变量值分布范围较广，从15～30，而其校正变量参数达到20.38，说明并没有专业化。总之，从王因遗址测量数据统计分析，我们可以看出，无论石斧、石钺还是石铲的石器制作技术，都存在专业化和非专业化的差异，也存在着一定的阶层差异，墓葬出土的石器专业化程度比普通石器生产专业化程度要高。不同石器的不同类型也存在着石器生产专业化程度的差异。

龙山文化时期，综合目前所发现的各种考古资料分析，日照两城镇遗址是山东东南地区区域等级中心，而泗水尹家城遗址在该时期的鲁西南地区的汶泗流域，遗存较为丰富，是汶泗流域的区域中心，但是二者存在等级上的差异。所以我们对日照两城镇遗址和泗水尹家城遗址中有统计学意义的一些石器类型作生产专业化程度进行分析，比较不同等级的阶层在石器生产技术上的差异和变化。测量和统计的结果显示，这一时期的石斧虽已具备了专业化生产的要求，但日照两城镇遗址和尹家城遗址不同类型石斧的存在有标准偏差和变量参数，显示出不同遗址和不同类型石斧的标准化生产程度是不一样的。我们选择了几组可以比较的数据，可以看出两个遗址专业化程度上的差异。6组数据中，只有2组数据的变量参数值两城镇遗址高于尹家城遗址，其余4组前者都低于后者，说明总体上，两城镇遗址石斧的专业化程度高于尹家城遗址。在石铲上的测量、统计数据也同样如此。两城镇遗址出土石镞类型较多，而尹家城遗址出土数量少，类型简单，两城镇出土石镞总体上生产专业化程度要高于尹家城遗址。两个遗址的石锛变量参数都较大，每个变量都没有专业化，总体上看，两个遗址的石锛在形制变化上差别不大。比较两遗址石刀变量参数值，两城镇在宽和刃部角上的规范程度比尹家城的高，另外两城镇的边缘角的变量参数数值比较平均，而且要低于尹家城遗址，但是尹家城遗址在钻孔技术上尤其正孔径上比较专业化。总的来看，两城镇遗址在石刀形制上的专业化程度要高于尹家城遗址，而尹家城遗址在钻孔上已经实现了部分专业化。通过对不同遗址和同一遗址内不同石器类型的专业化程度分析看，龙山时期同一遗址内，因为功能和使用方式不同，不同类型石器的专业化程度存在较大的差异，同一类型石器生产也存在着不同变量专业化程度的差异；龙山时期，不同地域内的石器生产同样存在着生产专业化程度的差异，一般来说，聚落等级较高的石器生产专业化程度要高于等级较低的聚落，如两城镇遗址的石器生产专业化程度在很多石器类型上都要高于泗水尹家城遗址。另外，从考古发现来看，龙山时期的石器生产的制作工具已经出现了专门化，如专门的琢制工具、打磨工具和钻孔工具，为生产专业化提供前提基础。

岳石文化时期，通过对泗水尹家城遗址出土石器的测量、统计分析可以看出，岳石文化时期，石器制作的专业化生产是存在的，尤其一些重要的农业工具和纺织工具专业化程度较高，如石刀、纺轮等，反映了当时人对农业和纺织业的重视程度很高，尤其农业的地位在当时的经济生活中极为重要，对农业生产工具的需求必然很大，所以生产的需求带动了技术的变革，使石刀等的生产能专业化生产，生产石刀的效率和数量也得到较为明显的提高。不同类型石器的不同变量其专业化程度是不同的，如不同类型的石刀，其专业化生产的变量不同，反映了制作技术上的差异。遗址中出土大量的加工工具、琢制工具、磨制工具等，如T238⑦C下H156:8，角闪石岩制，琢制，两面磨平，其功能为工具制作中打磨之用，因为其硬度较低，可能主要用于陶器打磨等。T342F104:62，脉石英制，硬度大，有一平面磨光，其余较为粗糙，根据形制当为石器等制作中打磨之用。T221⑦B: 33，方解石，硬度较大，一面磨光，平整，有一纽部，适合人手握，主要作打磨之用。另外还有石拍等。结合部分石器已经专业化生产的情况，这些工具当是石器专业化生产的重要证据。

三

各类生产工具在生产工具总量中所占比重的不同，在一定程度上能够反映出当时人类在经济生产的各个门类、各个环节中劳动量投入的不同，它能为我们了解当时的社会经济的内容、特征和不同时期的发展状况提供重要的信息。

从生产工具的整体组合来看，在黄河中游地区的仰韶文化晚期阶段，石器以斧，锛、锄、铲等为主，磨制石器中石斧的数量最多，通常占到出土磨制石器总数的 30% 到 40% 。此外在此阶段还存在有一定数量的打制的敲砸器、砍砸器等。如在庙底沟遗址出土了 2230 多件用于砍伐、敲砸的工具，即用扁平的石材在其周边打制出刃的盘状器，而发现的同时期的作为收获工具的石刀仅有 106 件。琢制打制的盘状器在王湾遗址和晋南的西王村遗址也有较多的发现（图 1）。而到龙山文化时期，打制石器已十分少见，石斧、石铲等在各类生产工具中所占的比重下降，而刀、镰等收获工具在各类生产工具中的数量则占较大优势（图 2）。到二里头文化时期，这种变化更为明显而确定（图 3）。由此可见，自龙山时代开始，斧、锄类土地整备工具在生产工具总体中所占比例的下降和刀、镰类收获工具数量的大增是这一时期生产工具发展变化的一个大的特征和趋势。。而这种生产工具组合的明显变化在黄河下游地区也有较明显的体现（图 4 ~ 图 6）。但在黄河上游地区表现的不是很明显（图 7 ~ 图 9）。

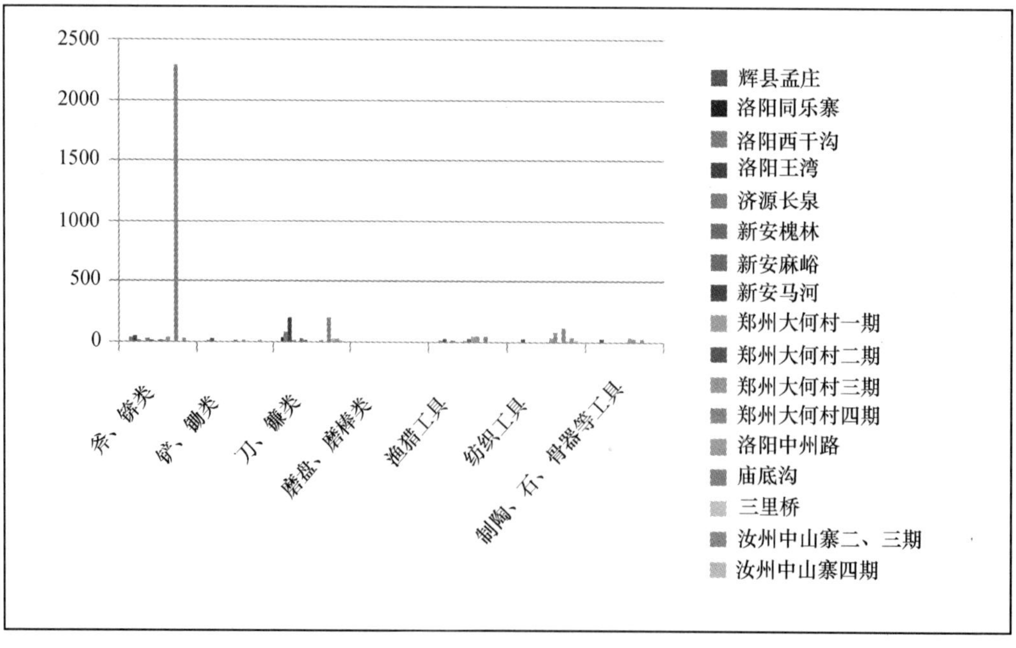

图 1　黄河中游地区仰韶文化晚期各类生产工具组合

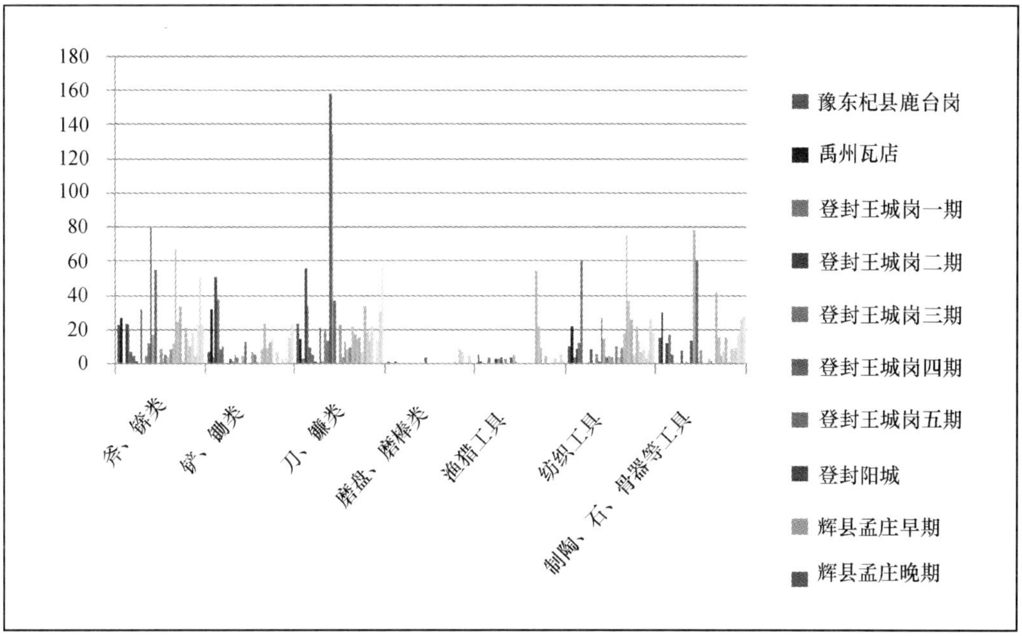

图 2　黄河中游地区龙山时代各类生产工具组合

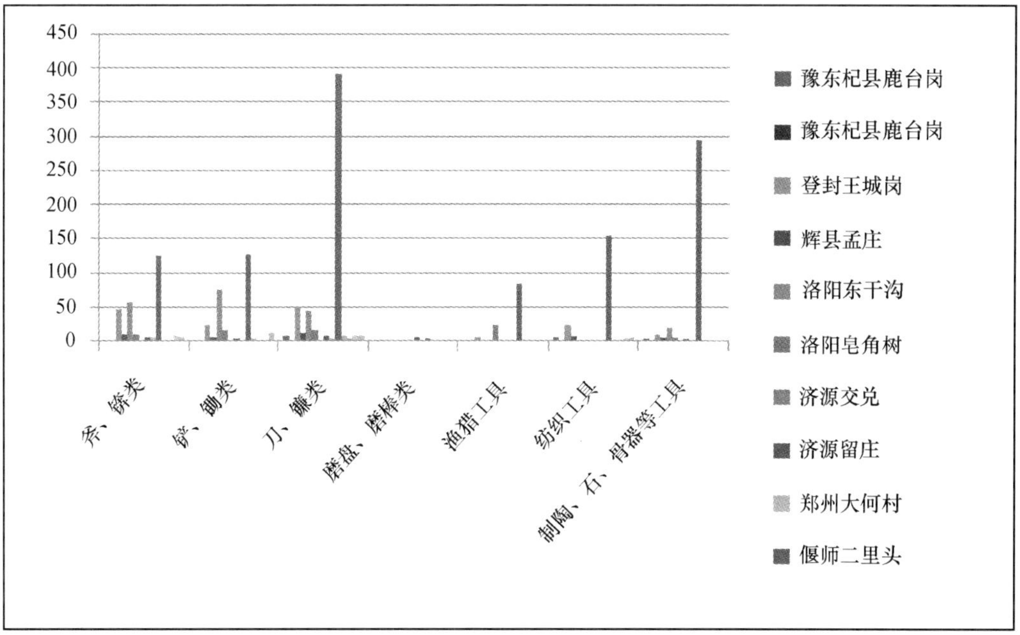

图 3　黄河中游地区二里头文化时期各类生产工具组合

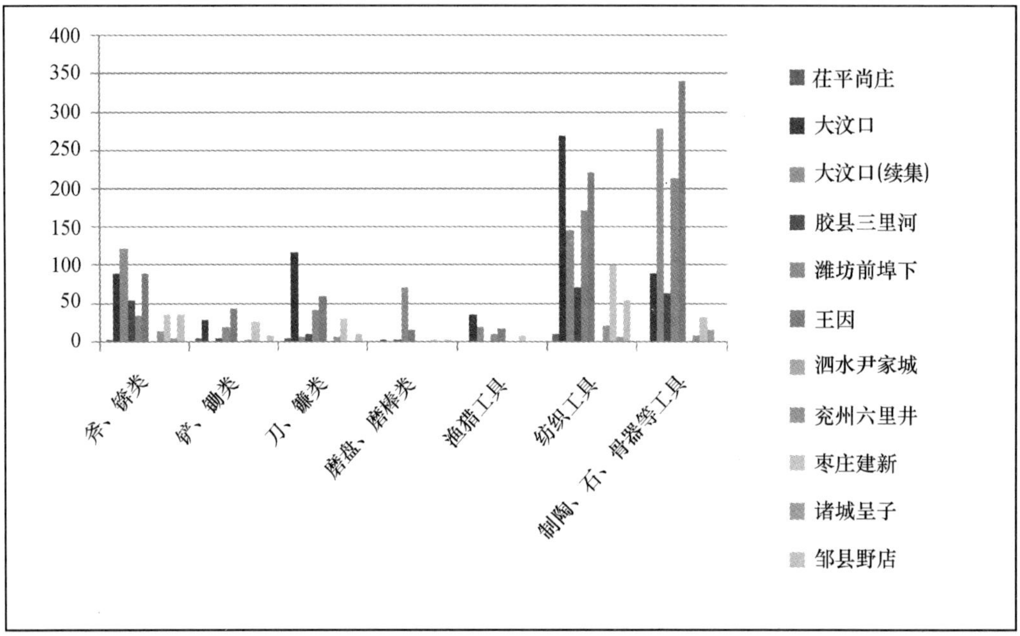

图 4　黄河下游地区大汶口文化时期各类生产工具组合图

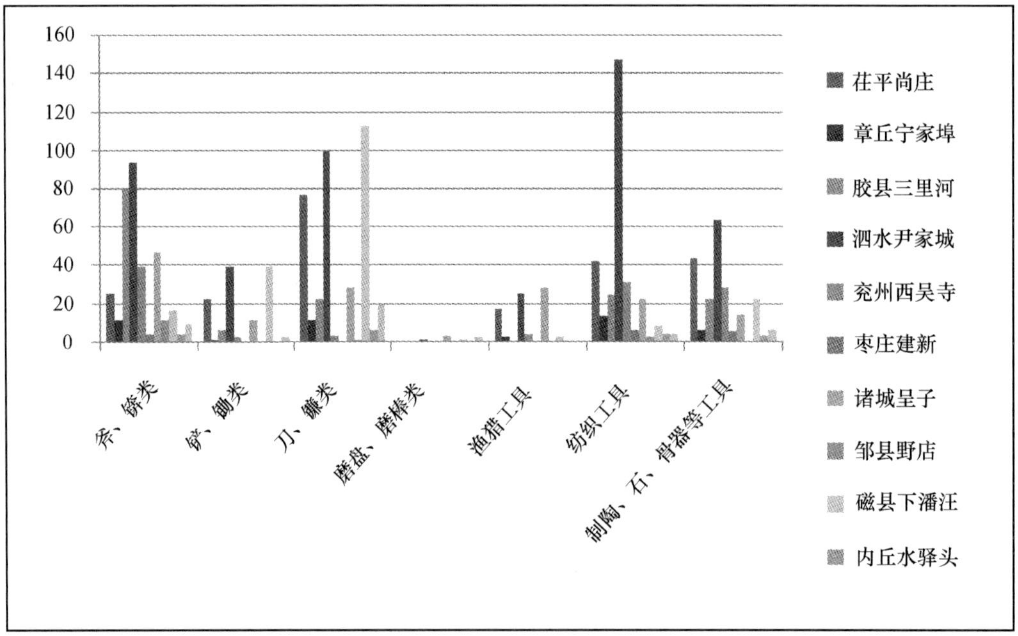

图 5　黄河下游地区龙山文化时期各类生产工具组合图

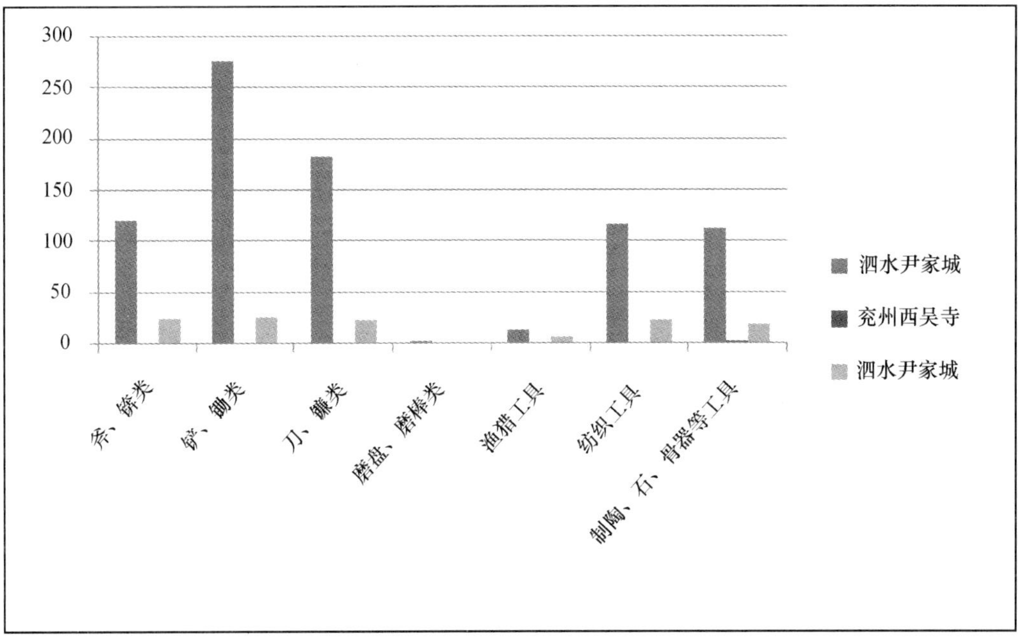

图6　黄河下游地区岳石文化时期各类生产工具组合图

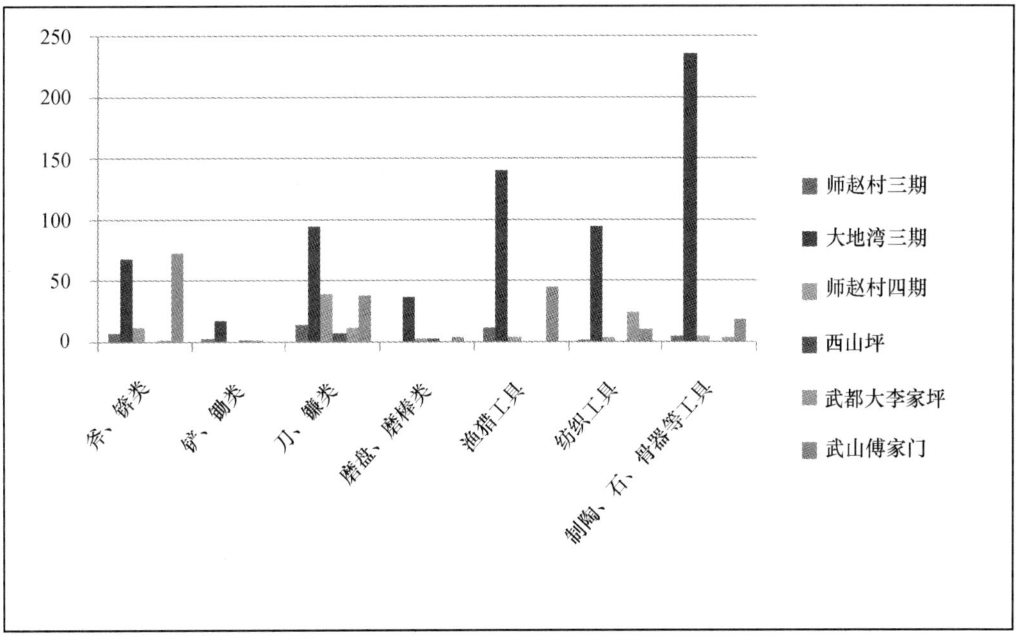

图7　黄河上游地区仰韶文化晚期各类生产工具组合图

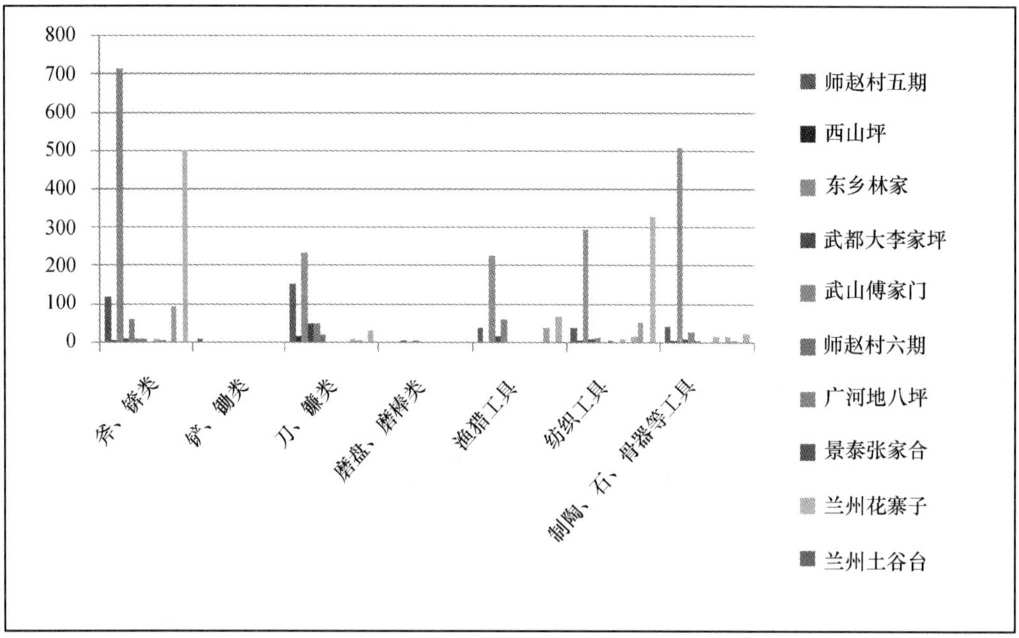

图 8 黄河上游地区马家窑文化时期各类生产工具组合图

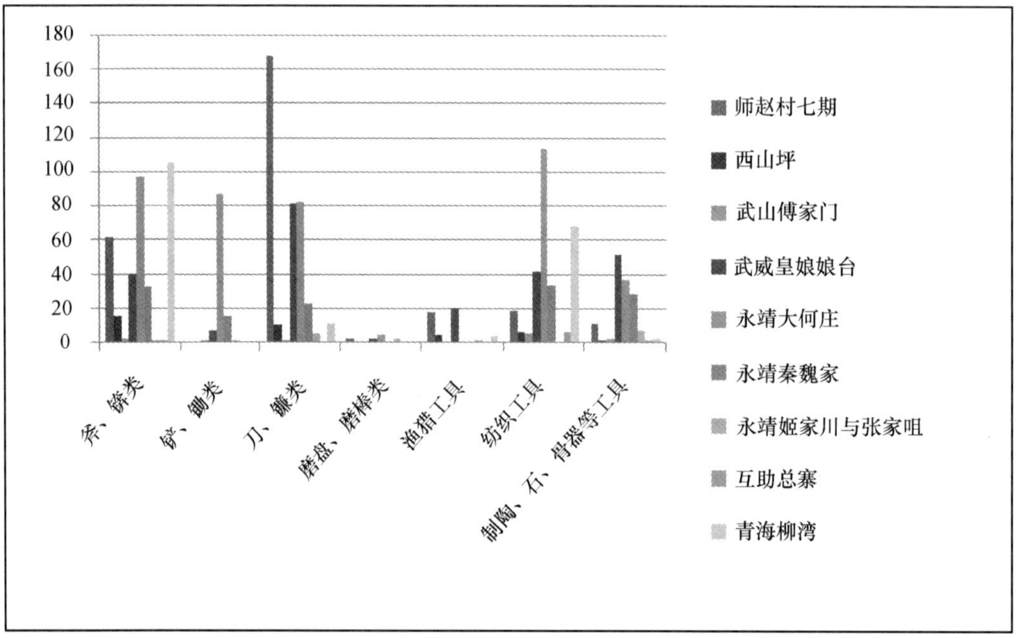

图 9 黄河上游地区齐家文化时期各类生产工具组合图

生产工具组合的变化为我们研究当时的社会经济状况提供了一个重要的信息。在黄河中游地区和黄河下游地区，从仰韶文化晚期和庙底沟文化二期到龙山文化时期，用于农业生产的石器尽管器物的种类、型制无太大的变化，但各种工具在农业工具总量中所占的比重却是有明显变化的，这种变化反映出当时人类在农业生产的各个技术环节中劳动投入的变化，而这种变化应该是人类的农业生产经验有了一定的积累，具备了一定的农业生产知识后在生产工具上的物质化表现。我们有理由推测，从龙山时代开始，人们在土地开垦和耕地的整备等环节上投入的劳动量较此前有所减少，而在田间管理和收获等环节投入的劳动量较此前有大量的增加。这正是在农业经济水平的显著提高的一个反映，它为这一时期黄河中游地区文明的出现和早期发展提供了坚实的经济基础。我们知道经济基础决定上层建筑，社会组织结构的变化是以社会经济发展水平相适应的。也就是说经济基础的发展是先于上层建筑的变化的，当经济基础发展到一定程度时，上层建筑、人类社会组织结构才会发生相应的变化。正是在龙山时代，作为当时人类社会经济生活中最为基础、最为主要的农业生产的技术水平显著提高带动了其他经济领域社会生产的极大发展，最终为人类社会迈入文明时代奠定了坚实的基础。

结　　语

通过以上的研究我们可以看出，相对于陶器、青铜器等而言，在公元前3500年至公元前1500年这一中国史前文化发展变化十分显著的历史时期，石器的种类、型制等变化缓慢，没有出现飞跃性的变化，但在一些新的研究手段、分析方法下能够发现，在中华文明起源和早期发展的这一特殊的历史转型期，它同样具有其时代背景所赋予的特殊性的文化内涵，其表现方式是传统考古学的研究手段难以捕捉到的，因此，在探索中国古代文明的起源和早期发展的研究中，器物种类、型制变化不明显的石器同样能提供给我们丰富的信息，对我们更为深入的认识中国古代文明的起源和早期发展的机制提供帮助。

后记：本文是国家科技支撑计划项目“中华文明探源工程（二）”中“中国文明起源与早期发展阶段的技术和经济研究”中的子课题——生产工具发展变化研究的结项报告的一部分，因篇幅所限，删除了许多具体的研究内容、分析数据等等，我们将另行结集出版。

注　释

[1]　王小庆：《公元前2500年～公元前1500年豫西晋南地区考古资料所反映的人类生产工具的状况》，《科技考古》第二辑，2007年。

[2]　Sokal, R. R., and F. J. Rohlf, Biometry: The Principles and Practice of Statistics in Biological Research. W. H. Freeman and Company, New York. 1995. P57-59.

[3]　Todd L. Vanpool and Robert D. Leonard, Specialized Ground Stone Production In The Casas Grandes Region of Northern Chihuahua, Mexico. American Antiquity, 67 (4), pp710-730. 2002.

红山文化玉器技术与中华文明的形成

邓　聪　刘国祥

内容提要： 玉器开料技术是玉工艺制作的基础。东亚有上万年玉器工艺的历史，其中玉料开片技术至少包括有：打击、砂绳切割、锯片切割、轮盘切割（砣具）和金属弦切割等开片技术。在中国软玉开片工艺中，尤以砂绳切割、锯片切割及轮盘切割技术先后流行，被视为玉器开片的三部曲，在不同时期和空间，产生了重要的作用。本文初步探索了红山文化中玉器生产技术的体系。其中重点之一指出辽宁省牛河梁 Loc. 2ZIM27 勾云形器上，确认有对向锯片切割的痕迹，是中国新石器时代玉器中同类技术中较为显著的代表。从红山文化玉器中发现锯片切割生产大型玉片技术，对中国玉器技术史探索有很重要的意义。我们初步认为这发现可能对龙山文化以至三代大型玉器锯片切割开料技术的源头考察，提供了重要的线索。

关键词： 红山文化　龙山文化　砂绳切割　锯片切割

一　研究目标

公元前3500年至公元前1500年是中国史前至夏商间玉器文化最繁荣的阶段。从中国东北以至南部地区珠江流域，西至西藏的东边地区，在此时期都已被笼罩在玉器礼教的社会范围，可以说是中华大地大部分地域，都在此时进入东亚玉文化圈的范围。最近王巍指出：“在研究中华文明起源过程中，我深深体会到，玉器在中华文明起源中占有极为重要的地位。从某种意义上来说，离开玉器，就无法深入研究中华文明。研究中华文化更离不开对中国玉文化的研究”[1]。本文目标是尝试从玉器工艺角度作切入点，探索玉器在中华文明起源过程中的角色

由袁靖主持中华文明探源工程（二）“第Ⅰ期经济技术（公元前2500年~公元前1500年）”课题中，2006年我们曾就三代玉器中特别是二里头玉器和绿松石工艺做了初步研究，其中曾指出：“在国家形成初阶段，社会结构肯定会出现很大的变化。由国家专制集权体系下所管辖的玉器作坊活动，更可能集中反映早期国家的政治、军事或祭祀等活动中对玉礼器的特殊需要”[2]。强调了在历史时期国家政治对玉礼器操控的重要影

作者：邓聪　香港中文大学，香港特别行政区，新界，沙田；刘国祥　中国社会科学院考古研究所，北京，100710。

响。然而三代的玉器并非是从天而降。自夏代以来对王权为核心的玉礼器文化的渊源探索，是中国古代文明探源的一个重要课题。新石器晚期玉器以红山和良渚玉器最为著名，都是探索三代玉器文化来源问题的重要根据。

由于在时间上的制约，本论文以红山玉器作为研究中心作深入考察，而良渚文化玉器方面的探索，将由另文交代。本文研究对象，以内蒙古东南以至辽西出土的红山玉器资料为主。近年淮河凌家滩遗址第五次发掘甚为丰富，其中07M23就出土200多件玉器。[3]据张敬国指出，一些出土玉器与红山玉器“斜口箍形玉器”相似，更且红山与凌家滩都出土过双手摆置于胸部的玉人，显示两地间玉文化有着千丝万缕的关系。本课题中也曾实地考察了凌家滩遗址出土的玉器。此外，第I期探源工程中我们曾初步开展了对二里头文化相关玉器和绿松石嵌片工艺的研究。2008年5月间，笔者邓聪与许宏博士一同考察了除中国社会科学院考古研究所及二里头工作站所藏二里头时期玉器外，更进一步整理了洛阳工作站、洛阳博物馆所藏二里头时期的玉器。当然，对二里头文化的探索，也不能规限于中原的地域，如中国西北、西南以至越南红北部河流域，都反映了二里头文化影响所及，已到达东南亚大陆的北部。有关二里头文化相关玉器的观察成果，有待今后其他专刊中的报道。

二　研究方法的探索

（一）过去成果及问题

20世纪初期一些红山文化出土的玉器，就相继流入欧美的博物馆中。著名玉器专家韩斯福（S. H. Hansford）曾探索红山玉器的鹗，认为是具有新石器时代工艺的特色[4]。我国有关红山文化中玉器工艺的讨论，大体上是80年代红山文化中发现玉器后才开展。然而，目前红山玉器工艺探索的困难，既有来自红山玉器本身的特质，也有是研究法上的一些问题。

首先，从红山文化的玉器自身来说，诚如郭大顺指出，红山文化时人们：“喜好靠玉的自然特性，来达到人与神之间沟通的纯真而神圣的思想观念。就是说红山人对玉器上刻划装饰极为慎重，一般除对动物的头部和鸟羽翅的点睛式刻划外，背面通体抛光，并不另加工，目的是把玉本质最大限度发挥”[5]。

这次我们通过从内蒙古东南及辽宁各地出土的红山玉器直接考察，发现红山玉器玉工对玉加工细致，精益求精，往往连器身的背面或不显眼之处，都刻意打磨光滑，从而充分显示玉器朴实无华的特色[6]。然而，这样一来的红山玉器表面大部分位置，都是最后的磨光面，鲜有保留在此前一段各种加工的痕迹。这方面也是红山和良渚文化的玉器风格上存在较大差异之处。

红山人制作这种精致的玉器，对我们要复原红山玉器制作的流程来说，当然是不利因素。特别是迄今考古发掘尚未发现过较清楚的红山文化时期玉器作坊遗址，仅靠墓葬出土红山文化的玉器，是难以系统复原红山玉器工艺流程的。这也可能是迄今为止，有关红山玉器工艺系统的认识，较难深入的重要原因之一。

其次，我国目前玉器工艺学研究在概念和术语操作上，尚缺乏科学、系统性。这种混乱的状态，同样在过往红山玉器工艺讨论中充分的反映。在我国文博学者对红山玉器工艺学上的考察，曾产生过重要的作用。著名文博学者如傅忠谟、傅熹年分别在《古玉精英》（1989）、《古玉掇英》（1995）书中，对红山玉器工艺特征的描述，可能是较早对红山文化玉器探索比较有代表性的意见[7]。

这里列举《古玉精英》中红山玉器描述的一段作讨论的根据。

红山文化玉器较少用线雕，器物表面喜用磨薄边缘、中心打洼的加工手法。龙的目口和鹰的眼、足、喙等处都先用垂直阴线钩出轮廓，再把沟道外棱斜着琢去，形成一圈平缓的斜面，使所钩出的形体隐隐有突出地子之上的效果。这雕法在石雕中称为“压地隐起”，简称“压地”。红山文化玉器又把压地处隐隐突出的部分的边棱打磨得较模糊，泯去琢痕迹，看去浑然一体。镂空处的做法是在欲镂孔隙的端部先用粗管钻钻凹槽，再用桯钻穿透，然后用线锯出所需孔隙，再打磨出边棱刃口，加工程序颇为复杂，表现出较高的制造技巧和艺术加工水平[8]。

两傅氏所指出红山玉器工艺包括“薄缘”、“打洼”、“压地隐起”、“线锯镂孔”等。其后傅熹年在《古玉掇英》又提出“作钝刃状”、“泯去锋棱”、“铊琢”等概念[9]。

另一方面，云希正、牟永抗在1990年的《中国玉器全集・1》中，指出红山玉器表现手法中以“圆雕、浮雕、透雕、两面雕、线刻已日臻成熟”。上述这两段文字，对后来红山玉器的认识产生过一定的影响。如员雪梅认为，红山玉器制作技术，“在雕刻技法上红山玉匠已能运用切割成材、琢磨、圆雕、浮雕、透雕镂空、两面雕、压地隐起、钻孔、抛光等技术”[10]。吉林大学吕军在《牛河梁红山玉器——中国玉文化之源》一文中，也有大约相同的论述[11]。

2008年，在《文物》第10期，辽宁省文物考古研究所的学者报道了牛河梁遗址群出土玉器的最新资料。其中在牛河梁第16地点红山文化积石冢简报中，王来柱描述玉鹄一段中，采用“减地凸起”、“减地沟槽”、“镂透技法”、“减地效果”等术语[12]。其中，“减地凸起”涵义，可能是比较接近“压地隐起”。又牛河梁第2地点1号冢的简报中，朱达采用了“剔地去料”、“凹弧隐沟”、“砣具雕刻”和“镂空”等术语[13]。这反映田野考古学者在玉器工艺的描述，可能是承袭了来自傅氏等的影响。

另一方面，傅氏这些玉器工艺描述的术语，在中国现今玉器收藏界中，更是大家耳熟能详的。诚如傅氏父子所自承，如“减地”、“剔地”、“压地”、“压地隐起”，都转引自石雕技术的分析用语。这些术语本来都是相当精练的语言，言简意赅。然而，笔者认为特别是学术上玉工艺的描述，如何采用这些术语，尚需慎重考虑和选择。主要理由之一，这些来源于一般雕刻的工艺术语，充其量是一种工艺表面风格描述的表达。

举一个红山玉器现今大家最常用“压地隐起”术语来分析，这是玉器纹饰表象的描述，并无太多在工艺学上的涵义。说得更明确一些，就是要制作出“压地隐起”风格的玉器纹饰，有很多种技术可制作出大致相似的效果。我们可以机械轮盘、砂绳或各色各样的砺石，研磨做出压地的风格，甚至于良渚的玉琮上，以管钻技术所形成兽面的眼睛，都可以视为一种“压地隐起”的表现。

因此，这样含混的雕刻工艺语言，只会模糊各种技术上的差异，在学术研究上使用，有必要进一步的说明解释。同样这在“镂空”、“减薄”、“打洼”等专用的术语，亦如是可以举一反三。我们可以用砂绳作镂空，也可以用手持砺石对向研磨镂空，其中重要的是加工技术的差异，并不仅在镂空形态上的表现。一言以蔽之，技术工艺术语，必须要涵义精确。

过去笔者一再提倡：“玉器考古学的记叙，要讲求严格的科学性。各种术语在概念上必须尽早界定和统一。玉器原石采集、打击破裂、修整技术等，均可借鉴石器工艺学的术语。”目前，在红山玉器研究的第一步，是玉器工艺如何描述的问题。不跨出这一步，如果仍然以传统术语去表达，那么从语言文字上，就失去进一步深入探索的基础。

此外，红山玉器命名问题亦相当混乱，如同一样的玉器，就有“马蹄型玉器”、“蹄形玉器”、“箍形器”、“斜口筒形器”、“量器”等几种主要的称谓。本来史前玉器称谓，可以由发现者按形制和功能等方面考虑。就如以上“马蹄型玉器”称谓，动物学者告诉我们，在中国新石器时代遗址中，从未发现马的遗骸[14]。这样这个马字的使用，是否有商榷之处。“箍形器”的称谓，是与该器出土人头骨下，可能为发箍的一种推测。近年该种玉器不少分别在胸腹间位置出现，发箍功能之说，颇受挑战。

从学术史角度来说，我国考古学对红山玉器研究，仅有二十多年很短促的历史，在命名上出现一些不一致，是可以理解的。然而，如同一处研究所内，同一遗址的工作者，就同一类型的玉器采用不同称谓，对其他红山文化玉器研究者来说，这是难以捉摸的。这方面随着日后更多探索与综合，也是比较容易解决的。

（二）本研究的基本方法

本课题研究玉器方法，是采用考古学通用方法，特别重视从工艺角度去分析出土的玉器。最近笔者等首次发表《玉器考古学研究方法和举例》有初步综合的讨论。这里配合是次课题从（1）工艺技术本质理解的角度；（2）玉器观察和测量方法；（3）玉器表面痕迹的抽出；（4）玉器实验制作与实物对比研究等几项作简短的介绍。此外，玉器原料矿物学上分析，当然是玉技术结构重要的环节，由于时间与经费上制约，加上矿物学上分析多为带破坏性有损分析，对出土贵重玉器来说，有不容易进行测定的困难。本课题中对此方面暂欠缺。

1. 工艺技术本质理解的角度

考古学上技术研究，一般是人类身体各种动作的分析，从史前物质文化层面，提升到人类思想行为系统的认识。人的身体是实践技术实践最重要的道具。由于过去人类已不存，在仅根据制作工具及玉器相关制品，才能了解原来技术偏面的部分。从常识我们知道，同一工具由于使用者技术差异，效果高低可以有非常大的差别。这是我们研究古代玉工艺应注意的。

另一方面，对出土史前玉器的观察，我们应该采用世界考古学上广泛采用“连锁动作”概念去分析，这方面在我国玉器研究上的应用，目前仍然不多见。简而言之，玉器连锁动作分析，是指从原料获得、制作、使用以至入土过程，都视为玉器结构的组成。这样的通过物质状态的分析，可以揭示人类行为系统性构造的全貌，具体上考古学对玉器的研究，不外乎依循玉器制作、消费与如何入土的三大问题着手。

目前我国史前玉器大多在墓葬中发现，玉器出土状况位置及组合即反映了玉器消费在最后使用阶段状况，这方面研究受到很大重视，成果累累。然而玉器玉料来源，即玉料采集问题、玉作坊制作以及玉器在埋藏后变化等问题，未有受到应有重视，红山文化玉器研究现状，也是有着相同的问题。这是我们今后发展玉器科学研究应发展的方向。

2. 玉器观察和测量方法

玉器的制作，都是人类系统行为的成果，是人类多种技术的综合体。玉器技术包括原料与技术方面，而技术方面主要牵涉到破裂与磨耗这两种物理现象。玉不琢不成器，琢玉的内涵就是破裂与磨耗技术的展现。

玉器制作过程中，包括采集原石、劈裂、切割、抛光、雕刻等不同施工技术体系及加工工具。考古学者必须精细观察原料、半制成品以至制成品，判读相关遗物在连锁动作中所显示先后关系和特征。

至于测量可按不同玉器设定。如笔者从前所讨论过玉玦属性测量方式。同样，红山文化不同玉器，可以发展出一些不同测量方法，玉器除主要长、宽、厚和重量外，可以分不同部位作出测量观察，是否可以从测量数据上，反映量质的变化，这些方面都有待开发探索。至于一些非测量属性，如各种加工痕迹位置、痕迹保存状态、使用痕范围等，都可以综合统计，也是玉器属性探索重要的方向。

3. 玉器表面痕迹的抽出

玉器表面痕迹的记录除了文字描述外，过去一般以实测绘图、拓本和相机拍摄。相机拍摄又以传统单镜反光机近摄与各种的显微镜拍摄为主。以上绘图、拓本及文字三者，在操作上一如既往。根据笔者经验，国内不少玉器上，遗留绘图者在绘测玉器时在玉器上往往留下很多铅笔的笔痕，这样会破坏玉器的本身美感，增加后来研究者的困难。同样，拓片制作后，不少玉器表面尚黏附宣纸纤维，此方面良渚玉器上最常见。事实上，现今先进拍摄技术已让玉器表面纤毛毕现，看来拓本在玉器研究的使用，可逐渐退出舞台。从不同角度去拍摄记录，是玉器技术探索玉工艺直接和重要的证据。因此，我们是首次大量运用较先进数码相片做纪录。事实上，现今科技界在传统拍摄与显微拍摄都主要以数码相片为主。

（1）多角度工艺痕迹拍摄

这是以传统135相机发展出来数码相机，配合不同近摄镜头使用拍摄玉器。目前在市面上有以下最新型号相机：

相机型号	拍摄像素（Mega Pixels）
Nikon D3X	24.5
Canon EOS-1Ds Mark II	21.1
Sony DSLR-A900	24.6

这些都是超过2000万像素的数码相机，结合近摄镜头和计算机配合，在拍摄过程中，即席就可将玉器的细部放大约至十数倍的效果。往往能反映肉眼甚至手提十倍左右放大镜所未能观察细致的影像，让观者产生相当的震撼。从玉器工艺学研究来说，放大

原物10倍~15倍的清晰影片，往往对工艺痕迹特征分析，起着很重要的作用。我们所谓“多角度工艺痕迹”拍摄，是过去传统以幻灯片135相机无法比拟的，其优点包括：

第一，单镜反光135相机数码照片，在2400万像素支持下，影像清晰比传统135相机负片，已可说有过之无不及，更追近传统120相机的效果。也就说现在数码相机技术，已到达相当成熟的阶段。

第二，数码相机不必使用胶卷，立即可以看到照片效果，对于追求清晰准确玉器细部特征表现，这是传统相机较难以比肩的。

第三，所谓“多角度工艺痕迹”的拍摄，并不就是机械式的360°的照相，而是选择玉器表面上可观察作痕迹部位特征的一种拍摄。这包括研究者对玉器上痕迹主观分析抽出的一种展现手法，照片中包含有大量工艺技术的信息。

在是次课题一些重要玉器标本拍摄，往往一件玉器，就被选择50个~100个近摄部位或角度，以数百张照片做记录。举例来说，本课题中是次所成立“红山玉器工艺照片数据库”已拍摄超过2万张相关照片，这是今后红山玉器工作的重要数据库，曾由新华网的精彩中国网页上以“我国首次建立红山文化玉器数字图库”报道。因此，除却是次本课题在玉器工艺直接观察成果外，本数据库成立也是“中华文明探源工程”的重要成果之一，对日后我国古玉研究，将带来深远的影响。

（2）玉工艺痕迹显微拍摄

玉器的制作和使用功能分析，比较依赖出土玉器自身的痕迹来判断，判断原则有必要从痕迹的形态分析和实验复制痕迹等来类推。如果在上段所采用135数码相机尚未能清楚辨析玉器表面的痕迹，就有必要以显微镜的拍摄来处理，一般较常使用偏光显微镜及扫描电镜（SEM）。本课题不使用偏光显微镜，而较多采用扫描电镜。以扫描电镜观察拍摄效果，远比一般显微镜清晰，效果较好，并且可以看到玉器很多难以观察的部位。

一般来说，迄今世界学术中很少直接把玉器放置入扫描电镜摄影盒内观察，而较常用一种硅胶（Silicone Resin）复制玉器上痕迹作观察。我们是次采用硅胶是德国生产专供牙科专用3MESPE制模材。其中之流质较强之轻型硅胶。据我们的经验使用，这种硅胶所复制玉器表面上微痕，可以在扫描镜下放大数百倍观察。这次我们从内蒙古东南以至辽宁，以牛河梁遗址为中心挑选数十件玉器所需观察部位，已制作硅胶准备作扫描电镜拍摄。其中特别是翁牛特旗东拐棒沟出土的精美C型玉龙头上刻划疤纹的扫描电镜分析，对刻划纹饰的平面与剖面形态都有清晰的影像，从刻划的先后打破关系复原了施纹的工序和设计。

总之，本课题中所搜集大量玉器微痕硅胶复制资料，既是我国首次以扫描电镜对玉器系统研究的开端，这方面的开拓成果影响，尚待进一步推进。有关硅胶抽取玉石制品微痕以扫描电镜拍摄，在国外Margaret Sax在20世纪90年代对西方特别是近东柱状印章制作工艺分析，取得很丰硕的成果[15]。至于硅胶复制玉器上微痕具体手段，我们最近在《玉器考古学研究方法和举例》中有介绍，在此省略。

4. 玉器实验制作与实物对比研究

由于考古学研究对象，是一种静态过去的遗物和遗迹，如何以静态变为动态角度的分析，就必须有赖民族学及相关模拟实验启示，作为中介思考问题的分析基础。同样玉器表面痕迹的解释，除却精细对出土玉器的观察拍摄分析外，实验模拟制作是不可或缺，而这方面在我国目前玉文化研究基本上是空白，这同样是我国玉科学史所以未能健康发展的症结所在。在本课题所涉及公元前3500年至公元前1500年阶段中，目前玉器工艺的辨析存在最重要分歧认识，可说是加工工艺中，机械砣工具（更准确应以轮盘切割表达）存否几乎是争论核心所在。

从文博学界自20世纪90年代初期以来，如傅熹年[16]、杨伯达均主张此阶段如红山、良渚文化中的玉器玉工已采用砣的加工，此说其后亦被不少考古学者所追随。有关史前用砣说影响最深远的代表作，以杨伯达先生1989年成文的《中国古代玉器概述》为代表，其中第二章中标题是《砣机的发明是琢玉工艺史上的一次技术革命》[17]。

在考古学界反对史前存在砣机的，以浙江省文物考古研究所的牟永抗为代表。牟永抗在《关于史前琢玉工艺考古学研究的一些看法》[18]对史前用砣假说，有深入的分析。从目前考古学界来说，论者对东北红山文化中玉器的加工，仍较多采用有砣说。位于东北与江浙之间的是凌家滩遗址，报告书作者采用有砣说[19]。在良渚文化研究的范围，特别江浙一带新兴一代学者中如《反山》、《瑶山》、《新地里》、《南河浜》、《崧泽》等报告中，以砣对玉器加工说法连影子都看不到。可见良渚文化玉器加工中采用砣工具的说法，已被江浙中青年的学者所摒弃，甚至以为是不值得讨论的题目。

另一方面，考古学者中主张红山和凌家滩玉器加工有砣加工的论述，大都只是结论性的论述，没有足够论证过程的表达。诚然，如牟永抗所论："砣具的有无仍然是史前琢玉工艺研究的核心课题"[20]。在本课题中，我们在此问题上选采取现今争论热点砣说，其中以最大争论凌家滩出土玉器作个案研究。通过实验复制与扫描电镜拍摄，到最后复制文物与出土文物细致对比分析等。

以上几项是本课题是次主要研究方法的基础。此外，在综合探索公元前3500年至公元前1500年阶段中国玉器文化体系过程中，中国与国外的相关资料仍然是有我们不可忽视之处。譬如红山文化玉器与俄罗斯方面的关系，二里头玉器对越南北部青铜器时代的影响等，都超过现今中国国界以外领域，一种国际性视野研究从方法论到具体实物资料对比分析，都是本课题所采取的基本性研究的策略。

此外，是次课题所谈及主要考古资料来自于内蒙古那斯台和辽宁省牛河梁遗址，也包括了一些从凌家滩遗址出土的玉器，仅向这些玉器提供研究单位，特别是发掘出土的考古人员致以崇高的敬意。

三　红山玉器技术结构的分析

红山文化的玉器，可以说是从很久以前已被收藏和珍重。商周墓葬中如妇好墓和上村岭虢国墓地群中，出土一些可能是红山玉器。到清代乾隆，红山文化的玉器，被收入《西清古鉴》而见于著录[21]。

红山玉器的科学系统研究历史，却只有30多年。红山文化玉器研究奠基者郭大顺认为，过去30年来红山文化玉器研究，可以分三大阶段。

第一阶段：自1971年~1979年

1971年春翁牛特旗赛沁塔拉村，发现1件高26厘米墨绿色玉龙。到1978年经学者的努力对比研究，赛沁塔拉玉龙被正确认定为红山文化的玉器，揭开了近代红山玉器研究的序幕。

第二阶段：20世纪70年代初至80年代前期

在此期间胡头沟、东山嘴、三官甸子红山文化遗址与墓葬中发现了玉器。

第三阶段：1983年~迄今

牛河梁遗址群发掘出丰富的红山玉器[22]。

回顾近30年来红山玉器研究，特别是1980年以来牛河梁遗址群调查和发掘工作的顺利展开，出土了一批具明确层位关系和组合关系的红山文化玉器，是红山文化玉器研究最终得以科学确认，成为中外学术界关注之焦点[23]。

迄今为止，据统计考古出土红山文化的玉器，已超过300件以上，主要分布在内蒙古东南、辽宁西部及河北省北部地区，其中以辽宁的牛河梁遗址比较丰富，内蒙古巴林右旗那斯台出土超过100多件的红山玉器，令人注目。目前认识，现已发现红山玉器绝大部分属于红山文化的晚期阶段，年代约为距今5500年至5000年[24]。

30多年来考古工作者对红山文化玉器研究，取得了重大的成就，是有目共睹的。在现今红山文化研究的基础上，进一步对出土玉器从工艺学角度研究，也是推进中国史前玉文化认识的关键所在。另一方面，诚如员雪梅博士所指出："目前有关红山玉器工艺研究，其中困难之一，是很难发现冶玉工具等文化遗物，又缺乏对玉器标本上残留工艺痕迹的仔细观察和详实刊布"[25]。

然而，近年较为可喜的现象，有关红山玉器的一些精美图录相继发表，如《中国考古文物之美I——文明曙光期祭祀遗珍——辽宁红山文化坛庙冢》（1994）、《牛河梁红山文化遗址与玉器精粹》（1997）、《红山玉器》（2004）、《古玉今韵》（2007）等的公刊，为红山玉器深入研究，提供了科学的基础。此外，需要提及的是自20世纪50年代红山玉器再面世以来，海内外人士对红山玉器的收藏和研究，出版了不少的论著。其中尚有真伪区别一时难以解决的问题。在本课题中，对这些已公布的流散红山文化玉器，暂只能割爱。

辉煌的红山玉器，是西辽河流域文明起源的一项重要标志。本章节就红山文化玉工艺为重心，也旁及从玉器上提升到精神文明的论述。其中首先阐明一向被忽视红山玉器毛坯生产体系入手，即玉料采集使用形式，包括红山玉器中切割玉料的特殊方式，并涉及个别玉器从制作毛坯到成器过程的分析，还有一些玉器的使用方式推测，做初步的探索。

（一）红山玉器生产体系确认

从玉器的生产而言，玉器的作坊研究是具有决定性的重要意义。所谓作坊，是指生产玉器的遗址，其中包括制作玉器特殊的遗迹设施、玉器完成品、半成品、原料及各种加工工具。迄今比较遗憾的是，虽然在广泛范围中发现到红山文化的玉器，在敖汉旗、巴林右旗和牛河梁也发现过一些玉器的半成品，可以推测可能与玉器加工制作活动相关，但较具有清晰的玉作坊性质遗址的发现，仍有待努力。相比良渚文化的浙江省塘山遗址[26]和江苏省丁沙地玉作坊[27]地点的发现来说，红山文化范围内有关这方面的研究，同样是有相当发展的潜力。由于目前红山文化范围内尚未发现玉作坊遗址，现今仍只能根据出土玉器成品表面的一些痕迹，局部复原红山玉器生产的过程。这里先从原石采集、开片与加工角度来考虑。

首先从软玉原石采集问题略作讨论。从闻广、王时麒[28]等矿物学家的研究显示，红山文化的玉器很可能来源于辽西地区的岫岩县一带。闻广曾指出现代辽宁宽甸所产的青黄玉及甘黄玉均为透闪石软玉，与红山文化的特征玉材相似[29]。如果是这样，现今红山文化遗址出土的玉器，很大部分可能都是外来输入的。究竟是原料、毛坯或者是成品输入呢？在目前这是难以判断的。

据《红山玉器》一书报道，过去巴林右旗的文物工作者在宝日勿苏镇采集到一块河砾石的玉料即璞玉，长 12 厘米，宽 10 厘米，厚 10 厘米[30]。笔者在巴林右旗博物馆曾详细观察过这件玉料，很可能是 1 件相当精美的软玉，一边角尚可见有破裂面。然而，此璞玉所显露的色调，是比较深绿的。目前由于缺乏采集的层位和共存文物，这件玉料的所属文化年代无从讨论。因此，我们暂不把这件玉料作为红山文化的范围去考虑。

目前，据各红山文化的遗址出土玉器成品观察，宏观上我们从制作的原料类型差别，初步确认红山玉器可以区分为两大类：

单个体系：原河砾石直接加工成个体玉器，即玉料与成品，基本上是一对一的关系，当然一些边料或芯存在的话，不能否定以之加工成玉器的可能性。这从进一步对玉料同一母岩鉴别或接合技术，或许可能得到证明。在这种情况下，玉器主要成品是唯一的目的制品。多个体系：由原砾石以打击或摩擦的技术，分割成若干个体的毛坯，再从毛坯加工成玉器。即玉料与成品，基本上是一对多个体的关系。

1. 单个体系玉器

即采集到软玉砾石，由一个砾石制作成一个玉器。这里以牛河梁第 16 地点 M4 玉人为代表讨论（彩版 7a）。根据王来柱最近公布 M4∶4 玉人的情况，玉人高 18.5 厘米，最厚 2 厘米 ~4 厘米。王注意到“玉人背面有大面积和深浅不一的铁锈红色瑕斑，系受沁所致，左侧头顶局部有略呈圆形的玉皮痕”[31]。

这里仍然以玉人正面朝向作为上下左右讨论的根据。王先生正确指出玉人头顶左侧局部的圆形是“玉皮痕”。笔者的理解，应该就是原玉石外的皮，学术上用语可称为自然面（Cortex），因为其并非人工加工而成。笔者按实物观察，这一片在大小直径约 1 厘米，椭圆形自然面的表面光滑，是由河水冲刷磨蚀而成，明显是河砾石的产物（彩版 7b）。

从这片头顶自然面周边的 1 厘米 ~2 厘米范围仍然可见红褐色带状斑，可称为皮斑，皮斑表面，都有细致的研磨抛光，但最外河砾石表皮已并不存在。因此，这处红褐色带状皮斑仍无疑是人工加工的部位。根据以上分析，我们认为在这件玉人原料是从河流采集的河砾石，又俗称璞料或籽料。玉人头侧自然砾石面周围的红褐色带状斑，是表面皮以下受风化形成，其厚度约在 0.3 厘米，它的形成基本上与表皮自然面连成一片。

如果以上分析正确的话，这种人工研磨红色皮斑部分，就应该都是接近原砾石自然面的部位。从全面观察，在玉人背面上头左侧、左耳、左右臂及下肢特别是左侧，都几乎全都可见皮斑的范围，甚至于足部的底下，仍可以清晰观察到褐红皮斑的分布。

这样我们可以如此推论，这件玉人原砾石的直径，也大致是玉人头顶至足尖的长度相约，即20厘米前后。至于玉人的宽度，很明显从头顶上观察，自然面一部分及红褐色斑在左额上仍然是保存的，由于两肩侧都有明显红褐皮斑，这里就应该是原砾石最大宽度位置，大约在5厘米左右。另外，从正面下肢左侧和背面下肢两侧沿，都观察到有明显红褐色皮斑，这处宽度约3.3厘米。综合以上原砾石自然面及褐红皮斑分析，这件玉人原砾石直轴20厘米，上肢及头部宽5厘米，厚2.5厘米，而下肢宽3.5厘米，厚2.2厘米。这只是一个合理推测的数据，估计与原砾石体积相差不远。总言之，从这件软玉河砾呈修长形，被用作上肢及头部的一端较厚重，另下肢部分则较窄薄。

以上分析主要意义在于，从红山玉工在第一步加工前，已充分掌握“重料取材”和“因材施艺”的概念。玉人头部、腹部在原砾石较宽厚的一端，目的是要充分表现最重要的人面与上肢手掌动作的特殊神情，而次重要的腹部及下肢，则安排在原砾石较窄薄的一端，因不能加料，乃无可奈何之处。把玉人依正面向上放在一水平板上，可见头部和脚都向上略提升离地，估计这也是受到原砾石自然形状所限制。由一个原砾石直接制成1件玉器，其间当然主要是受砾石原本形状的左右。从玉人制作观察红山玉工，明显是有意图尽量取材的倾向，也就是尽可能保持玉料体积，制作成最大的成品。这在现今宝石学中，如钻石通用俗称“保重”原则是完全一致的，亦即工艺者在加工宝石玉器之际，以尽可不损失玉料体积为加工前提。从这个角度，我们才恍然悟出，玉人头上自然面的玉皮，为什么不能随意擦掉？因为这样会造成玉人头部的左边下陷，为了两侧对称、平衡，玉人头部便要被修削得更细小。同样，玉人的正面基本不见褐红皮斑，这是与玉器的使用方式相关，如祭祀礼仪中以玉人的正面示人，背部特别是下肢，保留较多的褐红皮斑部分，是为了“保重”的关系，所以不能去掉。

从玉工对原砾石表皮的处理方式可以推测到，红山玉工工艺高明，在进行加工之前，就已对原砾石进行细致设计，以璞玉的自然形态为基准，量料取材，因材施艺，并争取玉料最大体积利用。这些红山玉工的思考方式，已开后代玉雕中“审玉”和“保重”的先河。有关玉工其他的工艺特征，因与原砾石的形制无太多的关系，于此暂略。

单个体系的玉器，可以再举东拐棒沟（原误作黄谷屯地点）1件C型玉龙略作讨论（彩版8a）。翁牛特旗的东拐棒沟与赛沁塔拉，是目前两个仅见有C型玉龙出土的地点。从形制来看，东拐棒沟比赛沁塔拉C型玉龙可能还稍早，可见其学术价值之重大。

2008年8月15至16日，我们在翁牛特旗博物馆内，幸蒙高明林局长和庞浩馆长惠示翁牛特旗出土红山玉器，其中最受注目的，当然是东拐棒沟的C型玉龙。16日的一天就对东拐棒沟C型玉龙作了精细观察和拍照，深感该玉器工艺的高超，并非有些报道者所说比赛沁塔拉玉龙粗劣[32]。

据贾鸿恩报道东拐棒沟玉龙是1987年于翁牛特旗广德公乡东拐棒沟一处红山文化遗址采集。这件玉龙全身高16.5厘米，淡黄绿色。贾氏认为此玉龙“质料经过特殊的选择和处理，利用玉石天然赭黄色石皮，使其吻及尾端呈赭黄色，龙体则为优质黄色”[33]。贾氏这段描述玉龙吻和尾的赭黄色，有点是着意设计的意味。小黄龙下颌的网状格纹经我们以硅胶复制痕迹，用电子显微镜观察各线状切割先后关系，初步复原了网状痕加工的工序，由内部三角状网格形成后，最后刻划外围的圈线（彩版 8b ~ e）。

按笔者观察，东拐棒沟玉龙很可能是以扁平软玉河砾石加工而成。诚如贾氏所指出，吻和尾端两处所呈褐红色皮斑，是很值得注意的。从这件 C 型玉龙尾部较大面积和厚的褐红皮斑推测，此面应相当接近原砾石的自然面。由于吻尖与尾端是在同一水平上，我们推测两处都是靠近原砾石同一面的自然面两端。玉工把 C 字形内芯挖去后，使吻与尾两端遥遥相对。另一方面，东拐棒沟玉龙背部和两侧面，都可看到一些褐红皮斑分布，说明该软玉原砾石体积，也是被最大利用，原砾石与现该玉龙成品，大小厚度应相若。现今所见，玉龙吻部与尾端两端的位置措置，也是精心设计的结果，不能互相对换。龙吻部褐红色皮斑层明显浅薄，而玉工并不把吻部褐红色斑完全磨掉，无疑是“保重”和有利上下对称相关。东拐棒沟玉龙虽然并未保留原砾石的自然面，但估计新石器时代软玉采集主要是河砾石，这件玉龙原素材，也应该是一件扁平软玉河砾石。

朝阳牛河梁的玉人与翁牛特旗东拐棒沟 C 型玉龙一东一西，相距数百公里，两者均以软玉河砾石加工，同时又尽量“保重”，因材施艺，做成最大的成器，这一方面显示红山玉工匠对玉料的珍惜，共享着愈是大型玉器，社会价值就愈大的意识，为红山文化时人类对玉价值的一种体现。

2. 多个体系玉器

红山文化玉器中有不少呈片状器物，估计其中较多部分属于此体系。然而长久以来，红山玉器的片解技术，就像谜一样令人摸不着头脑。如牛河梁遗址第二地点 1 号、21 号墓出土 20 多件玉器中，不少是片状器物。其中 1 件兽面玉牌，宽 14.7 厘米，厚度仅 0.4 厘米，可以说是红山大型玉器中最薄的一件。笔者有幸在去年 11 月，得上手观察这件玉器，两面都已全部研磨平滑，无法辨别玉片原来片解的痕迹。

最近报道牛河梁第 16 地点 4 号中心大墓出土 M4∶1 的玉鹄，更是片状玉器中的精品。据王来柱先生的指出，这件玉器长 20.43 厘米，宽 12.71 厘米，厚 1.24 厘米，整体呈扁薄片状，正面中部略鼓，周边较薄，背面较平。平面近长方形，具流线型外廓。王氏在详细讨论这件玉鹄正面和各种特征后，即指出玉鹄的“背面光素无纹，有三道横向片形磨具的开料痕和四个竖穿隧孔”。这三道被称为“横向片形磨具开料痕”在玉鹄背面的线图和照片中都有明确的显示，其上一道痕较长是位于右侧上方两个隧孔之间，其下两道痕也是在右侧下方两个隧孔之间。王氏的观察是对红山玉器片解切割技术探索很重要的发言。

笔者直接对实物观察后印象认为，M4∶1 玉鹄整体，呈扁平状，整体规整，将之放置在平坦桌面上，玉鹄与桌面的接触，显得四平八稳，与凌家滩、良渚扁平玉器面上所形成的起伏，是完全不同的。笔者基本上是同意王氏的考察。我们可以推测，玉鹄的片状素材，很可能是由锯片切割技术开片的毛坯。然而，有关王先生所指出三道“横向片形磨具开料痕”技术判断的根据，却有进一步讨论的必要。

据笔者观察，玉鹄背面右侧由上而下这三道横向痕迹：

第一道横向痕迹，位于上侧一对隧孔之间，其下面隧孔周围，是先有斜向局部研磨的线状痕。其次才是横向研磨，从这两组方向不同研磨痕先后观察判断，前后两期研磨，目的都是为隧孔周围的减薄。尤其后者横向比斜向研磨的范围稍大且深，从横向研磨痕观察，推测磨石的刃部厚度在0.3厘米~0.4厘米。这些研磨减薄的施工，很明显是以手持小型条状断面方形砺石直接加工。第二和第三道横向痕迹位于下侧一对隧孔的右侧，同样可以见到如第一道横向隧孔周围的局部减薄研磨。隧孔左侧凸起隔梁似的部分，是减薄后形成的。减薄加工的工具，当然和上述手持砺石是相同的。

这样，从以上分析显示，玉鹄背后三道横向痕迹，既不是开料痕，更并非是片形磨具所切割的痕迹。至于要解释为什么玉工要在隧孔周围减薄，推测应该是与隧孔间的绳子穿系作用相关。如果把玉鹄与牛河梁第16地点2号墓出土1件勾云形器对比，两者背面几乎都是具同样的横向痕，都是集中于隧孔周围施工减薄。我们把这些横向的痕迹解释作为一种隧孔周沿加工技术，也是非常明确的。此外在阜新县胡头沟遗址出土玉龟（M1:7），腹面正中一竖脊，脊正中横穿一孔，孔两侧亦有明显减薄的结构，均可以参考比较。

2008年10月，笔者在上海博物馆直接观察巴林右旗那斯台勾云形器，长18厘米，宽10厘米，厚0.6厘米，扁平工整，特别是背面十分平坦，如果这不是锯片切割的素材，是难以想象的。但却苦于红山玉工的习惯，往往对玉器制作千锤百炼，原毛坯的加工痕迹，丝毫不留，令人难以琢磨。

红山玉器锯片状器是以锯片切对向加工的痕迹，首次是从牛河梁遗址第2地点27号墓出土的1件双勾云形器中确认的。

这件玉器的知名度很大，既是《牛河梁红山文化遗址与玉器精粹》一书的封面，被称迄今所知红山文化玉器中最大的一件，长28.9厘米，宽9.3厘米，厚0.55厘米（彩版9-1a）。据郭大顺等的描述，此器深绿色玉间有黄瑕斑，体甚长却很薄，叩之声脆。有正反面之分，反面略内弧，正反面均饰瓦沟纹，正面纹饰较规整。又据方殿春、朱达认为，这件勾云形器可正名为玉兽面饰，是红山玉器中的重器，应该注重从形制、纹饰的分析深入讨论[34]。

然而，迄今为止，笔者所见在中国国内几种出版物中均展示了此器正面的照片。在2000年日本东京国立博物馆的《中国国宝展》的图录中，发表了牛河梁27号墓勾云形器两面的照片，让人可以分辨此器正反面上之差异[35]。2000年12月笔者邓聪在东京上野博物馆内，第一次观察到这件勾云形器的正面，但未能上手摩挲为憾。去年11月，我们在辽宁省博物馆工作，终得尝素愿。对这件几乎是30厘米×10厘米大型玉器薄片，究竟是如何生产之技术问题，当然是最引人注目的。

据笔者观察，此器作为正反之分，既有着施工程度差异的表现。具体来说，郭大顺所指出所谓正面，就是纹饰施工完成的一面，而反面纹饰方面，最少尚有三份之一施工未完成。最令笔者所兴奋的发现，是在反面中间部位，发现了一道长达14.6厘米横向切割痕，特别左翼镂孔以上，接近长达6厘米横长切割痕，明显是对向锯片状切割的痕迹，锯片切割进行经常留下近乎并行线状痕，与及切割底部的凹槽，清晰可辨（彩版9-1b）。从整体来说，估计该器开片是以锯片上下对向切割，各切割约5厘米，在近中央是对向切割汇合处，显示出高超的技术。

这件勾云形器出土于27号墓主人的头部左侧，反面一侧朝上，该器周沿完整，未见有明显破损痕迹，真使人怀疑是否为死者的随葬而制作。值得注意红山玉器一贯的风格，是外表和内壁都打磨到不留切割和钻孔痕迹。为什么牛河梁第2地点27号墓这件勾云形器，留下不少制作中的痕迹？

不过此玉器美中不足之处，可能是切片原素材经研磨后，明显显得太薄，最厚的亦只有0.5厘米。根据笔者之测量，全器身的厚薄在0.2厘米~0.5厘米之间，可能是由于太薄，所以玉工不将对开料阶段留下对向切割痕完全磨掉，也由于同样原因，反面显出略有内弯的缺憾，也无法调整。

从该器既薄而又两面浅薄浮雕减薄施工技术看来，也可说是玉工挑战极限的一种尝试。其中之所以未能完全完成双面纹饰，并留下施工切割的痕迹，是否是中途知难而退？如此可以想象，此红山玉工，可能自持艺高胆大，在仅有约0.2厘米~0.4厘米的厚度玉片上，从相反方向以研磨减薄方式，作出浅浮雕式的纹饰，如果稍一不慎，对向的研磨就会极易成穿透。从技术角度来看，该器面两翼侧镂孔的一些位置，对向研磨到仅有约0.1厘米厚度，差不多是吹弹可破。制作者是否为了保存该器的完整性，戛然中止制作？抑或有可能是此器就是墓葬主人作品，由于某种的原因，最后未能完成遗作。看来，这是考古学家难以查明真相的悬案！

（二）砂绳切割片解玉料

用砂绳切割技术开片，几乎是中国新石器时代玉器生产技术的特征，淮河、长江流域新石器时代晚期的玉器，几乎都有砂绳切割的影子。1989年傅忠谟在《古玉精英》中就指出红山玉器中有“线锯”的说法[36]。在1994年公布牛河梁第2地点1号冢4号墓、第3地点7号墓的箍形器的内面和外表，分别都带有明确砂绳切割的痕迹[37]。然而，有砂绳切割在红山文化玉器的片解技术中的具体状况，迄今仍然是五里雾中。考虑红山玉器砂绳切割技术，笔者从一些弯曲型玉器方面措意入手。这使人马上想到一种过去被指为凸纹玉饰、曲面牌饰或者多人称之为玉臂饰的玉器。

魏凡在牛河梁第3地点发掘简报中第9号墓中发现的1件玉臂饰出土于右胸部，通体横剖面如弓，纵剖面如蚕，表体均匀有五道凸弦纹，两侧边缘有圆孔两至三个，高6.2厘米，半圆径8厘米，厚0.3厘米[38]。这种弯曲形玉器的毛坯，究竟是怎样制作的呢？从所发表有关该器正面照片及线图来看，也看不到有什么与砂绳切割相关的痕迹。由于迄今尚未见到此玉器背面的资料。从有些相关描述中指出此玉器背面是“无光泽，上有土渍”[39]，由于此玉器剖面呈弯曲且仅0.3厘米之厚，可以想象毛坯切割技术一定很高，因为未上手观察暂难更多讨论。

2008年11月，笔者在辽宁省博物馆内观察到另一件编号6940/1402的臂饰，长10.4厘米，宽8.7厘米，厚0.3厘米~0.4厘米。据辽宁省博物馆周晓晶的指教，这是该馆藏的一件红山玉器的传世器[40]（彩版9-2a）。这件臂饰正面有七道凸起的弦纹。背面整体基本磨光，只存下侧一道如彩虹弯曲槽痕，无疑是细砂切割的痕迹（彩版9-2b）。据仔细观察，此较完整似弧度的砂绳切割痕的左右宽度大致完整，显示原来软玉的玉料宽度也是大致约在10厘米以上。此砂绳切割痕左角出口一侧尚保留窄细原砂绳切割面，未被打磨。估计此臂饰背面原来满布如波浪起伏的切割痕，但基本上均已被打磨得光滑如镜。最后，有关此臂饰砂绳切割具体方式仍未能判断，是否为单向或者是背向方式切割等，有待确认。

此外，另一件相似与红山玉臂饰的相关资料是出于青铜器时代的大甸子遗址，标本号 M659∶7。据报道此器物曲面四边形，曲面的弦长 7.1 厘米，宽 6.8 厘米，厚 0.4 厘米，外表有瓦纹，四角各有一孔，出土于人左臂肱骨外侧[41]。从所发表线图观察，此玉器面内横剖面有两至三道凹凸槽痕，估计是细绳切割的痕迹。如果把辽宁省博物馆藏与大甸子的臂饰相比较，两件大小有若干差异处，两侧一宽一窄形制几乎是完全相似，砂绳切割的形式也有相似之处。

虽然我们不能断定大甸子的 M659∶7 臂饰是否为红山玉器，但此种臂饰是由砂绳切割开片是无可置疑的。这在目前，是我们所看到红山文化中以砂绳切割开片玉料很珍贵的资料。最后，论者有谓红山玉器中臂饰是由箍形器残器所作[42]。然而，从逻辑上，一种红山玉器如臂饰的素材，很难理解一定要来源于另一种器物箍形器的残器。因为两者技术上亦无任何必然的关系。

（三）“那斯台技术”开片

那斯台是位于内蒙古赤峰市巴林右旗巴彦汉乡的一处重要红山文化遗址[43]。那斯台蒙古语原意指“松树坡”。20 世纪 80 年代在调查时，获得近 100 多件玉器，这些精美的玉器，又让世人了解到西拉木伦河北部，隐隐又是红山文化玉器的另一中心地区。从现今已发表这批玉器的资料看来，最吸引笔者的，却是这些玉器上一些难以解释呈“条状螺旋槽痕”痕迹。从简报上看原图 14∶3 玉鸮、图 15∶9 鸟、图 13∶7 勾形器（彩版 10b），3 件器物线图上，都有“条状螺旋槽痕”，简报作者以线图表达了这一种特殊的痕迹，但在文字上并未有描述讨论。

一般来说，红山文化玉器表面基本不留制作痕迹。然而，这几件重要器物上，却都留下明显是制作相关的痕迹，其中含义很值得深入考察。2004 年出版的《红山玉器》精美照片中，发表了不少那斯台出土的玉器，提供了研究者很大的便利，其中对玉鸟、鸮背面都有提及“密螺弦纹”，推测为截料时留下的痕迹[44]。究竟这些条状螺旋槽痕的工艺学涵义何在?

如众所周知，红山玉器中特别是箍形器的内沿，在毛坯口沿一侧对向以实心钻钻出长孔后，再把砂绳穿系于长孔内，切割出坯芯。这样，不少箍形器的内壁上，仍遗留有条状螺旋槽的遗痕。一般来说，这些条状螺旋槽都被研摩擦掉，剩下很少的痕迹。如果我们把玉箍形器内沿与那斯台玉鸟、鸮和勾形器的条状螺旋槽痕相互比较，可见从大小与形制上均甚为相似。综合那斯台所发表玉鸟、鸮和勾形器三者条状螺旋槽痕考察，共同特征大都是（1）都位于玉器的中轴。（2）槽痕的宽亦大致相若。（3）槽痕上下都初步磨平。分析这三者特征：第一，估计槽痕在长轴中央部位的出现，是一种设计意识；第二，槽痕宽大约反映当时实心钻之直径；第三，反映可能是槽痕上下未能垂直，是钻孔内壁不平直的表现。

按以上讨论，我们可以认识到玉器表面遗留的条状螺旋纹，很可能是一系列切割技术中的一种遗痕。这包括（1）以实心钻在玉料中央位置打出小孔。（2）沿小孔以砂绳拉动切割。（3）将砂绳切割面磨平，但仍遗留部分实心钻孔痕。

笔者认为，这是红山文化玉工匠所创造的一种很独特的切割玉料方法。虽然有论者认为，如那斯台出土的鸟及鸮腹部上的螺旋纹，推测是由于把箍形玉器芯料转用[45]。笔者却倾向认为，这些玉器上条状螺旋槽痕，代表是一种积极切割玉料的方法。2008年10月间，笔者在巴林右旗博物馆内，幸蒙石阳馆长亲切指导，得以详细观察到那斯台遗址出土的玉器，对玉鸮、鸟和勾形器的条状螺旋槽痕，进行高倍放大拍摄记录。

然而，令笔者更兴奋的发现，却是从17件扁圆珠坠饰的背面，同样发现了带条状螺旋槽痕，且基本上都在背面中央，其中不少更显示为，以实心钻作上下对向钻出中孔，其后再由砂线切割开玉料（彩版10c）。这就清楚否定了这些扁圆玉珠坠饰是箍形器芯料转用的可能性。在那斯台遗址，是现今所见出土最多具有这种切割特征的玉器，包括玉鸟、鸮、勾形器和扁圆珠坠饰，共20多件。由于这是一种特殊的玉料切割方法，且主要是从那斯台遗址发现。因此，笔者建议把这种特殊玉器工艺技术，以“那斯台技术”作命名。

“那斯台技术”的玉器，当然并不仅只在巴林右旗有所发现，估计在西拉木伦河以至更广泛地域日后又有更多的露面。笔者在2008年10月在巴林左旗以东阿鲁科尔沁旗博物馆，其中馆藏1件长条匕形器上，就发现过清晰的“那斯台技术”留下痕迹，此件匕形器长轴的中部，留下条状螺旋槽痕（彩版10a）。

然而，比较值得注意的现象却是，迄今已发表朝阳地区牛河梁遗址出土玉器表面上（当然是除却箍形器内沿上条状螺旋槽痕），尚未见到任何与“那斯台技术”相关的痕迹。按目前情况来说，“那斯台技术”的玉器，主要分布红山文化西面西拉木伦河范围为显著。刘国祥指出那斯台遗址出土玉器是红山文化居住遗址出土玉器最多的一处地点。人类在那斯台遗址一带，在兴隆洼、赵宝沟文化阶段就有人类居住，在此处到了红山文化中晚期，发展为规模宏大的中心聚落，与牛河梁祭祀中心遥相对应[46]。从这样的背景考察，红山文化中“那斯台技术”概念的提出，将会成为今后对红山文化研究的重要课题。

四 红山玉器制作个案分析（壹）——箍形器制作与使用

红山文化中以动物形玉、勾云形玉、玉璧和玉箍形器并列为红山文化四大玉器。其中箍形器的命名有多种，如马蹄形器、斜口筒形器和量器等。本文中暂不拟就该器名上作讨论，仍采用箍形器。迄今大部分红山玉器制作工艺，都未有过详细的探讨。本章节希望以箍形器作为个案切入，对此种玉器制作和功能上问题略作探讨。

（一）箍形器制作

有关箍形器的形制特征，郭大顺曾有概括的论述“是从内壁遗留钻痕分析，大孔的钻法是先在近边缘处钻一长孔，然后以线切割法将筒心切出”[47]。笔者根据在敖汉旗博物馆和辽宁省博物馆等观察到的箍形器，对制作略作探讨。

1. 原石采集与毛坯修整

（1）原石采集

由于箍形器是属于形体大的器种，器体高度通常 10 厘米～20 厘米之间，选料方面也是有严格要求的，一般箍形器原来色调黄绿色，温润可爱，作为红山玉器中之重器是无可置疑的。目前仍然未发现过有最早的箍形器雏形的资料。然而这并不是完全不能讨论箍形器的原砾石形态。如上文中，有关牛河梁第 16 地点 4 号墓玉人头顶河砾石自然面分析显示，红山文化中考古出土的玉器上，褐红皮斑的存在，基本可以判断为河砾石接近自然面的部位。换句话说，褐红皮斑的部分，可能就是河砾石原自然面的影子，而并不是一般以为是成器后的沁痕。这样重要的新认识，无疑为红山玉器玉料形制、来源等问题研究，提供了一条有效的线索。我们以这个认识为基础，观察牛河梁遗址群第 2 地点 1 号冢 4 号墓出土迄今最大一件箍形器，据笔者在辽宁省文物考古研究所对此箍形器的观察，从斜口最高与最低两部分都有较明显褐红色斑，平面一端的大部分，仍是较浅淡的褐红色斑。上文我们曾总结出红山玉工是以“保重”和珍惜玉料，越是大型玉器，社会价值愈高。从牛河梁 2 号地点 1 号冢 4 号墓箍形器器身上褐红皮斑分布范围，几乎分布器身四周，我们推测这箍形器是由一块约 20 厘米 ×12 厘米软玉河砾石加工而成。

（2）毛坯的修整

敖汉旗大甸子乡大瓜翅出土 1 件被称为“马蹄形玉箍料”。据敖汉旗博物馆研究人员的分析：“这件坯料长 16.7 厘米，宽 12 厘米，厚 7 厘米。整体是碧绿色有白斑。椭圆扁体，琢磨出箍之外形，上端的斜处打击后切割，存有两道略弧的切割痕，下端磨平后又打击出一横槽”[48]。笔者有幸从 2003 年起，曾多次在敖汉旗博物馆远距离观察过这件文物。2008 年 8 月 14 日，终得以上手仔细摩挲了此件玉器。

这件箍形器毛坯有受沁白斑，未受沁处部分碧绿色晶莹可爱。这种局部受沁特征，正是软玉的特征表现。过去敖汉旗博物馆研究者就此坯料，认为下端磨平后打击出一横槽。事实是，这里是对向切割一半后，再打断形成横槽。据笔者对此毛坯观察，有以下几点：

a. 从大小形制来说，这件是制作箍形器的毛坯无疑。

b. 毛坯除正反面外（有打击成斜口一面为正面），除毛坯正面打击加工外，其他三面都可能是对向片切割至 1/3 或 1/2，再打击折断。毛坯长轴折断面两侧，均已研磨平滑，只剩下横槽边线。毛坯下面，明显对向片切割 1/2 左右折断，切割面被再研磨，但中间的折断面仍然显示软玉粗糙的破裂面特征。

c. 毛坯上端在较早阶段以数次打击，打制出一斜口。此斜口应为箍形器斜口的雏形。这些打击疤对理解箍形器斜口制作来说，无疑是非常重要的信息。

d. 毛坯斜口雏形打击疤上，有明显的研磨痕迹，随后又出现以锯片切割局部修整形状。

e. 整个毛坯外表大部分都研磨光滑，横剖面呈椭圆形，纵剖面也与箍形器相似。

总之，箍形器毛坯在形制上主要是对向片切割制成长方型外形，以打击及锯片切割制作斜口雏形位置。又以细致研磨技术，把整个毛坯大部分位置都磨光，更进一步磨成椭圆形，基本上已呈现箍形器的毛坯雏形（Preform），而不是早一阶段的粗坯（Blank）。

2. 坯芯的切取

从箍形器毛坯切取坯芯分析，至少包括坯芯与箍形器内沿分析。这里只谈坯芯的问题。同样，敖汉旗博物馆人员于丰收乡骆驼营子小东山地点，采集到绿色亚腰状遗物被称为玉箍内芯。据分析，这件坯芯“绿色，质地较舒，通体磨光，两侧均内弧，一端较窄，一端较宽，呈杵状。器身的背面有一纵向的凹槽，一端尖，尖端有两处圆窝，均有砂绳切割的弧线痕。从其形状看，应是前述玉箍形器掏出的内芯”[49]。

按笔者对此坯芯观察：

a. 坯芯被掏出后，再被全身细致的打磨。因此，坯芯表面只残留若干坯芯的砂绳切割痕迹。

b. 从坯芯正反形态分析，尚未有箍形器斜口造型的设施，亦即斜口处是掏取坯芯后才加工的。

c. 按砂绳切割方向显示，切割的方向，是从中孔自一方顺圆周切割。

d. 砂绳切割在两侧转弯位置，可能是由于拉动手方向与运动姿势改变，使坯芯两侧造成亚腰状态。从砂绳切割面流畅切痕显示，毛坯固定技术是非常良好的。这在实际操作上，亦有不容易之处。因为一方面要固定毛坯，另一方面砂绳又要围绕毛坯周沿一周切割，人手拉动砂绳切割角度，也要进行360°的运动。

总之，这是一件沿打孔用砂绳拉动切割而成的坯芯。

3. 箍形器加工

如果以牛河梁第 2 地点 1 号冢 4 号墓为例分析。最少包括以下几项工序：

a. 箍形器内外表面沿磨。外表面很明显作最细致打磨抛光，内面基本是把砂绳切割痕迹尽量擦掉。这件箍形器内面原来细绳切割痕，却未有完全擦掉，可见砂绳是背向两方向拉动切割（彩版 10d、e），其中一面切割若 4/5 圆周，另一面切割完成余下部分。

b. 斜口一端制作，斜口突出一端边沿薄，成薄刃状。

c. 箍形器平口一端，同样周沿研磨减薄，两侧各开一小孔，是用作接驳器底的设施。

以上讨论对箍形器的制作，有了进一步的理解。当然制作过程中很多细节，还是完全不明白的。其他如已公布牛河梁第 3 地点 7 号墓的 1 件箍形器，高 13.1 厘米，宽 9 厘米。从所发表该器的照片来看，外表明显有纵向砂绳切割痕迹，具有这种方向切割的箍形器，是笔者所仅见的，目前难以有更多解说。牛河梁遗址出土 20 多件箍形器，随着这些资料的公布，对揭示箍形器制作工艺，肯定可以提供更多的信息。

（二）箍形器使用

笔者曾观察从内蒙古与辽宁出土近 10 件箍形器形制，直观上有以下几点意见：

（1）箍形器剖面更接近扁平椭圆形。

（2）下面平口一端直径两侧常有小孔，是接驳底部一种设施。

（3）斜口面的刃口，有明显使用磨耗痕迹。

（4）该器使用与摆置一般应为横置，而并非如迄今常见的竖立向上。由于器身常横置，相对应部分有明显摩擦使用痕。

总而言之，从斜口上明显磨耗使用痕的存在、平口封底设计、器身上横向摆置方式等，都并不支持过去作为头发箍形器的假设。反之，更应该是一种铲状工具，所铲取的物体，从铲的形状大小考虑，应是相当疏松和微细的粒子，人以空手难以较多捡拾的碎细粒。由于玉器是贵重东西，林巳奈夫所主张的箍形器用作铲取农作物的说法，是有一定道理的[50]。笔者以为，以箍形器作铲取谷物般农作物，或未尝不可。这方面证据有待田野考古与高科技合作之验证。

五 红山玉器制作个案分析（贰）——玉龟与阴阳之道

红山玉器中动物形玉相当丰富，其中玉龟迄今所知共发现6件，可分为两类：一为龟全角，另一仅为龟壳。龟可细分为龟与鳖。1984年公布阜新胡头沟遗址发现2件玉龟[51]。这2件龟造型一肥满，一消瘦，有些人以为雌雄一对[52]。

其后，1989年在牛河梁第5地点1号冢中心大墓M1中，墓主人为成年男性，随葬玉器7件，其中墓主人两手各握一龟。据郭大顺指出，这2件玉龟均作爬行状。两龟体形差异较大，一件略大而丰满，细部处理也不同，主要是五官部位，也有些差异。因此，这2件龟是否代表一雄一雌，郭先生认为有待进一步考证[53]。

最近，2008年出版的《古玉今韵——2007朝阳牛河梁红山玉文化国际论坛文集》中，论者指出牛河梁第5地点1号冢M1的一对玉龟，其中消瘦一只龟头长尾尖，眼睛突出，四肢见棱见角，外爪长，身体结构灵活，适合扑食，有阳刚之气，具有雄性龟应有特征。另一龟的龟头粗尾短，眼睛略平，四肢肥圆，外爪短，轮廓线丰满圆润，身体结构丰满臃肿，活动不便，具有雌性龟的特征[54]。这大致从龟形态上，肯定了一对龟雌雄的辨别。

2008年11月，我们在辽宁省博物馆中，对牛河梁第5地点1号冢M1这一对玉龟进行仔细的观察。从一对玉龟色调和质感比较相近，大体风格亦相似，有理由相信很可能出于同一玉工之手。至于是否为同一软玉之母岩，则有待进一步研究。从龟外形差别来看，M1∶7是雌性，M1∶6是雄性，是有明显造型上差别的。就从生物学角度，一般来说雄龟较消瘦，腹甲中有凹槽，适应交配，尾细而基部粗。这些特征都充分反映在M1∶6玉龟上。尤其M1∶6玉龟腹甲中央有一处大小约2厘米×1厘米凹坑。凹坑制作最先可能是以敲打，凹坑的边沿直线交错，坑壁缓斜。坑底部由几小片组合而成，整个凹坑内有很明显砺石研磨线状痕，线状痕方向与龟头与尾向相同分布，这个凹坑，明显是仿生雄龟腹部凹槽（彩版11a）。

另一方面，我们在仔细观察M1∶7玉龟后，发现此玉龟的背壳中部，存在有一种平缓的台面，台面面积大约有2厘米×2厘米，在侧光观察下，此台面周围有明显可能是使用的摩擦痕，详细扫描电镜观察有待发表。

我们是次对牛河梁第5地点1号冢1号墓2件玉龟性别差识别，首先从身体特殊构造如雄龟腹部凹坑的人工意识制作、特征入手，确切无误地指出 M1∶7、M1∶6 为雌雄的组合。并且通过推测复原，将 M1∶6 雄龟放置于 M1∶7 雌龟背上，刚好雄龟腹部凹坑能稳固趴伏在雌龟背。反之，如果把雌龟置于雄龟背上，则见左右难以平衡（彩版 11b）。

此外，红山玉工既然模仿生物雄龟制造凹坑，也顺理成章可以推测，红山人肯定也会进一步仿生把雄龟放置于雌龟背上，模仿自然界中龟类交合生殖性行为。这次通过雌龟背部上小平台上，由使用摩擦所产生的微痕研究，提供了解雌雄一对玉龟在当时使用的方式的可能性。这对红山玉器使用具体的理解来说，是首次突破。

中国传统的宇宙论中一系列概念，如道、阴阳、四时、五行等，构成东方别具特色理论体系。这种宇宙论的萌芽，往往是可追索到史前的石器时代。冯时研究牛河梁第 2 地点 1 号冢 4 号墓中出土 2 件猪形礼玉，一大一小，估计是北斗的象征，由于 2 件不同大小、不同面貌、不同方向、不同颜色的北斗摆放，其含义便很可能体现雌雄北斗的分别[55]。

同样，我们是次从生物学按龟形态特征，把牛河梁第 5 地点 1 号冢玉龟，区分为（M1∶7）雌（M1∶6）雄龟性别差异，并从制作及使用痕迹推察雌雄交合的接触，很可能是红山玉器礼制的内涵之一。这一对玉龟在墓中分持于墓主人左右手中，很明显反映了与阴阳思想相当密切的关系。中国宇宙论中阴阳思想，这次在红山玉文化中，有了更科学而生动的新例证。

六　砣工具存否实验与出土玉器对证——凌家滩出土水晶耳珰

目前学术界对公元前 3500 年至公元前 1500 年玉器技术的争议，砣具（指轮盘切割）的有无，仍然是琢玉的核心问题所在。笔者等尝试就聚讼最多的砣与砂绳切割如何鉴别的难题入手，进行了古玉模拟实验制作。其中凌家滩出土的 1 件（87M15∶34）水晶耳珰的凹槽作为个案探讨，从实验考古学角度，分析制作凹槽技术的特征。从越槽切割面和斜壁面的特征，都显示了 M15∶34 水晶耳珰的凹槽，不是由砣具[56]或其他锯片切割技术制作，而只有可能是由砂绳切割而成[57]。

近年来香港中文大学中国考古艺术研究中心同人，先后进行几次砂绳切割技术玉石实验工作。所谓砂绳切割是指柔性线状物带动砂粒分割固体。有关水晶耳珰凹槽的砂绳切割实验工作。实验制作过程和制成品分别由吕红亮和邓聪拍摄。有关是次研究成果已经发表[58]。

2008 年 11 月，我们在合肥安徽省文物考古研究所内对凌家滩出土这件水晶耳珰仔细观察和拍摄。在近摄仿制品与出土水晶耳珰槽痕迹相互几乎一致，只有巧拙之别。凌家滩水晶耳珰槽为砂绳切割形成，一锤定音。

凌家滩玉器发现者等论文中 M15∶34 水晶耳珰凹槽部分，大致相当于笔者所指 U 字状底面。耳珰凹槽是由环绕拉动的砂绳下切形成。把以上实验制品与 M15∶34 水晶耳珰凹槽对比，可见两者的形成机制，是相当接近的（彩版 12）。以下略讨论两者异同：

1. 凹槽外围面

M15∶34 水晶耳珰凹槽外围面，表面光滑透明。这很可能是在凹槽制作完成后，在表面再经过研磨抛光工序。实验耳珰的外围面，保留有较多制作凹槽时所留下石刀切割等痕迹。

2. 越槽切面

M15∶34 水晶耳珰凹槽的越槽切面范围较窄，较宽的位置亦不足 1 毫米。实验耳珰的越槽切面相当宽阔，b1 面的宽度近 2 毫米，呈缓斜面。在砂绳环绕拉动过程中，由于徒手无法长期固定在同一角度操作，每一次拉动砂绳轨迹，都不可能是完全相同的。砂绳的游动是必然的，也是线切割技术的最重要特征之一。上述两者凹槽外沿都出现越槽切面痕迹，充分说明 M15∶34 水晶耳珰的凹槽，是由砂绳切割技术所制成。从耳珰的外观考虑，越槽切面的范围越窄越好。M15∶34 水晶耳珰制作者，能高度自我控制，减少砂绳在拉动时左右的游动，所做成越槽切面仅在凹槽外围极窄的范围。这方面实验耳珰的制作就显得欠精练准确。

3. 斜壁面

M15∶34 水晶耳珰斜壁面的波状弧凸比较发达。实验耳珰的斜壁面波状弧凸较弱。这种表面带波状凸起弧面的形成，是任何硬片切割所无，同样是砂绳游动切割的特征。

4. U 字状底面

M15∶34 水晶耳珰 U 字状的底面，有若干高低的落差。实验耳珰的 U 字状底面则较平缓。从 M15∶34 水晶耳珰 U 字状底面高低落差显示，砂绳的直径粗度可能较小。

从以上讨论反映，从越槽切面和斜壁面的特征，都显示了 M15∶34 水晶耳珰的凹槽，不是由砣具或其他锯片切割技术制作，而只有可能是由砂绳切割而成。本文附图显示凌家滩 M15∶34 水晶耳珰槽面近摄反映砂绳切割特征分析研究（彩版 12a、c）。考古学上玉器工艺学的研究，要建立在科学方法基础上，就是“接近自然科学的守则，以一些客观可测量或非测量的属性，建立一些共同的基准，不同研究者用同一方法可以得到同样相近似的观察结果。此种观察及测量具有可以重复和审核的特性”[59]。

七　结　语

（一）方法与创新

（1）以扫描电镜对玉器微痕观察，如对红山东拐棒沟玉龙刻划痕观察，复原刻纹先后关系，对刻划痕平面及剖面形状细致捕捉。

（2）以高像素 35 毫米数码相机对玉器加工痕作细致拍摄。共拍摄内蒙古及辽宁省地区红山玉器近万张的照片，成为玉器科学技术图片数据库重要的贡献。

（二）首次的发现

1. 红山玉器制作的体系，从原料使用方式的差别，可以分为以下三项。

a. 由河原砾石制作个体玉器。

b. 由对向锯片切割生产大型玉片。

c. 由砂绳切割生产的玉片。

以上是三个不同玉器生产毛坯体系首次的确立。

2. 牛河梁 Loc. 2ZIM27 勾云形器上对向线切痕的确认，是中国新石器时代玉器中同类技术较早的代表。这很可能对龙山文化以至三代大型玉器开料技术的源头考察，提供了重要的线索。

3. 于西拉木伦河流域的红山文化玉器，首次发现及辨别出特殊先钻孔后砂绳切片的技术，可被称为“那斯台技术”，是红山文化中独特的玉器工艺。

4. 首次揭露红山玉器中箍形器制作过程，其中箍形器内砂绳背向切割痕迹，也是学术界前所未知的例子。

5. 以实验考古否定凌家滩水晶耳珰为砣切割技术制作。更且，确认东北红山文化与江淮地区如凌家滩、良渚等玉文化背后技术的支撑基础，同样是具有中国特色的砂绳切割技术，其来源很可能是在中国东北以至东北亚更广袤的范围。

（三）综合与展望

红山文化中首次发现锯片切割生产大型玉片技术，在中国玉器技术史上有很重要的意义。这里我们必须从整个史前以至三代玉器开片技术源流背景略作考察。东亚有上万年玉器工艺的历史，其中玉料开片技术至少包括有：打击、砂绳切割、锯片切割、轮盘切割（砣具）和金属弦切割等。玉器开料技术是玉工艺制作的基础。在中国软玉开片工艺中，尤以砂绳切割、锯片切割及轮盘切割技术先后流行，被视为我国玉器开片三部曲，都在不同时期和空间，产生了重要的作用。

按现今考古学资料所见，砂绳切割技术开料在8000年前从中国东北出现后，由中国东北以至长江流域、岭南地区都是砂绳切割技术的分布范围。中国东北的兴隆洼文化，出土迄今东亚地区最早使用砂绳切割技术作开料和切割玉器。长江流域距今6000年至7000年前起，玉器砂绳切割技术大行其道。凌家滩玉器的制作，砂绳切割技术在玉片素材分割及二次加工，都发挥得淋漓尽致。良渚文化的砂绳切割技术，已臻登峰造极。然而，良渚文化玉器砂绳切割技术虽盛极一时，亦随该文化的衰落而销声匿迹。

学术界过去一直以为龙山文化时期是锯片切割生产玉料的开端。日本林巳奈夫先生一直持此看法[60]。然而，锯片加砂加水锯片切割技术在东北亚可能有超过1万多年的历史。在兴隆洼遗址中，一些玉玦玦口就是以锯片切割方式切断。此外，兴隆洼文化砂绳切割的开口，往往很可能也是以锯片切割引导。并且，兴隆洼中的玉锛，常以锯片切割纵向分割。因此，早于8000年前，锯片切割技术在中国东北玉加工上是比较普遍的。

可是，能够以锯片切割加工玉器，就并不直接等同可以锯片切割生产大型玉片。良渚时期如塘山、磨盘墩都发现锯片切割生产长条状素材的技术。锯片切割用作生产如锥形器的毛坯在良渚文化中已出现。从现今资料来看，在中国特别是以江淮地区，大型片状玉器如钺、璧，甚至玉琮等，都主要是以砂绳切割为主。凌家滩出土的1件（98M20:35）玉镯，两面有比较平直切割痕，是否与锯片切割有关，有待确认。

因此，从现今中国新石器时期片状玉器生产来说，这次我们的研究中确认红山文化中存有以锯片切割对向生产薄片素材的技术，是中国史前玉器工艺历史中很值得重视的发现。牛河梁第2地点M27勾云形器上大型对向锯片切割开料技术发现意义重大。是次我们从众多红山片状玉器仔细考察，我们相信大部分红山勾云形玉器，与及玉鹄等大型片状玉器，都很可能是以锯片切割片状毛坯加工而成。这种崭新的锯片切割工艺悄然的崛起，可分割长30厘米、厚仅数毫米的大型玉片，是玉料切割技术的新突破，估计这种技术尚有更古老的渊源。

在距今4600年前，山东龙山文化玉器锯片切割开片技术流行，锯片切割彻底取代砂绳切割在玉器开料上的地位，估计三代玉器开料技术主要是承袭龙山文化的传统。例如齐家文化的玉器，形制上是承袭良渚玉器，但都以锯片切割开的。同样长江流域石家河龙山文化玉器，锯片切割开片技术有充分表现[61]。锯片切割技术在青铜器时代更扩散进入东南亚大陆的北面如越南红河流域范围[62]。

从种种证据显示，红山文化时期是迄今所知较系统地使用了锯片切割开料，可以看作为红山文化玉器的工艺，对三代以后的玉器有着重要的影响。据现今所见二里头出土气派恢弘扁薄的玉器，也是锯片切割开料加工的。二里头玉戈（87YLV1M57∶21），长43厘米，据照片所示该玉戈柄部，同样留下了鲜明对向锯片切割的痕迹。在商周玉器中有不少仍可以看到由锯片切割开料或整器分割的例子。侯马遗址出土玉器表面，大部分都可见锯片切割遗痕。

据笔者所知，埃及在距今4千至5千年以后流行以红铜及青铜锯加砂切割大型石砖，作为建造金字塔的建筑材料。东西方在距今约5千年前，玉石加工上均使用锯片切割技术，两者间异同是很值得深入探究的。

史前玉器在形制与功能上，都已具三代玉礼器或玉礼器的雏形，史前玉器与礼的起源是一脉相承的关系。郭大顺指出，无论从红山文化玉器的发现对史前考古和史前玉器研究的推动作用看，还是从史前玉器在史前考古文化区中的地位及其交汇所产生的作用看，还是从玉器与礼的形成的关系看，红山文化在中华文化与文明起源和形成过程中，都绝非配角[63]。这次我们从红山玉器科学技术的角度，为郭先生这句精辟的见解，找到了很确实的证据。

后记：2010年8月，笔者邓聪与吉林大学王立新教授一同在内蒙古和吉林省，沿科尔沁草原周边考察新石器时代的遗址及博物馆玉器的藏品，其中如在吉林省博物馆所见白城地区一些大型玉锛斧工具，长约30厘米，年代可能早于红山文化时代。这些玉锛斧开料技术极耐人寻味，是否与红山文化中锯片切割技术相关，有待进一步之考察。本文是我们与内蒙古及辽宁省各地文博学者，就红山文化玉器互相切磋的成果，由邓聪执笔。其间特别是著名考古学家红山文化玉器研究开拓者郭大顺先生的指导，很受教益。玉器的硅胶微痕制作由邓聪、叶晓红博士等完成，SEM照片亦由邓聪、叶晓红合作拍摄，复原微痕的切割模式。2009年1月6日初稿。2011年1月20日改订，3月1日定稿。

附记：2008年8月13日，在赤峰学院正式启动“中华文明探源工程——红山文化玉器工艺研究”项目的仪式。随后，红山文化玉器工艺研究小组的成员，先后在赤峰、朝阳和沈阳等地对红山文化出土玉器，进行了广泛的调查和纪录。至2009年底，是次专项第一阶段工作初步完成。上述调查期间，香港中文大学：邓聪、叶晓红；中国社会科学院考古研究所：刘国祥；内蒙古文物考古研究所：塔拉；内蒙古赤峰学院：席永杰；内蒙古敖汉旗博物馆：田彦国；内蒙古巴林右旗博物馆：石阳、青格勒、乌兰；内蒙古巴林左旗博物馆：王未想；内蒙古翁牛特旗博物馆：庞昊；辽宁省文物考古研究所：郭大顺、田立坤、吕学明、朱达、王来柱、郭明；辽宁省博物馆：刘宁、周晓晶；朝阳师范高等专科学校：雷广臻；安徽省文物考古研究所：杨立新、宫希成、张敬国、吴卫红等，先后参与本项目的工作。此外，内蒙古阿鲁科尔沁旗博物馆、克什克腾旗博物馆提供了玉器标本。是次重点介绍红山文化玉器为探源工作阶段性的成果，今后将相继以专刊形式公布。

注 释

[1] 王巍：《自述》，《名家论玉（一）——2008 年绍兴“中国玉文化名家论坛”文集》，科学出版社，2008 年。

[2] 邓聪、许宏、杜金鹏：《二里头文化玉工艺相关问题试释》，《科技考古》第二辑，科学出版社，2007 年。

[3] 张敬国：《安徽含山县凌家滩遗址第五次发掘的新发现》，《考古》2008 年第 3 期。

[4] S. H. Hansford, Chinese Caved Jades (London and Bradford: Lund Humphries & Co. Ltd, 1950), Plate XVII.

[5] 郭大顺：《龙出辽河源》，百花文艺出版社，2001 年。

[6] 云希圣、牟永抗：《中国史前艺术瑰宝——新石器时代玉器巡礼》，《中国玉器全集. 1》，河北美术出版社，1991 年。

[7] a. 傅忠谟：《古玉精英》，中华书局，1989 年。
b. 傅熹年：《古玉掇英》，中华书局，1995 年。

[8] 傅忠谟：《前言》，《古玉精英》，中华书局，1989 年。

[9] 傅熹年：《古玉掇英》，中华书局，1995 年。

[10] 员雪梅：《红山文化玉器研究评述》，《红山文化研所——2004 年红山文化国际学术研讨会论文集》，文物出版社，2006 年。

[11] 吕军：《牛河梁红山玉器——中国玉文化之源》，《古玉今韵——2007 朝阳牛河梁红山玉文化国际论坛文集》，中国文史出版社，2008 年。

[12] 王来柱：《牛河梁第十六地点红山文化积石冢中心大墓发掘简报》，《文物》2008 年第 10 期。

[13] 朱达：《牛河梁红山文化第二地点一号冢石棺墓的发掘》，《文物》2008 年第 10 期。

[14] 袁靖、黄蕴平、杨梦菲、吕鹏、陶洋、杨杰：《公元前 2500 年—公元前 1500 年中原地区动物考古学研究——以陶寺、王城岗、新寨和二里头遗址为例》《科技考古》第二辑，科学出版社，2007 年。

[15] 邓聪、刘国祥、叶晓红：《玉器考古学研究方法和举例》，《科技考古的方法和实践》，文物出版社，2008 年。

[16] a. M. Sax and N. D. Meeks, “Methods of Engraving Mesopotamian Quartz Cylinder Seals”, Archaeometry 2007 (37): 25 - 36.
b. M. Sax, N. D. Meeks, J. Ambers and C. Michaelson, “The Introduction of Rotary Incising Wheels for Working Jade in China”, Scientific Research on the Sculptural Arts of Asia, Proceedings of the Forbes Symposium at the Freer Gallery of Art, 2007, pp. 20 - 25.
c. M. Sax, N. D. Meeks and D. Collon, “The Introduction of the Lapidary Engraving Wheel in Mesopotamia”, Antiquity 2000 (74): 380 - 387.
d. M. Sax, N. D. Meeks, C. Michaelson and A. P. Middleton, “The Identification of Carving Techniques on Chinese Jade”, Journal of Archaeological Science 2004 (31): 1413 - 1428.

[17] 傅熹年：《古玉掇英》，中华书局，1995 年。

[18] 杨伯达：《中国古代玉器概述》，《中国玉器全集. 1》，河北美术出版社，1991 年。

[19] 牟永抗：《关于史前琢玉工艺考古学研究的一些看法》，《史前琢玉工艺技术》，台湾博物馆，2003 年。

[20] 安徽省文物考古研究所：《凌家滩——田野考古发掘报告之一》，文物出社，2006 年。
[21] 牟永抗：《关于史前琢玉工艺考古学研究的一些看法》，《史前琢玉工艺技术》，台湾博物馆，2003 年。
[22] 孙守道：《中国东北玉文化讨论》，《东亚玉器》第一册，中国考古艺术研究中心，1998 年。
[23] 郭大顺：《红山文化》，文物出版社，2005 年。
[24] 刘国祥：《红山文化玉器研究》，《海峡两岸古玉学会议论文集》I，台湾大学理学院地质科学系，2001 年。
[25] 员雪梅：《红山文化玉器研究评述》，《红山文化研究——2004 年红山文化国际学术研讨会论文集》，文物出版社，2006 年。
[26] 员雪梅：《红山文化玉器研究评述》，《红山文化研究——2004 年红山文化国际学术研讨会论文集》，文物出版社，2006 年。
[27] 王明达、方向明、徐新民、方忠华：《塘山遗址发现良渚文化制玉作坊》，《中国文物报》2002 年 9 月 20 日第 1 版。
[28] 陆建方、杭涛、韩建立：《江苏句容丁沙地遗址第二次发掘简报》，《文物》2000 年第 5 期。
[29] 王时麒、赵朝洪、于洸、员雪梅、段体玉：《中国岫岩玉》，科学出版社，2007 年。
[30] 闻广：《中国大陆史前古玉若干特征》，《东亚玉器》第二册，中国考古艺术研究中心，1998 年。
[31] 于建设主编：《红山玉器》，远方出版社，2004 年。
[32] 王来柱：《牛河梁第十六地点红山文化积石冢中心大墓发掘简报》，《文物》2008 年第 10 期。
[33] a. 贾鸿恩：《内蒙古又发现一件新石器时代玉龙》，《中国文物报》1988 年 4 月 8 日，第 1 版。
b. 邓聪、刘国祥：《红山文化东拐棒沟 C 形玉龙的工艺试析》（上），《中国文物报》2011 年 1 月 21 日第 7 版。
c. 邓聪、刘国祥：《红山文化东拐棒沟 C 形玉龙的工艺试析》（下），《中国文物报》2011 年 2 月 18 日第 7 版。
[34] a. 贾鸿恩：《内蒙古又发现一件新石器时代玉龙》，《中国文物报》1988 年 4 月 8 日，第 1 版。
b. 邓聪、刘国祥：《红山文化东拐棒沟 C 形玉龙的工艺试析》（上），《中国文物报》2011 年 1 月 21 日第 7 版。
[35] 方殿春、朱达：《红山文化玉兽面饰考识》，《古玉今韵——朝阳红山玉文化论文集》，中国文史出版社，2008 年。
[36] 东京国立博物馆：《中国国宝展》，朝日新闻社等，2000 年。
[37] 傅忠谟：《古玉精英》，中华书局，1989 年。
[38] 辽宁省文物考古研究所：《文明曙光期祭祀遗珍——辽宁红山文化坛庙冢》，《中国考古文物之美 . 1》，文物出版社、光复书局，1994 年。
[39] 魏凡：《牛河梁红山文化第三地点积石冢石棺墓》，《辽海文物学刊》1994 年第 1 期。
[40] 辽宁省文物考古研究所：《文明曙光期祭祀遗珍——辽宁红山文化坛庙冢》，《中国考古文物之美 . 1》，文物出版社、光复书局，1994 年。
[41] 周晓晶与笔者个人通讯（2009 年 1 月 4 日）。
[42] 中国社会科学院考古研究所：《大甸子——夏家店下层文化遗址与墓地发掘报告》，科学出版社，1996 年。
[43] 吴棠海：《红山玉器》，震旦文教基金会，2007 年。
[44] 董文义、韩仁信：《内蒙古巴林右旗那斯台遗址调查》，《考古》1987 年第 6 期。
[45] 于建设主编：《红山玉器》，远方出版社，2004 年。页。

［46］ 吴棠海：《红山玉器》，震旦文教基金会，2007 年。
［47］ 刘国祥：《大甸子玉器试探》，《东北文物考古论集》，科学出版社，2004 年。
［48］ 郭大顺：《红山文化》，文物出版社，2005 年。
［49］ 邵国田主编：《敖汉旗文物精华》，内蒙古文化出版社，2004 年。
［50］ 邵国田主编：《敖汉旗文物精华》，内蒙古文化出版社，2004 年。
［51］ 林巳奈夫「中國古代の石疱丁形玉器と骨鏟形玉器」『中國古玉の研究』，吉川弘文館，1991。
［52］ 方殿春、刘葆华：《辽宁阜新县胡头沟红山文化玉器墓的发现》，《文物》1984 年第 6 期。
［53］ 辽宁省文物考古研究所：《文明曙光期祭祀遗珍——辽宁红山文化坛庙冢》，《中国考古文物之美 . 1》，文物出版社、光复书局，1994 年。
［54］ 郭大顺：《红山文化》，文物出版社，2005 年。
［55］ 颜祥富：《阴阳和谐的红山玉文化》，《古玉今韵——朝阳红山玉文化论文集》，中国文史出版社，2008 年。
［56］ 冯时：《天地交泰观的考古学研究》，《古玉今韵——朝阳红山玉文化论文集》，中国文史出版社，2008 年。
［57］ a. 张敬国、杨竹英、陈启贤：《凌家滩出土玉器微痕迹的显微观察与研究》，《史前琢玉工艺技术》，台湾博物馆，2003 年。
b. 张敬国、杨竹英、陈启贤：《凌家滩出土玉器微痕迹的显微观察与研究——中国砣的发现》，《东南文化》，2002 年第 5 期。
［58］ 邓聪：《线切割 vs. 砣切割——凌家滩水晶耳珰凹槽的制作实验》，《故宫学术季刊》第 23 卷第 1 期，2005 年。
［59］ 邓聪：《线切割 vs. 砣切割——凌家滩水晶耳珰凹槽的制作实验》，《故宫学术季刊》第 23 卷第 1 期，2005 年。
［60］ 邓聪：《环珠江口考古之崛起——玉石饰物作坊研究举隅》，《珠海文物集萃》，中国考古艺术研究中心，2000 年 。
［61］ 林巳奈夫「中國古代の石疱丁形玉器と骨鏟形玉器」 『中國古玉の研究』，吉川弘文館，1991。
［62］ 张绪球：《石家河文化玉器的发现和研究概述》，《石家河文化玉器》，文物出版社，2008 年。
［63］ a. 邓聪「ヴェトナム. Trang Kenh 遺迹における玉器制作技术の考察」国际シンポジウム『东アジアにおける新石器文化の成立と展开』国学院大学 21COE. 2003。
b. 邓聪、阮金容：《越南海防长睛遗址的考古发现》，《东南考古研究》第四辑，厦门大学出版社，2003 年。
［64］ 郭大顺：《红山文化》，文物出版社，2005 年。

后　记

2005年，在纪念科技考古中心成立10周年的时候，我们编辑出版了《科技考古》第一辑，主要收录了科技考古中心各位研究及技术人员的代表作，涉及科技考古的多个领域及考古绘图等。在那本书的开端，我们专门邀请了11位中国科学院院士和11位中国考古学界的前辈学者围绕科技考古做笔谈。他们针对科技考古提出了一系列纲领性、创造性和建设性的看法，让我们读起来备受鼓舞，更加明确了前进的方向。当时担任考古研究所所长的刘庆柱先生在《科技考古》第一辑的序中希望我们科技考古中心“今后应该一如既往，恪守学术职责、明确学术方向、挺进学术前沿、勇担学术重任，将自然科学技术更好的、更多的应用于考古学。对于考古学而言，现代自然科学技术在考古学的广泛、深入应用，将带来21世纪考古学的‘革命’，任何保守的、一成不变的学科方法与理论，都将是没有生命力的。因此，我们应该张开双臂，迎接由现代自然科学技术在考古学的应用，所造就的现代化、科学化的21世纪考古学!”

2007年出版的《科技考古》第二辑主要收录了“中华文明探源工程（一）”中“公元前2500年~公元前1500年中原地区经济技术发展状况及其与文明演进关系研究”课题的研究成果，在那本书出版时，考古研究所所长王巍先生在序中指出，“经过课题组成员的共同努力，我们已经能够对公元前2500年~公元前1500年期间，农业、畜牧业、冶铜、琢玉、石器和陶器制作等方面的发展状况有了相当程度的理解，对于中原地区文明形成时期的经济基础及其在文明进程的地位和作用的认识有了一定程度的深化。很多方面是属于原始创新，属于突破性进展。我要感谢参加这一课题的全体研究人员，他们不仅为探源工程第一阶段的顺利开展，为中原地区文明起源研究做出了积极的贡献，而且为已经开展的中华文明探源工程第二阶段摸索了经验，奠定了基础。参加这本论文集编写的学者们基本上是探源工程第二阶段经济与技术课题的主要力量。我相信，在大家的共同努力下，探源工程第二阶段经济与技术课题一定会取得比第一阶段更加辉煌的成果!”

现在，《科技考古》第三辑即将问世，这本书收录的文章都是我们在执行“中华文明探源工程（二）”中的“公元前3500年至公元前1500年中国文明形成与早期发展阶段的技术和经济研究”这个课题中取得的成果，由于本书刊载的成果都是首次发表，因此，本课题中有些研究成果因为已经发表，故没有收录，读者们可以在其他杂志或书籍中看到他们的文章。《科技考古》第三辑秉承了《科技考古》第二辑开创的宗旨和风格，即坚持原始创新和集成创新，文责自负。作者队伍中除了我们科技考古中心的人员以外，还包括一批国内其他科研和教学机构中从事科技考古的人员。另外，我们对编辑委员会的成员也做了较大的调整，希望进一步凝聚大家的智慧和力量，把《科技考古》办得更好。

这里特别要指出，在执行“中华文明探源工程（二）”的“公元前3500年至公元前1500年中国文明形成与早期发展阶段的技术与经济研究”课题的过程中，以中国科学院研究生院王昌燧教授为组长的第三方评估咨询组几次召开会议，听取我们的汇报，为我们做好课题出谋划策，几次到相关研究机构检查科研情况，帮助我们进一步做好研究，这个课题的顺利完成和他们的认真指导是分不开的。

在此，我们向第三方评估咨询组的专家们表示衷心的感谢，也向关心、支持和帮助我们顺利完成“公元前3500年至公元前1500年中国文明形成与早期发展阶段的技术与经济研究”课题的各级领导、专家和同行们表示衷心的感谢。

2010年12月24日，我们在《中国文物报》上用专版的形式庆祝中国社会科学院考古研究所科技考古中心成立15周年。2011年是一个新的开始，我们将一如既往地做好科技考古研究，扎扎实实地开展工作，争取获得更加优异的研究成果，为考古学的发展贡献我们的全部力量。

袁靖

2011年1月1日

1. 7 稻 *Oryza sativa* 米粒

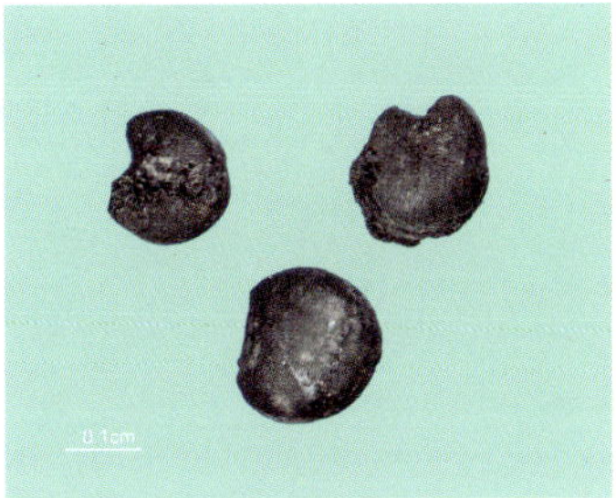

2. 11 黍 *Panicum miliaceum* 米粒

3. 19 粟 *Setaria italica* 米粒

4. 25 普通小麦 *Triticum aestivum* 麦粒

5. 26 大麦 *Hordeum vulgare*米粒

6. 29 野大豆 *Glycine soja* 种子

7. 47 葡萄属 *Vitis* sp. 种子

8. 62 豆茶决明 *Cassia nomame* 种子

山东胶州赵家庄遗址龙山文化炭化植物遗存

彩版 2（Ⅱ′）

1. 63 刺儿菜Cephalanopos segetum 瘦果

2. 71 小鱼仙草 Mosla dianthera 小坚果

3. 72 商陆 Phytolacca acinosa 种子

4. 79 紫苏 Parilla frutescens小坚果

5. 89 铁苋菜Acalypha australis

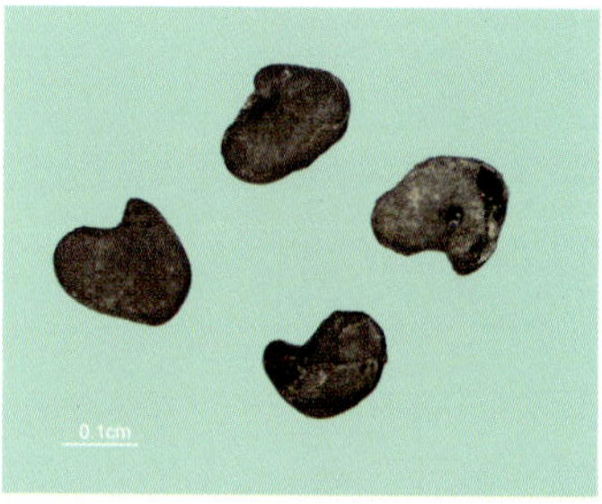

6. 96 野西瓜苗 Hibiscus trionum 种子

7. 102 扁蓄Polygonum aviculare 瘦果

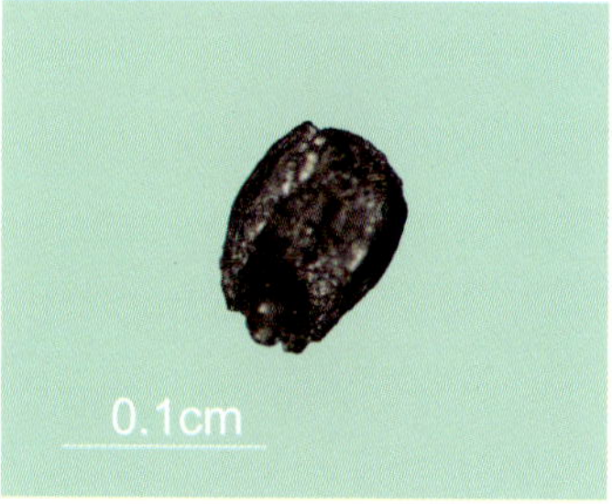

8. 109 狗尾草 Setaria viridis瘦果

山东胶州赵家庄遗址龙山文化炭化植物遗存

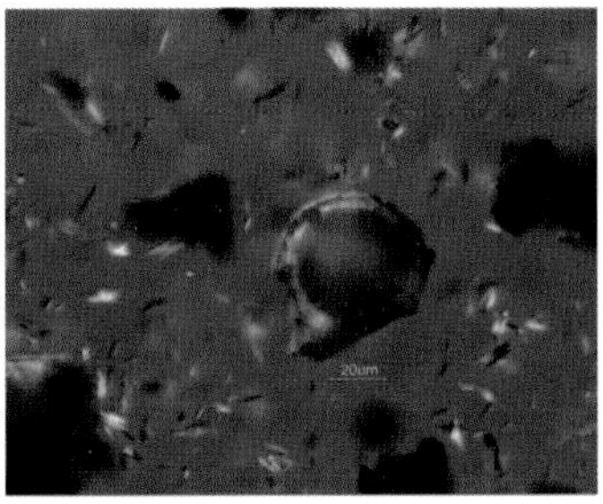
1. 水稻扇型

2. 水稻扇型

3. 水稻扇型

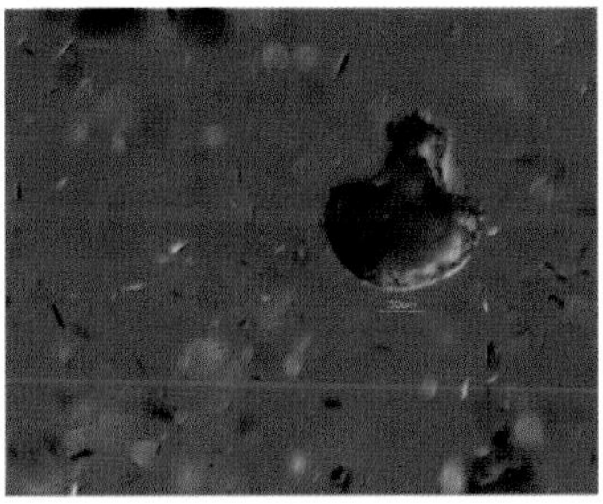
4. 水稻扇型

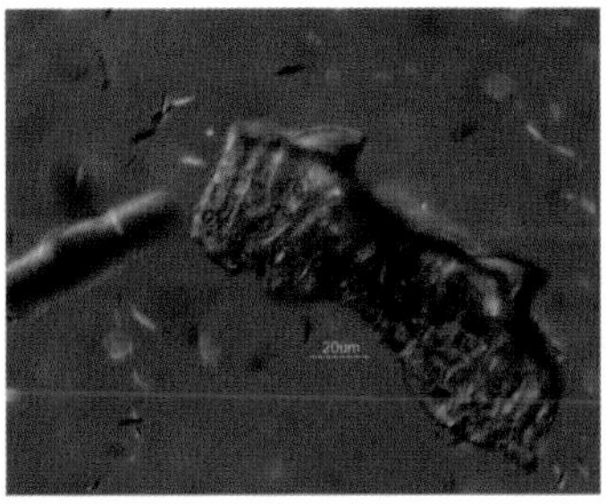
5. 水稻稃壳双峰型

6. 水稻稃壳双峰型

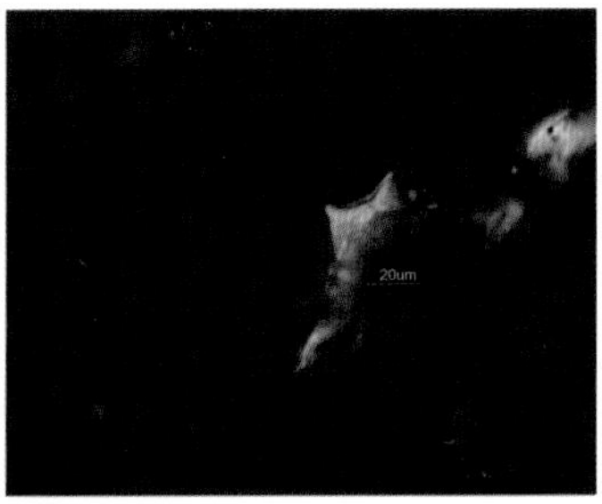
7. 水稻稃壳双峰型

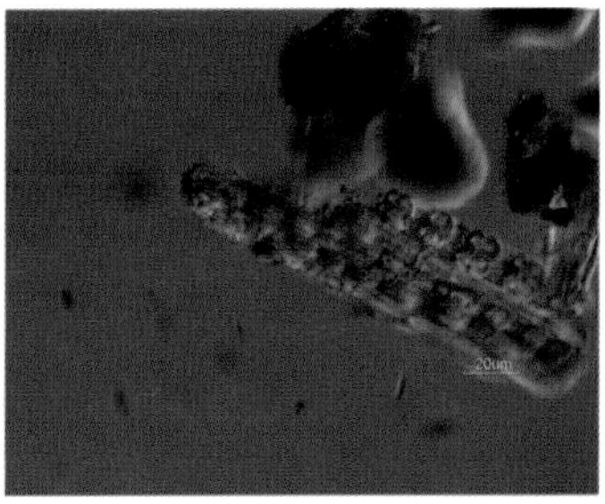
8. 水稻哑铃型

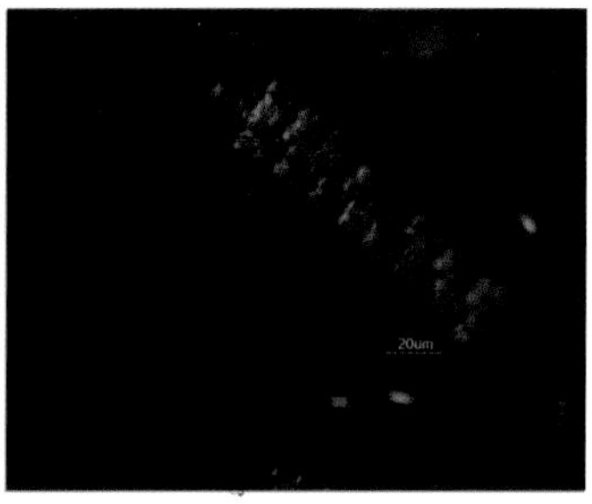
9. 水稻哑铃型

10. 粟稃壳型

山东胶州赵家庄遗址居住区农作物植硅体

彩版 4 (IV′)

1. 芦苇扇型

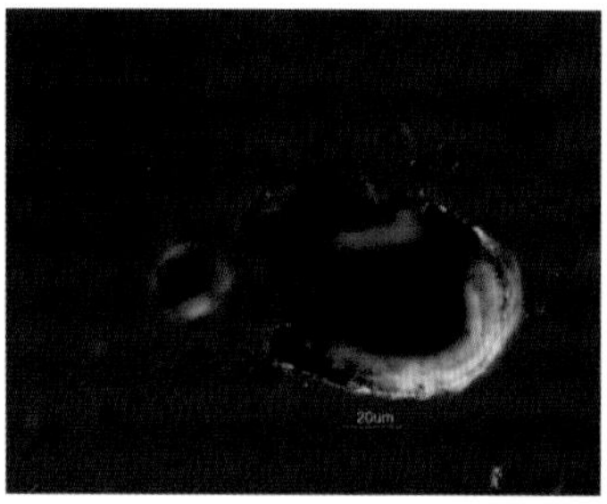

2. 芦苇扇型

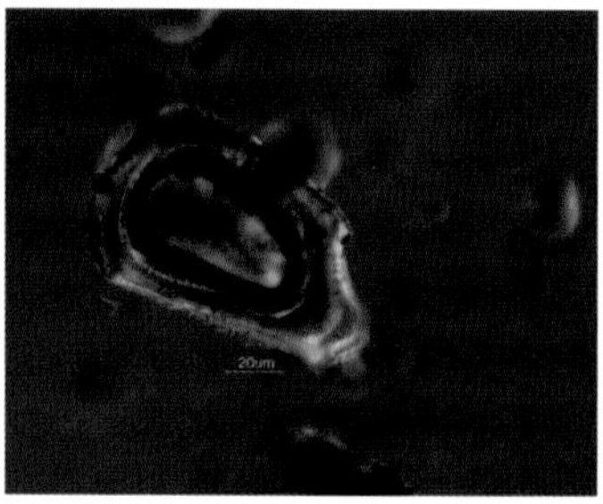

3. 芦苇扇型

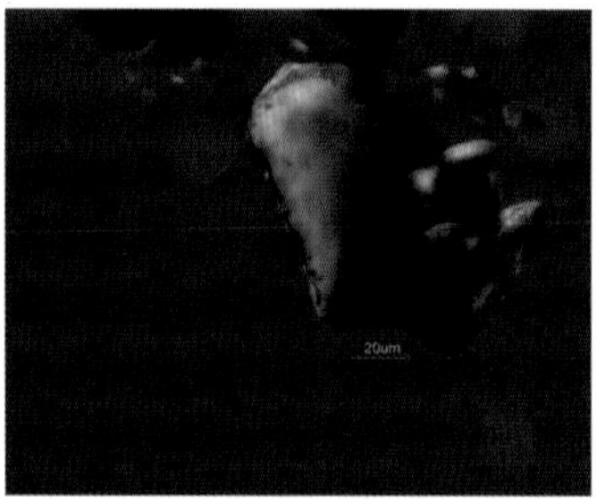

4. 芦苇扇型

5. 芦苇扇型

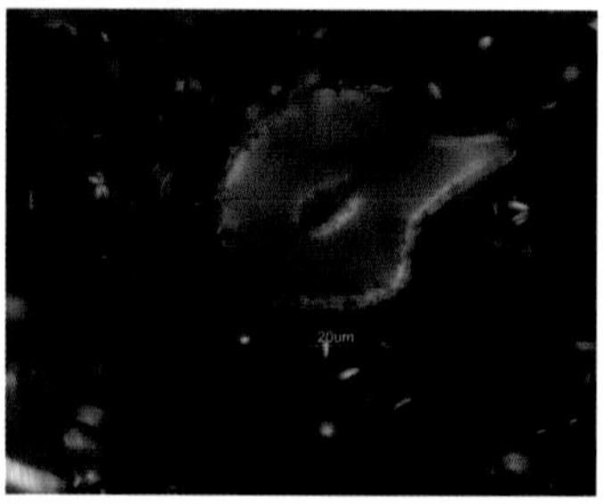

6. 芦苇扇型

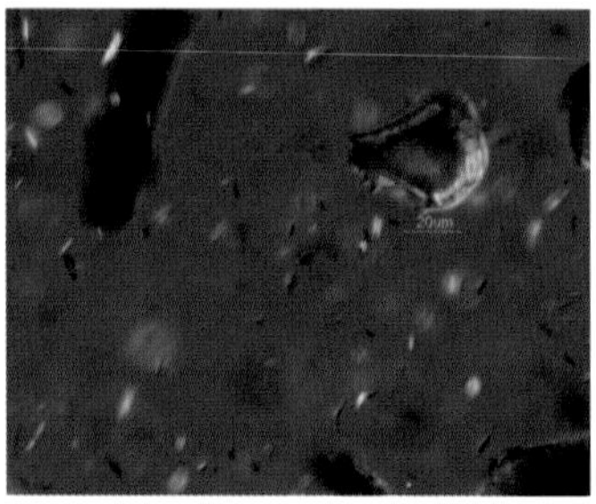

7. 竹亚科扇型

山东胶州赵家庄遗址居住区非农作物中,可以鉴定到科或者属的植硅体

彩版 5 (Ⅴ′)

1. 扇型

2. 扇型

3. 扇型

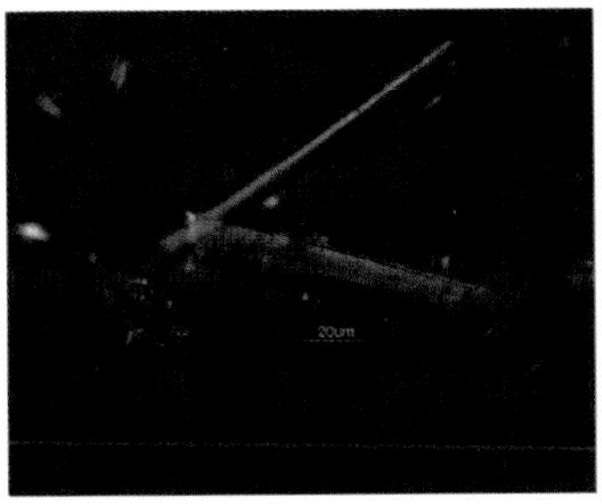

4. 棒型

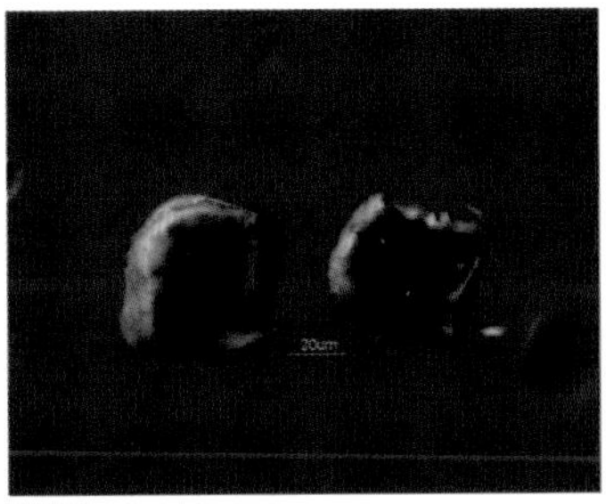

5. 方型

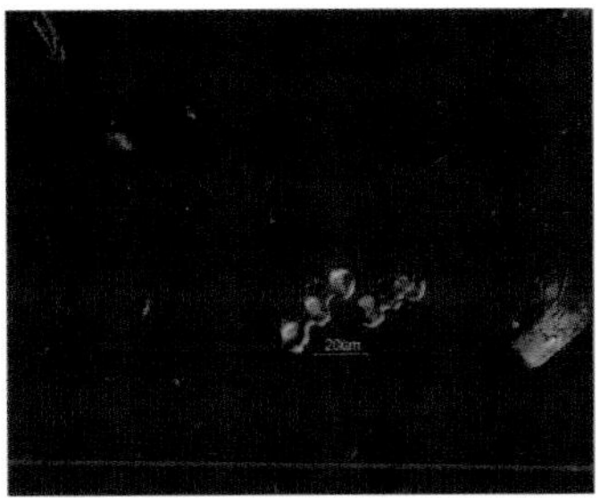

6. 铃型

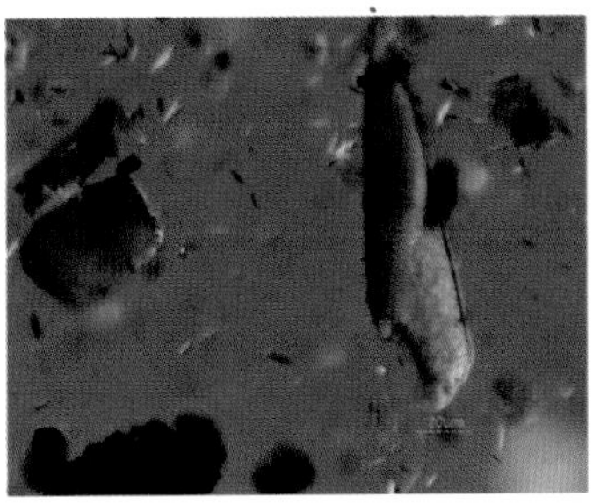

7. 尖型

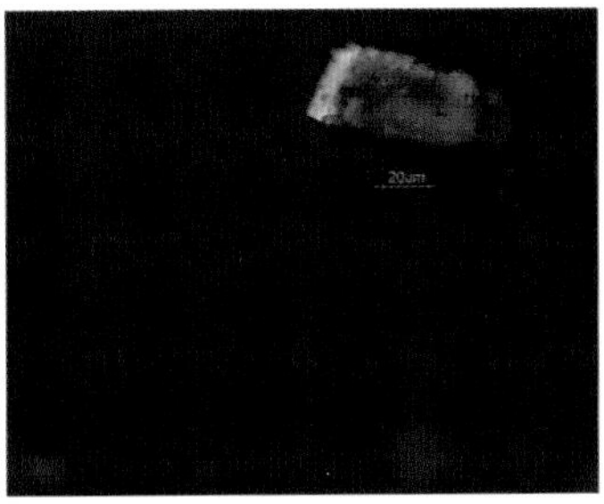

8. 长方型

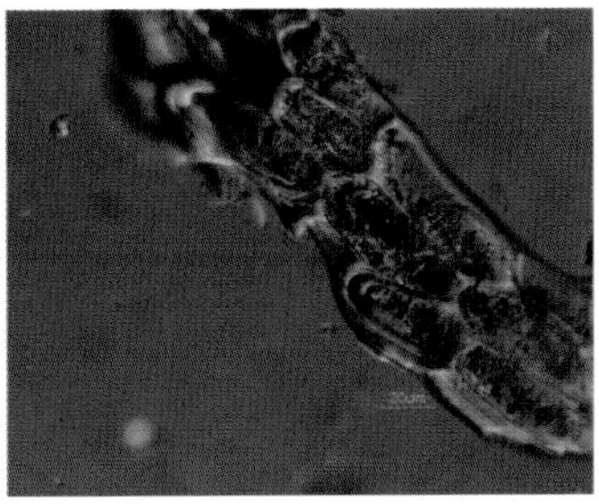

9. 未识别型

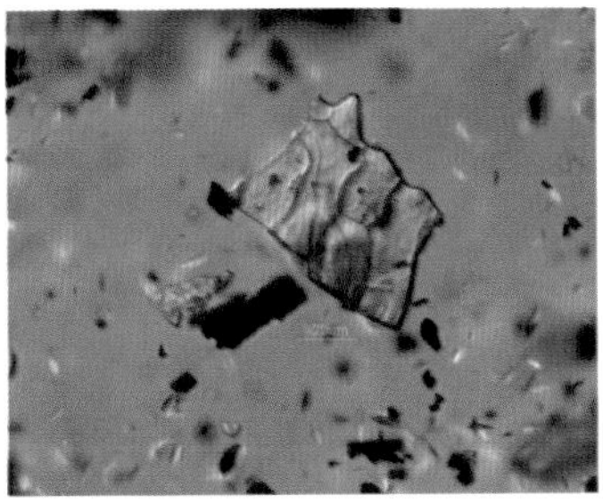

10. 未识别型

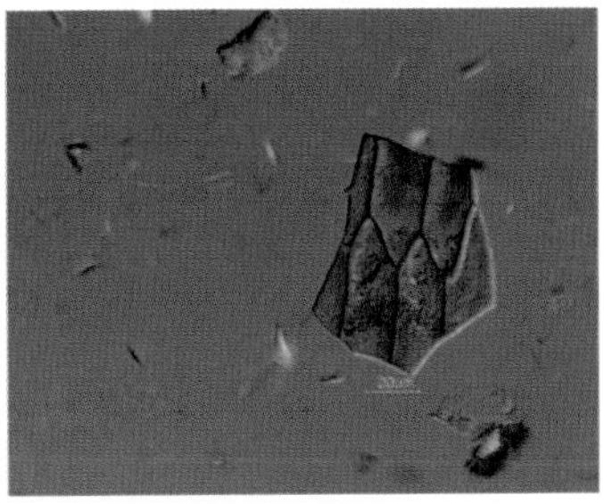

11. 未识别型

12. 未识别型

山东胶州赵家庄遗址居住区禾本科其他种属的各类植硅体

彩版 6 (VI′)

1. 稻叶部扇型3

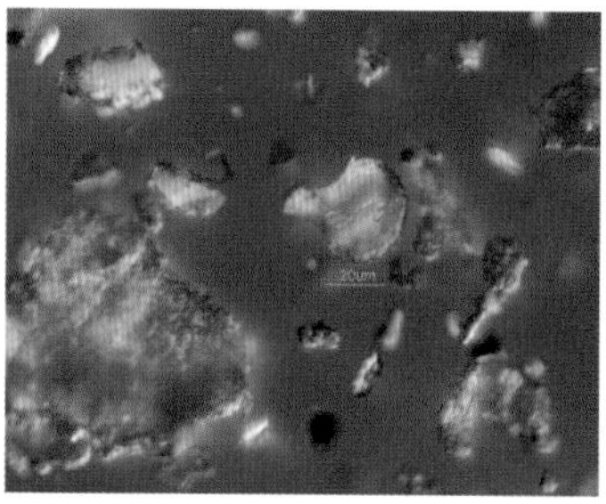

2. 稻叶部扇型5

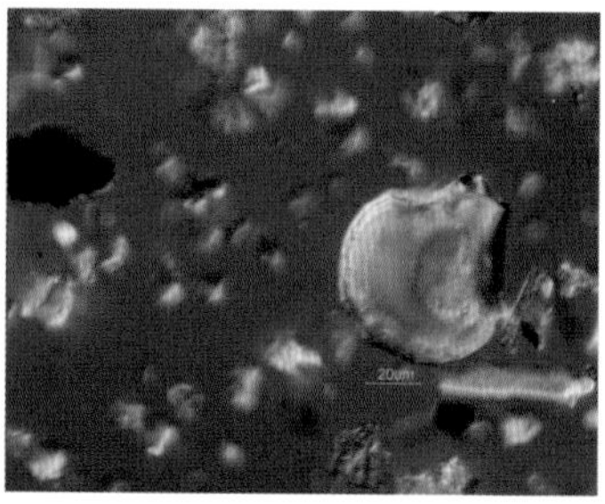

3. 稻叶部扇型6

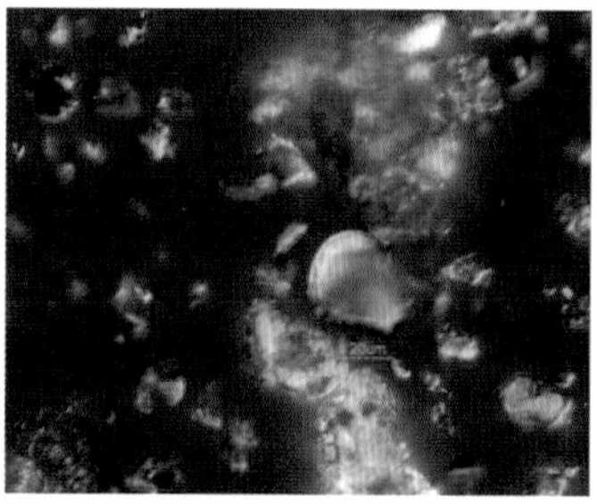

4. 稻叶部扇型7

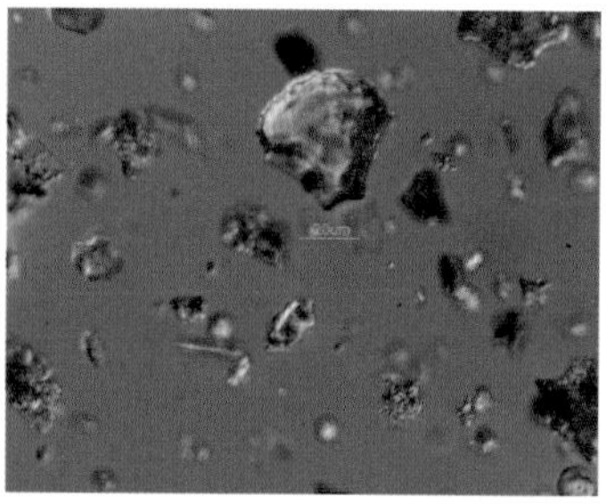

5. 稻叶部扇型8

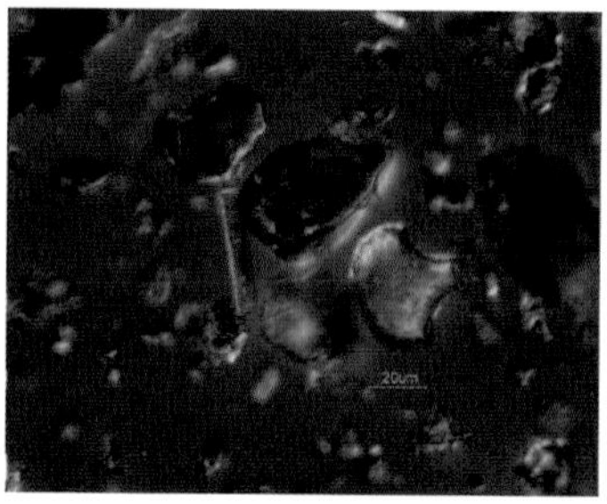

6. 稻叶部扇型9

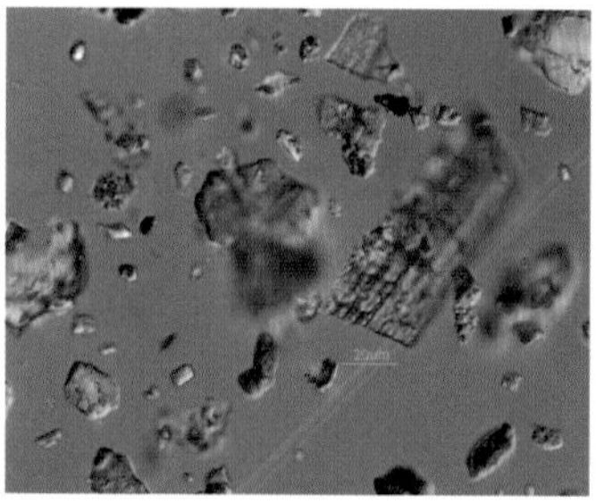

7. 稻叶部哑铃型

山东胶州赵家庄遗址龙山文化石刀刃部植硅体形态

a. 牛河梁16地点M4玉人 b. 头部河砾石软玉的自然面

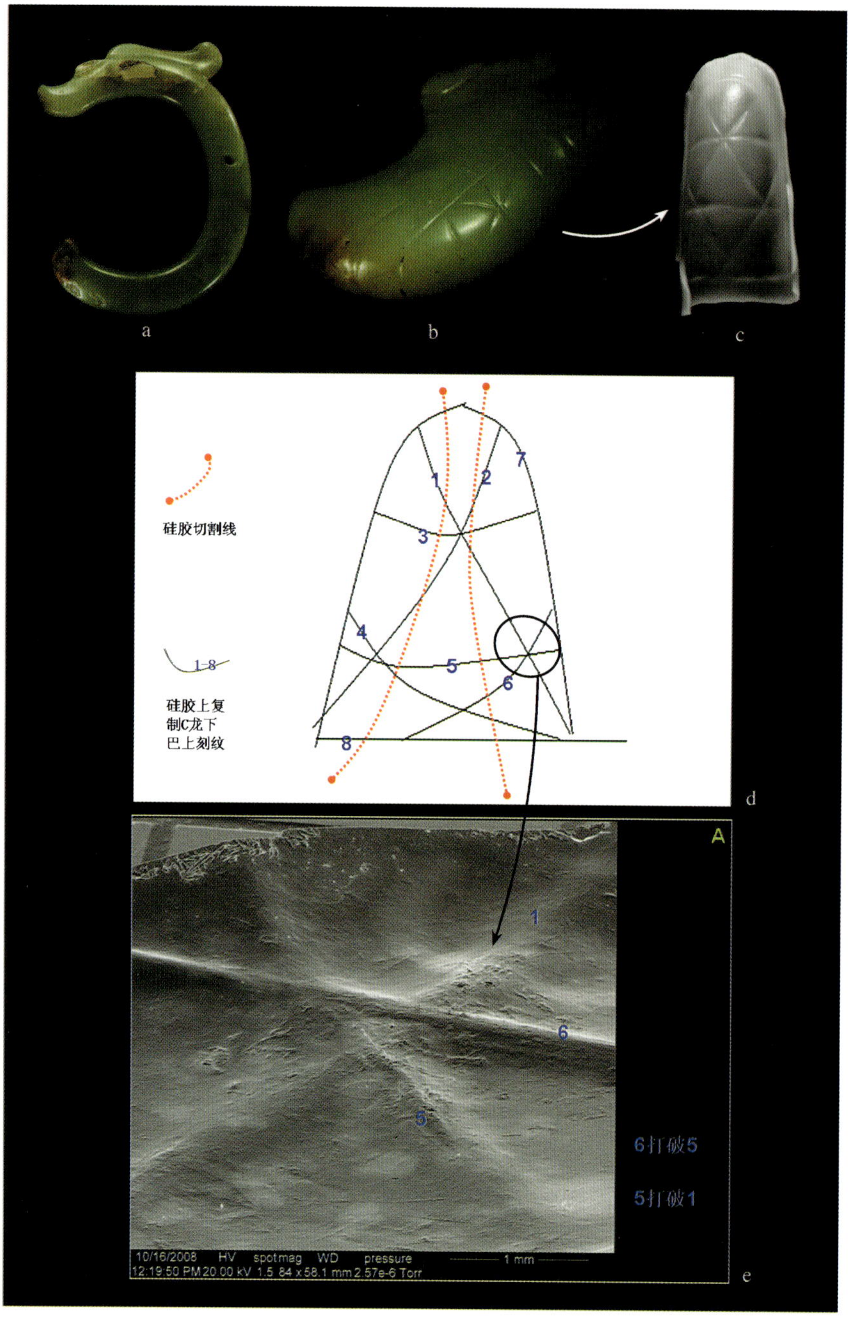

a.翁牛特旗东拐棒沟C形玉龙 b、c、d.玉龙下颌硅胶模型刻画程序复原 e.下颌刻画之扫描电镜A

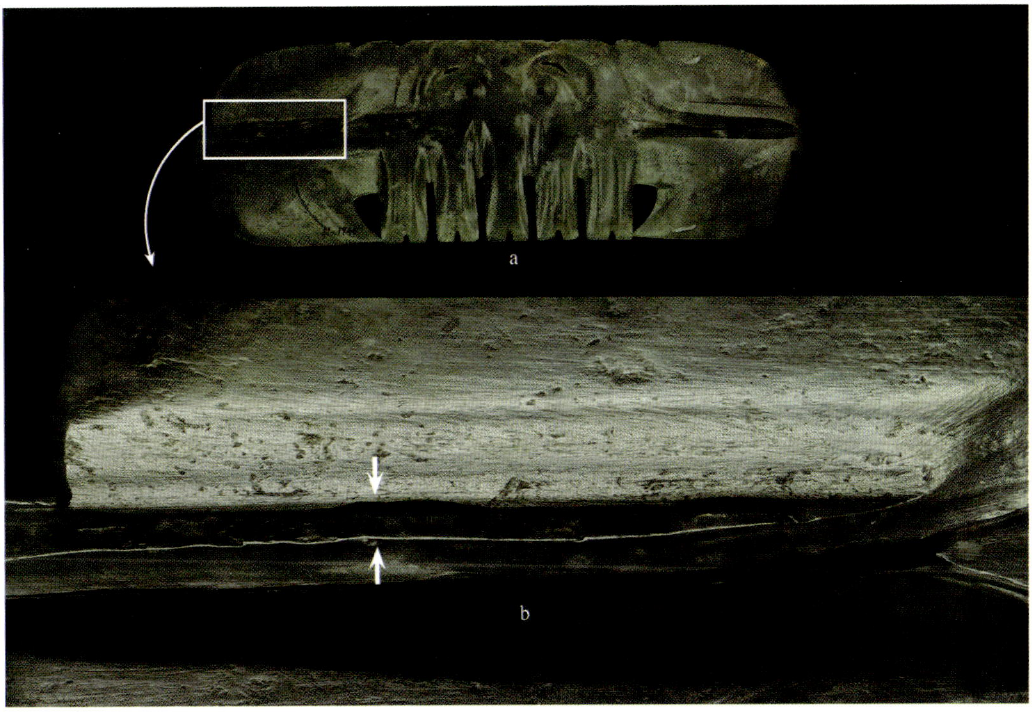

1. a. 牛河梁第2地点M27勾云形器　b. 对向锯片切割痕迹

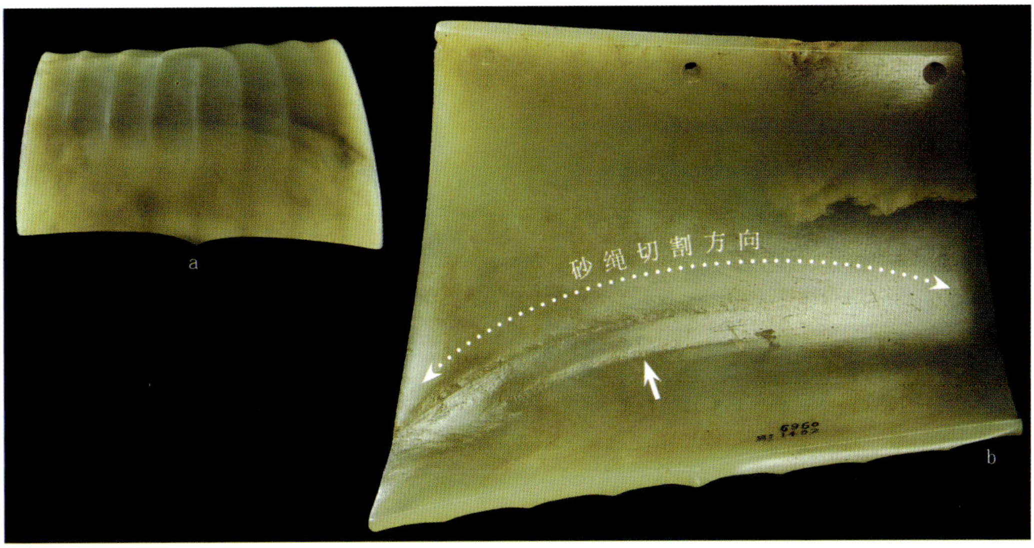

2. a. 辽宁省博物馆藏臂饰正面　b. 反面，箭头所示为砂绳切割方向被磨光后遗痕

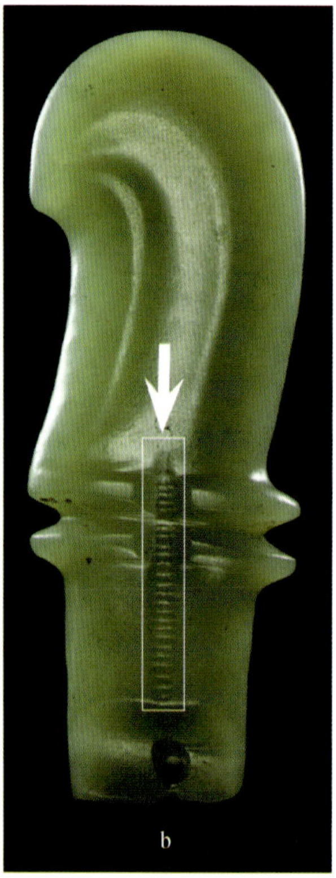

a. 阿鲁科尔沁旗藏红山玉器
b. 巴林右旗博物馆藏那斯台勾形器

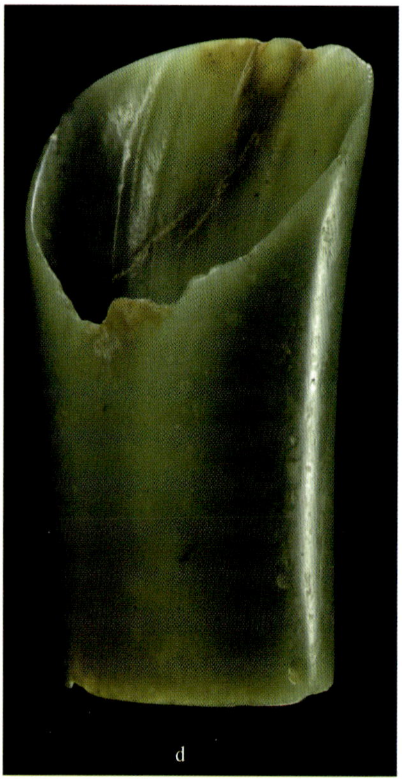

d. 牛河梁第2地点1号冢四号墓箍形器

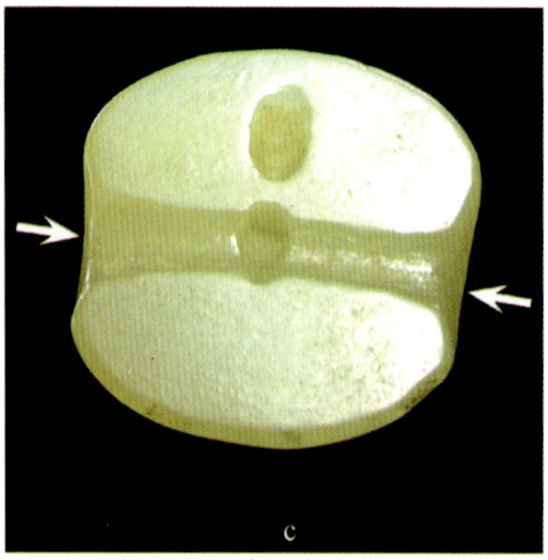

c. 那斯台出土玉珠实心钻的条状螺旋槽痕近摄

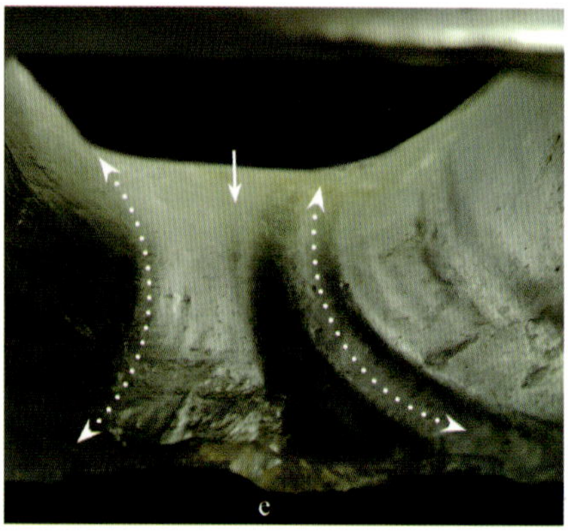

e.牛河梁第2地点1号冢四号墓箍形器口沿显示砂绳背向切割技术取坯芯，对向砂绳切割中央部实心钻的条状螺旋槽痕

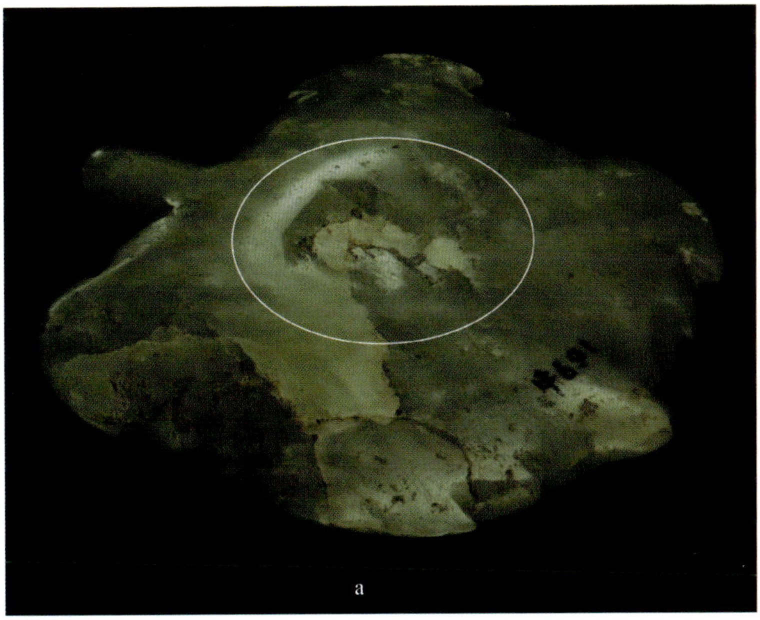

a. 牛河梁第5地点出土雄玉龟背部凹陷的加工

b.雌雄玉龟使用方式推测雄上雌下

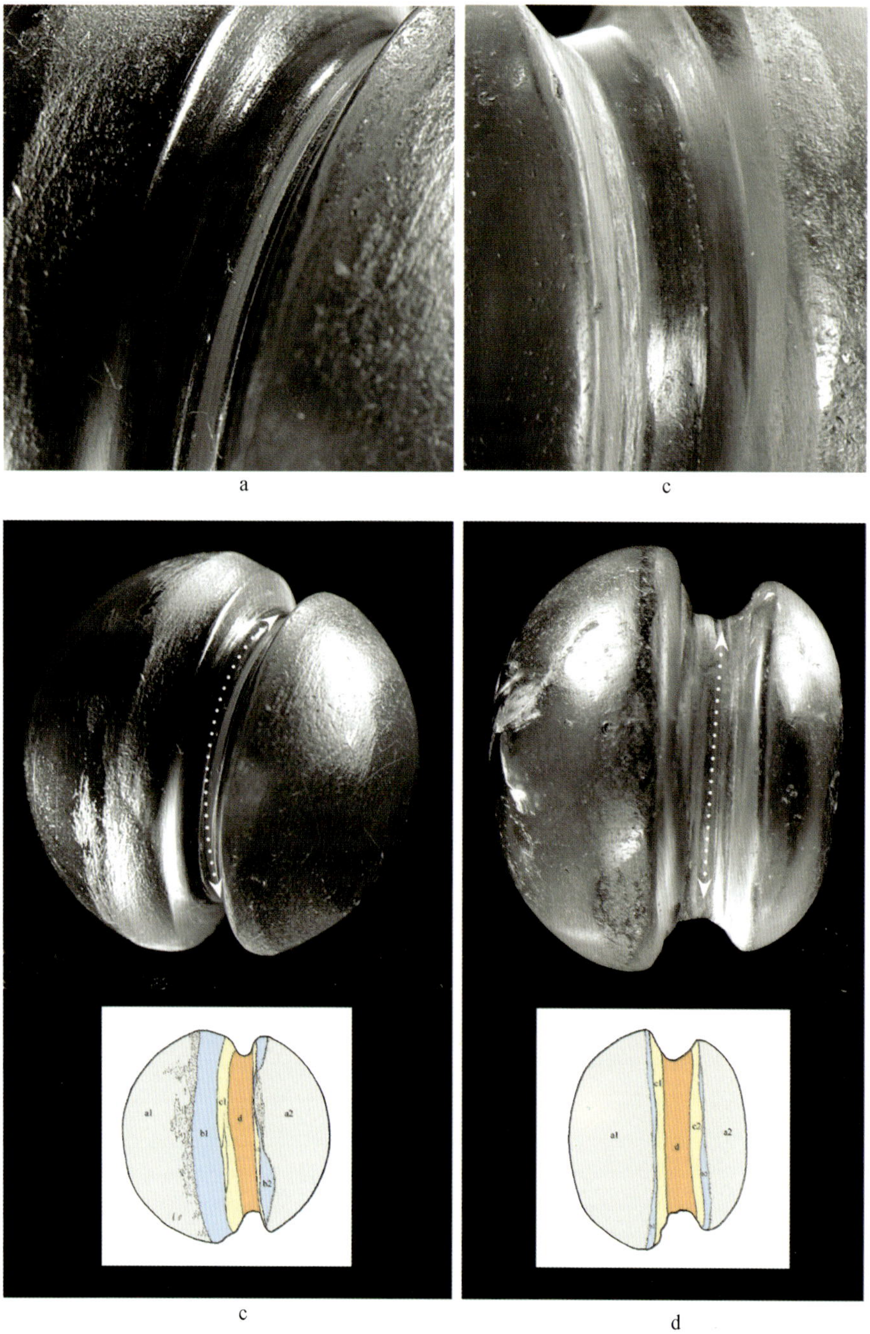

实验与凌家滩出土水晶耳珰(M15:34)槽痕近摄
a、b.香港中文大学实验制品　c、d.凌家滩遗址